방송진화론

방송진화론

유승관 지음

한국학술정보

목차

들어가는 말   6

1장 ○ 방송의 개념 및 현황   10

2장 ○ 방송의 역사   34

3장 ○ 방송정책과 규제   60

4장 ○ 방송편성   104

5장 ○ 방송과 콘텐츠   136

6장 ○ 방송수용자   172

7장 ○ 방송과 뉴스 210

8장 ○ 방송과 정치 및 제도 240

9장 ○ 방송과 경영 272

10장 ○ 방송과 사회 306

11장 ○ 방송과 문화 342

12장 ○ 방송의 진화와 확장 366

방송 산업은 큰 변혁의 시대를 관통하고 있다. 외부적으로는 디지털과 모바일 미디어, All-IP based service 등으로 다변화되고 중요한 방송의 경쟁 매체가 탄생하고 있다. 이와 동시에 기존의 레가시(legacy media) 미디어들도 생존을 위해 진화와 전략적 합병을 거듭하고 있다. 이러한 생태계에서 일반 대중은 그간 방송이 어떤 역할을 수행해 왔고, 어떤 메커니즘으로 여론을 형성하고 사회 문화적인 영향을 주는지, 그리고 앞으로는 어떤 방향으로 나아가는 것이 사회적으로 옳고 이상적인 것인지 혼란스러워하고 있다. 방송학을 가르치는 학자나 연구자 그리고 정책담당자들도 비슷한 상황일 것이라 생각한다.

이 책은 일반인과 방송을 전공하는 학생들에게 방송이 사회적으로 어떤 역할을 수행하고 있고, 현재 어떤 모습으로 변화하고 있고, 향후 어떻게 발전해야 하는지에 대한 종합적인 가이드라인을 제공해야 할 필요가 있다는 약간의 책임감과 욕구에서 출발했다. 방송에 대한 저서는 그간 적지 않게 축적되어 있다. 방송의 기술적 의존성으로 인한 부침과 변화는 탈고와 함께 다시 업데이트가 필요한 한계가 존재한다. 이 책도 그 중에 하나가 될 것이다. 그럼에도 불구하고 그동안의 저서의 장단점을 최대한 반영하고 보완해서 방송의 다양한 개념과 속성을 소개하는 것을 더 미룰 수 없다는 생각이 컸다.

방송은 '진화'하고 '확장'되고 있다. 유튜브를 포함한 OTT의 도전과 질주를 보면 현재 방송법에서 어디까지를 방송미디어로 포함하는지와 큰 상관없이 수용자들의 의제설정과 인식 및 태도 변화 등에 강력한 영향을 주고 있다. 일면 개인적으로 KBS보다 이용자가 '최애'하는 유튜브 채널이 가장 영향력 있는 방송일 수 있다. 기존 방송사들이 유튜브 채널을 운영하고, 1인 크리에이터들이 기존의 방송프로그램에 참여하기도 하고, 영화와 방송드라마와 웹툰은 경계 없이 원소스 멀티유즈(one source multi-use)되고 있다. 유능한 제작인력들도 지상파방송 이외에 전문 제작사와 종편으로 이동하고, 다양한 콘텐츠가 N스크린으로 디바이스(device)를 달리하며 소비되고 있다. 이를 보면 콘텐츠를 담을 수 있는 방송 플랫폼은 무한 팽창 및 확장되고 있다.

그런데 이로 인한 방송의 게이트키핑(gate-keeping)과 팩트 체크(fact check) 과정에 대한 생략으로 확증편향, 에코챔버(echo chamber)효과, 수용자 분화와 극화는 심화되고 있다. 따라서 환경감시, 사회통합, 문화전승 등 방송의 고유하고도 중요한 기능은 약화되고 있어 과연 방송이 질적 진화를 하고 있는 것인지 매우 회의적이다.

따라서 이 책은 다음과 같은 방향에 초점을 맞추었다.

첫째, 溫故而知新과 舊體新用하기.

이 책의 집필을 위해 김규(1996). 『방송미디어』. 나남. 김우룡(2002). 『현대방송학』. 나남. 한국방송학회(편)(2005). 『디지털 방송 미디어론』. 커뮤니케이션북스. 한진만 외(2013). 『방송학개론』. 커뮤니케이션북스. 한진만 · 박은희 · 정인숙 · 주정민(2016).『새로운 방송론』. 커뮤니케이션북스 등과 같은 대표적인 방송과 관련된 양서들을 적극 참고하였다. 여기에는 미국 방송학 개론의 고전인 Head, S. & Sterling, C. (1982). *Broadcasting in America* (4th Eds.). Boston: Houghton Mifflin Company도 포함되었다.

둘째, 중요 주제만 취사선택하기.

모든 주제를 망라하는 것은 過猶不及이자 博而不精이 될 수 있다. 각고의 고민이 필요하지만 강의에도 쉽게 활용할 수 있도록 집필자의 판단으로 중요 주제만을 취사선택하여 다음과 같은 방향으로 챕터를 구성했다. 기존 방송학 문헌에서 포함시켰던 방송효과 이론은 상당 부분 축약하거나 생략했다. 미디어 사회학이나 효과관련 이론 과목에서 다루는 것이 타당하다는 판단이다.

방송사의 유형이 매우 다양하고 변화도 많다. 또한 현대 방송조직은 제작 및 기술 부문 이외에는 타 산업과 대동소이하다. 방송조직에 대한 이해는 방송연출이나 제작 및 편집 관련 과목에서도 커버할 수 있다고 판단한다. 따라서 방송사 조직구성이나 제작관련 내용은 생략했다.

상대적 중요성의 측면에서 방송법, 방송과 광고, 방송과 기술, 지역방송 등은 독립 챕터에서 제외했다. 방송법제와 방송과 광고관련 내용은 부분적으로 다루어진 챕터가 있다. 방송기술은 방송을 결정하는 중요 요소지만 사회 계열 강의자가 충분히 설명하거나 학생이 이해하기 쉽지 않아 다루지 않았다.

현재 방송법상 방송은 무엇이고 방송의 범위와 경계를 어디까지 설정해야 하는가? 합리적인 기준은 무엇인가? 방송의 공익성은 무엇이고 아직 유효한가? 현대 방송에서 공익성은 법제 및 정책적으로 어떤 방향으로 재설정하는 것이 필요한가? 공영방송의 기준은 무엇이고 왜 필요한가? 방송 제도적으로 공영방송은 어떻게(재원 및 편성 등 차원에서) 운영되어야 하는가? 주요 방송정책기구의 역할과 문제점은 무엇인가? 현대 방송에서의 편성전략 중 가장 중요한 것과 변화는 무엇인가? 시청률 조사의 절차 및 방법에 있어서의 문제점과 개선 방법은 무엇인가? 방송 미디어의 공정한 저널리즘 수행을 방해하는 원인과 문제는 무엇인가? 현대 방송 포맷과 콘텐츠의 특징과 문제점은 무엇인가? 연예 오락 프로그램과 관찰예능 및 리얼리티 프로그램의 유행과 문제는 무엇인가? 현대 방송은 질적으로 다양한 프로그램을 공급하고 있는가? 방송콘텐츠의 폭력성은 현재 어느 정도이고 어떤 영향을 주는가? 방송은 대중문화를 어떻게 형성하고 있고, 지배적 이데올로기 형성에 관여하는가? 뉴미디어 방송의 대표적 사례와 특징은 무엇인가? 뉴미디어가 지향해야 할 가치와 문제점, 그리고 사업전략은 무엇인가? 이에 대응하는 올드미디어의 대응전략 및 비즈니스 모델은 무엇인가?

이 책을 통해 독자가 위와 같은 질문에 대해 균형 있고 합리적인 관점과 견해를 가질 수 있기를 기대한다. 마지막으로 방송법 개정안이 표류 중이고, 방송통신위원회 위원장과 공영방송사 사장들이 정권이 바뀔 때마다 교체되고 있다. 이는 우리나라 방송이 정치권과 시청자들에게 정치적 영향을 많이 주고 있기 때문이라는 사실을 반증한다. 아무쪼록 사회적 합의를 반영하여 방송에 큰 영향을 주는 정책 기구 구성원에 대한 인선과 공영방송의 독립성 보장을 위한 합리적 방안 마련을 통해 방송이 다시 신뢰받을 수 있는 날이 오기를 바란다.

2024년 월
저자 유승관

제1장

방송의 개념 및 현황

방송 현상은 급격하게 변하고 있지만 우리는 여전히 방송이라는 용어를 사용하고 있다. 방송의 양적 무한 확장으로 전통적으로 방송을 어디까지 포함해야 하는지도 혼란스럽다. 이러다 보니 방송이란 용어가 현재 많은 수용자가 이해하는 실제 방송을 포괄하고 있는지에 대해서도 재고가 필요하다. 방송의 범위를 정의하는 미래지향적인 적합한 단어에 대해서도 사회적 합의가 필요한 시점이다. 전통적으로 방송은 라디오와 텔레비전을 지칭했다. 그런데 방송과 관련된 기술 발전으로 케이블TV, 위성방송, IPTV, 그리고 인터넷 기술을 활용한 IP 기반의 OTT와 같은 플랫폼이 등장하면서 더욱 다양한 모습을 갖춘 미디어로 발전하고 있다.

　이 장에서는 방송이 우리나라에서 태동한 초기 형태에서 시작해서 특히 1990년대 이후 최근까지 우리나라에서 방송의 개념이 어떻게 변화해왔는지를 방송 고유의 정체성, 현행 방송법상 방송의 정의와 범위 그리고 방송의 진화 방향을 통해 살펴보도록 한다.

1. 방송의 개념과 진화

　방송은 우리에게 최소한 두 가지 이유에서 중요한 특징을 지닌다. 첫째, 방송은 전통적인 관점에서 볼 때 한 번에 많은 사람이, 빠른 시간 내에 같은 내용을 공유할 수 있도록 한다. 이러한 특성으로 인해 방송은 소스(송신자)의 메시지나 내용(콘텐츠)을 통해 다른 사람들의 인식이나 감정에 다양한 영향을 준다.

학문적으로는 방송의 이러한 특징으로 인해 '미디어 정치학'의 관점에서 그리고 집단으로서의 인간의 삶과 연관이 있다는 가정하에 '미디어 사회학'의 주된 연구 대상이 되어왔다. 방송을 '인간 존재의 확장 수단'(McLuhan, 1966)[1]으로 보는 시각부터 '제2의 신'(Schwarts, 1981)[2]의 반열에 올려놓는 입장에 이르기까지 방송에 대한 시각은 다양하다. 또한, 방송은 개인의 입장에서 보면 오락이자 휴식 또는 문화적 충전일 수 있다.

방송의 기능이나 사회적인 영향력 그리고 긍정적 또는 부정적 해악에 대해서 다양한 논의가 있지만, 무엇보다 방송은 인간의 삶 속에서 의식주 다음으로 욕구 체계의 중심부에 자리 잡고 있다. 방송의 보도 내용이 불공정하고, 원하는 프로그램이 없으며, 재미없다는 이유 등으로 방송에 불만을 가지기도 하지만 수용자들은 잠자고 일하는 시간 다음으로 많은 시간을 미디어와 함께한다. 즉 우리는 깨어있는 동안에 자신의 직업 활동 다음으로 방송을 포함한 미디어를 이용하는 데 많은 시간을 소비한다는 사실이 무엇보다 중요하다.

방송이 우리의 의식을 마취시키고 도피주의를 확산시키며 순수예술을 타락시키고, 개인을 사회로부터 유리시키고, 고정관념을 고착하는 등 부정적 기능을 수행하는지, 아니면 환경감시, 상호연결, 문화 전수, 오락 등의 긍정적 기능을 수행하는지 등(Wright, 1986[3]; Lasswell, 1960[4])에 대해서 학문적으로 논란이 있지만, 방송에 소비하는 시간과 비용 자체로 방송은 우리에게 큰 영향을 준다.

---

1   McLuhan, M.(1966). *Understanding media: the extension of man*. New York: McGraw-Hill.

2   Schwarts, T. (1981). *Media the second god*. New York: Random House.

3   Wright, C.(1986). *Mass communication: a sociological perspective*. 3rd ed. New York: Random House.

4   Lasswell, H.(1960). "The structure and function of communication in society" in Schramm, W. (ed.) *Mass communication*. Urbana: University of Illinois Press. 117-130.

언어는 사회적, 물리적 현상을 반영하고 현실을 반영한다. 또 그래야만 합리적이다. 방송을 둘러싼 환경이 급격하게 변하고 있지만, 여전히 방송이라는 단어를 과거의 정의와 틀에서 규정하고 있다는 점에서 혼란을 주고 있다. 전통적으로 방송은 라디오와 텔레비전을 지칭했다. 그런데 방송기술이 발전하면서 다양한 방송의 형태가 등장하고 있다. 예를 들어 케이블TV, 위성방송, 인터넷방송 등이 대표적이다. 최근 방송은 인터넷 기술을 활용한 IP(Internet Protocol) 기반 기술을 이용해서 더욱 다양한 모습을 갖춘 개인 중심의 미디어로 발전하고 있다. 아래의 예들은 1990년대 이후 우리나라에서 방송의 개념이 어떻게 변화해왔는지를 보여준다.

방송법(1990. 8. 1)

'방송'이라 함은 정치 · 경제 · 사회 · 문화 · 시사 등에 관한 보도 · 논평 및 여론과 교양 · 음악 · 오락 · 연예 등을 공중에게 전파함을 목적으로 방송국이 행하는 무선통신의 송신을 말한다.

구 공보처 방송법 개정안(1995. 9)

'방송'이라 함은 영상(문자 및 정지 화상을 포함한다) · 음성 · 음향 등을 기획 · 제작 또는 편성하여 유 · 무선 설비를 이용하여 공중 또는 수신자에게 송신하는 것으로서 다음의 것을 말한다.
가. 지상파방송 : 방송을 목적으로 하는 지상의 무선국을 이용하여 행하는 방송
나. 위성방송 : 인공위성의 무선국을 이용하여 행하는 방송
다. 종합유선방송 : 종합유선방송국을 통해 전송선로시설 또는 마이크로웨이브 시설 등을 이용하여 행하는 방송
라. 유사방송 : '가' 내지 '다' 목적 외의 유 · 무선 설비를 이용하여 행하는 대통령령으로 정하는 방송

방송법 (2000)

'방송'이라 함은 방송프로그램을 기획 · 제작 또는 편성하여 이를 공중(개별 계약에 의한 시청자를 포함하며, 이하 시청자라 한다)에게 전기통신설비에 의하여 송신하는 것으로서 다음 각목의 것을 말한다.

가. 지상파방송 : 방송을 목적으로 하는 지상의 무선국을 이용하여 행하는 방송

나. 종합유선방송 : 전송 · 선로시설을 이용하여 행하는 다채널 방송

다. 위성방송 : 방송을 목적으로 하는 인공위성의 무선국을 이용하여 행하는 방송

방송법 제2조 (용어의 정의)(2004)

"방송"이라 함은 방송프로그램을 기획 · 편성 또는 제작하여 이를 공중(개별 계약에 의한 수신자를 포함하며, 이하 "시청자"라 한다)에게 전기통신설비에 의하여 송신하는 것으로서 다음 각목의 것을 말한다.

가. 텔레비전방송 : 정지 또는 이동하는 사물의 순간적 영상과 이에 따르는 음성 · 음향 등으로 이루어진 방송프로그램을 송신하는 방송

나. 라디오방송 : 음성 · 음향 등으로 이루어진 방송프로그램을 송신하는 방송

다. 데이터방송 : 방송사업자의 채널을 이용하여 데이터(문자 · 숫자 · 도형 · 도표 · 이미지 그 밖의 정보체계를 말한다)를 위주로 하여 이에 따르는 영상 · 음성 · 음향 및 이들의 조합으로 이루어진 방송프로그램을 송신하는 방송(인터넷 등 통신망을 통하여 제공하거나 매개하는 경우를 제외한다. 이하 같다)

라. 이동멀티미디어방송 : 이동 중 수신을 주목적으로 다채널을 이용하여 텔레비전방송 · 라디오방송 및 데이터방송을 복합적으로 송신하는 방송

인터넷 멀티미디어 방송(IPTV)사업법 제2조 (용어의 정의)(2008)

"인터넷 멀티미디어 방송"이란 광대역통합 정보통신망 등을 이용하여 양방향성을 가진 인터넷 프로토콜 방식으로 일정한 서비스 품질이 보장되는 가운데 텔레비전 수상기 등을 통하여 이용자에게 실시간 방송프로그램을 포함하여 데

이터·영상·음성·음향 및 전자상거래 등의 콘텐츠를 복합적으로 제공하는 방송을 말한다.

요약하면 방송의 개념은 '무선통신의 송신'에서 '유무선 설비를 이용한 송신'을 거쳐 '전기통신설비에 의한 송신'으로 개념이 급격히 확장되었다. 그리고 방송의 대상 또한 '공중'에서 '공중 또는 수신자' '개별 계약에 의한 수신자를 포함한 공중'의 개념으로 확장되고 있다. 즉 '불특정 다수를 대상으로 전파를 이용하여 프로그램을 전송하는 행위'에서 '방송프로그램을 기획·편성 또는 제작하여 이를 공중(개별 계약에 의한 수신자를 포함하며, 이하 "시청자"라 한다)에게 전기통신설비에 의하여 송신하는 것'으로 바뀐 것이다.

방송의 기원에 대하여는 논란의 여지가 있지만 1896년 마르코니의 무선전신을 기원(Head & Schofield, 1994)[5]으로 삼는다면 방송은 point-to-point communication 매체였다. 초창기 무선전신은 해군의 비상 연락 수단으로 사용되었다. 물론 케이블TV가 방송 개념에 포함된 관점에서 본다면 방송의 기원은 1820년의 무선전신이나 1876년 알렉산더 그레이엄 벨(Alexander Graham Bell)의 전화 발명으로 올라가야 한다. 그렇게 본다면 초창기 방송은 더욱 point-to-point communication 매체라고 볼 수 있다.

그런데 1906년 무선에 음성신호를 입히게 되어 라디오 방송국이 생겨나고 TV 방송으로 발전되면서 방송은 'point-to-many'의 형태를 띠게 되었다. 이같이 한 번에 많은 사람에게 동시에 같은 메시지가 전달된다는 점 때문에 방송의

---

5   Head, S. & Schofield, L.(1994) *Broadcasting in America*. *7th ed*. Boston: Houghton Mifflin Co.

사회적 역할이 중요하게 된 것이다. 다음 단계로 기술발달과 함께 UHF, Cable TV, 위성방송, IPTV 그리고 모바일폰 등을 통한 OTT(over the top)까지 전송 수단이 급격히 확장되면서 방송은 브로드캐스팅(broadcasting)의 개념에서 개인화된 내로우캐스팅(narrowcasting)으로 변화하고 있다. 현시점에 와서 쌍방향 기술은 다시금 VOD 등을 통해 point-to-point의 성격을 강조하고 있다. 이런 의미에서 방송은 더 이상 독점적 송신자가 아닌 적극적 송·수신자의 쌍방향 커뮤니케이션으로 발전하고 있다. 한 걸음 더 나아가 인터넷 등 세계를 연결하는 네트워크의 발전과 방송기술 수단의 발전은 방송행위에 대한 접근을 용이하게 하여 방송은 many-to-many의 성격으로 다시 진화하고 있다. 이러한 변화를 볼 때 결론적으로 그동안 우리가 사용해왔던 방송이란 용어는 용어 자체가 현재 미디어의 진화 현상을 포괄하지 못하고 있고, 이와 동시에 새롭게 등장하고 있는 뉴미디어도 포함하는 개념으로 보는 것이 맞다. 이런 측면에서 현재 방송에 대한 용어 정의와 범위는 유동적일 수밖에 없고 과도기적인 개념으로 이해해야 할 필요가 있다.

〈그림 1〉 방송 개념의 변화

point-to-point
(유·무선전신, 전화)
↓
point-to-many
(방송放送)
↓
point-to-the-few (narrowcasting)
(협송狹送)
↓
point-to-point (pointcasting)
(점송点送 & 개송個送)

```
                              ↓
                       many-to-many
                        (다송多送)
```

출처: 이상식(2006). 융합에 따른 방송과 통신의 재 개념화를 위한 시
론.방송위원회 보고서, 2쪽에서 재구성

현행 방송법상 방송의 분류

▶ 방송사업자

① 지상파방송사업자 : 방송을 목적으로 하는 지상의 무선국을 관리 운영하며
이를 이용하여 방송을 운영하여 방송을 행하는 사업자

② 종합유선방송사업자 : 종합유선방송사(다채널 방송을 행하기 위한 유선 방
송 설비와 그 종사자의 총체)를 관리, 운영하며 전송선로설비를 이용하여
방송을 행하는 사업 및 사업자

③ 위성방송사업자 : 인공위성의 무선설비를 소유 또는 임차하여 무선국을 관
리 · 운영하며 이를 이용하여 방송을 행하는 사업자

④ 방송채널사용사업자 : 지상파방송사업자나 종합유선방송사업자 또는 위성
방송사업자의 특정 채널의 전부 또는 일부 시간에 대한 전용사용계약을 체
결하여 그 채널을 사용하는 사업자

⑤ 공동체라디오방송사업자 : 소출력(공중선 전력 10와트 이하)으로 공익목적
으로 특정 지역에 한정하여 라디오방송을 제공하는 사업자

▶ 방송 유관 사업자

① 중계유선방송사업자 : 지상파방송과 공영방송 지상파 사업자가 운영하는
위성방송이나 대통령령이 정하는 방송을 수신하여 중계 송신(방송편성을
변경하지 아니하는 녹음 · 녹화를 포함한다)하는 사업자

② 음악유선방송사업자 : 음반 · 비디오물 및 게임물에 관한 법률에 의하여 판
매 · 배포되는 음반에 수록된 음악을 송신하는 사업자

③ 전광판방송사업자 : 상시 또는 일정 기간 계속하여 전광판에 보도를 포함하
는 방송프로그램을 표출하는 사업 및 사업자를 말하며, 흔히 거리에서 쉽게
볼 수 있는 전광판을 이용하여 방송프로그램을 제공하는 사업자

④ 전송망사업사업자 : 방송프로그램을 종합유선방송국으로부터 시청자에게 전송하기 위하여 유·무선 전송·선로설비를 설치·운영하는 사업자

▶ 인터넷 멀티미디어 방송사업자

① 인터넷 멀티미디어 방송 제공사업 : 인터넷 멀티미디어 방송에 제공하기 위하여 콘텐츠를 공급받은 인터넷 멀티미디어 방송 제공사업자가 해당 콘텐츠를 이용자에게 제공하는 사업 및 사업자를 말한다.

② 인터넷 멀티미디어 방송콘텐츠사업 : 인터넷 멀티미디어 방송 제공사업자에게 인터넷 멀티미디어 콘텐츠를 공급하는 사업 및 사업자를 말한다.

방송산업의 확장 가능성

: TV와 수신기 제조업, STB(Set Top Box) 제조업

: 작가, 조명, 음향, 카메라, 편집, 송출 등 방송장비 제작산업, 연예기획사

: 인터넷 포털 및 각종 UCC 사이트 등의 인터넷 산업

2. 방송의 특징―공익성과 사회문화적 영향력

방송의 가장 큰 특징은 공공성과 공익성이다. 공공성이 방송전파를 공적으로 소유하는 측면을 의미하는 절대적인 개념이라 한다면, 공익성은 방송의 주인인 수용자 대중의 이익에 봉사해야 한다는 측면에서 본 방송 활동의 이념이자 기준이다(김우룡, 2002).[6] 이러한 방송의 공공성과 공익성에 대한 관점은 방송 매체의 탄생부터 방송의 고유한 이념으로 받아들여졌고 현대 방송이 진화하면서 수많은 채널과 매체가 등장하면서 공공성과 공익성을 그대로 유지해야 하는가에 대한 논쟁이 있지만, 아직 유효한 개념으로 계승되고 있다. 방송의 태동기부터 방송의 공공성과 공익성에 대한 필요성이 강조되었던 가장 큰 이유는 바로 전파(주파수)의 희소성과 사회문화적 영향력에서 찾을 수 있다.

6　김우룡(2002). 『현대 방송학』. 나남. 62-76.

첫째, 방송은 다른 매체와 달리 전파를 이용하여 서비스를 제공한다. 그런데 전파는 물리적으로 무한한 것이 아니고 제한된 자원이다. 방송사업자는 방송 신호를 전달하기 위해 정부로부터 전파를 사용할 수 있는 권한을 반드시 받게 되어 있다. 전파의 주인은 일반 국민이기 때문에 국민을 대신해 정부가 방송사업자에게 전파를 할당하는 것이고 따라서 전파는 특정인의 소유가 아니라 공공의 소유로 본다. 그리고 제한된 공공의 자산을 활용하기 위해서는 이를 소유하고 있는 국민의 동의가 필요하고, 전파를 활용하여 서비스를 제공하는 내용은 공공의 이익에 부합해야 하므로 공익성을 가져야 한다는 것이다. 이 외에도 공영방송의 경우 재정 부담을 국민에게 의존하기 때문에 공익성을 유지해야 한다는 근거도 있다.

둘째, 사회문화적 영향력이다. 방송은 전파를 이용하여 서비스를 제공하기 때문에 서비스의 범위가 넓다. 특히 지상파방송은 네트워크를 구성하여 전국 방송이 가능하고, 위성방송의 경우 그 도달 범위는 더욱 광범위하다. 이러한 물리적인 커버리지(coverage) 이외에도 국민의 실생활과 정치, 경제, 사회, 문화 등에 걸쳐 매우 다양하고도 직접적인 영향을 준다. 그 이유는 특히 방송의 편재성, 보편성, 공감각성, 동시성 등에서 찾을 수 있다. 편재성이란 방송은 TV 수상기나 라디오, 스마트폰 등이 존재하는 어디서도 이용이 가능하고 동시에 시·청취하기 용이하기 때문에 그 파급효과가 크다는 점이다. 보편성도 이와 유사한 개념이지만 방송을 이용하는 단말기는 확산되어 있고, 영상매체의 경우 인쇄 매체보다 가독성의 문제가 덜하므로 지식의 고하를 불문하고 보편적으로 일반 국민이 편리하고 쉽게 이용할 수 있다는 점이다. 그리고 영상과 음향을 같이 제공하기 때문에 그 효과 면에서도 영향력이 크다는 것이다.

다음으로 이러한 방송의 공공성과 공익성, 그리고 사회문화적 영향력을 보장하기 위해서 현재 우리나라의 방송법은 어떤 규정이 있는지에 대해 살펴보도록 하자. 먼저 방송법은 제1조에서 방송법의 목적을 밝히고 있다. 즉 방송의 자유와 독립 보장, 시청자의 권익 보호, 민주적 여론형성, 국민문화 향상을 통해 방송발전과 공공복리의 증진에 이바지하는 것을 방송법의 목적으로 하고 있다. 그리고 방송의 공적 책임(제5조)에서 ① 인간의 존엄과 가치 및 민주적 기본 질서 존중, ② 국민화합과 조화로운 국가의 발전 및 민주적 여론형성 이바지와 지역 간·세대 간·계층 간·성별 간 갈등 조장 금지, ③ 명예훼손이나 권리침해 금지, ④ 범죄 및 부도덕한 행위나 사행심 조장 금지, ⑤ 음란·퇴폐 또는 폭력 조장 금지를 규정하고 있다.

제5조의 공적 책임 부여와 별개로 제6조에는 방송의 공정성과 공익성 조항을 다시 마련하여 아홉 가지를 더 요구하고 있다. ① 보도의 공정성, ② 편성의 차별 금지, ③ 국민 윤리·정서 감정 존중, ④ 알권리와 표현의 자유 보호 신장, ⑤ 소수집단 보호, ⑥ 지역 균형 및 민족 문화 창달, ⑦ 사회 교육 기능, ⑧ 표준말 보급 및 언어순화, ⑨ 의견의 균등한 기회 제공 등을 제시하고 있다.

이외에 방송의 공익성과 관련된 조항으로는 다양성을 목표로 한 편성규제로 제69조(방송프로그램의 편성 등), 제71조(국내 방송프로그램의 편성), 제72조(외주제작 방송프로그램의 편성)와 보편적 시청권 보장을 위한 제76조(방송프로그램의 공급 및 보편적 시청권 등), 국가 위기 시 기간방송시설로서 역할인 제75조(재난방송) 등을 들 수 있다.

또한, 방송이 공적 책무를 수행하는 과정이나 평가와 관련된 제도로 시청자위원회 설치 운영(제87조 제88조), 시청자평가프로그램 의무편성(제89조), 시청자위원회 의견 반영과 공표에 대한 방송사업자의 의무(제90조), 방송평가제(제31조)와 재허가제도(제17조) 등이 있다.

한편 헌법상에서 공익 개념은 공익이라는 용어 자체는 명시되어 있지 않고 대신 유사한 개념으로 '공공복리', '공공의 필요', '공공의 안녕질서' 등을 찾을 수 있는데 이들은 공익성과 동일한 개념이라고 할 수 있다(최송화, 2002; 윤성옥, 2014 재인용).[7] 헌법재판소는 전기통신기본법의 제47조 제1항이 공익을 해할 목적으로 허위 통신을 금지한 데 대해 위헌 결정을 내린 바 있다. 여기서 '공익'은 헌법 제37조 제2항의 "국가의 안전보장, 질서유지 또는 공공복리"와 비교해 볼 때 동어반복이라고 할 정도로 전혀 구체화 되어 있지 않으므로 명확성의 원칙에 위반된다고 보았다(헌법재판소 2010. 12. 28. 2009헌바88 결정; 윤성옥, 2014 재인용).[8] 즉 헌법재판소는 "공익이라는 개념은 매우 추상적인 것이어서 어떠한 표현행위가 과연 '공익'을 해하는 것인지, 아닌지에 관한 판단은 사람마다 가치관, 윤리관에 따라 크게 달라질 수밖에 없다"라고 했다. 결국, 명확성의 원칙을 충족하지 못하는 '공익'을 기준으로 처벌하는 법률 조항은 위헌이라고 본 것이다.

그렇지만 헌법재판소는 입법에 있어서 추상적 가치개념의 사용이 필요한 것을 일반적으로 부인할 수는 없고, "공익"이라는 개념을 사용하는 것이 언제나 허용되지 않는다고 단정할 수 없다고 했다. 법률의 입법목적, 규율의 대상이 되는 법률관계나 행위의 성격, 관련 법규범의 내용 등에 따라서 '공익'의 개념의 사용이 허용되는 경우가 있다는 점을 언급했다.

아울러 소수의견으로 학문적으로 논의되는 '공익' 개념은 다양한 정의가 존재하지만, 법률상으로는 개인의 이익과 구별되는 '공공의 이익'으로서 '대한민

---

7   윤성옥(2014). 방송의 공익성이란 무엇인가. 「언론과 법」, 12(1), 143-183.

8   윤성옥(2014). 위의 책. 143-183.

국에서 공동으로 사회생활을 영위하는 국민 전체 내지 대다수 국민과 그들의 구성체인 국가 사회의 이익'을 의미하고, '특정한 사회집단이나 그 구성원의 관심과 이익에 관한 것'은 제외되는 것으로 이해되었으며, 또한 여러 법률에서 그와 같은 의미로 사용되었다'라는 것이다. 따라서 행정 목적이나 지원과 보호의 대상으로서뿐만 아니라 어떠한 행위의 제한의 근거(예컨대 공중위생관리법 제9조의 2 등), 심사·판단의 기준이나 인허가의 기준(예컨대 액화석유가스의 안전관리 및 사업법 제4조 등), 당사자에게 불이익한 공권력 행사와 관련하여서도 법률상 '공익' 개념의 사용은 쉽게 발견된다. 또한, 방송의 공익성에 대해 헌법재판소는 수신료 문제, 의무재송신 제도, 미디어렙, 광고규제, 심의제도 등의 사건을 통해 판단해왔다.

예를 들어 헌법재판소는 공영방송의 수신료를 국회의 관여 없이 KBS가 스스로 결정하여 문화체육관광부 장관의 승인을 얻도록 한 조항이 법률유보원칙에 위반된다는 결정을 하면서, 대부분 국가는 방송의 공익 목적을 위해 공영방송제도를 두고 지원과 함께 규제할 수 있다고 밝히고 있다. "오늘날 방송은 민주적 여론형성, 생활 정보의 제공, 국민문화의 향상 등의 공공적 역할을 수행하면서 국민의 생활에 직접적인 영향을 미치고 있으며, 대부분의 국가에서는 방송의 이러한 공공성을 고려하여 공익향상과 문화발전을 위한 공영방송 제도를 두고 방송 운영에 대하여 국가가 직·간접적인 지원과 규율을 하고 있다"(헌법재판소 1999. 5. 27. 98헌바7 결정). 이에 따라 '공익' 개념이 지닌 약간의 추상성은 법관의 통상적인 해석 작용에 의하여 보완될 수 있다는 것이 소수의견으로 제시되었다(윤성옥, 2014).[9]

---

9   윤성옥(2014). 위의 책, 143-183.

제6조(방송의 공정성과 공익성) ① 방송에 의한 보도는 공정하고 객관적이어야 한다.

　② 방송은 성별·연령·직업·종교·신념·계층·지역·인종 등을 이유로 방송편성에 차별을 두어서는 아니 된다. 다만, 종교의 선교에 관한 전문편성을 행하는 방송사업자가 그 방송 분야의 범위 안에서 방송을 하는 경우에는 그러하지 아니하다.

　③ 방송은 국민의 윤리적·정서적 감정을 존중하여야 하며, 국민의 기본권 옹호 및 국제 친선의 증진에 이바지하여야 한다.

　④ 방송은 국민의 알 권리와 표현의 자유를 보호·신장하여야 한다.

　⑤ 방송은 상대적으로 소수이거나 이익추구의 실현에 불리한 집단이나 계층의 이익을 충실하게 반영하도록 노력하여야 한다.

　⑥ 방송은 지역사회의 균형 있는 발전과 민족 문화의 창달에 이바지하여야 한다.

　⑦ 방송은 사회 교육 기능을 신장하고, 유익한 생활정보를 확산·보급하며, 국민의 문화 생활의 질적 향상에 이바지하여야 한다.

　⑧ 방송은 표준말의 보급에 이바지하여야 하며 언어순화에 힘써야 한다.

　⑨ 방송은 정부 또는 특정 집단의 정책 등을 공표함에 있어 의견이 다른 집단에 균등한 기회가 제공되도록 노력하여야 하고, 또한 각 정치적 이해 당사자에 관한 방송프로그램을 편성함에 있어서도 균형성이 유지되도록 하여야 한다.

제10조(심사기준·절차) ① 과학기술정보통신부 장관 또는 방송통신위원회는 제9조 제1항, 제2항 및 제11항에 따른 허가, 같은 조 제3항, 제5항, 제6항 및 제8항에 따른 승인을 할 때에는 다음 각 호의 사항을 심사하여 그 결과를 공표하여야 한다. 〈개정 2008.2.29, 2013.3.23〉

　1. 방송의 공적 책임·공정성·공익성의 실현 가능성

　2. 방송프로그램의 기획·편성 및 제작 계획의 적절성

　3. 지역적·사회적·문화적 필요성과 타당성

　4. 조직 및 인력 운영 등 경영 계획의 적정성

　5. 재정 및 기술적 능력

　6. 방송발전을 위한 지원 계획

　7. 기타 사업수행에 필요한 사항

제15조의2(최다액출자자 등 변경승인) ① 방송사업자 또는 중계유선방송사업자의 주식 또는 지분의 취득 등을 통하여 당해 사업자의 최다액출자자(당해 사업자의 출자자 본인과 그의 특수관계자의 주식 또는 지분을 합하여 의결권이 있는 주식 또는 지분의 비율이 가장 많은 자를 말한다. 이하 같다)가 되고자 하는 자와 경영권을 실질적으로 지배하고자 하는 자는 다음 각 호의 구분에 따라 과학기술정보통신부 장관 또는 방송통신위원회의 승인을 얻어야 한다. 다만, 제9조 제5항 본문의 규정에 의하여 등록을 한 방송채널사용사업자의 최다액출자자가 되고자 하는 자와 경영권을 실질적으로 지배하고자 하는 자는 이를 과학기술정보통신부 장관에게 신고하여야 한다. 〈개정 2008.2.29, 2013.3.23〉

1. 제14조 제6항 제1호에 해당하는 방송사업자와 중계유선방송사업자의 최다액출자자가 되려는 자와 경영권을 실질적으로 지배하려는 자: 과학기술정보통신부 장관

2. 제14조 제6항 제2호에 해당하는 방송사업자의 최다액출자자가 되려는 자와 경영권을 실질적으로 지배하려는 자: 방송통신위원회

② 과학기술정보통신부 장관 또는 방송통신위원회는 제1항 본문의 규정에 의한 승인을 하고자 할 때에는 다음 각 호의 사항을 심사하여야 한다. 〈개정 2008.2.29, 2013.3.23〉

1. 방송의 공적 책임·공정성 및 공익성의 실현 가능성

2. 사회적 신용 및 재정적 능력

3. 시청자의 권익 보호

4. 그 밖에 사업수행에 필요한 사항

제17조(재허가 등) ① 방송사업자(방송채널사용사업자는 제외한다) 및 중계유선방송사업자가 허가 유효 기간의 만료 후 계속 방송을 행하고자 하는 때에는 과학기술정보통신부 장관 또는 방송통신위원회의 재허가를 받아야 한다. 이 경우 제9조 제1항, 제2항 및 제11항을 준용한다. 〈개정 2008.2.29, 2013.3.23〉

② 제9조 제5항 단서의 규정에 의하여 승인을 얻은 방송채널사용사업자가 승인 유효 기간 만료 후 계속 방송을 행하고자 하는 때에는 과학기술정보통신부 장관 또는 방송통신위원회의 재승인을 얻어야 한다. 〈개정 2008.2.29, 2013.3.23〉

③ 과학기술정보통신부 장관 또는 방송통신위원회가 제1항 및 제2항의 규정에 의하여 재허가 또는 재승인을 할 때에는 제10조 제1항 각 호 및 다음 각 호의 사항을 심사하고 그 결과를 공표하여야 한다. 〈개정 2008.2.29, 2012.2.22, 2013.3.23〉

1. 제31조 제1항에 따른 방송평가

2. 이 법에 따른 시정명령의 횟수와 시정명령에 대한 불이행 사례

3. 시청자위원회의 방송프로그램 평가

4. 지역사회발전에 이바지한 정도

5. 방송발전을 위한 지원 계획의 이행 여부

5의 2. 「방송광고판매대행 등에 관한 법률」 제20조 제2항에 따른 네트워크 지역 지상
파방송사업자와 중소지상파방송사업자에 대한 방송광고 판매 지원 이행 정도
6. 기타 허가 또는 승인 당시의 방송사업자 준수사항 이행 여부
④ 제10조 제2항 및 제3항의 규정은 제1항의 재허가 또는 제2항의 규정에 의한 재승인
의 경우에 이를 준용한다. 〈개정 2008.2.29〉

제31조(방송평가위원회) ① 방송통신위원회는 방송사업자의 방송프로그램 내용 및 편성과
운영 등에 관하여 종합적으로 평가할 수 있다. 〈개정 2008.2.29〉
② 방송통신위원회는 제1항의 평가 업무를 효율적으로 수행하기 위하여 방송평가위원
회를 둘 수 있다. 〈개정 2008.2.29〉
③ 방송평가위원회 위원은 방송통신위원회 위원장이 방송통신위원회의 동의를 얻어 위
촉하며, 구성과 운영에 관하여 필요한 사항은 방송통신위원회 규칙으로 정한다. 〈개
정 2008.2.29〉

제32조(방송의 공정성 및 공공성 심의) 방송통신심의위원회는 방송·중계 유선방송 및 전광
판방송의 내용과 기타 전기통신회선을 통하여 공개를 목적으로 유통되는 정보 중 방송
과 유사한 것으로서 대통령령이 정하는 정보의 내용이 공정성과 공공성을 유지하고 있
는지의 여부와 공적 책임을 준수하고 있는지의 여부를 방송 또는 유통된 후 심의·의결한
다. 이 경우 매체별·채널별 특성을 고려하여야 한다. 〈개정 2008.2.29, 2009.7.31〉

제33조(심의규정) ① 방송통신심의위원회는 방송의 공정성 및 공공성을 심의하기 위하
여 방송심의에 관한 규정(이하 "심의규정"이라 한다)을 제정·공표하여야 한다. 〈개정
2008.2.29〉
② 제1항의 심의규정에는 다음 각 호의 사항이 포함되어야 한다. 〈개정 2006.10.27,
2008.2.29, 2009.7.31〉
1. 헌법의 민주적 기본질서의 유지와 인권존중에 관한 사항
2. 건전한 가정생활 보호에 관한 사항
3. 아동 및 청소년의 보호와 건전한 인격 형성에 관한 사항
4. 공중도덕과 사회윤리에 관한 사항
5. 양성평등에 관한 사항
6. 국제적 우의 증진에 관한 사항
7. 장애인 등 방송 소외계층의 권익증진에 관한 사항
8. 민족 문화의 창달과 민족의 주체성 함양에 관한 사항
9. 보도·논평의 공정성·공공성에 관한 사항
10. 언어순화에 관한 사항

11. 자연환경 보호에 관한 사항

12. 건전한 소비생활 및 시청자의 권익 보호에 관한 사항

13. 법령에 따라 방송광고가 금지되는 품목이나 내용에 관한 사항

14. 방송광고 내용의 공정성·공익성에 관한 사항

15. 기타 이 법의 규정에 의한 방송통신심의위원회의 심의업무에 관한 사항

③ 방송사업자는 아동과 청소년을 보호하기 위하여 방송프로그램의 폭력성 및 음란성 등의 유해 정도, 시청자의 연령 등을 감안하여 방송프로그램의 등급을 분류하고 이를 방송 중에 표시하여야 한다.

④ 방송통신심의위원회는 제3항의 방송프로그램 등급분류와 관련하여 분류기준 등 필요한 사항을 방송통신심의위원회 규칙으로 정하여 공표하여야 한다. 이 경우 분류기준은 방송 매체와 방송 분야별 특성 등을 고려하여 차등을 둘 수 있다. 〈개정 2008.2.29〉

⑤ 방송통신심의위원회는 제3항의 규정에 의하여 방송사업자가 자율적으로 부여한 방송프로그램의 등급에 대하여 적절하지 아니하다고 판단되는 경우 해당 방송사업자에게 당해 방송프로그램의 등급분류를 조정하도록 요구할 수 있다. 〈신설 2006.10.27, 2008.2.29〉

제44조(공사의 공적 책임) ① 공사는 방송의 목적과 공적 책임, 방송의 공정성과 공익성을 실현하여야 한다.

② 공사는 국민이 지역과 주변 여건에 관계없이 양질의 방송서비스를 제공받을 수 있도록 노력하여야 한다.

③ 공사는 시청자의 공익에 기여할 수 있는 새로운 방송프로그램·방송서비스 및 방송기술을 연구하고 개발하여야 한다.

④ 공사는 국내외를 대상으로 민족 문화를 창달하고, 민족의 동질성을 확보할 수 있는 방송프로그램을 개발하여 방송하여야 한다.

제69조(방송프로그램의 편성 등) ① 방송사업자는 방송프로그램을 편성함에 있어 공정성·공공성·다양성·균형성·사실성 등에 적합하도록 하여야 한다.

② 종합편성을 행하는 방송사업자는 정치·경제·사회·문화 등 각 분야의 사항이 균형 있게 표현될 수 있도록 하여야 한다.

③ 종합편성을 행하는 방송사업자는 방송프로그램의 편성에 있어서 대통령령이 정하는 기준에 따라 보도·교양 및 오락에 관한 방송프로그램을 포함하여야 하고, 그 방송프로그램 상호 간에 조화를 이루도록 편성하여야 한다. 이 경우 대통령령이 정하는 주시청시간대(이하 "주시청시간대"라 한다)에는 특정 방송 분야의 방송프로그램이 편중되어서는 아니 된다.

④ 전문편성을 행하는 방송사업자는 허가를 받거나 승인을 얻거나 등록을 한 주된 방송 분야가 충분히 반영될 수 있도록 대통령령이 정하는 기준에 따라 방송프로그램을 편성하여야 한다.

⑤ 전문편성을 행하는 방송사업자가 허가를 받거나 승인을 얻거나 등록을 한 주된 방송 분야 이외에 부수적으로 편성할 수 있는 방송프로그램의 범위와 종류는 대통령령으로 정한다. 〈신설 2006.10.27〉

⑥ 한국방송공사 및 특별법에 의한 방송사업자, 방송문화진흥회법에 의한 방송문화진흥회가 출자한 방송사업자 및 그 방송사업자가 출자한 방송사업자를 제외한 지상파방송사업자는 다른 한 방송사업자의 제작물을 대통령령이 정하는 비율 이상 편성하여서는 아니 된다. 〈개정 2006.10.27〉

⑦ 한국방송공사는 대통령령이 정하는 바에 의하여 시청자가 직접 제작한 시청자 참여 프로그램을 편성하여야 한다. 〈개정 2006.10.27〉

⑧ 방송사업자는 장애인의 시청을 도울 수 있도록 수화·폐쇄자막·화면해설 등을 이용한 방송(이하 "장애인방송"이라 한다)을 하여야 하며, 필요한 경우 정부는 그 경비의 전부 또는 일부를 「방송통신발전기본법」 제24조에 따른 방송통신발전기금에서 지원할 수 있다. 〈개정 2011.7.14, 2013.3.23〉

⑨ 제8항에 따라 장애인방송을 하여야 하는 방송사업자의 범위, 장애인방송의 대상이 되는 방송프로그램의 종류와 그 이행에 필요한 사항은 대통령령으로 정한다. 〈신설 2011.7.14〉

⑩ 공동체라디오방송사업자는 청취자 참여프로그램을 매월 전체 방송시간의 100분의 50범위 안에서 대통령령이 정하는 비율 이상 편성하여야 한다. 〈신설 2006.10.27, 2011.7.14〉

제70조(채널의 구성과 운용) ⑧ 종합유선방송사업자, 위성방송사업자(이동멀티미디어 방송을 행하는 위성방송사업자는 제외한다)는 당해 방송 분야의 공익성 및 사회적 필요성을 고려하여 방송통신위원회가 고시한 방송 분야에 속하는 채널(이하 "공익채널"이라 한다)을 운용하여야 한다. 이 경우 공익채널의 선정절차, 선정기준, 운용범위 그 밖의 필요한 사항은 대통령령으로 정한다.

제100조(제재조치 등) ① 방송통신위원회는 방송사업자·중계유선방송사업자 또는 전광판방송사업자가 제33조의 심의규정 및 제74조 제2항에 의한 협찬 고지 규칙을 위반한 경우에는 5천만 원 이하의 과징금을 부과하거나 다음 각 호의 제재조치를 명할 수 있다. 제35조에 따른 시청자불만처리의 결과에 따라 제재를 할 필요가 있다고 인정되는 경우에도 또한 같다. 다만, 방송통신심의위원회는 심의규정 등의 위반 정도가 경미하여 제재조치를 명할 정도에 이르지 아니한 경우에는 해당 사업자·해당 방송프로그램 또는 해당 방송광고의 책임자나 관계자에 대하여 권고를 하거나 의견을 제시할 수 있다. 〈개정 2006.10.27, 2008.2.29, 2009.7.31〉

  1. 삭제 〈2013.3.23〉

  2. 해당 방송프로그램 또는 해당 방송광고의 정정·수정 또는 중지

  3. 방송편성책임자·해당 방송프로그램 또는 해당 방송광고의 관계자에 대한 징계

  4. 주의 또는 경고

② 제1항의 규정에 의한 제재조치가 해당 방송프로그램의 출연자로 인하여 이루어진 경우 해당 방송사업자는 방송출연자에 대하여 경고, 출연 제한 등의 적절한 조치를 취하여야 한다. 〈신설 2006.10.27〉

③ 제1항의 규정에 불구하고 위반의 정도가 중대하다고 인정되는 다음 각 호의 경우에 한하여 방송통신위원회는 1억 원 이하의 과징금을 부과할 수 있다. 〈신설 2006.10.27, 2008.2.29〉

  1. 음란, 퇴폐 및 폭력 등에 관한 심의규정을 위반하는 경우

  2. 「마약류관리에 관한 법률」 제2조 제1호의 규정에 의한 마약류 복용·투약·흡입 및 음주 후 방송 출연 등으로 인한 심의규정을 위반하는 경우

  3. 제1항 제1호 내지 제3호의 제재조치를 받았음에도 불구하고 대통령령으로 정하는 바에 따라 동일한 사유로 반복적으로 심의규정을 위반하는 경우

④ 방송사업자·중계유선방송사업자 및 전광판방송사업자는 제1항 및 제3항에 따른 과징금처분 또는 제재조치 명령을 받은 경우 지체 없이 그에 관한 방송통신위원회의 결정사항 전문을 방송하고, 제재조치 명령은 이를 받은 날부터 7일 이내에 이행하여야 하며, 그 이행결과를 방송통신위원회에 보고하여야 한다. 〈개정 2006.10.27, 2008.2.29, 2009.7.31〉

⑤ 방송통신위원회는 제1항 및 제3항에 따라 과징금처분 또는 제재조치 명령을 하는 경우 미리 당사자 또는 그 대리인에게 의견을 진술할 기회를 주어야 한다. 다만, 당사자 또는 그 대리인이 정당한 사유 없이 이에 응하지 아니한 때에는 그러하지 아니하다. 〈개정 2006.10.27, 2008.2.29, 2009.7.31〉

⑥ 제1항 및 제3항에 따른 과징금처분 또는 제재조치 명령에 이의가 있는 자는 당해 제재조치 명령을 받은 날부터 30일 이내에 방송통신위원회에 재심을 청구할 수 있다. 〈개정 2006.10.27, 2008.2.29, 2009.7.31〉

⑦ 방송통신위원회는 제6항의 규정에 의한 방송통신위원회의 재심 결과를 당사자 또는 그 대리인에게 통지하여야 한다. 〈개정 2006.10.27, 2008.2.29〉
[단순위헌, 2009헌가27, 2012.8.3. 방송법(2009. 7. 31. 법률 제9786호로 개정된 것) 제100조 제1항 제1호 중 '방송사업자가 제33조의 심의규정을 위반한 경우'에 관한 부분은 헌법에 위반된다.]

방송기술 진화로 인한 새로운 방송 매체의 출현은 방송의 공익성이 아직도 필요한지에 대해 의문을 제기하고 있기도 하다. 방송은 원래 보편적 서비스로 누구나 이용할 수 있고, 그 내용도 모든 사람을 위한 폭넓은 사회적 관심사를 반영하는 것이 주류였다. 그런데 현대의 방송은 케이블TV, IPTV를 비롯한 유료 서비스가 증가하면서 가입비용과 접근이 차별화되고, 제공하는 내용도 전문화되고 세분되었기 때문이다. 무료방송이든 유료방송이든 대부분 운영비용이 시청자의 선택으로 결정되기 때문에 방송은 공익성의 책임이 있다고 보는 관점과, 방송이 유료화되었기에 보편적인 차원에서의 공익성은 유효하지 않다는 시각도 있다. 이에 대한 반론으로 많은 사람이 일상적으로 이용하고 시청자에게 많은 영향을 미칠 수 있다는 점에서 방송은 공익적 역할은 여전히 필요하고, 무료방송뿐만 아니라 유료방송도 전파의 유한성을 극복하고 보다 많은 채널을 제공하기 때문에 세분된 시청자를 대상으로 하지만 전체적인 차원에서 보다 다양하고 전문적인 프로그램을 제공함으로써 시청자의 다양한 욕구를 만족시켜야 하기에 결국 방송은 공익적인 역할을 해야 한다는 것이다(한진만 외, 2013).[10]

이러한 논란은 방송의 변화와 함께 지속적으로 제기될 수 있고 방송의 공익성 개념에 대한 새로운 논의도 필요한 시점이다. 그러나 전파자원의 물리적 한계라는 주파수의 희소성에 의한 방송의 공익성은 상대적으로 약화되었지만 그

---

10   한진만 외(2013). 『방송학 개론』. 커뮤니케이션북스. 16-17.

럼에도 불구하고 방송의 사회문화적 영향력이나 효과의 측면을 종합적으로 고려할 때 방송은 최소한의 공익성이 필요하다는 관점이 아직 유효하다.

3. 방송의 미래

우리나라 방송의 디지털화는 2001년 10월 디지털 지상파TV의 본 방송을 시작으로 2012년 12월 31일 아날로그 지상파방송을 종료하고 디지털 전환을 했다. 이후 디지털 위성방송이 2002년 3월에 본방송을 시작하였으며, 디지털화를 꾸준히 추진해 오던 케이블 TV도 2005년 이후 디지털 방송을 시작했다. 이외에도 2008년 11월 방송통신 융합의 대표적인 매체인 IPTV(Internet Protocol TV)가 본격 도입되었다.

다채널 제공이 쉬운 방송의 디지털화는 방송서비스 시장에서 무한경쟁을 촉발하였다. 이미 케이블TV, 위성방송, IPTV 이외에 현행법상 방송플랫폼에서 생산한 콘텐츠를 재생한다는 측면에서 방송과 유사한 것이라 볼 수 있는 온라인 동영상 플랫폼은 아직 실정법상 방송의 범위에 포함되지 않는다. 그러나 그 경계를 넘은 지 오래여서 실질적으로는 방송으로 보는 것이 타당할 것으로 보인다.

이러한 방송콘텐츠를 공급하는 플랫폼이자 소비하는 플랫폼인 다양한 모바일 및 스마트 미디어의 확산으로 방송서비스 시장은 무한경쟁 시대로 접어들었다. 대표적인 것이 온라인 동영상 플랫폼인 OTT와 유튜브(Youtube) 같은 것으로, 특히 온라인 동영상 플랫폼에서 뉴스 이용률은 2018년(33.6%), 2019년(47.1%)에 이어 2020년에는 66.2%로 급격하게 증가했다(심영섭, 2020).[11] 온라인 동영상 플랫폼의 경우 2020년 6월 스마트폰(안드로이드 기준)을 통해 가

---

11 심영섭(2020). 미디어 혁신기구의 필요성과 방향. 「방송문화」, 423호, 42-60.

장 장시간 사용된 동영상 앱은 유튜브였다. 6월 한 달 동안 8억 6,400만 시간이 재생되었고, 1번 이상 이용한 이용자는 3,366만 명이었으며, 유튜브의 동영상 시장 점유율은 90%에 달했다(백봉삼, 2020, 7.28).[12]

OTT의 경우 해외사업자 넷플릭스(Netflix)의 월간 순 이용자는 2019년 5월 253만 명에서 2020년 8월 750만 명으로 크게 성장했다. 2위를 기록한 국내 사업자 웨이브(Wavve)는 출범 1년 만에 누적가입자 1천만 명을 기록했다(닐슨미디어코리아, 2020).[13]

이렇게 고화질, 다채널이 가능한 디지털기술, 모바일 미디어, 그리고 스마트 미디어 등 방송기술의 발전으로 인한 생산과 전송 및 이용 수단의 발전과 확장은 방송환경 전반에 걸쳐 구조적이고 근본적인 변화의 혁신을 일으키고 있다. 엄청난 규모의 방송관련기기 및 가전 시장이 형성되었고, 채널이 증가하고 TV 시청 외의 부가적인 기능이 늘어나면서 영상산업을 비롯해 방송, 정보, 통신이 결합한 다양한 멀티미디어 콘텐츠 산업으로 확장되고 있다. 특히 방송의 초기 형태인 지상파를 이용하여 보다 많은 대중을 대상으로 보편적이고도 공통의 관심사를 일방향적이고 동시다발적으로 송신하는 형태에서 다양한 디지털 전송 수단을 통해 개인화, 특성화된 콘텐츠를 쌍방향적으로 주고받는 모습으로 진화하고 있다. 향후 AI 등 또 다른 기술과 접목되어 보다 정보 지향적이고 맞춤화된 콘텐츠를 주고받는 플랫폼이자 콘텐츠를 중심으로 발전할 것이 예상된다. 그러나 이보다 더 중요한 점은 방송의 진화는 방송산업뿐만 아니라 현대인의 정치, 경제, 사회, 문화, 교육 등에 다양한 영향을 미치고 있다는 것이다.

---

12 백봉삼(2020.7.28.). 유튜브, 동영상 앱 압도적 1위…2~6위 뭉쳐도 '깨갱'. 〈ZDNet Korea〉, https://zdnet.co.kr/view/?no=20200728092140.

13 닐슨미디어코리아(2020.6). 〈2020년 상반기 미디어 리포트〉.

참고문헌

김우룡(2002). 『현대 방송학』. 나남.

닐슨미디어코리아(2020.6). 〈2020년 상반기 미디어 리포트〉.

백봉삼(2020.7.28.). 유튜브, 동영상 앱 압도적 1위…2~6위 뭉쳐도 '깨갱'. 〈ZDNet Korea〉, https://zdnet.co.kr/view/?no=20200728092140.

심영섭(2020). 미디어 혁신기구의 필요성과 방향. 「방송문화」, 423호, 42-60.

윤성옥(2014). 방송의 공익성이란 무엇인가. 「언론과 법」, 12(1), 143-183.

한진만 외(2013). 『방송학 개론』. 커뮤니케이션북스

한진만 · 박은희 · 정인숙 · 주정민(2016). 『새로운 방송론』. 커뮤니케이션북스

Head, S. & Schofield, L.(1994) *Broadcasting in America. 7th ed.* Boston: Houghton Mifflin Co.

Lasswell, H.(1960). "The structure and function of communication in society" in Schramm, W. (ed.) *Mass communication.* Urbana: University of Illinois Press. pp. 117-130.

McLuhan, M.(1966). *Understanding media: the extension of man.* New York: McGraw-Hill.

Schwarts, T. (1981). *Media the second god.* New York: Random House.

Wright, C.(1986). *Mass communication: a sociological perspective.* 3rd ed. New York: Random House.

제2장

방송의 역사

방송은 제도와 정치, 그리고 사회가 연관된 문화다. 따라서 방송의 역사는 문화의 역사이고, 시대정신의 역사이기도 하다. 이것이 방송을 하드웨어적인 측면에서만 볼 수 없는 이유다. 그리고 방송은 기술과 발명의 미디어이기도 하다(김우룡, 2002).[1] 새로운 테크놀로지에 매우 큰 영향을 받을 수밖에 없는 것이 또한 방송의 특징이다. 방송은 언제나 기술 발전의 역사 속에서 전개되었고 앞으로도 그러할 것이다. 이러한 특성으로 인해 방송은 국가별 고유한 특징을 반영하여 발전하고 있고, 동시에 국제적인 추세에 의해 영향을 받는다. 따라서 이 장에서는 먼저 세계적으로 방송이 어떻게 시작되었는지 현대 방송의 시작이라 볼 수 있는 라디오 탄생에 토대가 된 기술적 발명에 대해 먼저 살펴보고, 이와 함께 우리나라 방송이 어떻게 발전되어왔는지 살펴보기로 한다.

1. 세계 방송의 역사

　세계적으로 방송은 1920년대에 라디오의 출현으로 시작되었다. 20세기 매스미디어의 발전과정에서 가장 중요한 사실은 전파 매체의 등장이다. 1884년 모스(Samuel F. Morse)가 유선으로 전기 메시지를 전송하는 기술을 발명하고, 1867년 벨(Alexander Graham Bell)이 유선으로 모스부호 대신 목소리를 전송하는 기술을 발명한 것이 라디오라는 매체의 기술적 토대가 되었다. 보다 근본

1　김우룡(2002). 『현대 방송학』. 나남. 125쪽.

적인 발견은 독일의 과학자 헤르츠(Heinrich Hertz)가 전파의 존재를 발견한 데 있다. 헤르츠는 1888년 두 금속코일을 통해 정전기를 방전시켜 전깃줄이 없어도 빛의 속도로 대기에 전자파를 보낼 수 있다는 역사적인 실험에 성공했다(김우룡, 2002).[2]

헤르츠의 연구를 바탕으로 마르코니(Guglielmo Marconi)는 1895년 이탈리아에서 단거리에 무선신호를 송신하는 데 성공했다. 그는 통신 거리를 연장하는 계속된 실험 끝에 1901년 대서양을 횡단하는 무선신호를 보내는 데 성공했고, 1897년과 1899년 영국과 미국에 각각 마르코니 무선전신회사(Marconi Wireless Telegraph and Signal Company)가 설립되면서 본격적인 무선통신의 시대가 개막된다(김영임 · 김우룡, 1997).[3] 이것이 후에 라디오방송이 발전할 수 있는 초석이 되었다.

미국에서 본격적인 라디오방송은 1910년대에 시작되었다. 그런데 일반인들이 무선 커뮤니케이션의 위력을 실감하게 된 계기는 1912년 타이태닉호 침몰 사건이었다. 이 사건은 1912년 초호화 여객선이었던 타이태닉호가 최초로 항해를 하다 침몰한 사건으로 당시 아메리칸 마르코니(American Marconi) 무선전신회사에서 일하던 21세의 사노프(David Sarnoff)는 타이태닉호의 침몰 소식을 세계 최초로 알리게 되었다. 이 사건은 무선 커뮤니케이션의 가치를 입증하는 계기가 되었고 결과적으로 무선 커뮤니케이션을 이용한 미디어인 라디오의 발전에 기여했다는 점에서 중요하다.

마르코니의 무선통신 기술 발명을 토대로 라디오방송은 1920년 미국에서

---

2   김우룡(2002). 위의 책, 128쪽.

3   김영임 · 김우룡(1997). 『방송학 개론』. 한국방송대학교 출판부. 48쪽.

웨스팅하우스(Westinghouse)사가 세계 최초로 펜실베이니아주 피츠버그에 KDKA라는 라디오 방송국을 개국했다. 라디오는 1927년 실시된 하딩(Warren G. Harding)과 콕스(James M. Cox)의 미국 대통령 선거전의 투표 결과를 방송함으로써 새로운 대중매체로 세계적인 주목을 받기 시작했다(김우룡, 2002).[4] 이후 1922년에는 영국에서, 1925년에는 일본에서, 그리고 1926년에는 우리나라에서 서비스가 시작되었다.

라디오방송은 1933년 AM 라디오방송에 비해 음질이 더 깨끗한 FM 라디오의 등장으로 또 한 번 기술적으로 진화한다. 본격적으로 음악 전문방송으로 자리 잡고 드라마, 다큐멘터리 등의 장르를 개척한 시기도 이 무렵이다. 라디오방송프로그램의 다양화는 향후 텔레비전방송프로그램의 장르 개발과 포맷 형성

〈사진 1〉 마르코니의 무선전신 발명기(좌)와 무선전신 기념관(우)

마르코니와 그가 만든 무선전신기(좌), 이탈리아인 마르코니가 1901년 영국의 폴두와 캐나다의 세인트존스 사이 대서양을 잇는 송수신에 성공한 기념으로 세운 무선전신 기념관(우).
출처: corel https://terms.naver.com/entry.naver?docId=3571657&cid=58941&category Id=58960

---

4 김우룡(2002). 위의 책, 130-131.

<사진 2> 무선전신의 힘을 입증한 타이태닉호 침몰 사건

출처: 마르코니의 무선전신 발명, https://terms.naver.com/entry.naver?docId=3571657&cid=58
941&categoryId=58960

에 기초가 되었다(한진만 외, 2016).[5] 무선전신이나 무선전화시대의 전달 방식
이 지점 간(point to point) 커뮤니케이션 방식이라면 라디오방송의 출현으로
바야흐로 본격적인 매스커뮤니케이션의 시대가 시작되었다고 볼 수 있다(김우
룡, 2002).[6]

---

5 한진만 · 박은희 · 정인숙 · 주정민(2016). 『새로운 방송론』. 커뮤니케이션북스. 31쪽.

6 김우룡(2002). 위의 책, 131-132.

〈세계방송사 연표-라디오〉

1880년대 전파 최초 발사(독일인 Heinrich Hertz)

1895년 무선통신 발명(이탈리아인 Guglielmo Marconi)

1907년 진공관 발명(미국인 Lee De Forest: 라디오의 아버지)

1910년 선박무선법

1912년 타이태닉호의 침몰(D. Sarnoff의 등장)

1919년 RCA 설립

1921년 미국 최초의 라디오 방송국 KDKA 허가

1920년대 초 AT&T가 뉴욕에 유료방송국 WEAF 설립

1925년~1937년 라디오 전성기

1937년~1945년 라디오 성숙기

1950년대 중반 독립방송국의 등장

1970년대 포맷프로그램의 지배

출처: 김우룡 · 정인숙(1999). 『현대매스미디어의 이해』. 나남. 152쪽.[7]

방송이슈
〈라디오에 관한 신화적 전설〉

1938년 10월 핼러윈 데이(Halloween day) 저녁 CBS라디오에서는 〈라디오 머큐리 극장〉을 방송하였다. 이 프로그램은 화성인의 침입을 소재로 한 오손 웰스(Orson Welles)의 공상과학 소설 『우주 전쟁(War of the Worlds)』을 극화한 것이다. 프로그램 시작 부분과 중간에 세 차례, "가상상황"이라는 멘트가 들어갔고, 일상적인 댄스 음악 방송 중 화성인의 침입을 알리는 뉴스 속보가 몇 차례 방송되었다. 그러나 다른 방송의 인기 프로그램을 듣다가 채널을 돌린 청취자들은 이것을 실제 상황이라고 생각했다. CBS에는 청취자들의 문의가 빗발쳤고, 거리는 공포감에 뛰쳐나온 사람들과 탈출을 시도하는 차들로 넘쳤다. 라

---

7   김우룡 · 정인숙(1999). 『현대매스미디어의 이해』. 나남. 152쪽.

디오가 사회적으로 커다란 물의를 일으켰던 이 사건은 매스미디어의 강력한 영향력을 설명하기 위해 자주 인용되고 있으며, 이후 연방통신위원회(FCC: Federal Communications Commission)가 라디오 드라마에서 뉴스 형식을 금지하는 방송 규제를 초래하기도 하였다.

출처: 한국언론학회 미디어교육위원회(2007). 『미디어의 이해』. 방송위원회, 37쪽.[8]

〈사진 3〉 라디오극 〈화성으로부터의 침공〉을 제작한 존 하우스먼(John Houseman, 1902~1988)

출처: 라디오의 영향력, https://terms.naver.com/entry.naver?docId=1691618&cid=42192&categoryId=42197
1930년대 가장 유명한 라디오극 〈화성으로부터의 침공〉을 제작한 존 하우스먼(John Houseman, 1902~1988) ⓒ 커뮤니케이션북스

---

8   한국언론학회 미디어교육위원회(2007). 『미디어의 이해』. 방송위원회, 37쪽.

라디오와 마찬가지로 텔레비전도 19세기 말부터 여러 가지 실험을 통해 가능해진 미디어다. 1839년 은판 사진술의 발명을 시작으로 그 뒤 청사진을 환등기에 비추어 보고 그림이 연속적으로 환상으로 나타나는 것을 알아냈다. 1873년 영국인 메이(May)가 셀레늄 금속에 광선을 보냄으로써 전기를 발생시키는 원리를 발견했는데 이것이 텔레비전 발명에 기술적 토대가 되었다. 이를 토대로 1880년 프랑스인 르 프랑(Le Plean)이 주사선의 원리를 발명하였고 1884년 러시아 출신의 독일 과학자 니프코브(P. Nipkow)가 니프코브 원판을 발명하였다.

여기에 이탈리아 마르코니가 발명한 무선전신, 독일의 브라운(Brown)이 발명한 브라운관, 드포리스트(Lee de Forest)가 발명한 3극 진공관이 더해져서 텔레비전의 발전에 결정적인 역할을 하게 된다. 그 후 1928년 미국의 즈보르킨(Vladimir K. Zworykin)이 카메라 튜브인 아이코노스코프를 개발하면서 간단하고 선명한 영상 재현이 가능해지면서 텔레비전의 개발은 본격화되었다.

1928년 1월 미국에서 GE와 RCA는 텔레비전 수상기 3대를 생산하여 일반에게 공개하고, 5월에는 GE의 뉴욕 슈넥타디 방송국이 1주일에 3일간 하루 3분씩 최초의 텔레비전방송을 시작하게 되었다. 그러나 1929년에 발생한 경제 대공황은 막 일기 시작한 텔레비전 붐에 찬물을 끼얹고 1930년 사노프(David Sarnoff)가 RCA의 사장이 되면서 NBC가 1932년 텔레비전방송국을 설립했지만, 텔레비전은 라디오의 보조 매체로서 아직 실험단계에서 벗어나지 못하고 있었다. 대공황은 텔레비전 발달의 본거지를 미국에서 유럽으로 이동시켰다(김우룡, 2002).[9]

1928년 독일에서는 텔레비전 실험 방송을 시작했는데 특히 1933년에 집권

---

9   김우룡(2002). 『현대 방송학』. 나남. 134-136.

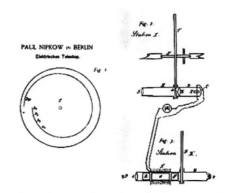

주사판을 개발한 파울 니프코브(좌). 파울 니프코브가 개발한 주사판(니프코브 디스크)의 설계도(우).
출처: 용어로 보는 IT, https://terms.naver.com/entry.naver?docId=3572626&cid=59088&categ
oryId=59096

한 히틀러 치하의 독일에서는 경제가 왕성한 가운데 텔레비전이 크게 발달하여
1936년 베를린 올림픽을 중계방송 했고, 영국에서는 1936년 BBC가 세계 최초
로 정규 텔레비전방송을 시작했다. 미국은 1939년 세계박람회에서 일반 대중
에게 텔레비전 수상기를 최초로 선보였고, 1954년에는 컬러방송을 시작했다.
우리나라는 미국이 컬러방송을 시작할 무렵인 1956년 KORCAD-TV라는 이
름으로 최초의 텔레비전방송을 시작했다(주정민, 2012).[10]

이와 더불어 1930년대에는 프랑스, 구소련, 이탈리아, 일본 등에서도 텔레
비전방송이 비약적으로 확산하였다. 미국에서 텔레비전방송이 일반인의 관심
을 끌게 된 계기는 1939년 뉴욕 세계박람회 기간 중 NBC가 실험방송을 하면
서부터이다. 실험방송 시 프랭클린 루스벨트 대통령의 개막 연설 장면이 8×10
인치 스크린을 통해 방송되면서 대중들의 큰 관심을 끌었다. 이 장면이 뉴욕시

---

10   주정민(2012). 방송의 과거와 현재. 『방송영상 미디어의 이해』. 나남. 43-44.

〈사진 5〉 베어드의 기계식 텔레비전 실험 성공

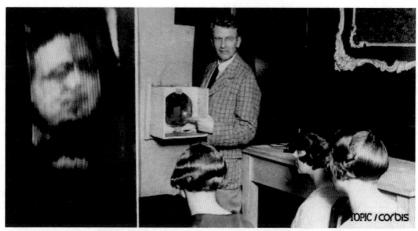

첫 번째 텔레비전을 시연하고 있는 존 로지 베어드(John Logie Baird)의 모습. 왼쪽은 텔레비전을 통해 전해진 상의 모습.
출처: 용어로 보는 IT, https://terms.naver.com/entry.naver?docId=3572626&cid=59088&categoryId=59096

〈사진 6〉 브라운관을 발명한 브라운과 전자식 TV를 발명한 판스워스

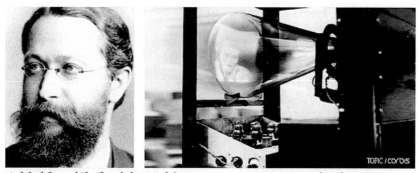

브라운관을 고안한 페르디난트 브라운(Karl Ferdinand Braun)(좌). 판즈워스(Philo Taylor Farnsworth)는 1927년에 세계 최초의 완전한 전자식 텔레비전을 개발했다(우).
출처: 용어로 보는 IT, https://terms.naver.com/entry.naver?docId=3572626&cid=59088&categoryId=59096

출처: 데이비드 사노프(David Sarnoff, 1891~1971)
ⓒ 커뮤니케이션북스, https://terms.naver.com/entry.naver?docId=2275112&cid=42192&categ
 oryId=51148

에 보급되어 있던 200대의 수상기와 박람회장 RCA관에 설치된 12대의 텔레비
전 수상기를 통해 중계방송되었다. 이로써 루스벨트는 텔레비전에 출연한 미국
최초의 대통령이 되었다(김우룡, 2002).[11]

〈세계방송사 연표-텔레비전〉

 1935년 독일에서 텔레비전방송 출현
 1936년 영국에서 세계 최초의 정규 텔레비전방송
 1939년 뉴욕 세계박람회에서 미국 최초의 텔레비전방송
 1941년 FCC 상업 텔레비전방송 인가
 1946년 CBS와 NBC의 컬러텔레비전 시연

---

11 김우룡(2002). 『현대 방송학』. 나남. 136쪽.

1948년 텔레비전 허가 동결

1952년 FCC 신규 텔레비전 동결 해제

1954년 Murrow와 McCarthy의 대결: 〈See it Now〉

1956년 텔레비전에서 대통령 선거 보도

1967년 공영방송재단 CPB 설립

1969년 인간 달 착륙 텔레비전 전 세계 생중계

1980년 뉴스 전문채널 CNN 개국

1980년대 케이블TV와 VCR로 인한 시청패턴 변화와 지상파방송 네트워크의
인기 하락

1982년 홈쇼핑 네트워크 등장

1990년 제4 지상파 네트워크 FOX TV 출범

출처: 김우룡 · 정인숙(1999). 『현대매스미디어의 이해』. 나남. 152쪽에서 재구성.

2. 한국방송의 역사

역사연구에서 필수적인 시대구분은 방송사 연구에도 필요하다. 그러나 이
작업은 연구자의 관점에 따라 어떤 기준을 적용해서 구분하냐에 따라 달라질
수 있다. 우리나라의 방송은 기술의 진화와 세계적인 추세에 맞추어 시작되었
지만, 우리나라 고유의 역사적 흐름에 따라 독자적으로 발전해왔다. 일제 강점
기에 시작된 라디오방송은 일본의 통치 일환으로 도입되었고 그 후 미 군정에
의해 미국식 방송의 영향을 받기도 했지만, 기술적 진화 요인 이외에도 한국 고
유의 사회문화적 상황과 정치적인 환경의 소산이다. 이 중에서 가장 큰 영향력
은 1960년대 박정희 정권과 1980년대 전두환 정권기 집권 세력에 의한 구조
변화로 인해 주로 톱다운(top-down) 방식으로 이루어진 측면이 많다. 이러한
이유로 일부 연구자들은 대체로 정권의 변화를 기점으로 시대구분을 하기도 하

지만 정치 권력에 의한 타율적인 구조 변화가 전부가 아니므로 이 책에서는 이러한 시대구분과 함께 방송구조에 기술적, 사회적 변화가 크게 일어난 시점을 중심으로 한국방송의 역사를 종합적으로 구분하였다.

〈한국방송사 연표〉

1926년 경성방송국 설립(11월)

1927년 경성방송국 정규방송 실시(2월 16일)

1932년 경성방송국을 사단법인 조선방송협회로 개편하고 전국 네트워크 구축

1935년 최초의 지방방송국 부산방송국 개국

1942년 단파방송 밀청 사건

1945년 미 군정이 10개 방송국 접수, 경성방송국을 우리말 제1 방송으로 시작

1947년 일본 호출부호 JO대신 HL 할당(9월 3일)

1948년 공보처가 방송국을 흡수하여 국영방송체제 확립

1953년 한국전쟁으로 대구와 부산방송국을 제외 모든 방송국과 시설 파괴

1954년 최초의 민간방송 기독교 중앙방송국 개국(HLKY, 5kw)

1956년 최초의 상업 텔레비전(HLKZ) 개국

1957년 AFKN 개국

1961년 KBS 개국, MBC라디오 서울방송국 개국

1962년 동양텔레비전과 라디오 서울 등 2개 민영방송 설립

1963년 KBS 유료 광고방송실시, 시청료 징수 개시, 동아방송국(DBS-R) 개국

1964년 최초의 민간 텔레비전 동양텔레비전(TBC) 개국

1973년 KBS 공사체제로 전환

1980년 언론 통폐합(11월 14일)으로 공영 단일체제로 전환, 컬러방송 개시

1981년 언론기본법 발효

1983년 KBS 〈이산가족 찾기〉 생방송

1986년 시청료 거부 운동

1990년 방송구조 대개편, 교육방송이 KBS에서 독립하여 한국교육방송국

(EBS)으로 개국

1991년 서울방송(SBS) 개국, 12월 9일

1994년 4대 도시 지역 민영방송 사업 허가(부산, 대구, 광주, 대전)

1995년 케이블TV 개국

1996년 위성시험방송 개시

1997년 2차 지역민방 개국(전주, 청주, 울산, 인천)

2000년 통합방송법 제정

2001년 방송프로그램 등급제 실시

2002년 직접위성방송 스카이라이프 개국(3월 1일)

2005년 위성 DMB 개국

2005년 낮 방송 허용(12월 1일)

2006년 수도권 지상파 DMB 개국

2008년 IPTV 개시(KT Qook TV, 11월 17일)

2009년 미디어법 통과 및 방송법 개정(7월 31일)

2010년 간접광고 허용

2012년 아날로그 지상파방송 종료 및 전면 디지털 전환(12월 31일)

출처: 김우룡·정인숙(1999). 『현대매스미디어의 이해』. 나남. 158쪽에서 재구성.

1) 한국방송의 태동기(1927년~1945년)

우리나라의 방송은 일제의 한반도 통치 기술의 일환으로 시작되었다. 1926년 11월 30일 발족한 경성방송국은 이듬해인 1927년 2월 16일 최초의 방송을 시작했다. 이때의 출력은 1kw, 주파수는 435m밴드(약690khz), 호출부호는 JODK였다. 초기에는 한일 양국 언어를 혼합하여 방송했는데 한국어는 창이나 민요, 동화 등을 방송했고, 일본어 방송은 뉴스 및 경제 상황에 대한 보도였다. 한일 혼합 방송으로는 물가 시세 및 일기예보, 공지사항 등이 있었다. 1933년에는 출력을 10kw로 증강하는 동시에 제2 방송을 만들어 우리말 방송을 시작했다. 이것은 그

〈사진 8〉 경성방송국(정동) 1927년.

출처: https://www.ziksir.com/news/articleView.html?idxno=7090

동안 한국인 청취자를 확보했기 때문에 경영난도 해소하고 일제의 정책을 선전하려는 의도였다(김영임 · 김우룡, 1997; 김우룡, 2002 재인용).[12]

　1941년 태평양전쟁 이후 조선에 대한 황국신민화를 위해 방송통제를 강화했고 이러한 목적으로 라디오방송은 이용되었다. 1942년 12월 발생한 '단파방송 청취 사건'은 조선방송협회의 한국인 기술부원이 개성 간이방송소에서 VOA(미국의 소리) 단파방송을 청취한 혐의로 체포된 사건인데 이 사건으로 방송인 10여 명이 실형을 선고받기도 했다(김우룡, 2002).[13]

12 　김우룡(2002). 『현대 방송학』. 나남. 145쪽.

13 　김우룡(2002). 『현대 방송학』. 나남. 146쪽.

2) 미 군정 시대와 한국방송의 시작(1945년~1953년)

해방이 되자 미 군정은 방송국을 장악하고 조선방송협회의 현업부서를 공보부에 예속시킴으로써 우리나라 방송이 장차 국영방송의 틀을 갖추는 계기가 되었다. 1946년 1월부터는 미국의 소리 우리말 방송이 중계되기 시작했고 같은해 10월에는 미국 상업방송의 편성기법인 15분 단위 편성제도가 도입되면서기본 방송순서가 마련되었다. 특히 1947년 9월 3일에는 한국의 독자적인 호출부호로 'HL'이 배정되었고 현재 이날을 방송의 날로 기념하고 있다(한진만 외, 2004).[14]

3) 한국전쟁과 국영방송시대(1948년~1953년)

1948년 대한민국 정부가 수립되면서 미국으로부터 다시 인수한 조선방송협회는 그 명칭을 대한방송협회로 변경하고 정부의 공보처로 흡수되었다. 이를통해 국영방송체제를 갖추게 되었다. 그러나 1950년 한국전쟁으로 인해 방송국은 큰 피해를 보았고, 1953년에는 대구와 부산방송을 제외한 그 밖의 방송국과 송신시설들이 거의 완파되었다. 정부수립 이후 공보기관으로서 기능과 선전매체로서 기능의 중요성을 인식하게 된 정부는 방송 매체를 정부의 홍보매체로더욱 확고히 운영하게 되었고 이 점은 한국방송의 정체성에 적지 않은 영향을미치게 된다(김우룡, 2002).[15]

---

14 한진만 외(2004). 위의 책. 79쪽.

15 김우룡(2002). 위의 책. 149쪽.

〈사진 9〉 텔레비전방송국(KORCAD) 개국(1956, 서울 종로 방송국 사옥)

출처: 우리나라 TV 방송은 어떻게 발전해왔을까? 행정안전부 보도자료. 2015.05.10.

4) 민영방송의 출현과 텔레비전 시대의 개막(1954년~1960년)

이 시기는 새로운 민간방송의 출현으로 국영방송 독점 시대가 막을 내리고 텔레비전방송이 본격적으로 시작된 시기다. 먼저 첫 민간방송인 기독교방송이 1954년 12월 15일 발족하였다. 기독교방송 개국으로 국영방송 독점 체제는 막을 내렸다. 1956년 5월 12일에는 최초의 텔레비전방송국인 KORCAD 텔레비전방송국(HLKZ-TV)이 개국했다. 그러나 경제적으로나 문화적으로 성숙하지 않은 환경에서 탄생한 이 방송국은 개국 1년 만인 1957년 5월에 한국일보에 양도되어 이름을 대한방송주식회사(DBC-TV)로 바꾸어 재출발하게 된다. 그러나 1959년 원인 모를 화재로 결국 문을 닫고 말았다.

그 후 1959년 4월 15일 한국 최초의 국내 자본에 의한 민간상업방송인 부산 문화방송국이 주파수 1,035, 호출부호 HLKU, 출력 1kw로 개국한다. 개국 초기에는 하루 6시간 30분 동안 방송하다가 1960년부터는 방송 시간을 9시간 10분으로 연장했던데 대부분이 가요와 경음악 위주의 오락 중심 편성이었고, 재정난을 덜기 위해 광고 방송을 도입하기도 했다. 중계차를 도입하여 보도 방송을 강화하던 중 1960년 3월 15일 부정 선거를 규탄하는 마산 시위와 4·19 혁명의 사실 보도를 통해 기독교 방송국과 방송의 위상을 높이는 데 기여했다(한진만 외, 2004).[16]

5) 국영방송 및 상업방송의 시대(1961년~1979년)

이 시기에 두드러진 점은 텔레비전 시대의 본격적인 막을 열었다는 것이다. 1961년 12월 31일 국영 KBS-TV가 개국한 것이다. 그리고 1961년 5·16 군사쿠데타 이후 한국방송은 상업방송의 확산이 본격적으로 이루어진다. 1961년 12월 2일 한국문화방송주식회사(MBC)가 서울에서 라디오 방송사를 개국한 것이다. 한국문화방송은 1965년까지 불과 3년 만에 대구, 광주, 대전, 전주 등에 4개의 직영 지역방송국을 개국했고, 1970년대 초까지는 지방의 독립 민간 상업방송을 계열화하여 네트워크를 구축했다. 이후 제2의 민영 텔레비전으로 1969년 8월에 한국문화텔레비전(MBC, 호출부호 HLAC)이 채널 11로 개국하였다. 동양방송(TBC)은 1964년 5월 9일 서울에서 기독교방송(CBS), 문화방송(MBC), 동아방송(DBS)에 이어 네 번째 민영 라디오방송인 라디오 서울방송주식회사로 시작하였고, 동년 12월 7일 동양텔레비전을 개국함으로써 텔레

---

16   한진만 외(2004). 위의 책, 81쪽.

〈사진 10〉KBS 방송국(1963, 남산)

출처: 우리나라 TV 방송은 어떻게 발전해왔을까? 행정안전부 보도자료.
2015.05.10.

〈사진 11〉MBC-TV 개국 전야제(1969, 정동 사옥)

출처: 우리나라 TV 방송은 어떻게 발전해왔을까? 행정안전부 보도자료.
2015.05.10.

출처: 우리나라 TV 방송은 어떻게 발전해왔을까? 행정안전부 보도자료. 2015.05.10.

비전 3국 시대를 개막하게 되었다. 그리고 1972년 말 한국방송공사법이 국회에서 통과되어 1973년 3월 3일 KBS가 외형적으로는 국영방송에서 공영방송으로 탈바꿈하게 된다(김영임 · 김우룡, 1997).[17]

6) 공영방송시대(1980년~1989년)

국영과 민영방송의 병존, 특히 상업방송이 번영을 구가한 1970년대를 지나고 '방송통폐합'이라 불리는 1980년 한국 방송구조는 또 한 번 전격적으로 개편된다. 외형적으로는 상업방송의 역기능을 개선할 필요가 있다는 한국방송협회의 자율적 선언으로 표현되었으나 정치 권력 핵심부의 방송을 보는 시각이 강력하게 반영된 통폐합 조치로 한국방송은 지난 50여 년 동안 경험해 보지 못했던 새로운 국면인 공영방송의 시대로 접어들게 된다.

1980년 11월 한국신문협회와 한국방송협회가 자율적인 형식으로 결의한 언

---

17 김영임 · 김우룡(1997). 『방송학 개론』. 한국방송대학교 출판부. 162쪽.

론통폐합 조치가 단행되면서 방송사의 경우, 민영방송을 포함해서 경영의 독립성을 유지하고 있던, 중앙 3개사, 지방 3개사, MBC 계열 21개사가 각각 KBS, MBC, 본사로 통합 조정되었다. KBS는 동양방송(TBC)의 TV와 라디오, 동아방송(DBS) 등을 인수하게 되어, TV 2개 채널, 라디오 4개 채널, FM 음악 방송을 포함한 총 8개 채널을 보유한 대형 방송사가 되었다. 또한, MBC는 21개 지방 제휴사의 주식 51%를 본사가 인수하여 이를 계열화하게 되었다.

그리고 기독교방송(CBS)은 11월 24일부터 보도 방송을 할 수 없게 되고, 12월 1일부터는 광고방송도 할 수 없게 되면서 순수한 복음방송만 하게 되었다. 또한, 1981년도에 가서 KBS가 MBC의 주식 70%를 출자하는 형식으로 인수하게 되면서 MBC도 공영방송으로서의 형태를 갖추게 되었다. 이로써 1990년대에 와서 민영방송의 부활 등 새로운 방송체제가 들어서기까지는 1980년대 동안 KBS와 MBC 양대 공영방송이 방송시장을 독과점하는 체제를 형성하게 되었다.

언론통폐합 조치의 명분은 언론기관의 과점화와 특정 개인이나 영리법인에 의한 신문과 방송의 겸영 현상에 따른 폐해를 없앰으로써 언론의 공익성을 강화한다는 것이었다. 이와 함께 1980년 12월에는 언론의 공적 책임을 강조하는 언론기본법이 제정 및 공포되었다. 또한, 한국방송광고공사법이 제정되어, 이 법에 의거 이듬해 1월에는 한국방송광고공사가 설립됨으로써 기존에는 개별 방송사가 해오던 방송광고의 판매를 공사가 대행하는 역할을 맡게 되었고, 광고공사는 여기서 발생하는 수수료 일부로 공익자금을 조성하였다. 한편 KBS는 상업 방송광고를 실시할 수 있게 되면서, 기존 시청료 외에도 또 다른 하나의 재원을 확보할 수 있게 되었다.

그리고 1980년대는 한국 방송사에 있어 컬러텔레비전 시대를 맞이한 시대라는 점에서 특기할 만하다. 당시 60만 대라는 TV 수상기 보급 상황을 배경으로

1980년 8월부터 컬러 TV 수상기의 국내 시판이 시작되었고, 12월부터는 흑백시청도 가능한 미국식의 NTSC 방식에 따른 컬러 시험방송이 시작되었다. 컬러방송의 실시에 따른 파급효과가 다방면에 걸쳐 나타났다. 우선 컬러방송의 실시는 흑백 시대와는 다른 프로그램 제작과 광고방식을 요구한다는 점에서 그것이 미치는 영향은 컸다. 또한, 컬러방송이 실시되면서 무엇보다 시청자들의 관심이 높아졌고, 시청자 수와 시청시간이 많이 늘어났으며, 해를 거듭하면서 흑백 TV 수상기는 줄어드는 반면에 컬러 수상기가 늘어나서 1983년 말에 흑백 수상기는 404만여 대 그리고 컬러 수상기는 318만여 대가 보급된 것으로 나타났다.

〈사진 13〉 컬러 TV 방송 실시 계획

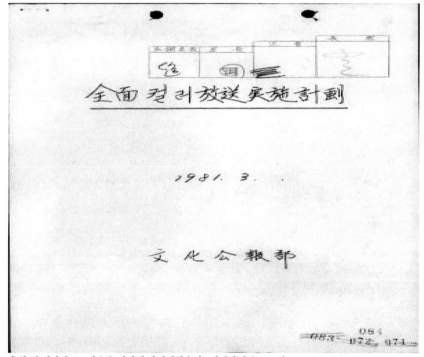

출처: 우리나라 TV 방송은 어떻게 발전해왔을까? 행정안전부 보도자료. 2015.05.10.

한편 1981년 2월 2일부터 KBS는 UHF 채널(KBS 제3TV)을 별도로 개설해 VHF 채널에서 부분적으로 방송하고 있던 고교 교육방송을 흡수하고 성인을 대상으로 한 평생교육을 실시하게 됐다. 또한, 1981년 5월 25일부터는, 1973년 11월 26일 이후 정부의 에너지 절약 시책에 따라 중단되었던 아침방송을 재개하였다. 편성과 제작 측면에서도 KBS와 MBC는 컬러 시대를 맞이하여 민감하게 대응하기 시작했다. 먼저 보도부문에서는 뉴스의 와이드화와 함께 전문앵커 체제의 도입, 심층보도와 화제를 중심으로 한 뉴스 구성, 위성통신을 활용한 신속한 영상중계 그리고 아침 및 심야 보도 편성 등이 특징이었다(김우룡, 2002).[18]

7) 다매체·다채널시대(1990년대 이후)

1990년대에 들어 방송제도와 방송환경에서 나타나고 있는 특징은 무엇보다도 우리나라에서도 뉴미디어 방송의 등장과 함께 다매체, 다채널시대가 본격적으로 도래하기 시작했다는 점이다. 방송에 있어서 다채널화의 서곡은 1980년 언론통폐합 조치에 따라 사라졌던 민영방송이 11년 만에 부활하는 것으로 시작되었다.

1980년 신군부정권의 언론통폐합 조치에 따라 사라졌던 민영방송이 11년여 만인 1991년 3월 서울방송(SBS)의 개국을 계기로 다시 등장하게 되어 공·민영 혼합체제로 복귀하게 되었고, 1995년 3월 1일에는 케이블TV가 본방송을 시작하게 됨으로써 뉴미디어 시대가 활짝 열리기 시작했다. 그뿐만 아니라 지역민방 시대의 개막과 함께 1994년 8월 5일 무궁화 위성의 발사 이후 1996년 7월 1일에 KBS가 위성 시험방송을 시작함으로써 공·민영 혼합 체제하의 기존 지상파방송

---

18   김우룡(2002). 위의 책. 153-156.

외에 케이블 TV, 위성 TV와 같은 뉴미디어 방송이 가세하게 된 것이다. 한편 교육방송은 1990년 12월 27일에 KBS로부터 3TV 및 교육 FM 채널을 인수함으로써 교육방송 전문채널인 한국교육방송국(EBS)이 개국하게 되었다.

1993년은 어느 해보다도 위성방송을 포함한 뉴미디어 방송의 도입과 함께 지역 4대 도시를 중심으로 한 지역 민방의 도입 필요성 문제를 둘러싼 논의가 활발하게 전개되었다. 1994년에 와서 정부는 부산, 대구, 광주, 대전 등 4개 지역의 민영방송사업자를 선정 발표했다. 1997년에는 2차 지역민방이 전주, 청주, 울산, 인천에 개국하였다.

1995년 3월 1일부터 종합유선방송이 본방송을 시작하면서 비로소 다매체, 다채널시대가 본격화되었다. 1990년 초부터 본격적으로 준비해 온 케이블TV가 1995년 1월 5일부터 1월 31일까지 시험방송과 2월 1일부터 1개월간의 시범방송을 거쳐 3월 1일 본방송을 시작하였고, 5월부터는 유료방송을 실시하였다. 한편 1994년에 선정된 바 있는 지역민방도 1995년 5월 14일 오전 8시부터 일제히 본방송을 시작하였다. 이들 지역 민방은 기존의 지역방송과는 달리 자본과 운영의 독립성을 확보하고 독자적인 체제로 운영되지만, 서울의 SBS와 프로그램 협력하에 운영되는 새로운 형태로 출범하였다.

우리나라의 위성방송은 1999년 무궁화위성 3호 발사가 성공한 후 2002년 3월 한국통신 주축의 한국디지털위성방송 컨소시엄(스카이라이프)을 독점사업자로 선정하여 서비스가 시작되었다(한진만 외, 2013).[19] 2005년 12월 1일에는 텔레비전방송에 낮 방송이 전면적으로 허용되기도 했다(한진만 외, 2013).[20]

---

19 한진만 외(2013). 『방송학 개론』. 커뮤니케이션북스. 56쪽.

20 한진만 외(2013). 위의 책. 39-40.

8) 방송통신 융합시대(2000년대 이후)

이 시기에는 디지털 기술발달로 방송과 통신이 융합하는 본격적인 방송통신 융합시대가 열렸다. 통신망의 광대역화와 방송의 디지털화 등 정보통신 기술의 발전, 기존의 통신·방송시장의 포화에 따라 새로운 비즈니스 영역을 모색하는 공급자의 요구 및 보다 세분된 욕구를 충족하려는 수용자의 요구로 촉진되고 있다.

전통적인 매체인 TV나 라디오로만 볼 수 있는 방송콘텐츠를 휴대전화, 개인 휴대단말기, 인터넷을 이용한 서비스로 받아볼 수 있게 되었다. 이로 인해 방송이 방송망뿐만 아니라 통신망을 통해서도 전송되며, 통신도 통신망뿐만 아니라 방송망을 통하여도 서비스할 수 있게 되었으며 사업자 간의 영역도 달라졌다.

2005년 12월 1일에는 대표적인 방송통신 융합 서비스인 DMB가 공식 출범했다. 지상파 DMB는 DTV 전송방식과 관련한 사회적 논쟁을 거쳐 대한민국이 독자 개발한 이동/휴대방송 방식으로 세계 최초로 상용 서비스를 시작하며 세계의 주목을 받았다. 2008년 광대역통합 정보통신망 등을 이용하여 양방향성을 가진 인터넷 프로토콜 방식으로 일정한 서비스 품질이 보장되는 가운데 텔레비전 수상기 등을 통하여 이용자에게 실시간 방송프로그램을 포함하여 데이터·영상·음성·음향 및 전자상거래 등의 콘텐츠를 복합적으로 제공하는 방송인 인터넷 멀티미디어 방송(IPTV)이 본격적으로 시작되었고, 이 밖에 인터넷방송, VOD, 데이터방송, 각종 OTT(넷플릭스 2016년, 웨이브 2019년, 디즈니 플러스 2021년 국내 출시) 등의 방송통신 융합 기반의 미디어 서비스가 등장하게 되었다.

참고문헌

김영임 · 김우룡(1997). 『방송학 개론』. 한국방송대학교 출판부.

김우룡(2002). 『현대 방송학』. 나남.

주정민(2012). 방송의 과거와 현재. 『방송영상 미디어의 이해』. 나남.

한국언론학회 미디어교육위원회(2007). 『미디어의 이해』. 방송위원회.

한진만 외(2004). 『방송론』. 커뮤니케이션북스.

한진만 외(2013). 『방송학 개론』. 커뮤니케이션북스.

한진만 · 박은희 · 정인숙 · 주정민(2016). 『새로운 방송론』. 커뮤니케이션북스.

우리나라 TV 방송은 어떻게 발전해왔을까? 행정안전부 보도자료. 2015.05.10.

세계 방송의 거인들-미국 TV의 아버지, https://terms.naver.com/entry.naver?docId=22
        75112&cid=42192&categoryId=51148

https://www.ziksir.com/news/articleView.html?idxno=7090

용어로 보는 IT, https://terms.naver.com/entry.naver?docId=3572626&cid=59088&cat
        egoryId=59096

라디오의 영향력, https://terms.naver.com/entry.naver?docId=1691618&cid=42192&ca
        tegoryId=42197

마르코니의 무선전신발명, https://terms.naver.com/entry.naver?docId=3571657&cid=5
        8941&categoryId=58960

제3장

방송정책과 규제

방송은 공익성을 가진다는 특성으로 인해 다른 산업 분야와는 다르게 초기 방송의 시작부터 정부의 정책에 의해 공익성을 유지하기 위한 다양한 규제를 받아왔다. 규제정책의 종류와 정도는 시대의 흐름에 따라 변화하고 있다. 기술 혁신으로 인한 다양한 방송미디어의 출현으로 전파의 희소성 이론이 상대적으로 약화하는 상황에서 규제가 약해지는 추세지만 여전히 규제기구와 규제정책이 존재한다. 대표적인 방송에 대한 규제로 진입규제, 소유규제, 내용규제, 행위규제가 있다. 이를 규제하는 주체에 따라 자율규제와 타율규제로 나눌 수 있다. 이 장에서는 이와 같은 규제 종류별 구체적인 내용과 규제 주체에 의한 규제의 대표적 내용에 대해 살펴보도록 한다.

1. 방송규제의 정의, 필요성과 목적

광의로 규제(regulation)는 정보의 변화에 영향을 미치는 요인이다. 좁은 의미로는 '편익이나 제재를 가하는 정부 활동', '사기업의 경영이나 국민 생활에 어떤 식으로든 영향을 미치는 정부 활동'으로 정의하기도 한다(최병선, 1992).[1] 또한, 규제는 통제(control)와 구분되는데 통제란 특정 집단의 이해관계에 따라 미디어의 운용에 영향을 미치는 활동이란 점에서 부정적 의미로 정의하기도 하고, 규제는 공공의 이익을 위한 불가피한 규정과 장치의 긍정적 의미로 정의하

---

1   최병선(1992). 『정부규제론』. 법문사, 28쪽.

기도 한다.

자본주의 사회에서 규제의 궁극적 목적은 바람직한 경제사회 질서의 구현에 있다. 따라서 규제내용은 크게 자유에의 개입과 자유를 위한 질서형성이라는 상반된 내용으로 구성된다. 이런 면에서 규제는 궁극적으로 완전한 자유의보장을 위해서 자유의 특정 부분을 일시적으로 제한하는 측면이 있다. 그러므로 규제내용도 사회·경제·정치적 상황에 따라 변화한다. 매스미디어의 경우도 규제의 역사는 크게 후원을 통한 규제(regulation through sponsoring), 제한적인 규제(restrictive regulation), 탈규제(deregulation), 재규제(reregulation)의형태로 변천해 왔다(김우룡, 2002).[2]

방송의 규제에 대한 논란은 매우 다양하다. 방송규제의 대표적인 이유는 다음과 같다. 첫째, 방송 자원의 소유적 근거와 유한성이다. 방송은 전파를 사용하는데 이 전파는 제한되어 있고 전파의 소유주는 국민이라는 것이다. 국민은전파의 관리를 정부에 위임했고, 정부는 일정한 절차를 거쳐 방송사업자를 선정하여 방송사업을 할 수 있는 허가권을 부여하고 재허가를 받게 한다. 둘째,국민 이익적 근거다. 이는 방송에 필요한 경비를 국민이 부담한다는 것으로 시청료를 지불하고, 간접적으로는 방송광고에 필요한 경비를 부담하기 때문으로본다. 셋째, 방송의 사회문화적 영향력이 크다는 것이다. 방송에 대한 일반 대중의 의존도와 신뢰도가 높기 때문이다.

우리나라는 방송법 제1조에서 방송의 자유와 독립을 보장하는 한편 방송의공적 책임을 높임으로써 시청자의 권익 보호와 민주적 여론형성 및 국민문화의 향상을 도모하고 방송발전과 공공복리 증진에 이바지하도록 하고 있다. 방

---

2 김우룡(2002). 『현대 방송학』. 나남, 413-414.

송법 제4조에서는 방송편성의 자유와 독립을 보장하며, 누구든지 방송편성에 관하여 이 법 또는 다른 법률에 의하지 아니하고는 어떠한 규제나 간섭도 할 수 없도록 규정하고 있다. 방송법 제5조에서는 방송의 공적 책임을 명시하고 있고, 방송법 제6조는 방송의 공정성과 공익성을 실현하도록 하고 있다. 바로 이러한 방송법상의 조항들이 방송이 기타 산업과는 다르게 공익성을 가지고 공적 책임을 수행해야 하는 권리와 의무가 있음을 보여주는 대표적인 근거라 할 수 있다.

방송의 자유는 다른 자유권적 기본권과 같은 주관적 공권이라는 시각과 보호 목적을 개인적 자유의 보장이 아닌 자유롭고 민주적인 여론형성을 위한 특정한 규율을 보장하는 객관적 제도보장이라는 시각이 충돌하고 있다(권형둔, 2017).[3]

먼저 전자는 미디어의 소비와 공급을 시장에 의존할 때 언론의 자유를 최대한 보장할 수 있다고 본다. 따라서 방송의 자유는 국가에 대한 시민의 방어권이라는 전통적인 자유권적 기본권이 된다. 이에 따라 방송에 대한 내용규제는 배척되며 자유로운 시장진입을 통한 경쟁을 중요시한다. 헌법재판소는 주관적 권리로서 언론의 자유에 대해 검열금지의 원칙 내지 사전 제한의 법리, 표현의 내용규제에 대한 엄격한 심사기준 적용, 명확성 원칙과 과도한 광범성의 법리를 적용하고 있다.

반면 후자는 방송의 자유는 객관적 제도보장이라고 본다. 이 학설은 언론의 자유시장이 거대한 사회세력이나 상업성에 의해 왜곡될 수 있으므로 그 자체로 다양한 공적 의사 형성을 보장하지 않는다고 본다. 따라서 방송의 자유는 주관적 권리와 함께 자유로운 여론형성을 위해 기여하는 기본권이라 본다. 이 학설

---

3 권형둔(2017). 『미디어와 법』. 서울: 커뮤니케이션북스. 314쪽.

에 의하면 의견의 다양성이 최대한 확보될 수 있도록 방송이 조직되어야 하고 주파수의 희소성의 문제가 상당 부분 해결되었음에도 방송의 광범위한 사회문화적 영향력으로 인해 방송 자유의 객관적 규범 질서형성이 필요하다는 입장이다. 1991년 헌법재판소는 방송 자유의 주관적 공권성과 객관적 규범성의 특성을 강조하여 방송의 특수한 상황을 인정하고 있다(89헌마163). 2003년 헌법재판소는 "방송의 자유는 주관적 권리로서의 성격과 함께 자유로운 의견 형성이나 여론형성을 위해 필수적인 기능을 행하는 객관적 규범 질서로서 제도적 보장의 성격을 함께 가진다"라고 판시했다(2002헌바49).

따라서 주관적 권리로서 방송의 자유는 프로그램의 선정, 내용과 형성을 외부의 영향에서 보호하는 방송편성의 자유가 된다. 이와 함께 방송이 국가 권력이나 사회세력에서 독립하여 자유로운 의사 형성이나 여론형성을 위해 필수적인 기능을 행할 수 있도록 객관적 규범 질서를 보장하여 '방송에 의한 표현의 자유'를 실행하게 한다. 이에 따라 입법자는 다양한 국민의 의견을 반영하고 방송이 독립성을 유지할 수 있도록 광범위한 입법을 할 수 있고, 헌법 21조 3항에 근거하여 방송체제의 선택, 방송의 설립·운영에 대한 조직과 절차적 규율 및 방송 운영 주체의 지위에 대한 실체적 규율이 가능하다. 즉 법률이 정한 범위 내에서 방송규제가 용인된다는 것이다.

그러나 방송규제의 근거가 되는 공익 또는 공공성은 헌법 정책적으로는 요청되지만, 헌법상의 개념적 요소는 아니다. 공익에 대한 이해가 다양하므로 방송에 공공성을 요청하고 그 전제로 공정성을 심사하는 것은 방송의 자유를 현저하게 위협할 수도 있다. 즉 공익이나 공정성은 명확하고 객관적 기준의 마련이나 적용이 어려우므로 이에 대한 심의는 자의적일 수 있고, 국가는 입법 형성을 통해 객관적인 제도를 어떻게 마련하냐에 따라 달라질 수 있다(권형둔,

2017).[4]

미디어 정책에서 공익을 보는 관점은 전통적인 두 입장에 따라 매우 상이하다. 우선 시장주의자들은 정부의 간섭으로부터 자유를 주장하면서 규제의 최소화를 주장한다(Goode, 2002).[5] 이들은 자신의 이익을 위해 행동하는 집합체가 모여 공익(public interest)을 달성한다고 본다. 따라서 사익을 위해 행동하는 개인이 존재하는 시장제도가 최상의 대안이며 탈규제 시장 상황이 경쟁을 촉진하므로 소비자의 미디어 선택권의 양과 질을 증대한다는 것이다(Hundt, 1996).[6]

반면 자치(self-government)를 중시하는 공론장 입장에서 공익은 사회적, 정치적, 문화적 다양한 관점을 제공함으로써 달성되는 것으로 본다(McChesney, 1996).[7] 즉 하버마스(Habermas)의 공론장 모델 입장으로 공론장에서 말할 기회를 동등하게 보장하는 것이 민주주의에서 필수적인데 방송이 이러한 역할을 해야 한다는 것이다. 공론장에서 간섭이란 국가뿐 아니라 경제적 힘으로부터의 간섭도 포함하기 때문에 방송을 모든 외부의 간섭, 즉 규제로부터 자유롭게 하는 것이 아니라 다양한 관점이 보장되는지, 광고주나 사익에 의해 중요 쟁점이 누락되는지 등을 살핀다. 만약 정치적, 경제적 어떤 이유든 다양한 관점이 보장되지 못한다면 공론장의 기능을 보장할 수 있도록 규제할 수 있다.

시장주의와 공론장 입장 두 관점에 따라 공익의 개념, 공중에 대한 정의, 미

---

4   권형둔(2017). 위의 책. 317쪽.

5   Goode, J.(2002). New deal to bad deal: Racial and political implications of U.S. welfare reform, In Kingfisher, C.(Eds.) *Western welfare in decline: Globalization and women's poverty*, PA: University of Pennsylvania Press, 65-89.

6   Hundt, R(1996). The public's airwaves: What does the public interest require of television broadcasters?, *Duke Law Journal, 45*, 1089-1129.

7   McChesney, R. W. *Corporate media and the threat to democracy*. NY: Seven Stories Press, 1997.

디어 규제에 대한 접근 방식은 매우 상이하다. 학자들은 방송정책의 공익성 실현에 있어 한 가지 입장보다는 두 관점에서 필요로 하는 하부 요소를 모두 포함하는 방식으로 제시하고 있다.

대표적으로 나폴리(Napoli)는 미국의 방송정책의 공익 실현을 위한 세 가지 차원으로 ① 개념적 차원(공익이란 무엇인가), ② 실행적 차원(공익을 구성하는 요소는 무엇인가), ③ 적용적 차원(공익을 달성하기 위한 정책 및 기준)으로 나누었다. 그리고 공익성은 지역주의, 사상의 자유시장, 보편적 서비스라는 하부개념으로 분화되고, 그중 사상의 자유시장은 다시 다양성과 경쟁으로 분화되는 개념으로 설명하였다(Napoli, 2001).[8]

퀼렌버그(Cuilenburg)와 맥퀘일(McQuail)은 방송의 공익성을 정치적 복지(표현의 자유/접근권/다양성/정보 규제/어카운터빌리티), 사회적 복지(선택/정체성/상호작용/질/결속), 경제적 복지(경쟁/발전/고용/소비자주의/혁신) 세 차원으로 달성되는 것으로 보았다(Cuilenburg & McQuail, 2003).[9] 이러한 개념에는 정치적 복지를 달성하는 다양성(diversity)과 경제적 복지를 달성하는 경쟁(competition)이라는 충돌되는 가치가 함께 제시되고 있다.

국내에서도 많은 학자가 공익성 구성요소에 대해 다양한 분석을 시도하였다. 이들의 분석을 살펴보면 분류기준은 다소 상이하지만 공익성을 달성하는 하부 요소로서 독립성, 소유와 운영, 접근(access) 프로그램, 기술, 소비자 보호, 공정경쟁 등을 대표적으로 제시하고 있다.

---

8 Napoli, P.(2001). *Foundations of Communications policy: principles and process in the regulation of electronic media*, NJ: Hampton Press.

9 Cuilenburg, J. & McQuail, D.(2003). "Media policy paradigm shifts: towards a new communications policy paradigm", *European Journal of Communication, 18*, 182-207.

우선 방송의 독립성을 중요하게 다루고 있는데 정치적 독립뿐 아니라 경제적 독립을 의미하고, 여기에는 자본으로부터의 독립까지 포함하는 개념이다(김재영·박규장, 2005).[10] 공론장 모델 관점에서는 소유와 운영 규제를 통해 내적, 외적 다양성 달성, 민주주의 확산 등 방송의 공익성을 달성할 수 있다고 전제한다(김승수, 2001).[11]

또한, 디지털 시대 방송의 공익성 구성요소로 접근(access)을 매우 중요하게 다루고 있는 것도 특징이다. 인터넷 등 미디어 접근권이 확대된 디지털 시대에서 오히려 정보 격차 문제가 더욱 심화할 것을 우려하고 있음을 알 수 있다. 방송의 공익성 구성요소로서 접근은 주로 보편성/보편적 서비스 개념으로 다루어진다(정용준, 2009).[12] 보편적 서비스는 상업적 이해 속에서 기본적 서비스를 구현하는 이용자 지원 정책으로 전통적으로는 통신 정책에 적용되어 왔으나(이상식, 2003),[13] 통신에 초점을 맞춘 "모든 시청자가 언제 어디서나 적정한 요금으로 제공받을 수 있는 기본적인 방송서비스"에 추가로 고려되어야 한다는 주장도 있다(김지훈, 2010).[14]

프로그램 측면에서도 방송의 공익성은 달성되는 것은 타당한데 수용자복지(품질/다양성), 방송 저널리즘(공중의제 설정/문제해결 제시), 문화적 가치(공

10 김재영·박규장(2005). 디지털 시대의 방송의 공익성과 지상파방송 정책 패러다임. 〈사회과학연구〉, 16, 49-69.

11 김승수(2001). 디지털 방송체제에서 공익성의 재해석. 〈언론과학연구〉, 1(2), 70-103.

12 정용준(2010). 한국과 영국의 방송 공익성 이념 비교 연구. 〈언론과학연구〉, 10(2), 544-571.

13 이상식(2003). 공익성과 보편적 서비스 개념의 비교 연구. 〈한국언론정보학보〉, 20, 111-139.

14 김지훈(2010). 방송과 보편적 서비스. 〈고려법학〉, 56, 505.

동성), 편성(오락성/경쟁성)으로 달성된다고 보았다(심미선 · 김재영, 2003).[15] 또한, 프로그램의 공정성과 유익성(공동성)도 중요한데 소외계층/사회적 약자 보호, 소외되기 쉬운 프로그램 개발 및 편성 정책에 중점을 둘 것을 제안하기도 했다(김재영 · 박규장, 2005).[16] 이외에도 프로그램의 질, 범위와 균형, 다양성, 소수계층 이익, 지역성 등이 방송의 사회문화적 공익성으로 분류되기도 했다(정용준, 2009).[17] 콘텐츠의 공익성은 다양성, 공정성, 균형성을 통해 구현되는 것으로, 콘텐츠의 공익성 보호 측면에서는 사회적 가치 보존이 강조되기도 했다.

기술 측면에서는 앞서 다룬 보편적 서비스를 주요한 개념으로 꼽았지만(심미선 · 김재영, 2003)[18] 그 외에도 안정적 커뮤니케이션망 유지, 단말의 호환성(주정민, 2006)[19] 등을 더 고려해볼 수 있다.

소비자 보호 측면에서는 어린이 · 청소년 보호, 개인정보/프라이버시 보호, 유해정보 차단 등 유해환경으로부터 보호 문제와 이용료 등 소비자 이익 보호를 더 고려해볼 수 있다. 방송의 공익성 구성요소로 공정경쟁도 제시되고 있는데 네트워크 차원에서 공정경쟁이나 경제적 공익성으로서 공정경쟁 등이 제안되었다(주정민, 2006).[20]

우리나라의 방송법에서는 방송의 공정성이 중요한 개념으로 자리 잡고 있으

---

15 심미선 · 김재영(2003). 디지털 시대 방송 공익성 개념에 대한 재정의. 〈방송과 커뮤니케이션〉, 32-64.

16 김재영 · 박규장(2005). 디지털 시대의 방송의 공익성과 지상파방송 정책 패러다임. 〈사회과학연구〉, 16, 49-69.

17 정용준(2010). 위의 책, 544-571.

18 정용준(2010). 위의 책, 544-571.

19 주정민(2006). 방송통신 융합에 따른 산업구조의 변화와 공익성. 〈언론정보학보〉, 36, 109-132.

20 주정민(2006). 위의 책, 109-132.

며, 이 법은 방송내용에 대한 심의와 의결을 규정하고 있다. 제6조(방송의 공정성과 공익성) 제1항은 "방송에 의한 보도는 공정하고 객관적이어야 한다"라고 명시하고 있으며, 제2항부터 제9항까지는 이를 세부적으로 규정하고 있다. 제32조(방송의 공정성 및 공공성 심의)는 심의위원회가 "정보의 내용이 공정성과 공공성을 유지하고 있는지의 여부와 공적 책임을 준수하고 있는지의 여부를 방송 또는 유통된 후 심의 의결한다"라고 규정함으로써 심의위원회에 의한 공적규제를 직접 밝히고 있다. 제33조(심의규정) 제1항은 방송 공정성 심의를 위해 방송심의에 관한 규정을 제정 공표해야 한다고 규정하면서, 제2항에서 심의규정에 포함되어야 하는 사항을 구체적으로 명시하고 있다. 제100조(제재조치 등)는 제33조의 심의규정을 위반한 경우 취하여야 할 제재조치를 규정함으로써, 심의위원회가 방송 공정성에 대해 심의 및 의결할 수 있음을 밝히고 있다.

한편 스마트 기기의 확산으로 인해 방송규제를 정당화하는 기본 논리로서 작용해 온 방송의 공익성이 어떻게 변하고 있는지 연구한 결과를 살펴보면, 주로 사회문화적 차원과 정치적 차원의 공익성 요소를 중요하다고 인식하고 있었다. 예컨대, 사회 통합성, 독립성, 커뮤니케이션의 자유, 공평성, 개인정보 보호 등의 요소가 공익성의 중요한 요소로 거론되었다. 이 밖에도 34개 항목 중 상위에 거론된 시청자 관심사 반영, 유익성 등은 방송법상의 공익성 조항에 명시되지 않았던 개인적 이용가치와 연관된 항목들이다. 하지만 방송 현업인들은 방송산업의 효율성을 보장하는 정책 가치인 경제적 차원의 공익성 요소에 대해서는 상대적으로 중요하게 생각하지 않았다.

반면 일반 시청자들은 수용자복지 차원과 개인적인 이용가치, 서비스 이용 차원이 상위에 거론되었다. 이는 기존의 방송법 공익성 조항에 명시되지 않았던 요소들로 일반 시청자들의 공익성에 대한 인식의 변화를 읽을 수 있는 대목이다. 수용자복지 차원에서는 개인정보 보호 요인, 개인적 이용가치 차원에서는 유익성 요인이, 서비스 이용 차원에서는 서비스 안정성 요인이 가장 중요하게 평가되었다. 전체 34개의 평가요소 중 개인정보 보호 요인이 가장 중요하게 인식되었고 다음으로 공평성, 커뮤니케이션의 자유, 공익활동에 기여, 문화적 다양성, 서비스에 대한 정보 제공, 유익성 등의 순으로 평가되었다. 일반 시청자들은 전통적인 방송의 공익성 요소도 중요하게 생각하고 있으나 그 외에도 서비스의 안정성, 편성정보 제공 등 방송프로그램 외적인 요소도 공익성의 중요한 요소로 거론하고 있다.

전문가 집단과 일반 시청자 집단 간 공익성 인식에 대한 차이를 요약하면 방송인들은 방송법에 명시된 공익성 요소와 방송프로그램 내적인 요소들을 중시하는 반면 일반인들은 방송법에 명시되지 않은 공익성 요소와 방송프로그램 외적인 요소들을 더 중요시하고 있었으며, 특히 개인적 관심사 반영, 편성정보 제공, 서비스 안정성 등 서비스 이용 및 개인적 이용가치와 관련된 요소들이 중요한 항목으로 꼽혔다.

이러한 결과는 방송통신 융합의 본격 확산 이후 일반 시청자들이 사회문화적 가치와 저널리즘적인 요소에 중점을 두는 전통적인 공익성 요소 외에도 서비스를 이용하는 수용자복지의 차원으로 방송의 공익성 구성요소들이 점차 변하고 있다는 점을 의미한다. 또한, 보편적인 복지를 넘어서 좀 더 개인적인 차원에 중점을 둔 이용가치가 점차 중요한 방송의 공익성 요소로 부각하고 있음을 보여주고 있다.

이에 따라서 현시대 방송의 공익성은 기존의 사회문화적 차원과 정치적 차원을 반영하는 사회 통합성, 독립성, 커뮤니케이션의 자유, 공평성 등의 요인 이외에 현행 방송법상의 공익성 조항에 명시되지 않았거나 부족하게 규정되어 있는 수용자복지 차원의 요소를 적극적으로 반영하는 차원에서 시청자의 관심사, 유익성, 편성정보, 개인정보 보호, 서비스 안정성 등 서비스 이용 및 개인적 이용가치와 관련된 요소들을 함께 포함해야 할 것으로 보인다(유승관·정성호·강경수, 2015).[21]

2. 방송규제의 종류

1) 자율규제(내부규제)

방송사업자는 방송인으로서 지켜야 할 원칙과 윤리를 '방송강령'이나 '방송윤리' 규정에 명문화하여 실행하고 있다. KBS는 1990년 방송강령을 마련했고, 전문을 시작으로 총강(7개 항목), 방송 강령(43개 항목)으로 구성되어 있다. 2015년 3월에는 새로운 '공정성 가이드라인'을 발표하기도 했다. 여기에는 공정성, 정확성, 다양성의 원칙을 3대 준칙으로 설정하고, 제작자들이 현장에서 가장 잘 마주하는 분야를 공직자 검증, 선거 및 여론조사, 공공 정책, 사회 갈등, 역사, 재난재해 7개로 나눈 뒤, 49개의 제작 세칙을 마련했다. MBC도 홈페이지에 6개 항목의 방송강령을 제시하고 있고, 상업방송인 SBS 역시 홈페이지에 'SBS 윤리 강령'을 게재하고 있다. 여기에는 방송 가치, 인권 보호와 프라이버시, 실천 지침 등으로 구성되어 있다.

한편 방송법 제86조에는 '자체 심의' 규정이 있다. 방송사업자는 자체적으로 방송프로그램을 심의할 수 있는 기구를 두고, 방송프로그램(보도에 관한 프로그램은 제외)이 방송되기 전에 이를 심의하도록 하고 있다. 방송광고의 경우 허

---

21   유승관·정성호·강경수(2015). 스마트미디어시대 방송의 공익성 평가요인. 〈언론과 법〉, 14(1), 149-185.

위, 과장 등 시청자가 오인할 수 있는 내용이 담긴 광고는 허용되지 않고, 광고가 방송되기 전에 자체적으로 심의하거나 방송통신위원회에 신고한 방송 관련 기관 또는 단체에 위탁하여 심의할 수 있도록 하고 있다. 이는 과대광고를 포함한 방송프로그램의 심의를 공적 기관에서 수행하던 것을 방송사의 자율 심의로 대체한 것이다(한진만 외, 2016).[22]

2) 타율규제(외부규제)

(1) 진입규제

-허가 또는 승인사업자

지상파방송, 위성방송, IPTV와 같은 플랫폼 사업자는 사전허가를 받아야 하고, 종합편성채널이나 보도전문채널, 홈쇼핑채널과 같은 경우, 승인을 받아야 한다. 이들이 가장 까다로운 진입규제를 받는 이유는 이들이 콘텐츠를 편성·송출하는 플랫폼 사업자들이기 때문이다. 이 중에서도 지상파방송 사업, 위성방송 사업, 종합유선방송 사업, 인터넷 멀티미디어 사업은 산업적 가치 또한 높아서 허가 기준도 높은 것이다.

허가 또는 승인의 경우 방송법 제10조에 규정된 심사기준에 따른 절차를 밟아야 한다. 과학기술정보통신부 장관 또는 방송통신위원회는 허가 또는 승인을 할 때 다음 각 호의 사항을 심사하여 그 결과를 공표하게 되어 있다.

1. 방송의 공적 책임·공정성·공익성의 실현 가능성
2. 방송프로그램의 기획·편성과 제작 계획의 적절성

---

22 한진만·박은희·정인숙·주정민(2016). 『새로운 방송론』. 커뮤니케이션북스. 154-155.

3. 지역적 · 사회적 · 문화적 필요성과 타당성

4. 조직 및 인력 운영 등 경영 계획의 적정성

5. 재정 및 기술적 능력

6. 방송발전을 위한 지원 계획

7. 기타 사업 수행에 필요한 사항

한편 종합유선방송사업자와 승인 PP의 허가 기간은 7년 이내의 범위에서 정할 수 있으며, 현재 허가 및 승인의 유효 기간은 5년이다.

-방송채널사용사업에 대한 등록 요건

방송채널사용사업자 중에서 승인 필요한 PP(종합편성PP, 보도전문PP, 홈쇼핑PP)를 제외한 나머지 PP는 등록 요건을 갖추고 등록을 해야 한다. 등록 요건은 방송법 제9조 제2항에서 다음과 같이 규정하고 있다.

1. 납입 자본금과 실질 자본금이 각각 5억 원 이상일 것. 이 경우 "자본금"은 주식회사 외의 법인의 경우에는 "출자금"으로 본다.
2. 주조정실, 부조정실, 종합편집실 및 송출 시설을 갖출 것
3. 해당 방송채널사용사업을 영위할 수 있는 사무실을 보유할 것
4. 방송사업자가 사용하고 있는 다른 채널명과 동일한 채널명 또는 시청자가 동일한 채널로 오인할 수 있는 채널명을 사용하지 아니할 것.

-재허가

방송사업자(방송채널사용사업자는 제외)의 경우 허가 유효 기간의 만료 후 계속 방송사업을 하고자 할 때는 과학기술정보통신부 장관 또는 방송통신위원회의 재허가를 받아야 한다. 또한, 승인을 받는 방송채널사용사업자가 승인 유

효 기간 만료 후 계속 방송을 행하고자 할 때에도 재승인을 받아야 한다.

-허가취소

방송법 제18조(허가 · 승인 · 등록의 취소 등)에서는 방송사업자의 허가 · 승인 또는 등록을 취소하거나, 6개월 이내의 기간을 정하여 그 업무의 전부 또는 일부를 정지하거나, 광고의 중단 또는 제16조에 따른 허가 승인의 유효 기간 단축을 명령할 수 있도록 규정하고 있다.

(2) 소유규제
-방송사업자별 소유규제

방송법 제8조(소유 제한 등)에서는 사업자별로 상이한 소유 제한 규정을 두고 있다.

• 지상파방송, 종합편성, 보도 PP에 대한 소유규제

지상파방송, 종합편성, 보도 PP에 대해서는 특수관계자 포함 100분의 40을 초과하여 소유하는 것을 금지한다(KBS, MBC, 종교방송 제외). 예를 들어 지상파방송 SBS는 2016년 2월 현재 최대 주주인 ㈜SBS홀딩스가 34.72%의 지분을 가지고 있다.

• 대기업, 일간신문, 뉴스통신사의 방송소유 규제

대기업, 일간신문, 뉴스통신사는 지상파방송사업자의 주식 또는 지분 총수의 100분의 10을 초과해서 소유하지 못하며, 종합편성 또는 보도에 관한 전문편성을 하는 방송채널사용사업자의 주식 또는 지분 총수 100분의 30을 초과하여 소유하지 못한다.

• 일간 신문사의 방송 겸영 제한

일간 신문사의 구독률이 100분의 20 이상인 신문사의 경우 지상파방송 사업 및 종합편성 또는 보도에 관한 전문편성을 행하는 방송채널사용사업자를 겸영하거나 주식 또는 지분을 소유할 수 없다. 또한, 지상파방송사업자, 종합편성 또는 보도에 관한 전문편성을 행하는 방송채널사용사업자의 주식 또는 지분을 소유하고자 하는 일간신문을 경영하는 법인(특수 관계를 포함한다)은 경영의 투명성을 위하여 대통령령으로 정하는 바에 따라 전체 발행 부수, 유가 판매 부수 등의 자료를 방송통신위원회에 제출하여 공개해야 한다.

• 종합유선방송, 위성방송, IPTV의 상호 겸영 규제

종합유선방송, 위성방송, IPTV의 경우 시장 점유율 또는 사업자 수 등을 고려하여 대통령령이 정하는 범위를 초과하여 상호 겸영하거나 그 주식 또는 지분을 소유할 수 없다.

• 지상파방송, 종합유선방송, 위성방송의 상호 겸영 규제

지상파방송, 종합유선방송, 위성방송의 경우도 시장 점유율 또는 사업자 수 등을 고려하여 대통령령이 정하는 범위를 초과하여 상호 겸영하거나 그 주식 또는 지분을 소유할 수 없다.

• 방송채널사용사업자의 겸영 규제

방송채널사용사업자도 시장 점유율 또는 사업자 수 등을 고려하여 대통령령이

정하는 범위를 초과하여 상호 겸영하거나 그 주식 또는 지분을 소유할 수 없다.

• 종합유선방송, 위성방송, IPTV의 가입자 확보 제한 규제

종합유선방송, 위성방송, IPTV는 해당 사업자와 특수관계자인 방송사업자를 합산하여 종합유선방송, 위성방송, IPTV를 포함한 전체 유료방송 사업 가입자 수의 3분의 1을 초과하여 서비스를 제공할 수 없다.

-외국 자본 규제

지상파방송사업자 또는 공동체 라디오 방송사업자는 외국 정부나 단체, 외국인, 외국의 정부나 단체 또는 외국인이 대통령령이 정하는 비율을 초과하여 주식 또는 지분을 소유하고 있는 법인으로부터 재산의 출자 또는 출연을 받을 수 없다.

-유료방송 합산 점유율 규제

유료방송사업자 간의 경쟁이 심화하면서 법률적 비대칭 규제를 개선해야 한다는 요구가 강하게 제기되었고, 「방송법」과 「인터넷 멀티미디어 방송사업법」으로 구분되어 있던 유료방송사업자 간의 겸영 규제가 바뀌어, 유료방송 전체, 즉 케이블 방송, IPTV, 위성방송까지 합산해 특정 사업자의 시장 점유율이 33.3%를 넘지 않도록 규정하고 있다.

-2009년 개정된 「방송법」의 주요 내용

2009년 개정된 「방송법」의 주된 방향은 다음과 같다.

-지상파방송 및 종합편성, 보도전문편성 채널사용사업자의 규제

방송법 제8종 제2항에 따라 "누구든지 대통령령이 정하는 특수한 관계에 있는 자(이하 '특수관계자')가 소유하는 주식 또는 지분을 포함하여 지상파방송사업자 및 종합편성 또는 보도에 관한 전문편성을 행하는 방송채널사용사업자의 주식 또는 지분 총수의 100분의 40(2009년 이전에는 30)을 초과하여 소유할 수 없다"라고 명시되어 있다.

-신문과 방송 겸영 및 대기업의 지상파방송 사업 진출 허용

2009년 「방송법」 개정으로 신문과 대기업도 지상파방송의 진입이 허용되어 10퍼센트, 특히 「방송법 시행령」 개정으로 10조 원 이내의 기업은 40퍼센트까지 참여 및 지분 확대가 가능해졌다.

그리고 신문의 경우 종합유선방송과 위성방송을 당해 방송사업자의 주식 또는 지분 총수의 100분의 49(기존에는 33) 미만의 범위 내에서 겸영할 수 있도록 개정했다.

-방송사 간 겸영

2009년까지 방송사 간 겸영은 엄격하게 규제되고 있었다. 그러나 방송법 개정으로 지상파방송사는 종합유선방송사업의 33퍼센트까지 소유가 허용되었다. 지상파방송사업자, 종합유선방송사업자 또는 위성방송사업자는 시장 점유율 또는 사업자 수 등을 고려해 대통령령이 정하는 범위를 초과해, 지상파방송사업자는 이동멀티미디어방송을 하는 다른 지상파방송 사업을, 종합유선방송사업자는 다른 종합유선방송사업을, 위성방송사업자는 다른 위성방송사업을 겸영하거나 그 주식 또는 지분을 소유할 수 없다. 방송채널사용사업자 역시 시장

점유율 또는 사업자 수 등을 고려해 대통령령이 정하는 범위를 초과해서 다른 방송채널사용사업을 겸영하거나 그 주식 또는 지분을 소유할 수 없다(한진만, 2011).[23]

<표 1> 개정된 방송법에 따른 미디어 소유규제

구분	신문·통신	대기업	지상파	외국 지분	1인 지분
지상파	금지→10%	금지→10%	쌍방 5%, 일방 7% 이내	금지	30%→40%
종합편성	금지→30%	금지→30%	-	금지→20%	30%→40%
보도 PP	금지→30%	금지→30%	-	금지→10%	30%→40%
IPTV	금지→49%	금지→49%	-	금지→20%	-
위성방송	33%→49%	49%→삭제	33%	33%→49%	-
SO	33%→49%	-	불허→허용	49%	-
일반 PP	-	-	-	49%	-
사전규제	-일간신문 구독률 20% 초과: 지상파, 종편, 보도 PP 지분 소유 경영 금지 -신문사의 지상파 소유: 방통위에 발행 부수, 유가판매 부수 등 자료제출 공개				
사후규제	-시청 점유율 30% 초과: 지분 소유와 광고 시간제한, 방송 시간 일부 양도 등 -'매체합산시청 점유율' 도입: 일정 비율의 신문 구독률을 시청 점유율로 환산 (세부 사항 시행령 규정)				
비고	-자산 10조 원 미만 기업: 종편·보도 PP 40%까지 지분 투자 가능(10조 원 이상: 30%) -지상파와 SO 겸영 허용				

출처: 신문협회보. 2009.7.31. 2면; 한진만(2011). 「한국방송의 이해」, 한울, 71쪽에서 재정리.

(3) 내용규제

-방송광고 허용 유형과 시간 규제

방송법 제73조(방송광고 등)에는 방송사업자는 방송광고와 방송프로그램이 혼동되지 않도록 명확하게 구분해야 하며, 어린이를 주 시청 대상으로 하는 방

---

[23] 한진만(2011). 「한국방송의 이해」, 한울. 69~72쪽.

송프로그램의 방송광고 시간 및 전후 토막 광고 시간에는 대통령령이 정하는 바에 따라 반드시 광고임을 밝히는 자막을 표기하도록 하고 있다. 그뿐만 아니라 방송광고의 종류를 구분하고 방송광고의 허용범위, 시간, 횟수 또는 방법 등을 대통령령으로 정하고 있다.

한편 상품소개 및 판매에 관한 전문편성을 행하는 방송인 홈쇼핑의 경우 방송채널사용사업자로 규정하고 있으며 방송광고로 보지 않는다. 간접광고는 보통 PPL(Products in Placement)이라 부르는데 프로그램 안에서 상품을 소품으로 활용해서 광고하는 유형이다. 이 경우 간접광고 제품을 직접 언급하거나 과도하게 부각하여 시청 흐름을 방해하는 경우 제재를 받는다.

-방송광고 금지 상품

'방송광고 심의에 관한 규정'에 의하면 방송광고 제한 및 금지 조항들을 명시하고 있다. 시청자가 의식할 수 없는 음향이나 화면으로 잠재의식에 호소하는 방식인 '잠재의식 광고'나 경쟁 관계에 있는 상품용역 또는 기업을 부당한 방법으로 비교하는 '비교광고'는 제한을 받는다. 또한, 단란주점 영업 및 유흥주점, 점술, 심령술, 사주, 관상 등의 감정 및 미신과 관련된 내용, 무기, 폭약류 및 이와 식별이 어려운 모조품, 담배 및 흡연 관련 광고, 조제분유, 조제 우유, 젖병, 젖꼭지 제품 등의 방송광고는 금지된다.

-협찬 고지에 대한 규제

방송법 시행령 제60조에서는 텔레비전 방송채널 및 라디오 방송채널에서 다음 각 호의 경우에만 협찬 고지를 허용하고 있다.

1. 방송사업자가 행하는 공익성 캠페인을 협찬하는 경우
2. 방송사업자가 주최·주관 또는 후원하는 문화예술·스포츠 등 공익행사를 협찬하는 경우
3. 방송프로그램을 제작하는 자의 방송프로그램(시사·보도, 논평 또는 시사 토론 프로그램은 제외) 제작을 협찬하는 경우

-공공채널과 종교채널의 편성

종합유선방송사업자 및 위성방송사업자는 대통령령이 정하는 바에 따라 국가가 공공의 목적으로 이용할 수 있는 채널(공공채널), 종교의 선교 목적을 지닌 채널 및 장애인의 복지를 위한 채널을 두어야 한다.

-시청자 자체 제작 프로그램 편성

종합유선방송사업자 및 위성방송사업자는 과학기술정보통신부령으로 정하는 바에 따라 시청자가 자체 제작한 방송프로그램의 방송을 요청하는 경우에는 특별한 사유가 없는 한 이를 방송해야 한다.

-공익채널의 운용

종합유선방송사업자, 위성방송사업자는 당해 방송 분야의 공익성 및 사회적 필요성을 고려하여 방송통신위원회가 고시한 방송 분야에 속하는 채널(공익채널)을 운용해야 한다. 이 경우 공익채널의 선정 절차, 선정 기준, 운용 범위 및 그 밖의 필요한 사항을 대통령령으로 정한다.

-보편적 시청권

국민적 관심이 매우 큰 체육 경기 대회나 그 밖의 주요 행사 등에 대한 중계

방송권자 또는 그 대리인을 일반 국민이 이를 시청할 수 있도록 중계방송권을 다른 방송사업자에게도 공정하고 합리적인 가격으로 차별 없이 제공해야 한다.

-시청점유율 제한

시청점유율 제한은 방송사업자의 시청 점유율(전체 텔레비전방송에 대한 시청자의 총 시청시간 중 특정 방송채널에 대한 시청시간이 차지하는 비율)이 100분의 30을 초과할 수 없는 규정을 의미한다. 그러나 정부 또는 지방자치단 체가 전액 출자한 경우에는 해당하지 않는다.

-국내 방송프로그램의 편성

방송법 제71조(국내 방송프로그램의 편성)에서는 전체 프로그램 중 국내에서 제작된 방송프로그램을 대통령령이 정하는 바에 따라 일정 비율 이상 편성하도록 하고 있다. 방송사업자는 연간 방송되는 영화·애니메이션 및 대중음악 등 국내에서 제작된 영화·애니메이션 및 대중음악을 일정한 비율 이상 편성해야 한다.

또한, 방송사업자는 다양한 국제 문화 수용을 보장하기 위해 연간 방송되는 외국 수입 영화·애니메이션·대중음악 중 한 국가에서 제작된 것이 일정한 비율 이상을 초과하지 않도록 편성해야 한다.

-외주제작 방송프로그램의 편성

방송법 제72조(외주제작 방송프로그램의 편성)에서는 채널의 전체 방송프로그램 중에서 국내에서 당해 방송사업자가 아닌 자가 제작한 방송프로그램(이하 '외주제작 방송프로그램')을 대통령령이 정하는 바에 따라 일정한 비율 이상 편성하도록 하고 있다. 외주제작 방송프로그램을 편성할 때는 특수관계자가 제작한 프로그램이 대통령령이 정하는 바에 따라 일정한 비율 이상 초과하면 안 된다.

또한, 종합편성을 행하는 방송사업자는 외주제작 방송프로그램을 주시청시간대에 대통령령이 정하는 바에 따라 일정한 비율 이상 편성해야 하고, 방송사업자는 채널의 전체 방송프로그램 중 국내에서 당해 방송사업자나 그 특수관계자가 아닌 자가 제작한 방송프로그램('순수 외주제작 방송프로그램')을 일정한 비율 이상 편성해야 한다.

(4) 행위규제

행위규제는 방송의 어떤 행위가 발생한 이후 일반적인 금지 행위를 기준으로 위법성을 판단하기 위한 사후 규제다. 방송법 제85조의 2(금지 행위)에 따르면 방송사업자, 전광판 방송사업자, 전송망 방송사업자는 사업자 간의 공정한 경쟁 또는 시청자의 이익을 저해하거나 저해할 우려가 있는 다음 각 호에 대해 금지하고 있다(한진만 외, 2016).[24]

─불공정 거래 행위와 금지 행위

1. 정당한 사유 없이 채널 · 프로그램의 제공 또는 다른 방송사업자 등의 서비스 제공에 필수적인 설비에 대한 접근을 거부 · 중단 · 제한하거나 채널 편성을 변경하는 행위

2. 다른 방송사업자 등에게 적정한 수익 배분을 거부 · 지연 · 제한하는 행위

3. 부당하게 다른 방송사업자 등의 방송 시청을 방해하거나 서비스 제공 계

---

24 한진만 · 박은희 · 정인숙 · 주정민(2016). 위의 책. 156~176쪽.

약의 체결을 방해하는 행위

4. 부당하게 시청자를 차별하여 현저하게 유리하거나 불리한 요금 또는 이용 조건으로 방송서비스를 제공하는 행위

5. 이용약관을 위반하여 방송서비스를 제공하거나 이용 계약과 다른 내용으로 이용 요금을 청구하는 행위

6. 방송서비스의 제공 과정에서 알게 된 시청자의 정보를 부당하게 유용하는 행위

7. 상품소개와 판매에 관한 전문편성을 하는 방송채널사용사업자가 납품업자에 대하여 방송편성을 조건으로 상품 판매 방송의 일자, 시각, 분량 및 제작비용을 불공정하게 결정·취소 또는 변경하는 행위

-금지 행위에 대한 처벌

방송사업자 등이 금지 행위를 한 경우 방송통신위원회는 해당 사업자에게 금지 행위의 중지, 계약 조항의 삭제 또는 변경, 금지 행위로 인하여 시정 조치를 명령받은 사실의 공표 등 필요한 시정 조치를 명할 수 있다. 또한, 방송통신위원회는 공정거래위원회와 협의하여 방송사업자 등이 금지 행위를 한 경우 해당 사업자에게 대통령령으로 정하는 매출액에 100분의 2를 곱한 금액을 초과하지 않는 범위에서 과징금을 부과할 수 있다.

금지 행위의 세부적인 유형 및 기준에 필요한 사항은 대통령령으로 정하고 있는데, 방송법 시행령 제60조의 3에서는 다음과 같이 규정하고 있다.

1. 중계방송권자로서 국민적 관심이 매우 큰 체육 경기 대회나 그 밖의 주요 행사(이하 '국민 관심 행사 등')의 종류 및 국민 관심도 등을 고려하여 국민

전체 가구 수의 100분의 60 이상 100분의 75 이하의 범위에서 방송통신위원회가 고시하는 비율 이상(올림픽이나 국제축구연맹이 주관하는 월드컵의 경우에는 국민 전체 가구 수의 100분의 90 이상)의 가구가 시청할 수 있는 방송 수단을 확보하지 않는 행위

2. 중계방송권을 확보하였음에도 불구하고 정당한 사유 없이 국민 관심 행사 등을 제1호의 방송 수단을 통하여 실시간으로 방송하지 않는 행위

3. 정당한 사유 없이 중계방송권의 판매 또는 구매를 거부하거나 지연시키는 행위

4. 정당한 사유 없이 국민 관심 행사 등에 대한 뉴스보도나 해설 등을 위한 자료 화면을 제공하지 않는 행위

3. 방송규제정책 기구의 현황과 역할

방송산업을 규제하고 필요한 정책을 집행하는 대표적인 기관으로는 방송통신위원회, 방송통신심의위원회, 과학기술정보통신부, 문화체육관광부 등이 있다.

1) 방송통신위원회

방송통신위원회는 「방송통신위원회의 설치 및 운영에 관한 법률」에 기반을 두고 있으며, 「방송법」에 규정된 방송과 통신에 관한 규제와 이용자 보호 등의 업무를 수행한다.

(1) 조직 및 기능

방송통신위원회는 대통령 소속으로 되어 있다. 따라서 「정부조직법」 제2조에 따른 중앙 행정기관으로 보되, 핵심적 사항에 대해서는 「정부조직법」 제18조(국무총리의 행정 감독권)를 적용하지 않도록 규정하고 있다. 「정부조직법」

제18조는 국무총리가 대통령의 명을 받아 각 중앙 행정기관의 장을 지휘·감독하고, 중앙행정기관장의 명령이나 처분이 위법 또는 부당하다고 인정될 경우에는 대통령의 승인을 받아 이를 중지 또는 취소할 수 있게 되어 있다.

국무총리의 행정 감독권을 적용받지 않는 사항은 방송통신위원회의 심의 의결사항으로 되어 있는 방통위법 제12조의 주요 항목들로 방송 기본 계획 및 통신 규제 기본 계획에 관한 사항, 한국방송공사의 이사 추천 및 감사 임명에 관한 사항, 방송문화진흥회의 이사 및 감사 임명에 관한 사항, 한국교육방송공사의 사장·이사 및 감사의 임명에 관한 사항, 미디어 다양성 조사·산정에 관한 사항 등이다. 그래서 방송통신위원회는 선거관리위원회, 금융감독위원회, 노동위원회와 같이 행정 규제 체계에서 독립하여 준사법적, 준입법적 규제 기능을 가지는 독립 규제위원회로 분류된다.

(2) 위원구성

방송통신 분야에 중대한 권한을 가지고 있는 독립규제위원회로서 방송통신위원회는 위원장 1인, 부위원장 1인을 포함한 5인의 상임위원으로 구성되며, 위원은 정무직 공무원이고 정부 위원이 된다. 위원장 및 위원은 방송 및 정보통신 분야의 전문성을 고려하여 대통령이 임명한다. 현행 방통위법에서는 위원 5인 중 위원장을 포함한 2인은 대통령이 지명하고 3인은 국회의 추천을 받아 임명한다. 이 경우 국회는 위원을 추천함에 있어 대통령이 소속되거나 소속되었던 정당의 교섭단체가 1인을 추천하고 그 외 교섭단체가 2인을 추천한다. 결국, 대통령이 2인을 임명하고 대통령 소속 관련 정당, 즉 여당 교섭단체가 1인을 추천하기 때문에 실질적으로 여권 인사 3명, 야권 인사 2명의 구도로 형성된다. 위원의 임기는 3년이며, 1회에 한해 연임이 가능하다. 이러한 인선 시스템이기에 사회적 여론과 관련된 이슈에 대해 정파적인 여야 대결 구도를 초래하고 갈등을 일으키게 되는 경우가 많다는 문제를 가지고 있다.

2) 과학기술정보통신부

과학기술정보통신부는 방송통신 진흥 업무와 주로 유료방송에 관한 역무를 맡고 있다.

(1) 「방송통신발전기본법」에 따른 역무

2010년 3월 제정된 「방송통신발전기본법」에서는 방송통신과 관련된 기본 계획을 미래창조과학부(현 과학기술정보통신부)와 방송통신위원회가 공동으로 마련하도록 제7조(방송통신의 발전을 위한 시책 수립)에서 규정하고 있다. 이에 따라 방송통신을 통한 국민의 복리 향상과 방송통신의 원활한 발전을 위하여 정책을 수립하고 공고하게 되어 있다. 또한, 방송통신 콘텐츠에 관한 사항과 광고에 관한 사항의 구체적 범위에 대해 과학기술정보통신부 장관과 문화체육관광부 장관 및 방송통신위원회의 협의를 거쳐 대통령령으로 정하게 되어 있다.

(2) 유료방송에 대한 진흥 정책과 규제

「방송법」에 명시된 유료 방송사업과 관련된 규제 및 정책을 담당하며, IPTV를 규율하는 「인터넷 멀티미디어 방송사업법」과 「전기통신기본법」, 「전기통신사업법」, 「전파법」에 명시되어 있는 방송 및 통신 관련 규제 및 정책을 담당하고 있다.

그러나 관할 기관이 분리되어 있어서 방송시장에서의 진입규제의 경우 사업자별로 복잡한 문제를 가진다. 예를 들어 인터넷 멀티미디어방송 제공사업을 하려면 과학기술정보통신부 장관의 허가를 받아야 한다. 위성방송, 종합유선방송사업의 경우도 과학기술정보통신부 장관의 허가를 받아야 한다. 하지만 이 경우 과학기술정보통신부 장관은 미리 방송통신위원회의 동의를 거쳐야 한다. 한편 지상파방송 사업의 경우는 방송통신위원회의 허가를 받아야 하는데 이와 함께 「전파법」에 따라 과학기술정보통신부 장관으로부터 송부받은 무선국 개설과 관련된 기술적 심사 결과를 허가에 반영해야 한다.

3) 방송통신심의위원회

(1) 조직 및 기능

방송통신심의위원회는 방송법에 의거 방송내용이 공정성과 공공성을 유지하고 있는지와 공적 책임을 준수하고 있는지를 사후심의(방송법 제32조)하는 대표적인 기관이다. 방송통신심의위원회는 (구)방송위원회의 심의 기능과 (구)정보통신윤리위원회를 통합하여 방송내용의 공공성 및 공정성을 보장하고 정보통신에서의 건전한 문화 창달과 정보통신의 올바른 이용환경을 조성하기 위해 탄생했고 민간독립기구의 위상을 가지고 있다.

방송통신심의위원회는 프로그램의 내용과 관련된 심의를 전담하는 기관이다. 「방송법」 제32조(방송의 공정성 및 공공성 심의)에서는 방송통신심의위원회로 하여금 방송·중계유선방송 및 전광판 방송의 내용과 기타 전기통신회선을 통하여 공개를 목적으로 유통되는 정보 중 방송과 유사한 것으로서 대통령령이 정하는 정보의 내용이 공정성과 공공성을 유지하고 있는지와 공적 책임을 준수하고 있는지를 방송 또는 유통된 후 심의·의결하도록 규정하고 있다.

방송통신심의위원회의 위원은 대통령이 위촉한 9인의 심의위원으로 구성하며, 심의위원 중 3인은 국회의장이 국회 각 교섭단체 대표의원과 협의하여 추천한 자를, 3인은 국회의 소관 상임위원회에서 추천한 자를 위촉한다. 심의위원장 1인 및 부위원장 1인과 1인의 상임위원을 두며, 이들 3인은 심의위원회에서 호선한다. 심의위원의 임기는 각각 3년이며, 1회에 한하여 연임할 수 있다(한진만 외, 2016).[25]

민주국가에서의 언론자유는 헌법으로 보호하고 있다. 그러나 방송 매체에 허용되는 언론자유는 방송의 특성상 신문매체에 비해 제한적이고 인격권과의 충돌을 방지하기 위해 인쇄매체에 비해 규제의 강도가 강하다. 방송매체에 대해서는 소유규제와 행위규제와 내용규제 등 다양한 규제가 있지만, 방송통신심의위원회의 심의제도는 방송내용에 대한 규제이기 때문에 더욱 민감할 수 있다.

우리나라도 다양한 미디어와 채널이 등장하면서 관점 또는 의견의 다양성(viewpoint diversity)을 담보하는 기능이 시장에 맡겨져 있지만, 미디어 시장에서 소유의 다양성만으로는 다양한 견해를 충분히 균형 있게 공급하는 데 한계가 있다. 수용자가 수많은 채널과 프로그램을 모두 "균형" 있게 이용하는 것은 불가능하기 때문이다. 또한, 논쟁적 공적 사안을 판단하는 데는 필요한 정보가 제공되는 속도와 시의성이 중요하다는 점을 고려하면 다양한 관점을 이해하기 위해 수많은 미디어와 채널을 모두 검색하는 것은 불가능하다. 특히 방송을 통해 전달되는 정보는 신뢰성이 높다는 점에서 공적 토론의 장을 제공한다. 이런 점에서 방송사가 다양한 관점을 균형 있게 전달하는 공정성 의무와 이를 담보하기 위한 기타 내용에 대한 규제제도가 가지는 의미는 여전히 중요하다.

이런 측면에서 방송심의 제도는 "표현물에 대한 국가의 관여라는 점에서 표현의 자유 보호와 긴장 관계"에 있지만, 사전검열에 해당하지 않는다는 관점이

---

25 한진만 · 박은희 · 정인숙 · 주정민(2016). 위의 책. 173-183.

지배적이다. 그런데 방송내용에 대한 심의를 헌법에서 금지하는 사전검열로 볼 수는 없지만 누가 어떠한 방식으로 시행하는가에 따라서 사전검열과 유사한 효과를 가져올 수도 있다. 그 이유는 방송의 기능을 위축시킬 가능성이 크기 때문이다. 또한, 방송통신심의위원회는 법적으로 민간자율기구로 규정되어 있지만 실제로는 행정기구의 성격을 갖는다는 국가인권위원회의 결정 및 법원의 판결(서울행정법원 2011년 2월 7일 판결)로 심의기구의 모호한 성격에서 기인하는 심의 독립성 문제도 제기되어 왔다. 방송통신심의위원회 심의 공정성이나 정파성에 의한 심의의결의 편향성에 대한 문제 제기도 지속되고 있는 상황이다 (유승관, 2016).[26]

(2) 방송심의에 대한 주요 규정

2022년 위원회는 「방송심의에 관한 규정」 등을 위반한 676건의 방송프로그램과 방송광고에 대해 제재조치 및 행정지도 등을 의결했다. 세부적으로 살펴보면, 과징금 부과는 10건이었으며, 제재조치는 총 126건으로, '주의' 109건(86.5%), '경고' 16건(12.7%), '관계자 징계' 1건(0.8%)으로 나타났다. 행정지도는 총 540건으로, '권고' 345건(63.9%), '의견제시' 195건(36.1%)으로 나타났다.

제재사유별 심의의결 현황을 살펴보면, '객관성', '광고효과', '간접광고' 조항 위반 등이 주요 제재 사유로 나타났으며, 2021년에 이어 2022년에도 큰 비중을 차지했다. 불명확한 내용을 사실인 것처럼 방송해 시청자를 혼동하게 하

---

26   유승관(2016). 방송통신심의위원회의 보도ㆍ교양방송프로그램 심의 결정의 특성 연구. 〈언론과 법〉, 15(3), 64~65.

는 등의 '객관성' 조항 위반이 49건(16.5%)으로 가장 많은 제재를 받은 것으로 나타났다. 방송프로그램 내에서 특정 업체나 상품에 광고효과를 주는 '광고효과' 조항 위반이 45건(15.2%), 방송에서 위법행위를 조장 및 방조하는 내용이 담긴 '법령의 준수' 조항 위반이 44건(14.8%), 방송 중 간접광고 상품을 과도하게 부각하거나 반복적으로 노출한 내용 등을 방송한 '간접광고' 조항 위반이 37건(12.5%)이었으며, 다음으로는 '의료행위' 조항 위반이 21건(7.1%), 어린이·청소년의 정서발달을 고려하지 않은 '어린이·청소년 시청자 보호' 조항 위반이 17건(5.7%) 순으로 뒤를 이었다(방송통신심의위원회, 2022).[27]

다음은 방송심의규정 중 대표적인 방송심의 규정 내용이다.

제9조(공정성) ① 방송은 진실을 왜곡하지 아니하여야 한다.
② 방송은 사회적 쟁점이나 이해관계가 첨예하게 대립된 사안을 다룰 때에는 공정성과 균형성을 유지하여야 하고 관련 당사자의 의견을 균형 있게 반영하여야 한다.
③ 방송은 제작기술 또는 편집기술 등을 이용하는 방법으로 대립되고 있는 사안에 대해 특정인이나 특정 단체에 유리하게 하거나 사실을 오인하게 하여서는 아니 된다.
④ 방송은 당해 사업자 또는 그 종사자가 직접적인 이해당사자가 되는 사안에 대하여 일방의 주장을 전달함으로써 시청자(라디오방송의 청취자를 포함한다. 이하 같다)를 오도하여서는 아니 된다.
⑤ 방송은 성별·연령·직업·종교·신념·계층·지역·인종 등을 이유로 방송편성에 차별을 두어서는 아니 된다. (다만, 종교의 선교에 관한 전문편성을 행하는 방송사업자가 그 방송 분야의 범위 안에서 방송을 하는 경우에는 그러하지 아니하다.)

제13조(대담·토론프로그램 등) ① 대담·토론프로그램 및 이와 유사한 형식을 사용한 시사프로그램에서의 진행은 형평성·균형성·공정성을 유지하여야 한다.

---

27   방송통신심의위원회(2022). 2022 방송통신심의연감. 34~35쪽.

② 토론프로그램은 출연자의 선정에 있어서 대립되는 견해를 가진 개인과 단체의 참여를 합리적으로 보장하여야 한다.

③ 토론프로그램은 토론의 결론을 미리 예정하여 암시하거나 토론의 결과를 의도적으로 유도하여서는 아니 된다.

④ 토론프로그램에서 사전 예고된 토론자가 불참하였을 경우에는 그 사유를 밝혀야 한다.

⑤ 대담·토론프로그램 및 이와 유사한 형식을 사용한 시사프로그램에서의 진행자 또는 출연자는 타인(자연인과 법인, 기타 단체를 포함한다. 이하 같다)을 조롱 또는 희화화하여서는 아니 된다.

제14조(객관성) 방송은 사실을 정확하고 객관적인 방법으로 다루어야 하며, 불명확한 내용을 사실인 것으로 방송하여 시청자를 혼동케 하여서는 아니 된다.

제25조(윤리성) ① 방송은 국민의 올바른 가치관과 규범의 정립, 사회윤리 및 공중도덕의 신장에 이바지하여야 한다.

② 방송은 가족공동체의 가치를 존중하며, 가족 내 평등하고 민주적인 관계에 이바지하여야 한다.

③ 방송은 민족의 존엄성과 긍지를 손상하지 않도록 하여야 한다.

제26조(생명의 존중) ① 방송은 살인, 고문, 사형(私刑), 자살 등 인명을 경시하는 행위를 긍정적으로 다루어서는 아니 된다.

② 방송은 불가피하게 인신매매, 유괴, 성매매, 성폭력, 노인 및 어린이 학대 등 비인간적인 행위를 묘사할 때에는 신중을 기하여야 한다. 〈개정 2014.1.9., 2015.10.8.〉

③ 방송은 내용 전개상 필요한 경우라 하더라도 동물을 학대하거나 살상하는 장면을 다룰 때에는 그 표현에 신중을 기하여야 한다.

제27조(품위 유지) 방송은 품위를 유지하기 위하여 시청자의 윤리적 감정이나 정서를 해치는 다음 각 호의 어느 하나에 해당되는 표현을 하여서는 아니 되며, 프로그램의 특성이나 내용전개 또는 구성상 불가피한 경우에도 그 표현에 신중을 기하여야 한다.

1. 불쾌감을 유발할 수 있는 과도한 고성·고함, 예의에 어긋나는 반말 또는 음주 출연자의 불쾌한 언행 등의 표현
2. 신체 또는 사물 등을 활용한 욕설 등의 표현
3. 혐오감이나 불쾌감을 유발할 수 있는 성기·음모 등 신체의 부적절한 노출, 생리작용, 음식물의 사용·섭취 또는 동물 사체의 과도한 노출 등의 표현
4. 성기, 성행위, 신체 접촉 또는 외설적 내용 등에 대한 불필요하거나 과도한 언급
5. 그 밖에 불쾌감·혐오감 등을 유발하여 시청자의 윤리적 감정이나 정서를 해치는 표현

제42조(의료행위 등) ① 방송은 의료행위·약품, 식품·건강기능식품과 관련한 사항을 다룰 때에는 다음 각 호의 어느 하나에 해당하는 내용을 방송하여서는 아니 된다.

1. 과학적으로 검증되지 아니하거나 근거가 부족한 내용
2. 효능·효과를 과장하거나 보증하는 내용 또는 이를 과신하게 하는 단정적인 표현
3. 위험성·부작용 등의 중요한 정보를 누락하거나 축소하는 내용
4. 질병 등에 관하여 시청자를 지나치게 불안하게 하는 내용
5. 식품을 건강기능식품으로 혼동할 우려가 있거나, 식품·건강기능식품을 의약품으로 혼동할 우려가 있는 내용
6. 동일한 조건에서 촬영되지 않은 치료 전·후 사진 등을 비교하여 효과를 과장하는 내용
7. 의료기관의 비급여 진료비용을 정당한 사유 없이 구체적으로 밝히는 내용
8. 특정 의료인 또는 의료기관에 광고효과를 줄 수 있는 내용이 게재된 홈페이지 등을 고지하는 내용

② 방송은 의료행위 등을 목적으로 환각제, 각성제, 마약 등의 사용에 관한 내용을 다룰 때에는 시청자의 호기심을 유발하거나 위험성에 대한 인식을 약화시키지 않도록 그 표현에 신중을 기하여야 한다.

③ 방송은 편지, 엽서, 전화 등의 방법으로 의학 상담을 할 때에는 다음 각 호의 사항을 준수하여야 한다.

1. 상담만으로 정확한 진단에 한계가 있음을 명확하게 밝혀야 한다.
2. 상담자 또는 시청자가 증상에 따른 상담결과를 확진으로 오해하지 않도록 하여야 한다.
3. 방송 중 실시간 의학 상담의 경우를 제외하고 시청자를 출연 의료인과 직접적·간접적으로 연결시켜서는 아니 된다.

④ 사업자가 방송에 출연하는 의료인 또는 약사(藥師)를 선정할 때에는 공신력 있는 전문기관·단체의 추천을 받는 등 자격과 전문성 등에 대한 객관적 검증을 위하여 노력하여야 한다.

⑤ 방송은 의료인 또는 약사를 소개할 때에는 의료법 및 약사법에 따른 의료인 또는 약사의 명칭을 정확하게 사용하여야 하며, 경력·전문 과목 등과 관련하여 부정확하거나 공인되지 않은 내용을 방송하여서는 아니 된다.

⑥ 방송은 의료행위·약품, 식품·건강기능식품의 효능·효과 등과 관련한 특정인의 사례를 소개할 때에는 시청자가 이를 일반적인 것으로 오인하지 않도록 자막 또는 음성으로 명확하게 밝혀야 한다.

[개정 2020.12.21. 방송통신심의위원회 규칙 제150호]

〈그림 1〉 방송심의 절차도

출처: 방송통신심의위원회(2022). 2022 방송통신심의연감. 30쪽.

4. 방송정책의 방향

공익성은 미디어 환경의 변화에 따라 경중의 정도는 있었지만, 아직도 여전히 유효한 방송의 기본적 가치인 것으로 보인다. 20세기 초반 라디오방송의 태동기부터 공익성은 방송정책의 근간으로 적용되었고 지금까지 유지되고 있다. 공익성 보장의 기반하에 출발한 방송정책의 필요성은 현재 이용자의 권익 보호 등을 포함하는 소비자 주권을 강화하는 방안과 이와 함께 방송사업자의 자유로운 경쟁을 통한 공정경쟁을 도모하기 위한 규제로 많은 부분 변화하고 있다. 앞서 살펴보았듯이 학자에 따라 다양한 정의가 있지만, 대표적인 공익성의 하위요인으로는 다양성, 균형성, 공정성 등이 존재한다. 이 중에서도 다양성은 커뮤니케이션 정책에서 기본적인 원칙으로 취급되었다. 또한, 미디어의 성과와 정책 결정의 목표를 평가하는 근본적인 원칙으로 다루어졌다(Levin, 1971).[28] 특히 미국에서는 "방송규제정책의 최고의 목표"로 간주되었다(Owen, 1977).[29] 합리적인 의사결정, 문화적 다원주의, 복지와 민주주의 기능의 활성화를 도모하기 위해 "다양하고 대립적인(antagonistic) 소스로부터 나온 정보의 광범위한 전파"(Associated Press v. United States, 1945)[30]가 바로 자유로운 사상의 공개시장 개념의 핵심이라 할 수 있는데, 이것이 또한 올리버 홈즈(Oliver Holmes) 대법관이 피력했던 "궁극적으로 우리가 원하는 善은 사상의 자유로운 교환을 통해 달성되며, 이것이 바로 우리 헌법이 보장한 이념이다"라는 것이었다

---

28 Levin, H. (1971). Program duplication, diversity, and effective viewer choices: Some empirical findings. *American Economic Review*, May, 81-88.

29 Owen, B. (1977). Regulating diversity: The case of radio formats. *Journal of Broadcasting, 21*(3), 305-319.

30 Associated Press v. United States, 326 U.S. 1 (1945). 1424쪽.

(Abrams v. United States, 1919)[31] (유승관 외, 2008).[32] 이런 면에서 방송정책의 핵심적 목표이자 필요성은 방송이 국가의 정체성, 의제 설정, 여론형성, 사회통합, 문화 전반 등에 지대한 영향을 미치는 내용적 측면에서의 공익성을 보장하기 위해 정부를 포함한 방송사업자의 자유로운 경쟁촉진의 방식을 적정하게 규율하는 것이다.

어느 나라의 규제정책도 완전히 경쟁적이거나 완전히 보호적인 경우는 찾아보기 어렵다. 실제로 대부분 국가에서 산업적 경쟁을 장려하면서도 동시에 공공의 이익을 최소한 실현하도록 규제하고 있다. 그런데 이 최소한의 정도는 국가별로 차이가 있다. 방송의 공공성을 강하게 요구하는 사회는 보호 정책의 정도가 높고, 미국과 같이 상대적으로 시장 경쟁을 통해 시청자의 권익을 극대화할 수 있다고 보는 전통을 가진 국가에서는 방송정책에도 시장의 자율적 경쟁에 많은 부분을 일임한다. 우리나라의 방송정책은 경쟁의 촉진과 규제의 유지라는 두 가지 목표 사이에서 표류해 왔다. 현재의 정책은 궁극적으로는 방송산업에 대한 규제 완화를 통해 산업 경쟁력을 신장하는 것에 장기적인 목표를 두고, 단기적으로는 규제 완화를 단계적으로 시행함으로써 시청자 주권과 공익을 보호하기 위한 정책을 조화시키려 노력하고 있다(한진만 · 박천일 외, 2004).[33]

즉 방송이 탄생한 20세기 초반부터 견지되어 온 방송의 공익성을 위한 규제의 정도가 시대의 흐름에 따라 초기의 강한 규제로부터 현대 다매체, 다채널 환경에 보다 적합한 시장친화적 규제, 즉 많은 부분을 시장의 자율조정에 위임하

---

31 Abrams v. United States, 65 S. Ct. 1416 (1919). 630쪽.

32 유승관 · 이준호 · 구종상(2008). 지역 지상파방송의 경쟁력과 시청자 만족도에 관한 연구. 〈방송통신연구〉. 66, 187-208.

33 한진만 · 박천일 외(2004). 「방송론」. 커뮤니케이션북스. 183-185.

는 규제인 탈규제(deregulation) 형태로, 그리고 경제적 법제화를 포함한 일반적 경제규제로 무게 중심이 이동하고 있는 게 사실이다.

이와 함께 중요한 문제로 규제의 효율성을 높이기 위해서는 규제기구의 역무와 조직의 효율성을 높이기 위한 방안 마련이 중요하다. 현대 방송에 더 적합한 규제 방식의 대안으로 기술적인 방송매체의 특성에 기반을 둔 과거의 수직적 규제에서 수평적 규제로 많은 부분 재편되고 있다. 방송규제를 통해 소기의 목적을 달성하기 위해서는 이에 적합한 법령의 제정과 개정이 필수적이고 이와 함께 방송규제를 담당하는 관련 기관의 역할과 위상도 중요하기 때문이다. 이에 더해 그간 정치적 편향성 문제가 지속되어온 우리나라의 방송정책의 대표적인 규제기관인 방송통신위원회와 방송통신심의위원회의 위원 임명방식과 조직위상에 대한 개선을 통해 방송정책 기구의 독립성도 확보해야 할 것이다.

방송정책의 수립과 집행의 목적은 궁극적으로 변화하는 현실을 통찰력 있게 분석하여 가장 효율적인 방안을 찾아 방송이 국민의 권익에 기여할 수 있도록 하는 것이다. 어느 시대나 방송정책 입안자들은 국민의 복리를 앞세워 정책을 실행해 왔지만, 의도했던 만족한 결과를 얻었는지는 논란의 여지가 있기 마련이다. 특히 우리나라에서 방송정책이 목표한 결과를 가져오지 못한 가장 큰 이유는 정치 체제의 비민주적 속성에 기인하는 바가 크다. 막강한 사회문화적 영향력을 가지고 있는 방송을 집권 세력이나 기득권의 정치적 이해관계에 따라 이용하고 통제하려고 했던 정언유착과 나아가서 경언유착의 전철을 되풀이해서는 안 된다. 앞으로 방송이 권력과 자본의 통제를 극복하고 다양한 방송사업자와 실질적인 국민의 이해와 편의 그리고 필요에 이바지하도록 정책과 규제를 마련하고 집행해야 할 것이다.

1) SK텔레콤의 CJ헬로비전 인수

CJ그룹이 CJ헬로비전을 매각하려는 목적은 CJ헬로비전을 포함해 케이블 TV MS들이 유료방송 시장에서 통신사업자가 운영하는 IPTV와의 경쟁에서 밀리면서 케이블TV 시장에서 철수하려는 의도에서 비롯되었다. 반면 SK그룹이 CJ헬로비전을 인수하려는 목적은 유료방송의 가입자 수를 늘려 유료방송 시장에서의 입지를 강화하고 규모의 경제를 누리기 위한 것이었다. 이에 대해 2015년 12월 기업결합을 위한 공정거래위원회(이하 공정위)에 신고하였고, 공정위는 2016년 7월에 이 기업결합을 금지하는 조치를 내렸다. 공정위의 심사 내용에서 유료방송 시장과 관련된 내용을 살펴보면 먼저 관련 시장의 획정에서 쟁점은 유료방송 시장의 지리적 시장 획정이었다. 공정위는 유료방송 시장을 SO의 방송권역별로 획정하여 유료방송 시장을 전국 시장이 아닌 지역 시장으로 획정하였다. 유료방송 시장에서 수평결합으로 경쟁 제한성이 있는 것으로 분석되었다. 즉 CJ헬로비전의 23개 방송구역 중 1위인 21개 방송구역에서 결합 당사회사의 시장 점유율은 47%~76%에 이르고, 2위 사업자와의 격차도 최대 58.8%에 이르는 등 결합 당사회사의 시장지배력이 더욱 강화된다는 판단이었다. 따라서 기업결합 시 케이블TV의 요금 인상을 억제하던 경쟁 압력이 크게 약화할 수 있고, 실제 CJ헬로비전의 시장 점유율이 높은 지역에서 상대적으로 높은 요금이 부과된 점을 고려하면 가격 인상 압력이 존재하는 것으로 판단한 것이다.

이동통신 소매 시장과 관련해서는 이동통신 1위 사업자인 SK텔레콤이 알뜰폰 1위 사업자로서 강력한 경쟁 압력으로 작용하던 CJ헬로비전을 인수하면 이동통신 소매 시장의 경쟁 압력은 크게 감소될 우려가 있다고 판단하였다. 공정위는 유료방송 시장과 이동통신 시장을 위의 분석을 근거로 2개 시장에서의 독과점 구조가 회복되기 어려운 수준으로 약화할 것으로 예상하면서 기업결합을 금지한 것이다. 이러한 기업결합 금지로 경쟁 제한 폐해와 독과점 구조 고착화를 근원적으로 방지하여 소비자 피해를 예방하였다는 데 의미를 부여하였다.

2) LG유플러스의 CJ헬로비전 인수와 SK그룹의 티브로드 인수

LG유플러스가 CJ헬로비전을, SK그룹이 티브로드를 인수하는 계약을 체결하고 2019년 3월과 5월에 공정위에 기업결합을 신고하였다. 이에 대해 공정위는 2016년 7월에 SK텔레콤의 CJ헬로비전 인수를 금지한 것과는 달리, 2019년 11월 기업결합을 조건부로 승인하였다. 공정위는 경쟁 제한성 판단을 4개의 건으로 구분하여 분석하였다. 첫째, SK그룹의 티브로드 인수건 중 디지털 유료방송 시장에서의 경쟁 제한성 판단으로 티브로드는 23개 방송구역 중 11개 방송구역에서 경쟁 제한성이 추정되며, 나머지 12개 지역에서도 안전지대에 해당하지 않는다고 보았다. 결합 당시 당 회사들이 1위인 사업자가 되어, 총 17개 방송구역에서 시장지배력이 강화된다. 단기적으로는 디지털 케이블TV에 대한 가격 인상 요인도 존재한다. 둘째, SK그룹의 티브로드 인수건 중 8VSB 유료방송 시장에서 23개 방송구역 8VSB 유료방송 시장 모두 HHI가 안전지대에 해당되지 않는다. 티브로드가 8VSB 시장에서 독점사업자임에도 독점행위를 하지 못한 이유가 IPTV로의 이탈을 우려한 것이다. 따라서 기업결합이 될 경우 8VSB 유료방송 시장의 경쟁이 제한될 가능성이 큰 것으로 보였다. 셋째, LG유플러스의 CJ헬로비전 인수건 중 23개 방송구역 중 22개 디지털 유료방송 시장의 HHI가 커서 안전지대에 있지 않았다. 실제로 CJ헬로비전은 시장 점유율이 높은 지역에서 상대적으로 더 적은 채널을 편성하고 더 높은 채널당 단가를 책정하고 있었다. 넷째, LG유플러스의 CJ헬로비전 인수건 중 이동통신 소매 시장에서의 경쟁 제한성 판단은 결합 후 시장 점유율이 21.9%이고 3위 사업자에 해당하여 경쟁 제한성이 추정되지 않았다. CJ헬로비전의 가입자 수와 매출액이 감소하고, MVNO 시장에서의 경쟁력 약화로 CJ헬로비전의 독행기업성이 크게 약화되었다. LG유플러스는 이 시장에서 3위 사업자이고 1위와 2위 사업자와의 격차도 크므로 경쟁 제한 우려는 크지 않게 보았다.

이러한 경쟁 제한성 판단을 근거로, 공정위는 유료방송 시장과 8VSB 유료방송 시장에서 경쟁 제한 우려를 해소하고 소비자 선택권을 보호하기 위해서 다음과 같은 시정 조치를 부과하였다. 케이블TV의 수신료를 물가상승률을 초과하여 인상하지 못하고, 전체 채널 수와 소비자 선호 채널의 임의 감축을 금지한다. 8VSB 케이블TV 가입자를 보호하고, 방송 상품의 저가 또는 고가로 전환을 강요하는 것을 금지한다. 이 시정 조치는 2022년 말까지 유효하고, 시정 조치의 대상은 SK브로드밴드의 경우 8VSB와 디지털 케이블TV, LG유플러스의 경우 8VSB 케이블TV이다.

3) POOQ와 옥수수의 결합

지상파방송 3사와 SK브로드밴드는 각각 제공하는 OTT 서비스인 '푹(POOQ)'과 '옥수수(Oksusu)'를 합병한다는 내용으로 2019년 4월 공정위에 신고했다. 푹의 입장에서는 SK텔레콤의 가입자 확보 능력과 대규모 투자가 필요했고, 옥수수의 입장에서는 양질의 지상파 콘텐츠가 필요하였기 때문에 합병을 신청한 것이다. 이에 대해 공정위는 '유료구독형 OTT'와 '방송콘텐츠 공급업'의 2개 시장을 검토했다. 공정위는 푹, 옥수수, 올레tv 모바일, 티빙, 왓차플레이, 넷플릭스 등 유료구독형 OTT 시장에서는 두 회사가 결합한다고 해도 다른 사업자의 경쟁을 제한할 가능성이 없는 것으로 판단했다. 유료구독형 OTT 시장에서 월간 실사용자 수(MAU)를 보면 옥수수가 329만 명(35.5%)으로 1위, 푹은 85만 명(9.2%)으로 4위였다. 공정위는 시장 특성상 경쟁 사업자 간 협조가 용이하지 않은 점, 이행감시가 어려운 점 등을 고려할 때 협조 효과 발생 가능성이 작다고 판단했다.

그러나 공정위는 방송콘텐츠 공급업 시장에서 푹과 옥수수 간의 결합 후 핵심 콘텐츠인 지상파 콘텐츠에 대한 경쟁 유료구독형 OTT의 콘텐츠 구매선이 봉쇄되어 시장의 경쟁이 제한될 우려가 있다고 판단하였다. 따라서 다음과 같은 조건을 부과하였다. 지상파 3사에 다른 OTT 사업자와의 기존 지상파방송 VOD 공급 계약을 정당한 이유 없이 해지하거나 변경하는 것을 금지하고, 방송사들에 다른 OTT 사업자가 지상파방송 VOD 공급을 요청하면 합리적이고 비차별적인 조건으로 협상하도록 했다. 지상파 3사는 홈페이지나 모바일 애플리케이션에서 현재 무료로 제공하는 지상파 실시간 방송을 중단하거나 유료로 전환할 수도 없다. SK텔레콤의 이동통신 서비스나 SK브로드밴드의 IPTV를 이용하지 않는 소비자에 대해 합병 OTT 가입을 제한하는 것도 금지했다. 공정위는 또한 시정 조치의 이행 기간을 3년으로 설정하였는데, OTT 시장이 급변하고 있고 지상파방송사의 영향력이 갈수록 줄어드는 점을 고려해 합병 완료 후 3년으로 기간을 설정한 것이다(권호영, 2020).[34]

---

34   권호영(2020). 『한국 미디어 경제학』. 박영사. 605–611.

참고문헌

권형둔(2017). 『미디어와 법』. 서울: 커뮤니케이션북스.

권호영(2020). 『한국 미디어 경제학』, 박영사.

김승수(2001). 디지털 방송체제에서 공익성의 재해석. 〈언론과학연구〉, 1(2), 70-103.

김우룡(2002). 『현대 방송학』. 나남.

김재영 · 박규장(2005). 디지털 시대의 방송의 공익성과 지상파방송 정책 패러다임. 〈사회과학연구〉, 16, 49-69.

김지훈(2010). 방송과 보편적 서비스. 〈고려법학〉, 56, 505.

방송통신심의위원회(2022). 2022 방송통신심의연감.

신흥균(2019). 의무편성 채널 제도 관련 법적 지위와 정책적 필요성 진단. 한국방송학회 특별세미나 발제문. 2019. 8. 29.

심미선 · 김재영(2003). 디지털 시대 방송 공익성 개념에 대한 재정의. 〈방송과 커뮤니케이션〉, 32-64.

유승관(2016). 방송통신심의위원회의 보도 · 교양방송프로그램 심의 결정의 특성 연구. 〈언론과 법〉, 15(3), 63-95.

유승관 · 이준호 · 구종상(2008). 지역 지상파방송의 경쟁력과 시청자 만족도에 관한 연구. 〈방송통신연구〉. 66, 187-208.

유승관 · 정성호 · 강경수(2015). 스마트미디어시대 방송의 공익성 평가요인. 〈언론과 법〉, 14(1), 149-185

윤성옥(2014). 방송의 공익성이란 무엇인가. 〈언론과 법〉, 12(1), 143-183.

이상식(2003). 공익성과 보편적 서비스 개념의 비교 연구. 〈한국언론정보학보〉, 20, 111-139.

정용준(2010). 한국과 영국의 방송 공익성 이념 비교 연구. 〈언론과학연구〉, 10(2), 544-571.

주정민(2006). 방송통신 융합에 따른 산업구조의 변화와 공익성. 〈언론정보학보〉, 36, 109-132.

최병선(1992). 『정부규제론』. 법문사.

최송화(2002). 『공익론: 공법적 탐구』, 서울대학교 출판부.

한진만(2011). 『한국방송의 이해』, 한울.

한진만 · 박은희 · 정인숙 · 주정민(2016). 『새로운 방송론』. 커뮤니케이션북스.

한진만 · 박천일 외(2004). 『방송론』, 커뮤니케이션북스.

헌법재판소 2010. 12. 28. 2009헌바88 결정.

헌법재판소 2010. 12. 28. 2009헌바88 결정.

Abrams v. United States, 65 S. Ct. 1416 (1919).

Associated Press v. United States, 326 U.S. 1 (1945).

Cuilenburg, J. & McQuail, D.(2003). "Media policy paradigm shifts: towards a new communications policy paradigm", *European Journal of Communication, 18*, 182-207.

FCC v. WNCN Listeners Guild, 1981

Goode, J.(2002). New deal to bad deal: Racial and political implications of U.S. welfare reform, In Kingfisher, C.(Eds.) *Western welfare in decline: Globalization and women's poverty*, PA: University of Pennsylvania Press, 65-89.

Hundt, R(1996). The public's airwaves: What does the public interest require of television broadcasters?, *Duke Law Journal, 45*, 1089-1129.

Levin, H. (1971). Program duplication, diversity, and effective viewer choices: Some empirical findings. *American Economic Review*, May, 81-88.

McChesney, R. W. *Corporate media and the threat to democracy*. NY: Seven Stories Press, 1997.

Napoli, P.(2001). *Foundations of Communications policy: principles and process in the regulation of electronic media*, NJ: Hampton Press.

Owen, B. (1977). Regulating diversity: The case of radio formats. *Journal of Broadcasting, 21*(3), 305-319.

Turner Broadcasting System. inc. v. FCC. 520 U.S. 180 (1997).

제4장

방송편성

방송콘텐츠를 시청하고 이용할 수 있는 미디어 플랫폼도 증가하고, 이로 인해 채널 수와 프로그램 양도 급속도로 많아졌다. 본 방송뿐만 아니라 시청자가 원하는 시간에 골라 보는 비선형적인 시청이 보편화되고 있다. 이로 인해 방송사가 최적의 콘텐츠를 효율적으로 배치하여 프로그램이 수용자에게 노출되어 시청률 증가를 유도하는 편성의 고전적인 개념과 전략도 변화하고 있다. 이러한 환경변화와 채널 간 경쟁이 심화하면서 채널의 전체적인 이미지를 결정하고, 시청률과 경영 성과에 큰 영향을 주는 편성은 역설적으로 과거보다 더 중요한 요소가 되었다. 이 장에서는 고전적인 편성의 정의와 목적 및 중요성, 편성의 과정 및 단계, 세부적인 편성전략, 그리고 뉴미디어 플랫폼 시대에 적합한 새로운 편성전략에 대해서 살펴보기로 한다.

1. 편성의 정의

편성에 대한 정의는 학자마다 약간씩 표현 방법을 달리하여 제시되고 있다. 매우 광범위한 의미에서 편성을 방송행위의 전부라고 말하기도 한다. "최적의 시간에 최적의 프로그램을 심는다"라는 말로 매우 간략하게 요약하기도 한다. 이러한 편성의 정의에 대해 여러 학자가 제시한 내용을 중심으로 요약하면 다음과 같다.

편성은 방송행위의 방향과 폭을 제시하는 일련의 과정이자 단위 프로그램의 기본 틀을 규정하는 매우 구체적인 작업이다. 즉, 편성은 각 프로그램의 가이드라인이자 방송 활동 그 자체를 폭넓게 의미할 수도 있다. 편성은 예산의 규모와 제작조건, 판매와 법률적 제약을 고려하여 언제, 무슨 프로그램을, 얼마나, 어떻게 방송할 것인지를 결정하는 일을 중심과제로 삼는다(김우룡, 1987).[1]

편성을 협의와 광의의 개념으로 구분하여 제시하기도 한다. 광의의 편성은 방송프로그램의 명칭, 성격, 분량, 배치와 같은 것을 계획하는 행위에서부터 그 계획의 구체화를 위한 실제적인 제작행위, 그리고 경우에 따라서 송출까지를 포함하는 개념으로 본다. 협의의 편성은 프로그램 내용의 구체적 결정이나 제작단계 이후를 포함하지 않는, 주제와 형식 및 시간 결정에 해당하는 행위로 해석하고 있다(김 규, 1993).[2]

또한, 프로그램의 편성이란 방송내용의 기획과 배열상의 문제로서, 무엇을(방송내용), 누구에게(방송대상), 언제(방송시간대), 어떻게(방송형식), 얼마나(방송시간) 들려주고 보여주느냐를 결정하고 배열하는 전 작업을 뜻한다(차배근, 1981).[3]

이밖에 강대인(1989)[4]은 일반적으로 방송편성은 넓게는 방송 경영층이 방송의 목표나 기본정책을 포괄적으로 규정하는 단계에서부터 방송정책의 방향을 구체적으로 결정하는 행위와 프로그램의 제작행위까지를 포함하는 것으로 정의했다. 이상의 논의들을 고려할 때 편성이란 '방송프로그램을 기획하고 배열하는 행위'로 정의하는 것이 가장 무난한 것으로 보인다(한진만, 1995).[5]

---

1 김우룡(1987). 『방송학 강의』. 나남. 81쪽.

2 김규(1993). 『방송매체론』. 법문사.

3 차배근(1981). 『커뮤니케이션학 개론(하)』. 세영사.

4 강대인(1989). 〈문화방송사보〉, 8월호.

5 한진만(1995). 『한국 텔레비전방송연구』. 나남.

2. 편성의 목표와 범위

편성의 목표는 시청자에게 호의적인 이미지를 각인시키기 위한 경쟁적 순서를 마련하여, 되도록 많은 수용자를 확보하는 데 있다(한진만, 2013).[6] 편성은 각 방송사의 방송이념, 나아가서는 국가의 방송이념으로부터 출발한다. 이러한 방송이념을 토대로 방송사들은 보다 구체적인 편성목표를 설정하게 되고, 편성 목표는 최종적으로 세부 프로그램을 통해 구체화된다. 최종적으로 프로그램이 시청자들에게 전달되기 전에 제작자들은 누구를 대상으로, 어떤 유형의 프로그램을 어느 시간대에 방송할 것인지, 주 시청자의 생활 습관은 어떤지, 또 어떤 프로그램에 얼마의 제작비와 인력을 투입해야 할지, 경쟁상대는 어떤지를 다 고려해야 하는데, 이러한 행위를 편성행위라고 한다.

이러한 편성행위를 체계적으로 정리해 일정한 틀에 맞추고, 그 틀에 맞추어 각 방송사의 활동 방향과 지침을 풀어내는 전형을 만들고, 그것을 유지하고 발전시키는 것이 곧 편성전략이다. 방송사들의 편성행위는 지나친 과열 경쟁으로 재정, 인력 손실을 가져왔다는 지적이 강하다. 따라서 더욱 과학적이고 합리적인 편성을 만드는 것이 시급하다. 그러기 위해서는 체계적인 데이터에 근거한 과학적인 편성에 초점이 맞춰지는데 보통 시청률이 근간을 이룬다. 시청률 자료를 편성과정에 이용하는 것은 프로그램의 시청률을 통해 프로그램의 갱신, 폐지, 시간대 이동에 관한 결정을 내리기 위함이고, 또 주변 프로그램을 신설하거나 새롭게 단장하기 위함이다.

바람직한 프로그램 편성은 시청자에 대한 정확한 이해를 바탕으로 많은 수용자가 최적의 시간에 최고의 프로그램을 볼 수 있게 하는 전략적인 방안이어

---

6   한진만 외(2013). 『방송학 개론』. 커뮤니케이션북스. 104쪽.

야 한다. 이러한 편성의 과정을 세 단계로 구분해 보면, 첫째 최고 경영자에 의한 편성의 기본정책 결정이고, 둘째 프로그램 기본 순서 배열 등 실무 작업이고, 셋째 짜인 편성계획안에 따른 제작과정이다.

3. 편성과정

1) 기획 단계

모든 편성이 다음과 같은 단계를 거치는 것은 아니지만 가장 일반적인 과정을 살펴보면 다음과 같은 과정을 거친다. 편성의 첫 번째 단계인 기획 단계는 편성의 기본 방향을 설정하는 데 목적을 둔다. 이를 위해 자기 방송사의 특성을 정확하게 파악하는 것이 선행되어야 한다. 타 방송국과 비교해 경쟁력 있는 요일이나 시간대는 언제이고, 프로그램 유형은 무엇이며, 주 시청자층은 누구인지, 반대로 경쟁력이 떨어지는 요일이나 시간대는 언제이며 어떤 유형의 프로그램이 경쟁력이 없는지 그리고 취약한 시청자층은 누구인지 등을 파악해야 한다.

프로그램을 개편할 경우 어디에 중점을 둘 것인지를 결정한다. 이 과정에서 편성실무자는 폐지할 프로그램과 신설할 프로그램 그리고 시간대를 바꾸어야 할 프로그램을 정한다. 편성의 윤곽이 잡히면 다양한 기초자료 수집에 들어간다. 시청률 자료나 사회조사를 통해 시청자의 시청습관, 생활방식, 최근 시청자의 프로그램 선호도 등을 파악하고 개편에 들어갈 프로그램의 기본 방향을 정한다. 이때 편성실무자는 방송사의 기본이념, 경영방침, 방송법 시행령에 나타난 법적 규제, 그리고 최종적으로 예산 규모 등을 고려한다. 이렇게 기획 단계에서 프로그램의 기본 방향이 결정되면 최고 경영층의 허락을 얻어 구체적인 편성단계로 들어간다.

2) 편성단계

두 번째 단계는 협의의 의미에서의 편성단계로 신설하거나 시간대를 변경할 프로그램을 정하고 재배열하는 단계다. 이 단계에서는 개별 프로그램에 대한 제작진의 의견이 중요하다. 편성실무자는 제작진과 다양한 상의를 통해 편성의 기본 틀을 잡는다. 이후 편성부에서 마련한 기본 틀을 토대로 관련 부서인 제작팀, 광고팀, 그리고 예산을 담당하는 기획팀과 최종 회의를 한다. 제작팀에서는 프로그램 시간대가 시청자의 시청행태와 일치하고 프로그램 성격에 맞는지 확인하고, 광고팀에서는 편성안이 광고수입과 어떤 관련이 있는지에 대해 체크한다. 프로그램 시간대를 변경함으로써 광고비가 감소한다면 이 편성안은 재고할 필요가 있다. 예산을 담당하는 기획팀에서는 편성안이 방송사의 기본이념이나 경영목표를 충실히 반영하고 있는지 그리고 주어진 예산 범위 안에서 수용 가능한지 검토한다. 이러한 과정을 거쳐 편성의 기본 틀을 확정한다.

3) 제작단계

편성의 단계와 사례는 방송사별로 다를 수 있다. 다음은 KBS 본사와 같은 지상파방송의 사례다. 편성의 윤곽이 잡히면 제작단계로 들어가는데 제작단계에서의 첫 번째는 프로그램 기획안을 사내, 외적으로 수집하는 것이다. 자체 제작할 프로그램은 사내에서 프로그램 기획안을 받고, 외주제작할 프로그램은 외주제작사를 통해 입수한다.

몇 개의 프로그램 기획안이 수집되면 정책 결정자와 관련 부서 책임자가 모여 제작에 실제 들어갈 프로그램을 결정한다. 이 과정에서 예산이 중요하게 고려된다. 프로그램이 결정되면 시제품을 제작하고 이에 대한 방송사 내부 관련 부서 책임자와 실무자에게 프로그램에 대한 평가를 받는다. 그다음 제작자는 프로그램 제작에 들어가고 편성팀과 기획팀, 광고팀은 프로그램에 대한 홍보작업을 시작한다. 보통 프로그램이 방영되고 약 한 달이 지나면 방송된 프로그램에 대한 평가를 받아 제작에 반영한다.

편성 준비의 초기 단계에서는 사내 아이디어 공모, 국별 개편 의견, 시청자 의견, 시청자 조사, 외주제작사 기획안, 계열사의 개편 의견 등이 고려된다. 의견과 자료가 취합되면 편성국에서는 이를 정리하여 개편 준비 작업을 하고 실무소위원회인 편성전략위원회를 거친 후 개편 방향을 정리한다. 이러한 단계를 거쳐서 편성작업이 이루어지는데 여기서는 제작부서와 편성 전문 요원에 의해 구체적인 방향이 설정된다. 편성기획부에서 프로그램 편성기안이 만들어지면 국장급으로 구성된 2차 편성 전략회의에서 협의 과정을 거쳐 신설 프로그램 제작에 착수하게 된다. 이후 본사 편성책임자 회의를 거쳐 개편안을 최고 경영진에게 제안하고 계열사에 통보하게 된다. 마지막으로 개편 내용을 시청자에게 알려줄 예고 프로그램을 제작하고 방송통신위원회에 통보한 후 프로그램을 개편함으로써 정기 개편을 완료하게 된다(한진만 외, 2013).[7]

4. 편성의 결정 요인

일반적으로 편성을 결정할 때 시청률은 중요하다. 그러나 항상 시청률이 결정적인 요인은 아니다. 시청률보다는 오히려 프로그램의 질을 우선으로 고려할 수 있고, 경우에 따라서 프로그램 내용에 통제를 가하는 법적인 장치가 중요한 요인으로 작용할 수 있다. 즉 편성을 결정하는 데는 단 하나의 요인이 단독으로

---

7   한진만 외(2013). 위의 책. 106-109.

작용하기보다는 여러 가지 요인이 복합적으로 작용한다. 단 여러 요인 중 특정 요인이 더욱 중요한 영향력을 발휘할 수 있고 그러한 정도의 차이가 해당 방송사의 정체성에 영향을 미치게 된다(한진만 외, 2013).[8]

편성에 영향을 미치는 요인은 크게 방송사의 내부요인과 외부요인으로 구분된다. 지상파방송처럼 복합적인 조직 성격을 가진 방송사의 경우 편성은 방송사 내의 각 조직을 조정하고 합의를 끌어내는 역할을 담당한다. 즉 편성의 대표적인 기능이 조정과 결정 기능이라는 것이다. 이런 의미에서 편성은 방송사 내부 조직인 경영기획, 보도, 제작, 기술, 지역 네트워크사, 심의, 시청자센터, 홍보 등 각 부서 간의 입장 조정 및 협업을 끌어내는 역할을 담당하게 된다. 대체로 지상파방송의 경우 편성협의회 같은 기구를 설치하여 부서 간 의견을 조정한다. 편성의 또 다른 중요한 기능은 결정 기능이다. 편성과정에서 가장 중요한 것이 어떤 프로그램을 편성할 것인가인데 프로그램을 결정하는 과정에 영향을 주는 요인은 다양하다.

우선 방송사의 내부요인으로는 조정 기능에 포함되어있는 모든 조직의 협업과 조정에서 개입되는 요소들이 포함된다. 방송사 경영진의 판단, 제작 현장, 광고, 네트워크, 내부 자원 여하에 따라 편성의 결정은 영향을 받을 수밖에 없다. 편성에 영향을 줄 수 있는 외부요인은 더욱 다양한데 대표적인 것은 다음과 같다(한진만 외, 2016).[9]

---

8   한진만 외(2013). 위의 책. 109쪽.

9   한진만 · 박은희 · 정인숙 · 주정민(2016). 위의 책. 73-74.

1) 경쟁력 및 외부산업 요인

경쟁상대인 다른 방송사들은 물론이고 급속하게 변하는 미디어 환경은 편성에 영향을 준다. 편성을 고려할 때 다매체, 다채널의 경쟁 상황은 고려하지 않을 수 없다. OTT와 1인 미디어와의 경쟁까지도 인식해야 하는 상황이다. 광고와 유통 체계에 대해서도 편성에 영향을 준다.

2) 방송법과 방송정책

「방송법」과 방송정책과 같은 관련 법령, 그리고 방송통신위원회와 같은 방송규제기구의 시행령 및 고시 등은 편성정책에 영향을 준다. 방송법 시행령과 고시에 정하고 있는 편성 비율 규제는 다음과 같다.

〈표 1〉 방송법 시행령과 고시에 나타나 편성 비율 규제

항목	규제내용
오락물	매월 전체 방송시간의 50% 이하
신규 국내 제작 애니메이션	연간 전체 방송시간의 1% 이상
외주 제작물	매 분기 전체 방송시간의 35% 이상
특수관계자 외주 제작물	매 분기 전체 외주제작 시간의 21% 미만
다른 한 방송사업자가 제작한 방송물	지역방송사의 경우 네트워크 제작물 70% 이내
장애인방송	연간 자막방송 100%, 수화 방송 5%, 화면해설 방송 10% 이상

출처: 한진만·박은희·정인숙·주정민(2016). 『새로운 방송론』. 커뮤니케이션북스. 74쪽.

3) 수용자 특성

사회적 요인도 시청자 요인이 연장선에 있다. 시청자의 생활방식, 생활 시간대, 소비 행태, 취향, 정서, 연령, 직업, 관심사 등 모든 것이 편성에 영향을 주는 요인이다.

4) 사회적 여건

사회적 여건은 편성에서 가장 근본적인 영향을 준다. 방송프로그램은 동시대의 사상과 가치를 보여준다는 점에서 사회의 바로미터(barometer)가 될 수 있다. 사회적 여건에는 인구변동, 1인 가구의 증가 등 거시적인 사회구조 변화와 단기적인 차원에서의 사건 및 사고 등 매우 다양한 요인이 포함된다. 따라서 편성을 결정할 때 사회적 분위기, 사회가 요구하는 가치 등을 반영해야 한다. '4.16 세월호 침몰 사고'가 발생했을 때 방송사는 정규편성을 중단하고 애도 분위기를 이어 간 사례를 보더라도 사회적 요인은 편성에 많은 영향을 미친다고 볼 수 있다(한진만 외, 2016).[10]

5. 편성의 종류

프로그램을 효과적으로 편성하고 판매하기 위하여 정해놓은 기간이 편성연도(programming year)인데 대개 5월 초에서 다음 해 4월 말까지이다. 그러나 프로그램 개편 단위주기는 6개월이다. 프로그램 편성은 정규편성과 임시편성으로 나누어진다. 정규편성은 일정 기간을 규칙적으로 반복해서 편성하는 것을 말한다. 정기편성은 한 편성주기의 기간에 방송될 기본 프로그램의 명칭, 종류, 내용, 분량, 배치에 관한 결정을 위해 이루어진다. 우리나라의 경우 정규 기본편성은 개편(조정) 연 2회, 5월과 10월에 개편 실시된다. '봄 TV 프로그램 개편(조정)', '봄 정기 개편' 등으로 각 방송국의 명칭은 조금씩 달리하고 있지만, 이는 계절적으로 점점 길어지는 활동시간 생활주기에, '가을 정기 개편', '가을

---

10 한진만 · 박은희 · 정인숙 · 주정민(2016). 위의 책. 74-75.

TV 프로그램 개편'은 이와 반대로 밤이 길어지면서 점점 높아지는 재택률 생활주기에 방송을 일치시키려는 노력이다.

정규 기본편성은 월간편성, 주간편성과 일일편성으로 이루어진다. 주간편성은 기본편성을 횡적 요일별로 본 것이다. 요일별 편성으로 주중 평일과 주말의 특성이 반영된다. 즉 프로그램의 배열과 수용자의 생활 시간대에 맞추어 평일과 주말에 따라 약간씩 다르게 편성하는 것이 관례이다. 이벤트나 특별히 변경할 내용이 있을 때는 주간편성의 틀이 정규편성에서 벗어난다.

일일편성은 하루를 편성단위로 하는데, 1일 방송시간을 종적으로 본 것으로 방송 시작부터 종료까지의 개개 프로그램의 방송순서와 시간을 기록한다. 일일편성의 시간 순서대로 운행사항이 기록되어 있는 것이 일일 운행표인데 여기에는 프로그램의 시작과 종료, 광고방송의 내용과 길이, SB 시간의 스폿,[11] 시각고지 등이 정확하게 기재되어 있어서 방송운행을 하는 기초가 된다. 일일편성 역시 갑작스러운 방송변경 사유가 생기면 수시로 변경이 가능하다.

임시편성은 정해진 용어라기보다 정규편성 시기가 아닐 때 임시로 편성되는 프로그램의 변경을 통틀어 일컫는 표현이다. '부분 개편', '여름방학 부분 개편', '일부 프로그램 조정', '특집편성', '긴급편성' 등으로 비정기적으로 실시된다. 임시편성은 식단의 특별메뉴와 같이 정기편성의 딱딱함과 지루함에 변화를 준다는 면에서 관심을 끌 수가 있다. 편성의 큰 틀은 물론 기본편성이 떠받치고 있지만, 실제로 편성의 묘미는 임시편성에 있다고 할 수 있을 정도이다.

---

11 SB(station break)란 방송국명 고지나 광고, 캠페인 등 스폿(spot)을 넣는 프로그램과 프로그램의 짧은 사이

6. 편성전략

수잔 이스트만(Susan Tyler Eastman, 1993)[12]은 방송의 가장 기본적인 편성 전략으로 다음과 같은 다섯 가지 원칙을 제시했다.

첫째, 수용자의 일상생활과 프로그램 유형, 주제, 방송순서가 상반되지 않아야 하는 적합성(compatibility)의 전략이다. 적합성은 기본적으로 시청자들의 생활방식에 따라 편성하는 것으로서 편성전략에서 시청자들의 하루 일상생활과 일치되게 프로그램을 배열하는 것을 뜻한다.

둘째, 습관 형성(habit formation)의 전략이다. 이는 시청자들의 시청 관행에 따라 프로그램을 편성하는 편성전략을 말하는 것으로 습관 형성은 기본적으로 연속물과 관련이 있다.

셋째, 시청자 흐름의 조절(control of audience flow)이다. 이는 하나의 프로그램이 끝나고 또 다른 프로그램이 시작될 때, 시청자들이 한 프로그램에서 다른 프로그램으로 흐르는 것을 조절하는 것을 의미한다.

넷째, 프로그램 유형성을 확장시킬 수 있도록 제한된 프로그램 자원을 반복, 순환 등의 방법으로 극대화하여 경비를 절약(conservation of programming)해야 한다.

다섯째, 이용자 수를 가능한 한 최대화하기 위해 대중에게 어필할 수 있는 소구점을 찾아야 한다. 프로그램 소구에 있어서 편성 담당자들은 시청자들에게 소구하는 새로운 프로그램 개념, 대본, 기존의 프로그램을 얼마나 잘 개발할 것인가를 연구함과 함께 갈등, 코미디, 성, 정보, 인간적 흥미를 평가해야 한다.

---

12 Eastman, S.(1993). *Broadcast/Cable Programming*. 4th Eds, Wadsworth Publishing Company, Belmont, California.

1) 지상파방송과 케이블방송의 편성 차별화 전략

뉴미디어와 경쟁 관계에 있는 지상파TV 방송의 편성전략은 크게 차별화 전략과 유연 편성전략으로 구분된다. 차별화 전략이란 채널 특성화 차원에서 지상파방송의 장점을 살리는 것이다. 실제 미디어 이용률이 가장 높은 지상파 TV의 장점을 살려 가능한 최대시청자의 관심을 끌 수 있는 프로그램을 개발하여 편성한다. 한편 유연 편성은 지상파TV가 그동안 소홀히 다루어 온 편성부문에 대해 경쟁 매체의 특성을 고려하여 탄력적으로 대응하는 역공 편성전략이다. 예를 들면 소수집단을 위한 편성에 약한 지상파TV의 한계를 극복하기 위해 주 시청자층을 세분화하는 대안편성 등의 전략이다. 지상파TV는 이와 같은 기본 편성전략을 취하기는 하지만 방송이념에 따라 차이가 난다. 즉 공영방송과 상업방송에 따라 편성전략이 달라지는 것이다.

2) 공영방송의 편성

우리나라 방송의 본질적 문제로 '문화적 민주주의'의 함정이 있다. 방송프로그램의 질적 저하가 문제가 될 때 방송국은 이 책임을 수용자들에게 전가한다. 전파는 국민의 것이기에 프로그램은 국민이 원하는 바에 따라 편성되고 제작될 수밖에 없다는 주장이다. 바꾸어 말하면 다수결의 원칙에 따라 마치 최대 다수의 최대 행복을 추구할 수밖에 없다는 것이다. 그러나 이러한 발상은 방송의 현실로부터 소외된 계층이나 교육 수준이 상대적으로 높고 지적인 사람들을 위한 보다 다양하고 균형 있는 프로그램의 제작과 편성을 어렵게 하는 경우가 많다. 결국, 문화적 민주주의는 '시청자가 원하는 것'을 제공하느냐 아니면 '시청자가 필요한 것'을 제공하는 것이 옳은가에 대한 문제를 제기한다. 이러한 두 가지 개념이 서로 조화되고 보완될 때 진실로 좋은 방송이 가능하다. 특히 공영방송은 이 중에서 '국민이 필요로 하는 것'에 대한 해답을 제공해야 할 책임이 더 크다(김우룡, 1987).[13]

공영방송의 정신은 민간상업방송이 사업상 추구하기 어려운 보완 프로그램을 제공하거나 다양한 소수집단이 필요로 하는 프로그램을 공급함으로써 개개 소수집단의 만족을 통해 전체적 개별이익을 실현한다는 것이다. 다시 말해 시청률에 매달리지 않는 공영성 높은 프로그램과 질 높은 고급문화 프로그램을 편성할 수 있어야 한다.

따라서 민간상업방송과 확연히 차별되는 순수화 편성전략을 강구해야 한다. 순수화 전략이란 시청률보다는 프로그램의 다양화에 역점을 두어 비상업성, 독립성, 정직성, 책임성, 공익성이 강조되며 균형성과 공공성을 포함하는 프로그램 내용에 대하여 엄격한 질적 통제를 하는 공영방송으로 차별화하는 것을 말한다. 또 전 국민이 내는 수신료가 방송재원이기 때문에 전국의 어디에서나 접근할 수 있는 보편적 서비스 매체의 기능을 해야 한다. 따라서 디지털 시대에 무수히 출현할 사업적 채널과는 다른 품질의 방송을 통해 국가 기간방송으로서의 신뢰감과 권위적 위치를 구축해야 한다.

KBS 1TV는 공공방송의 가치를 입증시킬 수 있는 차별화된 뉴스와 시사프로그램, 환경, 인간, 문화에 대한 지속적인 관심을 유도하는 프로그램을 편성하여 국가적 의제 설정과 사회통합을 수행하는 채널로, 2TV는 이웃과의 교감과 사랑, 가족의 가치를 바탕으로 공공성 높은 교양과 오락 채널로서의 정체성을 살려야 한다. KBS는 품격 높은 프로그램을 제공하여 건강한 시민 정신을 함양

---

13   김우룡(1987). 『방송학 강의』. 나남. 124-125.

하고 상업방송의 선정적 프로그램으로부터 국민 정서를 보호하는 채널 차별화와 공익성 제고에 주력해야 한다. 우리 고유의 문화 창달은 물론 세계의 다양한 문화가치를 소개하여 국민의 정보와 교양, 문화의 수준을 세계화하는 데 기여해야 한다. 그리고 국가적 정책진단과 방향 제시, 권위 있는 분석과 해설, 전 국민을 위한 교육프로그램을 편성하여 국가와 민족의 발전에도 이바지해야 한다.

3) 상업방송의 편성

상업방송은 민간사업자가 소유하며 광고수익으로 운영되기 때문에 재정적 자립은 이룰 수 있으나 자본의 직, 간접적인 간섭을 받을 수 있다. 따라서 방송 내용은 오락적이고 상업적인 취향에 흡수되는 경향이 있다.

상업방송의 편성목표는 높은 시청률을 확보하는 데 있다. 시청률을 중요하게 고려하지 않을 수 없는 이유는 시청률이 곧 광고수입으로 연결되고, 광고수입은 방송사의 이익과 직결되는 현실적인 문제이기 때문이다.

최근 시장이 세분되고 마케팅 기법이 발달하면서 광고주들의 시청률에 대해 다른 시각으로 접근하는 추세이다. 물론 가능한 한 최대의 수용자를 확보하는 매체를 선호하지만, 오히려 수용자의 경제 수준, 성별, 나이 등 인구통계학적 특성을 중시하여 단순한 시청자의 수에만 접근하지 않고, 자신들의 상품 고객으로서의 구매능력을 가진 '인구통계학적 핵심 수용자(key demographic audiences)'의 확보에 더 관심을 두게 된 것이다. 표적 수용자에 대한 중요성을 더욱 인식하게 되었다고 볼 수 있다. 과학적인 시청률 조사를 하고 시청자의 선호도를 파악하여 편성과 제작에 반영하는 것은 당연히 시청자가 원하고 시청자의 가치에도 부합하는 즉, 시청자의 욕구를 충족시키고 이익을 제공하기 위해서이지만, 특히 상업방송에서는 보다 더 많은 시청자를 확보하여 시청률을 높이기 위한 상업적 저의가 숨어있다고 보아야 한다.

4) 케이블TV의 편성 차별화 전략

케이블TV는 직접위성방송과 더불어 다채널 TV라고 불리는데 이것은 이들 매체가 전송하고 서비스가 가능한 채널 수와 프로그램의 종류가 기존 지상파보 다 훨씬 많기 때문이다. 따라서 지상파TV와 달리 케이블TV의 편성은 다채널 상에서 다양한 종류의 프로그램 공급원과 내용을 다루게 되는 특성이 있다. 또 한, 24시간 편성도 지상파와는 구분되는 편성 상의 기본적인 차이점이다.

케이블TV 편성의 가장 기본적인 목표는 크게 세 가지로 요약된다.

첫째, 케이블TV의 프로그램과 서비스가 가질 수 있는 특성을 부각해야 한 다. 이를 위해 효과적인 수용자 표적화에 따른 채널의 특성화 또는 전문화가 이 루어져야 한다. 또 시간대에 따른 시청 제약성을 최소화시키기 위해 종일 편성 과 적절한 순환편성이 필요하다.

둘째, 케이블TV는 필연적으로 공중파방송을 비롯한 여타 TV와 영상매체 및 서비스와의 경쟁이 불가피한데, 특히 무료가 원칙이며 유사한 프로그램을 방송하는 지상파TV와 비슷한 편성과 운영방식을 가지고 있는 위성TV와도 치 열한 경쟁을 치러야 한다. 따라서 이들 채널과의 차별적 편성전략이 필요한데, 우선 ① 전문편성 채널의 이점을 최대한 유지해야 하고, ② 지상파방송에 비해 상대적으로 덜한 정부규제를 이용한 프로그램 내용의 광범위성을 추구하며, ③ VOD[14], PPV[15] 등 쌍방향 영상서비스 및 ④ 지상파에 비해 좀 더 일찍 편성이

---

14 video on demand(주문형 비디오)는 수용자의 요구에 따른 비디오 서비스를 말한다.

15 pay per view는 프로그램별로 구매하여 시청하는 방식을 말한다.

가능한 영화와 윈도의 이용, 그리고 ⑤ 지상파방송이 상대적으로 취약한 틈새 시장과 틈새 편성의 개발 등이 가능하다.

셋째, 케이블TV 편성의 궁극적 목표는 작게는 방송사, 크게는 케이블TV 산업의 경영수지 개선과 강화이다. 직접적으로 SO와 PP[16]의 수익 제고를 위해서는 고정적이고 장기적인 가입자의 유지와 신규 가입자 확보를 위한 프로그램의 질과 서비스의 개선, 새로운 기술의 부가서비스 기능의 다양한 개발, 수익증대와 시청자 선택권의 극대화를 위해 다양한 채널 묶음(channel tiering) 판매, 그리고 유료채널의 개발과 가입유도를 위한 방법도 모색해야 한다. 편성과 관련된 전략을 수립하는 데는 PP와 SO의 긴밀한 협조와 제휴가 필수적이다.

5) 편성전략 예시

〈표 2〉 방송통신위원회의 방송프로그램 분류

장르	정의
뉴스	'좁은 의미로' 국내외 사고, 사건, 쟁점, 과정 등과 관련해서 앵커를 중심으로 기자가 사실보도와 의견보도를 제시하는 프로그램
시사보도	사회 전 분야에 걸쳐서 시사에 대한 정보프로그램을 의미하고, 정통 뉴스 프로그램과 토론 프로그램은 제외
다큐멘터리	사실에 입각해서 주제를 심도 있게 파고들면서 보통 야외촬영을 통해서 주제를 직접 보여주는 프로그램
생활정보	일상생활에 도움이 되는 실용지식이나 상식, 시의적절하고 흥미 있는 정보와 화제 거리를 안내하거나 소개하는 프로그램
토론	사회적 현상과 과정에 관한 문제에 대해서 의견을 제시 교환하면서 문제를 분석, 설명, 평가하고 여론을 조성하는 공론의 영역을 만들어가는 프로그램

---

16   SO-종합유선방송사업자, PP-방송채널사용사업자.

장르	정의
교육문화예술	교육: 정규교과과정을 다루거나 그에 준하는 학습을 목적으로 하는 프로그램, 일반인을 대상으로 사회 교양 강좌 및 직업 교육 프로그램 문화예술: 전통문화예술과 현대문화예술 등을 다루는 프로그램
애니메이션	실사영화와 다르게 다양한 제작방식을 통해서 구현되는 장르로 셀 애니메이션, 클레이 애니메이션, 페이퍼 애니메이션, 3D 애니메이션 등을 의미
드라마	서사(narrative)구조를 지니는 허구적 구성물(fiction)
버라이어티 쇼	토크 버라이어티 쇼, 연예정보 쇼, 토크쇼, 연예시상식, 시청자 비디오 모음 등의 오락 쇼 프로그램
음악 쇼	대중음악 일반을 다루는 프로그램
퀴즈와 게임 쇼	지식이나 재치, 실력을 겨루는 프로그램
인포테인먼트	정보와 오락을 함께 담고 있는 프로그램
영화	극장 상영을 목적으로 제작된 서사가 있는 허구물
코미디	개그맨이나 코미디언의 연기 비중이 높거나 프로그램 전체의 목적이 희극적 성격이 강한 프로그램
스포츠	모든 종류의 스포츠 프로그램을 포함하되 스포츠 뉴스(뉴스)와 특정 스포츠의 교습(교육문화예술)을 목적으로 하는 프로그램은 제외

(1) 줄띠편성(strip programming)

일주일에 5일 이상 같은 시간대에 동일한 프로그램을 편성하는 기법

시청자의 시청습관을 형성하게 하여 고정된 시청자를 확보하는 데 유리

(2) 구획편성(block programming)

하루를 몇 가지 시간대로 구분하여 구획으로 나누고 각 구획마다 특정한 시청자를 대상으로 하는 프로그램을 집중적으로 편성하는 기법

다소 동질성이 높은 시청자들이 선호하는 유형의 프로그램을 집중 편성함으로써 장시간 동안 시청자들을 확보, 유지하는 데 유용한 전략

(3) 장기판 편성(chekerboard programming)

동일한 시간대에 매일 다른 유형의 프로그램을 편성하거나 격일 간격 또는 주간 단위로 같은 프로그램을 편성하는 전략

다양한 프로그램을 편성함으로써 시청자의 다양한 취향을 만족시키는 데 매우 유용한 전략

(4) 대안편성(alternative programming)

일반 대중을 대상으로 하기보다는 소위 말하는 방송으로부터 소외된 특정 계층을 대상으로 보다 전문화된 프로그램을 편성하는 전략

어린이, 노인을 비롯하여 학력이나 생활 수준 및 문화 수준 등이 높은 계층도 방송의 소외계층에 해당

(5) 함포 사격형 편성(blockbuster programming)

90분에서 2시간 정도의 강력한 단일 프로그램을 지칭

상대국의 짧은 프로그램보다 일찍 시작해서 시청자를 장악하는 전략

(6) 실력편성(power programming)

다른 네트워크가 이미 '요새화'한 시간대의 동일 시청자를 대상으로 같은 유형의 프로그램을 맞물려 편성하는 정면 도전 전략

(7) 대응편성(counter programming)

동일한 시청자를 대상으로 전혀 다른 유형의 프로그램을 편성

(8) 엇물리기 편성(cross programming)

경쟁국의 프로그램보다 조금 앞서 편성하거나 아예 상대방 프로그램의 가운데쯤에 걸쳐서 강력한 프로그램을 편성하는 전략

(9) 스턴트 편성(stunt programming)

예측하지 못할 편성의 변화로 경쟁 방송국의 편성전략을 무력화시키는 방법

(10) 끼워 넣기 편성(sandwich, hammocking)

장래가 불확실한 새 프로그램을 인기 있는 기존의 두 프로그램 사이에 편성하는 전략

(11) 양면 걸치기 편성(tent-poling)

하나의 인기 있는 프로그램 앞뒤에 새로운 프로그램을 편성하는 전략

(12) 선제편성(lead-in, lead-off)

주시청시간대의 시작을 강력한 프로그램으로 편성함으로써 처음부터 최대한의 시청자를 확보하자는 전략

7. 뉴미디어 시대의 편성전략

1) 편성전략의 변화

▶ 기존 편성전략

: 시청자에게 흐름(flow)을 형성하여 채널을 이동하지 않도록 하는 것

: 프로그램 간의 연결에서 나타나는 '인접효과(adjacent effect)'가 근간

▶ 새로운 편성전략

: 리모콘(RCDs: Remote Control Devices)은 시청자의 채널 이동이 용이

: 하나의 프로그램이 종료되면 시청자는 여러 채널을 돌아다니다가 자신이
원하는 프로그램을 선택하는 현상이 발생하면서, 인접효과가 점차 약화

: 전이효과 또는 전환의 가속화(accelerate of transition)라는 개념을 중심
으로 한 이음새 없는 편성(seamless programming)이 1990년대 말 미국
을 중심으로 부상

▶ 지상파방송과 달리 케이블/위성/IPTV 등은 채널마다 특화된 전문편성을
시행

: 모든 시청자를 대상으로 하는 지상파방송과 달리 세분되고 전문화된 프
로그램을 통해 특정 시청자만을 대상으로 함

: 다른 채널과 경쟁하기 위해 어떤 프로그램을 편성하느냐가 더욱 중요하
게 됨

▶ 주요 편성전략

- 주 편성: 전문화된 분야의 프로그램을 편성하는 것

- 부 편성: 다른 분야의 프로그램을 편성하는 것

- 순환편성: 전문화된 케이블/위성방송채널이 시청자의 생활주기 등을
고려하여 동일한 프로그램을 여러 번 편성하는 전략

▶ 테마 편성: 각 채널이 갖는 고유의 특성이나 긍정적인 이미지를 부각하는 '간판 프로그램'을 편성하는 것

▶ 프로그램 간 틈새 편성: 일종의 프로모션 프로그램
  : 한 프로그램이 끝나고 다음 프로그램이 시작되기 전 5분 이내의 매우 짧은 독립적 프로그램을 편성하거나 홍보하려는 특정 프로그램의 하이라이트 내지 메시지를 삽입하는 편성방식
  : 특정 프로그램에 관한 관심을 유발하고 특정 프로그램이 끝난 뒤 다른 채널로의 이탈을 막아 다음에 시작될 프로그램을 자연스럽게 시청하도록 유도할 목적으로 활용

▶ 마라톤편성: Day 편성/ 연속편성
  : 거의 온종일 또는 며칠에 걸쳐 드라마나 시리즈물과 같은 프로그램 하나를 연속적으로 편성하는 것
  : 이러한 장시간의 마라톤편성은 연휴 때나 외출이 힘든 날씨가 지속되는 경우처럼 TV 시청시간이 길어질 때 이용(한진만 외, 2013).[17]

전문케이블 PP의 편성 프로그램의 다양성 및 중복률을 확인한 연구결과를 보면, 모든 채널의 초방 편성 비율이 50% 미만으로 나머지 50% 이상은 재방송프로그램이 편성되고 있었다. 16개 채널의 재방송 편성 비율을 살펴본 결과 1주간 하나의 프로그램이 재방송을 넘어 그 이상(2회차~5회차 초과)으로 편성되는 비율

17　한진만 외(2013). 위의 책, 118-121.

이 평균 약 40%에 달하였고, 편성 프로그램의 중복률도 높게 나타났다.

장르의 경우 다큐멘터리 편성 비율이 평균 35.3%로 가장 높았으며 정보 장르 프로그램의 평균 편성 비율은 20.9%, 그 외에 시사보도 · 버라이어티 · 영화 · 음악 쇼 · 스포츠 장르의 프로그램도 편성되었다. 주요 편성전략은 띠 편성과 연속편성, 순환편성 전략으로 이는 채널의 프로그램 부족을 극복하기 위한 전략과 시청자의 시청습관 형성을 위한 편성전략이라 할 수 있다(성수현, 2022).[18]

2) 창구 다원화, 원소스멀티유즈(OSMU) 및 유통 활성화를 활용한 편성전략

지상파방송과 케이블 및 위성채널만 존재하던 시대에 방송사업자들은 전통적인 편성방식에 의해 프로그램을 확보하는 방식을 취해 왔다고 할 수 있다. 그러나 방송환경의 변화와 함께 매체가 다양해지면서 편성방식은 지상파방송의 종합편성에서 뉴미디어 채널의 장르 편성에 이어, IPTV 등에서는 드라마, 버라이어티, 스포츠 등 인기 장르 프로그램 중 화제작만을 모아 구성하는 혼합 편성으로 변화되고 있다는 것을 알 수 있다.

이에 따라 각 매체의 특성에 맞는 프로그램을 제공해 줄 수 있는 패키지 또는 어그리게이터가 필요하게 되었다. 즉, 채널 및 플랫폼의 다양화와 함께 단순히 프로그램을 개별적으로 판매하는 것이 아니라 각 플랫폼에 적합한 프로그램을 구성하여 패키지로 제공할 필요가 생긴 것이다. 이들은 플랫폼의 채널 특성에 맞게 프로그램들을 재구성하거나, 내용을 재가공(re-purposing)하기도 한다.

---

18   성수현(2022). 케이블TV 전문편성 채널의 편성에 관한 연구. 건국대학교 언론홍보대학원 석사 학위 논문. 60-61.

VOD 서비스에 따른 비선형(non-linear)적 시청이 확산하면서 콘텐츠의 양적 다양화에 대한 욕구뿐만 아니라, 콘텐츠 제공의 신속성에 대한 요구도 높아지고 있다. 따라서 각 창구의 균형 있는 발전과 수익 극대화를 위해서는 사업자 간 효율적 콘텐츠 배급 방식을 확립하는 것이 필요하다(이문행, 2008).[19]

특히 한국 드라마의 가장 대표적인 형식인 미니시리즈는 보통 16부작으로 이루어져 있지만, 시청률에 따라 20부에서 24부작까지 연장되는 사례가 적지 않다. 그러나 톱스타를 기용하여 제작비를 대거 투입한 16부작 드라마가 매번 성공하기 어렵다는 점과 점차 영역을 넓혀가고 있는 해외 드라마에 대한 대비 차원에서 한국 드라마들은 내용뿐만 아니라 형식에서도 변화를 모색하며 새로운 실험적 시도를 거듭하고 있다.

드라마 형식파괴는 KBS에 의해 가장 먼저 시도되었다. 2006년 '도망자 이두용'과 '특수수사일지:1호관 사건' 등 4부작 초미니 시리즈로 호평을 받았던 KBS가 2007년에는 더욱 다양한 초미니극을 선보였다. 즉, 최초의 기부(donation) 드라마인 4부작 특집극 '우리를 행복하게 하는 몇 가지 질문'과 8부작 퓨전 사극 '한성별곡-正'이 그것이다.

MBC도 8부작으로 기획됐다가 10부작으로 마무리된 월화드라마 '신현모양처'를 비롯하여 '짧지만 더 깊은 여운'이라는 호평을 받은 '그라운드 제로'는 2부작인데도 정규 미니시리즈 시간대에 편성하였다. SBS는 '번외편'이라는 새로운 형식을 선보였다. '쩐의 전쟁-보너스 라운드'가 그것이다. 30%가 넘는 시청률로 인기를 얻은 본편을 늘리지 않는 대신 4부작의 번외 편을 만들어 기획 의

---

19 이문행(2008). 국내 방송 드라마의 유통 구조 및 창구의 특성. 〈한국콘텐츠학회논문지〉, 8(10), 110쪽.

도를 살리는 한편, 시청자의 요구에도 부응했다고 할 수 있다(이만제 · 김영덕, 2007).[20]

한편 국내 드라마는 대개 전작제가 아니어서 시청자들의 반응 여부에 따라 결말이 수정되는 사례가 적지 않다. 시청자들의 의견이 반영되는 것은 드라마의 리얼리티를 높여줄 수 있고 또한 결말이 정해지지 않음으로써 호기심을 유발하여 지속적인 시청을 유도할 수 있다는 장점이 있다. 그러나 결말의 수정이 자칫 극의 흐름을 깰 수도 있고 완성도를 떨어뜨릴 우려가 있으므로 극의 완성도를 높이기 위해서는 최종편의 다른 버전 제작을 고려하는 것도 다양한 유통 가능성을 높이는 방법이다. 이는 특별 편으로 제작되어 DVD 출시가 가능하기 때문이다. 이는 내용이 수정되는 것이 아니고, 일부 인기작들을 대상으로 축약하여 특별판을 제작하는 것이기 때문에 다양한 유통을 가능하게 하는 방안으로 여겨진다. 이미 대장금, 태왕사신기, 주몽 등의 대작 드라마는 특별편이 제작되었다.

아울러 마니아(mania)층의 커뮤니티가 활성화된 드라마들의 특별 편 제작도 권장할 만하다. 실제로 드라마 폐인들을 만들어낸 드라마들은 종영 후에도 커뮤니티가 활발하게 활동하는 사례가 적지 않다. 이처럼 마니아층이 확보된 드라마의 전체 버전이나 축약 편을 DVD로 제작하는 것은 소장 가치를 높여 구입을 촉진하는 계기가 될 수 있을 것이다.

이외에도 다양한 매체의 특성에 맞게 형식을 변형시키는 경우가 있다. 예를 들어 FOX는 유명 시리즈인 〈24: Conspiracy〉를 토대로 1분용 모바일 버전을 만들어 전 세계적인 호응을 받았다. 이상에서 살펴본 바와 같이 유통 창구의 증

---

20 이만제 · 김영덕(2007). 국내 드라마 제작 시스템 개선방안 연구. 방송위원회 보고서. 18-19.

가는 방송 영상 콘텐츠의 수익 증가로 이어지고 있다는 것을 알 수 있다. 그중에서도 특히 원소스멀티유즈(OSMU)를 할 수 있는 대표적 장르인 드라마는 다양한 유통 창구와 유통 방식의 변화를 통해 보다 많은 수익을 창출하고 있다(이문행, 2008).[21]

ENA의 드라마 〈이상한 변호사 우영우〉의 경우 드라마를 방영한 ENA KT Skylife는 채널 이름을 변경하고 얼마 지나지 않은 상황이어서 채널 인지도가 매우 낮은 상황이었다. 그래서 초방 시청률은 가구 시청률 1%가 되지 못했다. 그러나 2주 차 5%, 3주 차 8%로 증가하다가 시청률이 급격히 증가하여 7주 차부터는 10%가 넘는 가구 시청률을 기록하면서 돌풍을 일으키면서 최종회는 17%로 종영하게 되었다 〈이상한 변호사 우영우〉는 지니 스튜디오가 제작하고 지상파 출신 피디가 제작한 프로그램이어서 어느 정도의 품질이 보장되는 상황이었지만, 잘 알려지지 않은 신생 채널에서 방영된 프로그램이 거둔 시청 성과로는 매우 이례적인 것이다. 드라마의 방송시간이 저녁 9시 10분이어서 60대 이상 시청 층의 시청이 상대적으로 낮은 반면 재방송에서는 60대 이상의 시청자 비율이 높은 것을 확인하였다.

따라서 본방송과 재방송이 서로 다른 시청 집단에 보완적으로 작용하면서 재방송을 통해 본방 시청률이 증가하는 양상을 보이는 것을 확인하였다. 둘째, 온라인의 버즈를 분석한 결과, 방영 첫 주에는 본방 후 3일 정도 후에 버즈가 활성화되었지만 3주부터는 방영 당일 버즈가 많은 것으로 나타나, 본방송에 대한 기대와 시청 후기가 상대적으로 많은 것을 확인하였다. 이러한 소셜 버즈

---

21   이문행(2008). 국내 방송 드라마의 유통 구조 및 창구의 특성. 〈한국콘텐츠학회논문지〉, 8(10), 111쪽.

의 증가가 신생 채널에서 방송하는 드라마임에도 불구하고 상대적으로 높은 시청 성과를 거둔 것으로 보인다. 이러한 현상은 방송프로그램을 TV에서만 소비하지 않는 시대에 TV와 다양한 디지털 디바이스는 연결되어 있으며, 시청자는 다양한 매체를 통해 시청하고자 하는 프로그램을 시청한다는 것을 확인시켜준다. 따라서 편성전략도 방송채널에 한정된 전략이 아니라 다양한 매체와 서비스를 통합적으로 활용하는 전략방안을 마련해야 할 것이다.[22]

3) 유튜브 타깃-프로그램 분량 및 형식파괴

방송사들이 잇따라 5분, 10분 단위의 '초미니' 프로그램을 내놓고 있다. 정형화된 편성의 틀을 깨고, 모바일 콘텐츠 소비를 선호하는 젊은 시청자들의 취향을 반영한 시도다. 2019년 9월 처음 방송된 tvN 〈신서유기 외전: 삼시 세끼-아이슬란드 간 세끼〉(이하 〈아이슬란드 간 세끼〉)의 편성시간은 총 5분이었다. 첫 회는 특별히 1분이 추가돼 6분 편성됐다. 과거 〈신서유기 6〉에서 이수근과 은지원이 아이슬란드 여행권을 상품으로 받은 것을 두고 〈강식당 3〉에서 "〈삼시 세끼〉 뒤에 매주 5분씩 붙여 내보내자"라고 한 강호동의 제안에서 출발했다.

파격적인 편성시간으로 눈길을 끈 〈아이슬란드 간 세끼〉는 유튜브를 적극적으로 활용한 콘텐츠이기도 하다. 〈아이슬란드 간 세끼〉는 TV에서 5분 방송되고 난 뒤, 유튜브 채널 '채널 나나나'를 통해 그날 방영분의 전편이 공개된다. 〈아이슬란드 간 세끼〉를 미끼로 유튜브 채널 유입을 늘려보겠다는 의도가 엿보인다.

---

22 황성연(2022). 우영우의 사례로 살펴본 방송편성과 OTT의 관계. 한국방송학회 가을철 정기학술대회 논문집. 137쪽.

방송과 온라인의 경계를 넘나드는 콘텐츠로 EBS 〈자이언트 펭TV〉(이하 〈펭TV〉)를 빼놓을 수 없다. 'EBS 연습생'을 자처하는 펭귄 '펭수'가 유명 크리에이터가 되기 위해 노력하는 모습을 담는 〈펭TV〉의 방송 편성시간은 10분 내외였다. 〈펭TV〉 역시 방영분을 자체 유튜브 채널에 공개하는 것은 물론, 방송에는 미처 담기지 못한 비하인드 영상도 업로드하고 있다.

이러한 시도는 미디어 이용자들의 콘텐츠 소비 행태를 반영한 결과다. 응답자의 절반 이상(54.4%)이 TV 프로그램을 짧게 편집한 영상 시청 빈도가 과거보다 늘었다고 밝힌 가운데, 특히 연령이 낮을수록(10대 63.7%, 20대 63%) 영상 시청이 늘어난 것으로 집계되었다. 언제 어디서나 간편하게 먹을 수 있는 과자처럼, 모바일 기기로 콘텐츠를 소비한다는 의미의 '스낵컬처' 경향은 모바일 동영상 소비의 증가를 설명할 수 있는 중요한 키워드다.

〈아이슬란드 간 세끼〉 첫 방송에 맞춰 유튜브 라이브를 진행한 나영석 PD는 댓글을 보다 "다들 TV가 없다고 한다"라며 놀라워하기도 했다. 〈펭TV〉를 연출하고 있는 이슬예나 EBS PD는 "〈생방송 톡!톡! 보니하니〉의 한 코너로 방송되기 때문이기도 했지만, 처음부터 온라인 플랫폼을 병행하고 싶다는 생각으로 (분량이) 길지 않게 기획했다"라고 말했다.

콘텐츠 제작의 문법도 달라졌다. 그동안 EBS 유아·어린이 프로그램에 등장하는 캐릭터들이 애니메이션 속이나 스튜디오에만 머물렀다면, 〈펭TV〉 속 펭수는 실제 크리에이터처럼 현장을 누비며 사람들을 만난다. 캡처를 부르는 재치 있는 자막이나 편집의 속도 면에서도 기존의 EBS 콘텐츠와는 결이 다르다. 이슬예나 PD는 "기존 제작방식과는 최대한 다르게 가고 싶다는 생각을 하고 있었다"라며 "스태프를 꾸릴 때부터 연령대를 고려해 젊은 감각을 가져가려고 했다"라고 설명했다.

트렌드에 맞아 떨어진 두 프로그램을 향한 반응도 예사롭지 않았다. 〈아이슬란드 간 세끼〉는 첫 방송 시청률 4.6%(닐슨코리아 유료플랫폼 가입가구 기준)를 기록했다. CJ ENM 관계자는 "프로그램 앞뒤로 광고도 모두 완판됐다"라고 밝혔다. 또 〈펭TV〉는 '아육대' 편이 입소문을 타면서 일시에 유튜브 채널 구독자가 6만 명을 넘기기도 했다.

MBC도 2019년 10월 19일을 시작으로 금요일과 토요일 심야 시간대에 20분에서 25분 내외의 예능 〈주x말의 영화〉와 드라마 〈연애미수〉를 방송하기로 했다. 딩고와 돌고래 유괴단, 와이낫미디어 등 젊은 층 사이에선 화제가 되었던 콘텐츠를 만든 제작사가 MBC와 손을 잡았다. 이들 콘텐츠는 방송 이후 유튜브 채널에도 공개된다.

MBC 편성실 관계자는 "콘텐츠를 TV와 온라인 등 다양한 플랫폼을 통해 유통하는 방식으로 젊은 시청자를 유인할 수 있다고 봤다"라며 "이번 협업을 시작으로 장기적으로는 MBC의 오리지널 디지털 콘텐츠 제작도 목표로 하고 있다"라고 말했다. 방송 분량이 다양한 프로그램을 제작해보는 편성 실험은 이어질 것으로 보인다. 방송사들은 이미 9시대에 드라마를 방영하거나 월화드라마 블록을 없애는 등 오래된 편성 공식을 깨고 있어 '틈새 편성'으로 어느 정도 유의미한 성과가 나온다면 편성시간 다양화도 어려운 문제는 아니라는 반응이다. 유튜브를 통한 콘텐츠 유통을 미리 염두에 두고 프로그램을 기획하는 사례가 늘어나고 있어 앞으로 '숏폼' 제작에도 탄력이 붙을 수 있다.

MBC의 또 다른 관계자는 "편성 다변화 등 다양한 가능성을 염두에 두고 제작에 나서는 것"이라며 "앞서 〈세 가지 색 판타지〉 등으로 짧은 길이의 콘텐츠를 경험해 본 제작 부문에서의 수요도 있다"라고 말했다. 신효정 〈아이슬란드 간 세끼〉 PD도 "이번 프로젝트가 성공한다면 다음 5분 콘텐츠 기획도 계속 이어나가고 싶다"라며 가능성을 시사했다(이미나, 2019).[23]

넷플릭스 등 OTT 사업자를 비롯한 글로벌 사업자의 침투와 확산으로 국내 방송사업자들의 합종연횡과 전략적 제휴도 빈번하다. 또한, 콘텐츠 제작은 이전에 없었던 플랫폼 환경을 맞이하게 되었다. 가혹한 경쟁과 급격히 확대된 글로벌 시장이 동시에 앞에 놓여 있다. 좋은 시간대에 편성되었다는 이유만으로 어느 정도 안정된 위치를 누릴 수 있는 시간은 끝나가고 있다. 프로그램에 대한 비선형적 소비가 확산하여 모든 세대가 특정 시간 TV 앞에 모여 가족 드라마를 시청하는 풍경도 이미 낯설다. 쏟아지는 콘텐츠 앞에서 확실한 취향의 만족과 공감을 제공하지 않는 콘텐츠는 철저히 외면받을 것이다(한지수, 2019).[24]

따라서 양질의 킬러 콘텐츠란 알파요 오메가이지만 지상파방송사이든 케이블이나 IPTV 사업자이든 플랫폼 사업자의 입장에서는 고전적인 편성전략 이외에 멀티유즈를 목표로 하는 유통 활성화 전략이 기본적으로 병행되어야 할 것이다.

---

23 이미나(2019). '5분' 편성도 괜찮아…유튜브 따라 짧아지는 방송시간. (https://www.pdjournal. com/news/articleView.html?idxno=70503)

24 한지수(2019). "기회"와 "위협" 사이. 넷플릭스와 한국콘텐츠 제작환경. 〈방송작가〉, 3월호, 30쪽.

참고문헌

강대인(1989). 〈문화방송 사보〉. 8월호.

김규(1993). 『방송매체론』. 법문사.

김우룡(1987). 『방송학 강의』. 나남.

성수현(2022). 케이블TV 전문편성 채널의 편성에 관한 연구. 건국대학교 언론홍보대학원 석사학위 논문.

이만제 · 김영덕(2007). 국내 드라마 제작 시스템 개선 방안 연구. 방송위원회 보고서.

이문행(2008). 국내 방송 드라마의 유통 구조 및 창구의 특성. 〈한국콘텐츠학회논문지〉, 8(10), 104-113.

이미나(2019). '5분' 편성도 괜찮아…유튜브 따라 짧아지는 방송시간. (https://www.pdjournal.com/news/articleView.html?idxno=70503)

한지수(2019). "기회"와 "위협" 사이. 넷플릭스와 한국콘텐츠 제작환경. 〈방송작가〉, 3월호, 28-31.

한진만(1995). 『한국 텔레비전방송연구』. 나남.

한진만 외(2013). 『방송학 개론』. 커뮤니케이션북스.

한진만 · 박은희 · 정인숙 · 주정민(2016). 『새로운 방송론』. 커뮤니케이션북스.

차배근(1981). 『커뮤니케이션학 개론(하)』. 세영사.

황성연(2022). 우영우의 사례로 살펴본 방송편성과 OTT의 관계. 한국방송학회 가을철 정기학술대회 논문집. 137-137.

Eastman, S.(1993). *Broadcast/Cable Programming*. 4th Eds, Wadsworth Publishing Company, Belmont, California.

제5장

방송과 콘텐츠

〈오징어 게임〉은 2021년 9월 17일 런칭 후 개봉한 지 4일 만에 국내 드라마로는 최초로 미국에서 1위와 글로벌 넷플릭스 2위를 차지하더니 6일 만인 9월 23일부터 전 세계에서 1위에 올랐다. 총 52일 동안 1위를 했고 〈퀸즈 갬빗〉이 세운 46일 누르고 가장 오랫동안 1위를 한 드라마라는 기록도 세웠다. 넷플릭스는 현재 190여 개국에서 약 2억 900만여 가구의 가입자를 보유하고 있다. 〈오징어 게임〉의 총 제작비는 약 253억 원으로 회당 28억 원 정도다. 이는 할리우드 드라마의 한 회 제작비가 평균 200억 원 정도인 것을 고려하면 10분의 1 정도에 그친다. 이런 드라마가 공개된 지 4주도 되지 않아 전 세계 1억 1,100만 구독자가 시청했다. 넷플릭스를 보는 두 가구 중 한 가구는 〈오징어 게임〉을 시청한 셈이다(정길화 외, 2022).[1]

한류 드라마는 〈사랑이 뭐길래〉(1997), 〈겨울연가〉(2003), 〈대장금〉(2005) 이후 한동안 소강상태를 보이다가 〈별에서 온 그대〉(2013), 〈태양의 후예〉(2016)로 한국 드라마 붐을 재점화 했다. 이때까지만 해도 아시아권을 중심으로 한 국지적인 성공이었다(정길화 외, 2022, 17~18쪽). 한류가 주목받으면서 한류 콘텐츠의 인기는 지속적이지만 〈오징어 게임〉과 이후 개봉된 〈지옥〉 그리고 KBS 드라마 〈연모〉와 tvN 드라마 〈갯마을 차차차〉도 10위권 안에 이름을 올려 한국의 드라마는 다시 한번 세계인의 사랑을 받는 콘텐츠가 되었다(정길

---

1   정길화 외(2022). 『오징어 게임과 콘텐츠 혁명』. 인물과 사상사, 17쪽.

화 외, 2022).[2]

방송콘텐츠는 수용자들에게 프로그램을 통해 정보와 지식 그리고 감동을 전달함으로써 사회적으로 다양한 수준에서 큰 영향을 주는 핵심적인 요소다. 특히 OTT와 같은 글로벌 플랫폼에 힘입어 국내나 아시아 지역 정도에 그치던 것이 전 세계적으로 더욱 큰 관심을 받고 인기를 끌고 있다. 이런 점에서 이 장에서는 전통적인 레거시(legacy) 미디어와 뉴미디어 플랫폼에서의 방송콘텐츠의 대표적 유형과 최신 트렌드에 대해 살펴보기로 한다.

1. 주요 방송콘텐츠

1) 먹방 콘텐츠

우리나라의 경우 방송에서 음식은 여러 장르에 걸쳐 다양하게 등장해온 소재였다. 〈대장금〉(MBC, 2003), 〈온리 유〉(SBS, 2005), 〈식객〉(SBS, 2008), 〈파스타〉(MBC, 2010), 〈신들의 만찬〉(MBC, 2010) 등 음식 만드는 직업군을 주인공으로 하는 많은 드라마가 존재하고, 이와 별도로 드라마 전반에서 가족 식사 장면이 빈번하게 등장함과 동시에 일종의 메타포로 사용하기도 한다(윤석진, 2009; 홍석경 · 박소정, 2016 재인용).[3] 특히 일일 드라마나 주말연속극과 같은 가족 드라마에서는 온 가족이 밥상에 둘러앉아 식사하는 장면에서 가족 간의 대화나 갈등을 통해 주요한 에피소드들이 암시되거나 전개된다. 연속극의 최종회에서 모든 갈등을 이겨낸 가족들이 다시 한자리에 모이는 것도 식탁과 식사를 중심으로 해서다. 한 식탁에 앉아 밥을 먹는 장면은 그 자체로써

---

2 정길화 외(2022). 위의 책, 100쪽.

3 홍석경, 박소정(2016). 미디어 문화 속 먹방과 헤게모니 과정. 〈언론과 사회〉, 109쪽.

'식구(食口)'의 가치를 증명하는 것으로 가족 드라마가 지향하는 가치를 가장 분명하고도 일상적인 방식으로 재현한다.

드라마 외에도 많은 프로그램이 음식을 주요한 소재로 다뤄왔다. 기존 음식 프로그램의 가장 두드러진 특징은 정보 제공에 초점이 맞춰져 있다는 점이다. 〈6시 내 고향〉, 〈VJ특공대〉 등 프로그램은 음식 전문 프로그램이 아니지만, 음식이나 맛집 소개를 주요 소재로 다뤄온 생활정보 프로그램이다. 이러한 포맷은 주로 2000년대 초중반에 특히 관심이 집중되었던 웰빙(well-being)이라는 흐름과 결합된다(홍석경 · 박소정, 2016).[4]

일반 정보 제공 포맷과 병행하여, 투어리즘(tourism)과 결합해 세계 각지의 음식을 소개하는 〈요리 보고 세계 보고〉나 전국 '맛 기행' 프로그램인 〈리얼코리아 그곳에 가면〉과 같은 프로그램도 다수 방영되었다. 이처럼 기존 음식 프로그램은 전반적으로 시청자가 음식문화에 대해 잘 알지 못하는 부분을 파악해 이에 대한 전문적 정보를 제공하는 형식으로 구성되어 있다. 〈찾아라! 맛있는 TV〉, 〈결정 맛 대 맛〉처럼 스타들이 출연하고 오락성이 가미된 예능프로그램의 성격을 띤 프로그램들도 있지만, 이들 또한 여전히 정보 제공에 가장 큰 비중을 두고 있었다.

반면 최근의 대표적인 음식 프로그램들은 생활정보 프로그램보다는 오락 프로그램에 치중되어 있으며, 따라서 음식과 요리 자체에 대한 소개보다는 먹는 행위에 집중하는 것이 특징이다. 새로운 음식 콘텐츠로서의 먹방이 등장한 것은 2008년 즈음 실시간 개인 방송의 힘을 증명하면서부터이다. 먹방 또한 같은 해에 처음 등장했다. 한 개인 BJ가 '먹쇼'라는 이름을 내걸고 카메라 앞에 앉

---

4   홍석경, 박소정 (2016). 위의 책, 109-110.

아 자신이 먹는 모습을 보여주며 시청자와 대화를 주고받던 것이 그 시작이었다. 한국에서 음식을 많이 먹는 사람을 일컫기 위해 흔히 사용되는 '푸드 파이터'라는 단어 또한 일본에서 그 유래를 찾을 수 있다. 푸드 파이터란 비정상적으로 음식을 많이 먹거나 음식 먹기 대회에 참가하는 프로급 선수들을 가리키는 표현으로 사용된다. 일본의 여러 버라이어티 프로그램에서는 충격적인 식사 장면을 실시간으로 보여주었다. 먹방은 이러한 일본의 푸드 파이터 문화와 유사한 특징을 지닌다. 특히 마른 체구와 예쁜 외모를 지닌 일부 대식가 먹방 여성 BJ들은 매운 음식을 먹으며 거친 숨소리를 내거나 아이스크림을 핥아 먹으면서 야한 분위기를 연출하는데, 이는 일본의 AV(Adult Video)가 보여주는 성애적 분위기와 유사해 보인다(홍석경·박소정, 2016).[5]

1인 가구 생활자에게 집에서 혼자 밥상을 차려 먹는 일은 매우 번거롭고 외로운 일과이다. 적막한 집에서 식사 시간을 비롯하여 독신자의 여가는 주로 컴퓨터와 TV에 할애되고, 먹방은 혼자 밥 먹는 적적한 시간을 메워줌으로써 1인 가구의 라이프스타일에 스며든다. 즉 정서적 허기의 충족과 함께 대리만족의 기능을 하기에 이러한 콘텐츠가 유행하고 있는 것으로 보인다. 2014년부터 MBC에서 방영 중인 〈나 혼자 산다〉와 같은 프로그램이 호소력을 지니는 것은 무엇보다 바로 이러한 1인 가구 생활자의 고충에 대한 공감이 이루어지게 만들기 때문이다(홍석경·박소정, 2016).[6]

TV 먹방 프로그램과 온라인 먹방 콘텐츠를 구분하여 각 형식적, 내용적, 표현적 차이를 분석한 연구에서는 공통으로 TV 먹방 프로그램과 온라인 먹방 콘

---

5 홍석경, 박소정 (2016). 위의 책, 114-115.

6 홍석경, 박소정 (2016). 위의 책, 117쪽.

텐츠 모두 저녁 식사를 마친 심야 시간대에 주로 방송되고 있는 것으로 확인됐다. TV 먹방 프로그램의 경우는 저녁 9시와 12시 사이에, 온라인 먹방 콘텐츠는 저녁 9시와 오전 1시 사이에 집중되는 경향이 나타났다. 따라서 먹방 프로그램이 시청자들의 식욕을 자극하고 식행동에 부정적인 영향을 미칠 수 있다. 특히 건강하지 못한 식행동 장면의 노출은 TV 먹방 프로그램보다 온라인 먹방 콘텐츠에서 더 자주 있는 것으로 나타났다. 많은 양의 음식을 한꺼번에 먹거나 빠른 시간에 먹는 과식과 폭식 장면이 온라인 먹방 콘텐츠에서 매우 빈번하게 나타났다. TV 먹방 프로그램의 경우, 많은 양의 음식을 과도하게 먹는 장면은 전체 프로그램 중 7% 정도로 일정 프로그램에 국한되어 있었으며, 전반적으로 다양한 종류의 음식들을 여러 명이 나누어 먹는 장면으로 전달되었다. 이에 비해, 온라인 먹방 콘텐츠의 경우, 전체 분석 대상 프로그램의 과반수인 62% 정도에서 건강하지 못한 장면이 많다는 점도 문제다(안순태 · 임유진 · 이하나, 2020).[7]

이러한 먹방과 쿡방의 유행을 우리 사회의 정치적, 경제적 문제와 관련 있다고 보기도 한다. 보수적 채널인 지상파방송에서는 풍요의 판타지를 확산시킴으로써 현실유지를 위한 이데올로기를 유지하려 하고, 시청자는 각박한 현실을 버티기 위한 힐링의 수단으로 이용한다는 것이다. 신자유주의적 노동 사회를 유지하려 하는 대중문화가 결국 식욕이라는 본능마저 판타지로 이용하고 있다는 것이라 비판한다(노의현, 2016).[8]

---

7   안순태 · 임유진 · 이하나(2020). 국내 먹방(먹는 방송, Mukbang) 콘텐츠 특성에 관한 연구: 지상파와 온라인 먹방 프로그램의 비교를 중심으로. 〈한국방송학보〉, 34.(4), 63쪽.

8   노의현(2016). '먹방'의 욕망에서 '쿡방'의 욕망으로. 문화과학 86, 356-376359-361.

2) 리얼리티 프로그램(관찰 예능)

리얼리티 프로그램은 21세기적 사건으로 우리나라에서 대중화가 된 것은 2010년도 즈음으로 보인다. 우리나라의 경우 오디션 리얼리티쇼 〈슈퍼스타K〉의 성공을 계기로 일반인 출연의 오디션/경쟁 유형의 프로그램들이 양산되었다. 이즈음 시작된 리얼리티 프로그램으로 〈미운 우리 새끼〉, 〈골목식당〉, 〈살림하는 남자들〉, 〈전지적 참견 시점〉, 〈효리네 민박〉, 〈삼시 세끼〉, 〈알쓸신잡〉, 〈프로듀스 101〉, 〈도시 어부〉 등이 대표적이다. 리얼리티 프로그램이 유행한 이유는 소형 디지털카메라의 발달로 여러 상황에서 발생하는 행위들을 손쉽게 촬영하기 쉽고, 대부분 연예인 이외에 일반인 출연자가 등장하는 경우는 출연료도 저렴하다는 제작비 절감에서 이유를 찾을 수 있다(김수정, 2018).[9]

리얼리티 프로그램은 '실제 개인의 무대본의 행위를 오락적 설정 위에서 보여주는 텔레비전 프로그램'으로 정의할 수 있다. 상황의 설정 양상을 기준으로 구조화된 설정과 비구조화된 설정으로 크게 나눠 볼 수 있다. 전자는 방영을 목적으로 인위적인 상황을 설정하고, 섭외된 출연자 등이 어떻게 대응하는가를 관찰한다(〈진짜 사나이〉, 〈정글의 법칙〉 등). 반면 비구조화된 설정은 실제 자신의 생활 환경이나 인간관계 속에서 행위하고 반응하는 것을 관찰하는 유형으로 다큐멘터리와 비슷하다(〈슈퍼맨이 돌아왔다〉, 〈효리네 민박〉 등). 리얼리티 프로그램 장르의 핵심 포맷은 크게 다음과 같은 다섯 가지다. 이 포맷들은 각 리얼리티 프로그램의 구조와 목적에 따라 선별적으로 조합된다.

---

9   김수정(2018). 『문화연구의 렌즈로 대중문화를 읽다』. 한국방송학회 엮음. 컬처룩. 83–85.

1) 관찰포맷

실제 벌어지고 있는 것을 전달하고 표방할 수 있게 해주는 리얼리티 프로그램의 심장이다. 카메라는 특정 행위와 시점이 아니라 가능한 모든 행위를 지속적으로 촬영하는 것이다.

2) 고백 인터뷰

고백과 같은 '1인칭 개인 인터뷰'는 주로 다큐멘터리와 뉴스에서 프로그램의 정보뿐만 아니라 객관성을 담보하기 위해 증언이나 전문가 설명을 제공할 때 많이 사용되는 기법인데, 이를 오락용으로 다르게 사용하고 있다. 고백 인터뷰는 시청자가 출연자 개인의 내적 자아에 가까이 다가가도록 느끼게 하여 출연자의 진정성과 리얼리티를 높이는 데 효과적이다.

3) 패널 구성

구조화된 리얼리티 프로그램의 경우 심사위원이나 트레이너, 코치 등으로 구성된 패널 형식을 갖추고 있다. 특히 경쟁/게임 리얼리티 프로그램이 대표적이다. 예를 들어 〈나는 가수다〉, 〈슈퍼스타K〉, 〈쇼미더머니〉, 〈미스터 트로트〉, 〈불꽃밴드〉 등과 같은 오디션/경쟁 프로그램은 시청자 평가단과 함께 심사위원단 패널이 탈락자를 결정하는 일과 참가자들에게 다양한 평가를 제공하는 역할을 한다.

4) 경쟁포맷

경쟁포맷은 말할 필요 없이 경쟁이나 게임 리얼리티 프로그램에서 절대적인 포맷이다. 심지어 취업을 위한 경쟁 프로그램도 있다. 우리나라의 경우 일반인을 대상으로 한 리얼리티 프로그램은 대부분을 차지하는 오디션 프로그램이나 요리 경연, 데이트 프로그램이 대표적이다.

5) 시청자 참여

리얼리티 프로그램이 붐을 일으키게 된 데는 시청자의 참여라는 포맷이 큰 기여를 했다. 오디션 경쟁 프로그램에서 일반인은 기존의 시청자 위치를 벗어나 출연자가 되거나 투표자가 되어 출연자의 성적에 영향을 미치게 된다. 우리나라의 경우 2009년 〈슈퍼스타K〉에서 처음 시청자 문자 투표가 도입된 이후 2016년 〈프로듀스 101〉에서는 전문 심사위원 없이 100% 시청자 투표로만 최종 우승자를 선정하기도 했다(김수정, 2018).[10]

김수정(2018)은 우리나라의 리얼리티 프로그램의 특징을 '자기 계발과 정서적 평등주의'의 양가성으로 해석했다. 그리고 우리나라의 리얼리티 프로그램의 특징을 다음과 같이 몇 가지로 요약했다. 첫째, 연예인 중심이라는 것이다. 리얼리티 프로그램이 외국과는 달리 연예인이 절대다수를 차지한다. 그 이유를 여러 측면에서 찾을 수 있지만, 일반인보다 화려한 연예인에게서 보통 사람과 같은 평범한 면모를 보여주기 쉽고, 자신의 전문 영역이 아닌 상황에서 보여주는 평범한 모습에서 리얼함을 느끼고 그들이 망가지는 모습에서 더 큰 재미와 친밀감을 얻는다는 것이다. 둘째, 가족주의 코드이다. 한국의 경쟁 리얼리티 프로그램에서는 서바이벌에서 오는 신경전이나 갈등과 배신보다는 탈락

---

10 김수정(2018), 위의 책. 91-96.

자가 되지 않기 위해 안간힘을 다해 노력하는 과정이나 그 속에서 빛나는 재능과 성장을 지켜보는 휴먼 드라마에 가깝다. 참가자들의 고백은 과거의 역경이나 가족사에 대한 발언이 포함되고 상대 경쟁자에 대한 평가는 험담보다는 칭찬과 부러움이 대부분이다. 이러한 모습에 시청자들 또한 호의적인 반응을 가지는 경향이 커서 평가에 긍정적인 요소로 작용하기도 한다. 셋째, 가족주의 코드와 비슷한 면이 있지만 어려운 성장 과정을 겪은 사람들을 향한 애틋한 정서가 지배적이라는 것이다. 이는 불우한 사람이 잘되길 바라는 심리가 강하다는 것인데 시청자들은 실력의 하자가 없다면 이왕이면 가난하고 불우한 참가자가 억대 상금을 타는 최종 승자가 되길 더 바라며 이를 통해 경제적 박탈감을 심리적으로 보상받고자 하는 욕구가 강한 것으로 보인다. 이를 '정서적 평등주의'라 보았는데 평등에 대한 욕망이 강하고 이는 한국 사회에서 경쟁에서의 공정성이 제대로 작동하지 않는다는 대중의 불만이 투사된 것으로 볼 수 있다(김수정, 2018).[11]

한편 최근 글로벌 OTT에서 가장 좋은 성적을 거둔 한국 예능은 넷플릭스의 데이팅 리얼리티 쇼인 〈솔로 지옥〉이었다. 〈솔로 지옥〉은 2021년 12월 말 비영어권 TV 부문 8위로 시작해 1월 10일 주 자체 최고 순위 4위를 달성하며 흥행 신호탄을 쐈다. 18개국에서 TOP 10에 진입했으며 4주간 6,220만 누적 시청시간을 기록했다.

지상파 · 케이블 방송에서 제작하는 리니어형(linear, 선형) 예능과 OTT형 예능은 콘텐츠 생태계가 다르므로 둘은 점점 분화하면서 확연히 달라지고 있다. 리니어형이 먹방, 여행 등 리얼리티, 음악 오디션이 많다면 OTT형은 추리

---

11 김수정(2018). 위의 책. 104-121.

물, 연애 매칭 프로그램, 서바이벌 오디션이 주류다. OTT형은 국내뿐 아니라 해외 시청자들이 찾아오게 만들어야 하고, 다음 이야기, 다음 회차를 극도로 궁금하게 만들어야 한다. 누가 범인인지, 누가 우승할지, 누구와 매칭이 될지에 대해 호기심을 제공해야 한다.

한국이 강점을 가진 예능 장르를 꼽는다면, 데이팅 리얼리티 쇼와 음악 오디션 서바이벌이다. 데이팅 리얼리티 쇼인 〈솔로 지옥〉, 〈환승 연애〉(티빙), 〈나는 솔로〉(ENA PLAY, SBS Plus), 〈에덴〉(iHQ) 등은 외국에도 통할 가능성이 크다. 세상에서 제일 재밌는 게 남의 연애. 그런데 외국에서는 한국 연예인이 누군지 잘 모르니 글로벌 OTT에서는 스타성만으로는 부족하다. 이런 면에서 데이팅 리얼리티는 비연예인들로도 관심을 끌 수 있다. 그런 가운데 넷플릭스가 7월 12일 '넷플릭스 한국 예능 상견례'를 열고 K-예능 제작 계획을 밝혔다. 드라마에 편중된 한국콘텐츠 투자에서 예능의 비중을 늘리겠다는 의지로 보인다.

K-예능은 〈솔로 지옥〉으로 일반인 리얼리티 쇼의 본격 시작을 알렸다. 한국 데이팅 예능이 보기 좋은 젊은 남녀의 출연, 감정선을 따라가면서 이뤄지는 '과몰입' 유도, 빠른 진행과 세련된 연출 등에서 글로벌 경쟁력을 갖췄다는 평가다. 〈솔로 지옥〉의 김재원 PD는 "외국에서도 표현이 더 직접적이고 감정에 더 솔직하며 전개가 빠른 것이 가장 큰 장점이라고 평했다"라고 전했다. 이런 면에서 K-콘텐츠 중 예능은 드라마에 비해 적은 제작비로도 큰 효과를 볼 수 있는 가성비 좋은 콘텐츠이다(서병기, 2022).[12]

---

12 서병기(2022). 한국 예능만의 힘, 글로벌 경쟁력이 되다. 〈BROADCASTING TREND & INSIGHT〉 31호, 한국콘텐츠진흥원, 11-16.

3) 드라마 형식의 변화

모바일 기기와 여러 가지 형식의 OTT(over the top) 등장으로 인한 미디어 환경과 수용자의 변화로 편성의 정기성, 시청의 실시간성은 그 중요성이 약해지고, 장르도 혁신과정을 거치고 있다. 트랜스미디어 스토리텔링(transmedia storytelling)은 여러 개의 미디어를 이용해 하나의 세계로 경험될 수 있는 이야기를 만드는 전략이다. 원작을 각색하는 크로스미디어 스토리텔링(cross media storytelling)과 달리 같은 이야기가 아니라 여러 플랫폼의 이야기가 확장이나 변형을 통해 서로 연결되어 수용자가 미디어의 경계를 넘는 전략을 의미한다 (홍석경, 2018).[13]

특히 전통적 연속극에 시리즈적 일회성 주제를 도입한다거나 다양한 퓨전 장르와 타임 슬립(time slip)과 같은 내러티브 장치를 도입해 구태의연한 과거의 재연에서 벗어나 적극적으로 현재 관심에 닿는 사극을 제작했다. 그 결과 사극 형식이 극적인 로맨스의 배경이 되고(〈인현왕후의 남자〉, 2012), 수사극에 미스터리와 로맨스가 결합되기도 한다(〈나인〉, 2013). 이러한 장르적 실험은 직장 드라마 〈미생〉이나 〈김 과장〉과 같은 법정 드라마가 장르로서 정착되면서 많은 퓨전 형식을 탄생시켰다. 특히 〈미생〉은 한국에서의 트랜스미디어 경향을 가장 잘 보여주는 사례다. 3년간 다양한 미디어를 통해 '미생 월드'라는 거대한 이야기 세계를 구축하는 데 성공했고, 수용자에게 단일 미디어로는 불가능한 경험을 제공했다. 이 복합물 속에서 텔레비전 드라마는 등장인물을 간단히 소개하는 프리퀄(prequel)을 유튜브에 공개하고, 내용 또한 원본 스토리를 그대로 옮기지 않고, 남녀 인물 사이의 애정 관계를 생략하고 사무실이라는 현실에

---

13   홍석경(2018).『문화연구의 렌즈로 대중문화를 읽다』, 한국방송학회 엮음. 컬처룩. 138-139.

집중하는 동시에 현실과 극 사이를 오가는 리얼리즘의 창출로 큰 호응과 참여를 만들어냈다.

특히 남자들만 생활하는 공간에 남장을 하고 들어가서 살게 된 여주인공의 테마는 유사한 스토리의 일본 만화를 원작으로 한 〈아름다운 그대에게〉(2012) 뿐만 아니라 〈커피프린스 1호점〉(2007), 〈미남이시네요〉(2009), 〈성균관 스캔들〉(2010)로 이어졌다. 드라마 내러티브 또한 원작의 각색이나 리메이크라는 크로스미디어적 접근과 구분되는 스토리를 넓히고 변형시키는 트랜스미디어적 이야기 방식으로 발전하고 있다. 〈응답하라〉 시리즈가 그 좋은 사례다. 스타 이미지가 없는 무명 배우들을 기용해 캐릭터를 잡으면서 남편 찾기 스토리로 시청자와 밀고 당기는 관계를 형성하고 적극적으로 드라마 스토리를 뜯어보고 캐릭터를 분석하면서 장면의 디테일에 주의를 기울이게 만드는 상호작용을 끌어내어 트랜스미디어 스토리 전략을 실행했다. 이러한 드라마의 트랜스미디어 스토리텔링은 앞으로도 증가할 것으로 보인다(홍석경, 2018).[14]

4) 종합편성채널의 건강 및 의학 관련 프로그램의 확대와 다큐멘터리의 상대적 감소

종합편성채널의 콘텐츠를 관통하는 키워드는 '예능'적인 요소가 많다. '시사 토크'에 지나치게 치중한다는 비판을 받아온 TV조선과 채널A도 이런 프로그램의 비중이 매우 높다. TV조선은 '미스 트롯' '미스터 트롯' '우리 이혼했어요' 등의 콘텐츠를 연달아 성공시켰고, 채널A도 '강철 부대' '하트 시그널' 등 작품이 큰 주목을 받았다. 방송통신연구에 게재된 '종합편성채널의 프로그램 장르

---

14   홍석경(2018). 위의 책, 142-148.

다양성 변화 연구'는 2012년부터 2018년까지 종편 4사의 장르 다양성이 구현되는지를 살폈다. 그 결과 2018년 다양성 지수(0.83)가 오히려 2012년(0.84)보다 낮게 나타났다. 장르 내의 다양성 문제는 더욱 심각하다. 종편 4사의 교양 장르는 지나치게 생활정보·건강 프로그램에 치우쳤다. TV조선이 홈페이지에 방영 중이라고 밝힌 교양 프로그램 24개 가운데 '굿모닝 정보 세상' '기적의 습관' '알맹이' '건강 면세점' '내 몸을 살리는 발견 유레카' 등 14개가 생활정보·건강 관련 프로그램으로 나타났다. MBN은 15개 중 7개, JTBC는 17개 중 7개, 채널A는 12개 중 4개가 관련 프로그램이 차지했다. 방송사별로 적게는 교양 프로그램의 3분의 1이, 많게는 절반 이상이 생활정보와 건강 프로그램이다.

방송사 관계자들은 생활정보·건강 프로그램이 지나치게 많은 점은 '협찬'과 밀접한 관련이 있다고 본다. 의사, 건강 제품 업체 등의 협찬을 위해 토크를 구성하고, 일부 상품은 홈쇼핑 연계편성을 통해 광고효과를 극대화한다. 한 지상파방송사 관계자는 "건강 프로그램은 사실상 100% 협찬을 위해 만들었다고 해도 과언이 아니다"라며 "협찬 문제는 종편에서 지상파로 넘어오면서 지상파도 일부 (문제적) 협찬을 하는 측면도 있다"라고 했다. 실제 종편에서 문제가 된 홈쇼핑 연계편성의 경우 MBC와 SBS도 종편 못지않게 많은 수치를 기록하고 있다.

이에 대한 영향으로 교양 장르에서 '건강 프로그램 과잉'과 함께 '다큐멘터리의 소극적 편성' 경향이 높다. 시간이 흐를수록 종편 다큐멘터리 비중이 줄어들기도 했다. 2012년과 2018년 편성을 비교해보면 채널A를 제외한 3개 채널에선 다큐멘터리 방영 비중이 눈에 띄게 줄었다. MBN의 2012년 다큐멘터리 방영 비율은 24%였는데 2018년 19%로 줄었다. 같은 시기 TV조선은 26%에서 15%로, JTBC는 14%에서 8%로 줄었다. 홍성일 한국예술종합학교 강사는

"일반적으로 방송 교양 프로그램을 떠올리면 대작 다큐멘터리, 지식 강연 등이 포함돼야 하는데 종편에선 이 같은 프로그램이 누락돼 있다"라며 종편이 제공하는 교양은 협찬받은 상품에 관한 얘기를 하거나 자극적인 고발, 폭로물과 가부장적 관점의 휴먼 다큐가 많다. 다양하지 않고 납작하고, 수익을 위한 교양으로 오염시키고 있다"라고 했다. 홍성일 강사는 "지난 10년간 한국 사회가 인권 문제에 무뎌졌다면 그 이유의 상당 부분이 종편이 제공하는 교양 때문은 아니었을까 생각이 들 정도"라며 "경쟁이 심화하면서 이 같은 경향이 지상파로도 이어지고 있다는 점에서 시청자의 권리가 침해되고 있다"라고 진단했다. 종편에서 일했던 한 PD는 "예능 측면에선 지상파 체제가 무너지고, 종편이 성공하면서 밀리지 않는 분위기가 있다"라며 "하지만 다큐멘터리는 전무한 상황이다. 반면 넷플릭스는 '레인코트 킬러'와 같은 다큐멘터리를 유통한다. 넷플릭스와 같은 OTT가 마음먹고 관련 콘텐츠를 제작하고 여건을 갖추면 방송사 자체가 갖는 차별성이 사라질 수 있다"라고 밝혔다("건강 프로 휴먼 다큐 넘쳐난 종편 10년의 그늘", 2021.12.1.).[15]

이와 비슷한 문제로 건강이나 의학 정보 관련 프로그램에서의 전문가들의 과잉 출연 문제도 있다. 수년 전부터 TV에는 의사, 한의사, 변호사, 요리연구가, 다이어트 트레이너, 심리상담가, 투자전문가 등 온갖 전문가들이 넘쳐 난다. 그들은 교양 프로그램 외에도 온갖 예능프로그램에 출연하여 해당 정보를 이야기한다. 그런데 다른 분야는 모르더라도 건강 관련 정보는 매우 황당한 경우가 많다. 예를 들어 천년초를 섭취하여 시력이 0.6에서 1.5로 좋아졌다거나, 흑초로 간 질환과 파킨슨병을 치료했다는 주장들이 TV 전파를 탄다.

---

15   건강 프로 휴먼 다큐 넘쳐 난 종편 10년의 그늘, 미디어오늘, 2021.12.1.(http://www.mediatoday.co.kr)

출처: 채널A '나는 몸신이다' 타트체리 협찬이 들어간 회차

종편뿐만 아니라 KBS에서는 〈무엇이든 물어보세요〉, 〈생로병사의 비밀〉, 〈한국인의 밥상〉, 〈비타민〉, 〈VJ특공대〉, 〈생생 정보통〉, MBC에서는 〈생방송 오늘 저녁〉, SBS에서는 〈생방송 투데이〉, 〈모닝와이드〉 등 이 중에서는 원래 건강을 주제로 만들어진 프로그램도 있고, 처음과 달리 점차 건강 관련 내용을 늘려나간 프로그램도 있다. 의사들이 아예 떼로 등장하여 허황된 정보들을 내보내는 프로그램들도 많다. '떼토크'의 원조 격인 MBN의 〈황금알〉을 시작으로, 〈엄지의 제왕〉, 〈알토란〉, 〈만물상〉, 〈내 몸 사용 설명서〉, 〈닥터의 승부〉(종영), 〈건강의 품격〉(종영) 등등. 이처럼 건강 관련 프로그램이 쏟아지는 이유는 뭘까. 이는 세 가지 측면의 이해관계, 즉 방송사의 입장, 시청자들의 입장, 의사들의 입장이 맞아떨어진 결과이다. 방송사의 입장에서는 제작비가 적게 들어도 시청률은 높다는 장점이 있다. 방송사 입장에서 의사들이 출연하는 토크쇼는 제작비가 적게 들고 만들기가 쉽다. 종편들도 출범 초기에는 드라마를 비롯해 다양한 프로그램을 내놓았지만, 1%에 불과한 시청률을 보면서 제작비가 적게 드는 프로그램들 위주로 편성을 바꾸어 나갔다.

스튜디오형 예능프로그램은 야외촬영을 동반하는 예능프로그램보다 제작비가 적게 든다. 야외 버라이어티 프로그램의 경우 회차당 제작비가 6천~8천만 원 정도 들지만, 스튜디오형 예능프로그램은 4천~6천만 원 정도가 든다. 기존에 만들어 놓은 스튜디오에서 촬영하고, 출연자들에게 출연료만 주면 된다. 게다가 출연자들이 연예인일 경우에는 출연료가 높지만 그렇지 않은 경우에는 출연료가 적다. 전문가들의 경우 출연료가 없더라도, 아니 오히려 돈을 내더라도 출연하겠다는 전문가들이 즐비하다. 심지어 협찬을 통해 부수입을 올릴 수도 있다. MBN 미디어렙은 내츄럴엔도텍, 한국인삼공사 등과 협찬 계약을 맺고, MBN 〈다큐 M 백수오 편〉, 〈천기누설 아로니아 편〉 등을 편성하였다가 방심위에 적발되었다. 당시 가짜 백수오 사건 파장이 워낙 컸던 탓에 방심위가 적발에 나선 것이다.

시청자 입장에서 보면 평균수명의 증가와 건강과 삶의 질에 관한 관심 증대로 고령층이나 젊은 층도 건강정보에 관한 관심이 높아졌다. 따라서 건강 관련 토크쇼는 제작비는 적게 들지만, 시청률은 높은 효자 프로그램이다. 현재 종편에서는 뉴스나 시사프로그램보다 건강 정보프로그램의 시청률이 더 높다. 출범 초기에 시청률이 평균 1% 정도에 머물던 종편 채널에서도 〈황금알〉, 〈엄지의 제왕〉, 〈천기누설〉 등은 3~4%가 나왔다. 이들 프로그램은 최고 5%의 시청률을 내고 있다. 시청률이 높은 이유가 뭘까. 신자유주의 시대에 각자 생존, 각자 행복, 각자 성공을 도모하다 보니 건강과 장수, 다이어트와 성형, 정신건강과 힐링 등에 관심이 집중되었기 때문이라고 볼 수도 있지만, 시청 층의 고령화가 가장 큰 이유이다. 요즘 TV는 '올드 미디어'로 분류된다. 인터넷이나 모바일, IPTV 등 방송콘텐츠를 접하는 미디어가 다양해짐에 따라, 젊은 층의 TV 시청 시간은 감소했다. 반면 노령층의 TV 시청시간은 갈수록 늘고 있다. 새로운 매체에 대한 접근성이 낮은 데다 여가시간이 많기 때문이다. 종편의 경우 시청 층의 노령화가 더욱 심하다. 지상파 시청자 중 50대 이상이 대략 70%, 종편의 시청자 중 50대 이상이 85% 이상이라고 한다. 종편이 노령층의 입맛에 맞는 프로그램들을 내보냄으로써 고령화된 시청자들을 끌어들였다는 분석이 따른다. 노령층의 입맛에 맞는 프로그램으로 손꼽히는 것이 건강 관련 콘텐츠이다. 나이가 들수록 건강이 최대관심사가 되기 때문이다.

출연 의사들의 입장에서는 단연 홍보를 위해서다. 왜 의사들이 환자는 안 보고 TV 토크쇼에 나오는 걸까. 더군다나 돈을 내면서까지 나오는 이유는 무엇일까. 이는 엄청난 홍보 효과를 노리기 때문이다. 종편의 모 프로그램은 출연한

성형외과 전문의를 소개하면서 "고품격 성형의 중심에 선 ○○○원장"이라는 자막을 깔았다. 이렇게 한번 이름이 나가면, 환자들은 검색을 통해 병원을 찾는다. 의료시장의 왜곡으로 의사들이 비보험 의료분야로 눈을 돌리고, 해당 분야마저 시장포화로 점차 경쟁이 치열해지고 있다. 병·의원 광고규제도 풀려 병원들의 광고비가 점점 비싸지고 있는데, 의사들의 TV 출연은 웬만한 광고보다 훨씬 큰 효과를 낸다.

한발 더 나아가서 방송 출연으로 높인 인지도나 신뢰도를 활용해 관련 식품이나 의약품을 판매하는 경우도 많다. 실제로 종편에 출연하여 어성초가 탈모에 효과가 있다고 주장한 의사가 차 전문업체와 함께 어성초가 들어있는 '모가득차'를 개발하여 판매하였다. 종편을 보다가 홈쇼핑으로 채널을 돌리면, 종편에서 뭐가 몸에 좋다고 떠들던 의사가 홈쇼핑에 나와 관련 제품을 파는 식이다. 한국인삼공사와 협찬을 맺은 MBN이 아로니아가 좋다는 방송을 내보내고, 같은 날 홈쇼핑에서 아로니아 제품을 판매했더니 완판되었다.

이처럼 자신의 병원 홍보나 제품 판매를 위해 연예인처럼 방송에 출연하는 의사들을 '쇼닥터'라고 부른다. 이들에 의해 잘못된 건강정보가 확산하는 것이 문제로 지적되자 대한의사협회와 복지부가 제재에 나섰다. 의사협회는 2015년에 '의사방송 출연 가이드라인'을 만들어 이를 어긴 의사들을 방심위에 제소하고 윤리위원회에 회부하겠다고 나섰다. 또한, 복지부는 쇼닥터에 대해 1년 이내로 자격을 정지시킬 수 있는 의료법시행령을 마련하였다. 하지만 이런 조치들이 얼마나 실효를 거둘지는 의문이다. 쇼닥터를 만들어낸 세 가지 측면의 이해관계가 그대로 존재하기 때문이다(황진미, 2016).[16]

---

16 황진미(2016). 가짜 전문가 양산하는 방송의 비밀, 〈월간 참여 사회〉 2016, 11월호(통권 240

5) 1인 크리에이터형 콘텐츠의 증가

유튜브에서 화제가 되면 방송에서도 화제가 될 정도로 유튜브라는 플랫폼의 영향력은 막강해졌다. 방송사들이 등한시하던 유튜브가 이제는 반대로 그들의 콘텐츠 소스가 되고 있는 것이다. 유튜브 예능프로그램은 인터넷 플랫폼을 기반으로 방송하는 프로그램을 의미한다. 이러한 예능프로그램은 온라인 기반의 프로그램 중 중요한 부분을 차지하는 것은 물론, 한국 온라인 프로그램 산업의 발전 및 문화 산업의 번영을 위한 원동력이 된다. 한국은 유튜브 채널이 활성화되어 있으며, 그 외에 웨이브, 넷플릭스, 티빙, 왓챠, 디즈니 플러스 등 다양한 OTT 플랫폼이 자체 제작 온라인 예능프로그램을 제작하고 있다. 이러한 영상 콘텐츠 소비 형태의 변화는 기존 방송의 콘텐츠 제작의 형식과 내용에도 영향을 미치고 있다. 예를 들어 기존 방송에도 구독자가 많은 유튜버를 출연시키거나, 여행프로그램이나 기타 다양한 1인 방송 형태의 뷰티 관련 콘텐츠부터 요리 등 다양한 장르의 프로그램 제작으로 확대되는 추세다.

길이도 과거 60분에서 80분가량의 프로그램이 주를 이루던 것과 달리 최근에는 10분 내외의 숏폼 콘텐츠에 관한 관심이 높아졌다. 이는 스마트폰의 보급으로 인해 영상을 시청하는 시간 및 장소의 제약이 사라지면서 언제 어디서나 영상콘텐츠를 볼 수 있는 짧은 길이의 영상을 선호하게 된 것이다.

모바일을 활용한 콘텐츠 소비 기반의 숏폼이 형성된 이후에 디지털 세대들은 강한 자극과 흥미 추구, 짧은 길이의 영상 생산에 관심을 보이고 있으며, 이러한 활동이 활발하게 일어나고 있다. 특히 TV를 중심으로 제작 및 방영되었던 예능프로그램도 유튜브와 같은 온라인 동영상 플랫폼을 통하여 숏폼 형태도

호), 8-10.

제작되고 있다. 〈워크맨〉, 〈삼시 세끼-아이슬란드 간 세끼〉, 〈출장 십오야〉, 〈와썹맨〉 등이 있으며, 짧게는 5분, 길게는 25분가량으로 구성되어 시청자들이 자투리 시간을 이용하여 쉽게 시청할 수 있도록 한다. 숏폼 콘텐츠는 빠른 스토리텔링의 전개를 위하여 발단에서 위기로 바로 이어지는 전략을 채택하였으며, 다음 회로 내용이 이어지지 않고 해당 회차에서 하나의 스토리텔링이 종료되기 때문에 시청자들이 쉽게 접하고 시청할 수 있도록 구성하고 있다(주제연, 2023).[17]

온라인 문화는 상호소통이 강화되면서 자기를 브랜드화하면서 유명해지는 것을 가능하게 한다. 이에 따라 방송프로그램에 온라인에서 유명한 1인 크리에이터를 게스트로 출연시키는 프로그램이 증가하고, 크리에이터가 주로 제작하는 소재가 그대로 또는 약간 변형되어 방송 콘텐츠화되는 경향도 높아지고 있다. 형식적으로는 기존 프로그램에 별풍선이나 실시간 댓글을 강화하는 시도도 보인다.

'마이크로 셀러브리티'라는 용어는 디지털 미디어 문화에서 유명인과의 거리가 모호해지면서 점점 '존재'에서 '하기/되기'로 이동 중이다. 특히 소셜 미디어 문화에서 자신의 일상을 지속적으로 업로드하면서 네트워크로 연결된 사람들에 의해 유명해진 사람들을 지칭하는데 이들은 유명인 되기의 대표적 사례다(이설희, 2018).[18] 또한, 유튜브 크리에이터로 유명세를 누리는 인물도 포함된다. 일상의 빈틈을 상품화하는 것이 1인 크리에이터들의 대부분의 소재이자 전략이다. 즉 어떤 주제도 방송 소재로 이용될 수 있다는 것은 성공하기를 원하는

---

17   주제연(2023). 유튜브 채널 예능프로그램에 나타난 숏폼 콘텐츠 스토리텔링 연구: TV 예능프로그램과의 스토리텔링 비교분석을 중심으로. 〈산업융합연구〉, 21(8), 13-21.

18   이설희(2018). 『문화연구의 렌즈로 대중문화를 읽다』, 한국방송학회 엮음. 컬처룩. 343쪽.

사람들에게 큰 가능성인 동시에 사적 일상이 모두 노출되어 상품화되게 하는 이유이기도 하다(이설희, 2018).[19]

기획형 유튜버의 등장도 기존 방송프로그램에 영향을 주고 있고 방송사와 다양한 협업을 진행 중이다. 유튜버 '진용진'은 사람들이 한 번쯤 궁금해하던 내용을 취재하는 콘텐츠 〈그것을 알려드림〉으로 인기를 얻었는데, 여기서 나아가 자체 기획한 서바이벌 게임 쇼 〈머니게임〉으로 누적 조회 수 5,500만 회를 기록했고, MBC와 함께 〈피의 게임〉을 제작하기도 했다. 운동 전문 유튜버였던 '피지컬 갤러리' 역시 콘텐츠 기획으로 장을 넓혔다. 그가 기획한 군 체험 프로그램 〈가짜사나이〉는 누적 조회 수가 1억이 넘었다. 여행 유튜버 '빠니보틀'은 예능의 탈을 쓴 페이크 다큐멘터리 〈좋좋소〉를 기획했고 이 역시 평균 조회 수 100만을 넘겼다.

유튜버들의 기획물은 유튜브를 넘어 다른 플랫폼으로 진출했다. 〈가짜사나이〉는 카카오TV, 〈피의 게임〉은 MBC, 〈좋좋소〉는 왓챠와 독점 송출 및 비하인드 영상 방영 등을 조건으로 협업했다. 협업을 넘어서 인수라는 괄목할 만한 사례도 나왔다. 〈가짜사나이〉의 제작사 3Y코퍼레이션은 카카오엔터테인먼트에 무려 180억 원이라는 기업 가치로 인수되었고, 진용진의 유튜브 채널은 3Y코퍼레이션에 5억 원에 인수됐다. 즉 방송사 및 플랫폼과 유튜버의 이해관계가 일치한 사례다(구현모, 2022).[20]

---

19   이설희(2018). 위의 책, 353쪽.

20   구현모(2022). 기획형 유튜브 예능의 등장과 콘텐츠 지형 변화. 〈BROADCASTING TREND & INSIGHT〉 31호, 한국콘텐츠진흥원, 35-39.

2. 콘텐츠 제작의 새로운 경향

1) 포맷개발의 확장

콘텐츠의 시간을 지리적 시간적으로 확대하기 위해서는 완성형 프로그램을 수출하기보다 포맷을 수출하는 것이 더 유리하다. 완성형 프로그램의 수출은 일회적인 반면, 포맷은 시차를 두고 다양한 버전으로 수출 가능하고, 포맷은 여러 지역에서 완성된 프로그램으로 다시 제작되기 때문에 지리적, 문화적으로 거리가 있는 다양한 국가에 유통될 수 있다. 구체적으로 포맷 교역은 무엇보다도 미디어 상품이 가진 문화적 할인을 낮출 수 있다는 장점이 존재한다. 미디어 콘텐츠는 일반 재화와는 달리 아이디어와 창의성을 바탕으로 한 재화이다. 미디어 콘텐츠는 생산과정에서 창의성과 예술성이 바탕이 되고 내구성으로 인해 다양하게 변형되어 활용될 수 있다. 이에 포맷은 완성된 프로그램과 달리 수입국의 문화와 정서에 맞게 변이될 수 있으며 콘텐츠 수출의 걸림돌로 작용하는 문화 장벽을 허물 수 있다.

포맷은 기본적으로 지역화가 가능하므로 문화적 근접성이 떨어지는 국가에 대한 문화적 할인율을 줄일 수 있다. 완성형 프로그램을 판매할 때 걸림돌로 작용했던 문화 장벽은 포맷 수출이라는 유통과정을 통해 어느 정도 극복이 가능하다. 특히 한국의 포맷 교역 장르가 드라마나 시사 다큐멘터리가 아닌 퀴즈쇼, 서바이벌 쇼, 버라이어티 쇼, 리얼리티 쇼와 같은 예능 포맷에 치중하는 이유는 후자의 문화적 할인이 더 낮기 때문이다.

글로벌 예능 포맷의 유형은 퀴즈 · 게임이 33.7%로 가장 많았다. 퀴즈 · 게임은 정해진 스튜디오 안에서 룰을 바탕으로 진행되기 때문에 지역화하기 좋은 유형이다. 정해진 세팅이 명확하여 문화적 할인이 거의 발생하지 않고, 즉흥성이 낮아 다시 제작하기 매우 용이하며, 일반인 출연자가 다수 등장하기 때문에 지역화가 쉽고 수출에 유리하다. 반면에 한국 예능 포맷은 리얼리티가 33.9%로 가장 높았고 버라이어티가 23.2%를 차지했다. 출연진의 경우도 우리나라는 연예인(방송인)의 비중이 높은 데 비해, 글로벌 포맷의 경우 일반인의 출연 비중이 높았다. 이런 점에서 우리나라의 리얼리티쇼는 정해진 형식이 없고 출연자들이 있는 그대로의 모습을 보여준다는 점에서 문화적 요소가 더 많이 개입하기 때문에 상대적으로 지역화가 어렵다는 한계도 동시에 가진다(이유진 · 유세경, 2016).[21]

우리나라는 방송포맷 산업이 가장 활발한 국가 중 하나다. 2020년 데이터를 기준으로 하면 1위 영국과 2위 네덜란드에 이어 미국과 함께 공동 3위를 기록했다. 한국을 대표적인 TV 방송포맷 수출국으로 발돋움하게 한 프로그램은 〈복면가왕(Masked Singer)〉으로, 해외 50여 개 국가에 수출되었다. 특히 미국에서는 2020년 시즌4까지 방송되었다. 실제로 〈복면가왕〉은 이미 2019년부터 "올해의 포맷"으로 선정되는 등 인기를 누려왔고 시청률이나 매출 측면에서도 시장에서 가장 성과가 좋은 사례로 꼽히고 있다. 이와 함께, 또 다른 인기 포맷인 〈너의 목소리가 보여(I Can See Your Voice)〉는 미국 · 영국 · 독일 등 전 세계 18국에 수출되었다(코로나19 이후 글로벌 방송시장의 TV 프로그램 포맷 트렌드, 2021).[22]

---

21 이유진 · 유세경(2016). 한국 예능프로그램 포맷 수출 활성화 방안 연구: 글로벌 예능프로그램 포맷 특성과의 비교분석을 중심으로. 〈한국콘텐츠학회 논문지〉, 16(12), 160-169.

22 코로나19 이후 글로벌 방송시장의 TV 프로그램 포맷 트렌드(2021). 〈Media Issues & Trend〉, 45호, 49쪽.

〈그림 1〉 포맷 수출 비율

42.1%

27.5%

10.1%

10.1%

10.3%

■ 영국
■ 네덜란드
■ 한국
■ 미국
■ 기타

출처: K7 Media(2021.04)

2) 드라마의 변화

우리나라의 경우 방송콘텐츠에서 드라마의 영향력은 매우 크다. 특히 지상파방송을 중심으로 다수의 드라마를 사전 대본 없이 만들어온 풍토는 많은 연기자와 제작진에 많은 부담으로 작용했다는 부작용에도 불구하고 일정 부분 한류 확산에 일조했다.

아시아 지역을 중심으로 만들어진 1차 한류는 한류 스타를 중심으로 형성된 측면이 강했다. 그러다가 2010년대 이후 〈별에서 온 그대〉, 〈태양의 후예〉의 성공으로 중국 이외에도 좀 더 넓은 시장을 겨냥한 대규모 자본이 투입되기 시작했다. 1세대 한류는 연애와 사랑에 바탕을 둔 소재가 많았고 동아시아지역을 중심으로 많은 관심을 끌기 시작했지만 이러한 흐름은 2000년대 중반 이후 서서히 한국 수용자를 중심으로 미국드라마를 선호하는 새로운 취향의 시청자들이 증가하면서 변하기 시작했다. 이들을 목표로 작품을 제작하게 된 시기가 이즈음이다. 비록 당시에 이런 드라마들이 주류는 아니었지만 새로운 취향을 겨냥한 작품을 제작할 기회가 창작자들에게 주어졌다는 말이다. 이는 자사 채널 편성 드라마에 집중했던 폐쇄적인 창작 구조를 벗어나서 보다 확장된 드라마 유통을 고려한 전략으로 볼 수 있다. 즉 스튜디오 시스템을 통해 기획 PD를 중심으로 중장기적인 관점에서 IP를 확보하고, 콘텐츠를 기획해서 순차적으로 배포하는 전략을 취하기 시작했다.

이후 '한한령'으로 중국시장이 막히면서 위기가 있었으나 넷플릭스의 등장은 글로벌 시장에 한국콘텐츠가 다시 성장할 수 있는 판을 만들어주었다. 이러한 상황에서 탄생한 것이 〈오징어 게임〉이다. 넷플릭스의 등장은 우리나라 드라마 제작에 여러 측면에서 영향을 주고 있다. 넷플릭스는 창작자의 자유를 크게 보장하고 타깃층이 분명한 스토리에 더 의미를 둔다는 점이 특징이다. 특히 넷플릭스 오리지널로 세계적인 명성을 얻은 〈종이의 집〉, 〈나르코스〉, 〈킹덤〉, 〈살아있다〉 역시 범죄, 스릴러, 좀비물같이 특정한 장르의 팬덤을 겨냥했다. 이는 190여 개국의 2억 명 이상의 가입자를 가지고 있는 글로벌한 텔레비전인 넷플릭스가 콘텐츠를 기획할 때 데이터를 기반으로 효율적인 선택을 할 수 있기에 가능하다. 즉 국가별로는 소수이지만 전체 가입자를 고려했을 때 다수인 장르 팬덤을 겨냥한 작품을 기획하는 전략을 취하고 있다. 중요한 것은 넷플릭스는 과거 국경을 단위로 인식하던 수용자 집단을 취향을 중심으로 규정하는 전략을 취하고 있다는 점이다. 이는 취향 중심의 팬덤화 전략으로 앞으로도 보다 적극적으로 글로벌 수용자의 취향에 기반을 둔 콘텐츠에 대한 기획과 제작이 활성화될 것으로 보인다. 과거 주로 로맨스 장르와 화려한 캐스팅에 집중되어 있던 K-콘텐츠 장르가 다양화되고 있는 것이다(예를 들어 법정 드라마, 범죄,

좀비, 스릴러, SF 등). 이에 따라 우리나라의 드라마도 향후 보편성을 전제로 하더라도 보다 다양한 취향을 반영하는 소재로 구성될 것이 예상된다(정길화 외, 2022).[23]

한국 드라마는 좋은 작품도 많았지만, 드라마 제작환경의 문제와 시장이 좁다는 문제가 있었다. 이러한 문제가 글로벌 OTT의 등장으로 구조적인 개선과 함께 세계 시장에 더 광범위하게 유통될 수 있는 작품을 제작한 방향으로 개선될 것으로 보인다. 한국의 드라마는 프리 프로덕션에서 포스트 프로덕션까지 외국과 제작방식이 다르다. 한국의 드라마는 쪽대본에 의한 속성 제작, 분량의 제한으로 경직성, 간접광고를 포함한 광고에 의한 스토리 수정 등 많은 문제점이 있었다. 그러나 글로벌 동시 시청이 가능한 넷플릭스와 같은 글로벌 OTT의 등장은 한국의 드라마 제작 풍토에도 영향을 주고 있다. 특히 창작자의 자율성 보장과 사전제작은 창작자인 작가나 감독이 자신의 아이디어와 기획을 바탕으로 정도의 차이는 있겠지만 작가주의를 끝까지 유지할 수 있게 한다. 또한, 한 회, 한 회 방송을 앞두고 급히 촬영과 제작이 이루어져야 하는 환경이 아니라 사전제작과 이를 토대로 한 제작비와 제반 저작권에 대한 사전계약은 작품의 완결성을 높이는 긍정적 요인으로 작용한다.

기존의 많은 우리나라의 드라마가 한류를 불러일으키는 데 일부 성공했지만, 지역적으로 더욱 확산된 한류 팬덤은 창의성 있고 완성도 있는 한국의 드라마가 더 큰 도약을 이룰 수 있는 조건이 이루어진 셈이다. 이러한 글로벌한 시청 환경을 이용해서 더욱 도전적인 작품 제작이 가능할 것으로 보인다. 앞서 언급했듯이 2000년대 이후 특히 미국드라마나 영국드라마 등 해외드라마에 익숙

---

23 정길화 외(2022). 위의 책, 185-190.

해진 국내 수용자층도 많아졌기에 시즌제의 도입과 정착도 더욱 활성화될 것으로 보인다. 보통 넷플릭스는 모든 권리를 확보하는 것을 전제로 제작한다. 제작비 지급도 국내 드라마는 방송 회별로 지급하지만, 넷플릭스는 제작 진행에 따라 제작비를 지급한다. 보통 2년이 소요되는 것으로 알려져 있다(정길화 외, 2022).[24]

이미 드라마 편성 변화 및 시즌제 확대로 평일 저녁 16부작 미니시리즈에서 스토리·이용 패턴 변화에 적합한 편성 변화와 숏폼·미드폼(웨이브 〈국가 수사본부〉, 〈박하경 여행기〉, 티빙 〈몸값〉, 넷플릭스 〈사이렌: 불의 섬〉, 〈청담 국제고등학교〉 등), 그리고 이용자 반응 또는 초기 기획에 따라 시즌제 제작이 증가하고 있다(SBS 〈모범택시〉, 〈낭만닥터 김사부〉, 〈소방서 옆 경찰서〉, tvN 〈술꾼 도시 여자들〉, 〈환혼〉 등)(반옥숙, 2023).[25]

향후 이와 같은 글로벌 OTT의 확산은 지역성을 담으면서도 전 세계 시청자를 고려하는 전략으로 인해 우리나라의 드라마 제작을 위한 소재와 환경 측면에서 다방면의 영향을 줄 것이 예상된다.

〈방송이슈〉

The JoongAng

"백지수표보다 나영석 택할 것" 이명한 대표가 회사 옮긴 이유

입력 2023.09.23. 오전 8:00

---

24   정길화 외(2022). 위의 책, 255쪽.

25   반옥숙(2023). 넷플릭스 이후, K-콘텐츠 도약을 위한 과제, 〈코카포커스〉, 155호, 7쪽.

'1박 2일'부터 '지구오락실'까지 모두 한 사람이 이끈 조직에서 나온 결과물입니다. 바로 이명한 에그이즈커밍 대표죠.

올해로 28년째 콘텐츠 업계 최전선에서 일하고 있습니다. 1996년 KBS에 입사해 '1박 2일' '스타골든벨' 등 전무후무한 시청률을 기록한 예능프로그램을 기획 후 돌연 CJ ENM으로 이적합니다. 당시 평균 시청률 1% 이하였던 신생 채널 tvN을 지휘해 '응답하라' 시리즈, '코미디빅리그' 등 장르를 넘나들며 대표작들을 만들어냈죠.

이후 tvN 제작본부장, 티빙 대표이사를 거쳐 2023년 3월부터는 나영석·신원호 PD가 속한 제작 스튜디오 에그이즈커밍의 대표직을 맡아 또 한 번의 '변화'를 택했습니다. 소탈한 모습으로 인터뷰 장소에 도착한 그는, 시종 편안하게 분위기를 이끌었습니다. 최고의 팀을 만든 '덕장'의 면모가 엿보였어요. 그에게 28년간 콘텐츠 업계에서 느낀 변화의 흐름을 물었습니다.

※ 이 기사는 '성장의 경험을 나누는 콘텐츠 구독 서비스' 폴인(fol:in)의 '프로의 5가지 기술'의 1화 중 일부입니다.

이번만 잘되면 레드카펫? "100% 오산"

Q. 에그이즈커밍으로 옮기신 이유가 궁금합니다.

'과정'을 즐겁게 만들 동료가 거기에 있으니까요.

콘텐츠 제작은 가파른 계단과 비슷하거든요. 몹시 어렵게 계단 하나를 올라가서 '아, 이제 됐다.' 했는데 또 벽이 나오는 거죠. 콘텐츠 제작 전 과정에 10시간이 걸린다고 예를 들어볼까요? 결과물이 잘 되든 망하든 일희일비하는 시간은 2시간 남짓에 불과해요. 나머지 7~8시간은 그 벽을 기어오르는 데 쓰는 거예요.

그는 인터뷰 내내 '동료들'을 강조했다. 커리어 내내 단단한 팀십을 다져온 비결이 엿보였다.
[사진 최지훈]

가끔 이런 경우가 있어요. '이번만 버티자, 이번 콘텐츠 잘 되면 내 인생 레드
카펫 깔리겠지' 생각하는데요. 그건 정말 오산이에요(웃음). 좋은 결과를 얻으
면 인생 전체가 행복해질 거로 생각하지만, 진짜로 행복하려면 일하는 과정 자
체가 행복해야 하거든요. 그건 동료들이 있을 때 가능하고요.

Q. 나영석 · 신원호 PD, 이우정 작가가 그런 동료군요.

맞아요. PD에게 3가지 선택지를 준다고 가정해볼까요? ① 아무도 한 적 없는
초일류 거물급 섭외 ② 제작비 백지수표 ③ 마음 맞고 실력 있는 후배. 만약 에
그이즈커밍 동료들에게 물으면 다들 뭘 택할까요? 아마 다들 3번을 택할 거예
요. 적어도 저는 그럴 겁니다(웃음).

공들여 섭외했음에도 결과물이 별로라면, 셀럽과의 관계는 그걸로 끝이에요. 단단하고 좋은 콘텐츠를 만든다는 게 알려지면 거물급은 알아서 찾아옵니다. 그걸 목표로 KBS 시절부터 20년째 함께 달려온 사람들이죠.

이들이 한국 예능과 드라마에서 최고의 키 플레이어라는 건 모두 인정할 거예요. 지금도 계속 주목받는 콘텐츠를 만들어내고 있고요. 제가 2023년 3월에 에그이즈커밍에 합류했는데요. 콘텐츠를 만드는 좋은 플레이어가 이미 있으니, 어떤 판을 만들어 그걸 더 많이 보여줄지에 대한 고민이 제 몫이라는 생각이 들더군요.

Q. 어떤 부분을 고민하세요?

OTT에서 잘되는 콘텐츠와 TV형 콘텐츠는 다른 영역이고, 제작에도 차별을 둬야 해요. 에그이즈커밍에서 만드는 '지락실'이나 '서진이네' 같은 콘텐츠는 TV IP라고 봅니다. 반면 '나불나불' 같은 콘텐츠는 TV도 OTT도 아닌 제3의 IP죠.

제가 합류했을 때 이미 구독자가 560만 명이었어요. 이 또한 하나의 시장이 분명히 된다고 봐요. 인하우스에 있는 제작자라면 자신이 속한 플랫폼이나 채널에 집중해야겠지만 에그이즈커밍은 독립된 제작 스튜디오이니 이 2가지 시각을 모두 아우르는 콘텐츠를 만들어야겠죠.

지금 한국 예능 콘텐츠는 크게 2종류예요.

1) 린백(lean back)형
   말 그대로 소파에 등을 기대고 편안하게 시청할 수 있는 콘텐츠예요. '나불나불'이 이 카테고리에 있죠. 가끔 '사무실에서 일하면서 듣고 있어요'라는 댓글도 달리더라고요. 마치 과거의 라디오방송처럼 누구나 쉽게 접근해서 볼 수 있는 콘텐츠가 여기에 속하겠죠.

2) 몰입형

반대로 엣지가 강하고 취향을 뾰족하게 저격하는 유료 속성이 강한 콘텐츠가 있죠. '사이렌'이나 '피지컬 100'처럼요. 다양성, 그리고 플랫폼 맞춤형 콘텐츠가 아주 세분돼 있다는 게 요즘 트렌드인데요.

여기에 더해, 글로벌 예능을 만들려고 준비 중이에요. 현재 아시아 지역까지는 한국형 예능이 낯선 콘텐츠는 아닙니다만, 글로벌 스탠다드에 맞는 예능은 아무래도 포맷이 정형화돼 있어요. 반면 한국형 예능인 리얼 버라이어티는 다큐에 가깝습니다. 상황과 상황 사이에서 빚어내는 서사의 강력함이 있고, 자막을 통해 스토리텔링 하는 장르죠. 이런 제작 특성은 아무도 할 수 없다고 생각해요. 이 부분을 사업적으로 다듬어서 존재감 있는 장르로 만들어가고 싶은 목표를 갖고 있어요.

기획안과 기획자의 '페어링' 중요

Q. tvn 본부장 시절 버라이어티, 코미디 프로그램, 드라마 등 모든 영역을 기획하셨는데요. 아이디어의 실마리를 찾는 방법이 궁금합니다.

기획에서는 2가지가 중요한데요. ① 아이디어 ② 만드는 사람이에요.

대부분 기획안에서 판가름 난다고 생각하시겠지만, 오히려 제가 더 중요하다고 생각하는 건 콘텐츠를 만드는 사람이에요. 기획안은 조심스럽게 판단하거나 유보를 많이 하고요. 드라마는 대본이 있어서 객관적 판단이 되지만, 예능은 기획안 몇 장이 전부이기 때문에 기획만으로 판단하는 건 불가능하거든요.

대신 이 기획을 가져온 사람이 어떤 사람인지를 평소에 다각도로 파악하려 노력해요. 콘텐츠엔 만드는 사람의 정서와 성향이 반영돼 있어요. 그걸 파악하지 못하면 기획안과 만드는 사람의 '페어링'을 정확히 판단할 수 없죠. 이를테면 평소 멘탈이나 체력 면에서 약한 동료가 굉장히 하드워킹 해야 하는 버라이어티를 가져오면 완주가 어렵거든요.

Q. 그러려면 동료, 특히 후배들과 평소에 굉장히 가깝게 지내야 할 텐데요. 리더로서 쉽지 않은 일입니다.

감정 촉수가 예민하고 섬세한 사람이라고 자평해요. 안 그렇게 생겼지만요(웃음). 오래 일하며 느끼게 된 건데요. 크리에이티브적인 소양을 기르는 것도 중요하지만, 결국엔 능력 있는 동료들이 나와 함께 일하려면 일뿐 아니라 인간적 관계에서의 공명이 필요하다는 걸 알았어요. 그리고 한번 그 주파수를 맞춰두면, 리더를 굉장히 신뢰하게 됩니다. 이 사람이 나를 이해하고 있구나 '안전감(psychological safety)'을 느끼죠. 관리자로 일할 때 이 부분이 강점이 됐어요.

Q. 수많은 후배 PD들을 봐오셨을 텐데요. 크게 성장하는 사람들은 무엇이 달랐는지요?

100%라고 할 수는 없지만, 디테일을 잘 챙기는 꼼꼼한 성향들이 많았어요. 또 태도적인 면에서 올바른 관점을 갖고 있었고요. 방송윤리뿐 아니라 사람을 대하는 시선 자체가 따뜻한 사람들이랄까요. 그러면 앞서 말씀드린 것처럼 같이 일하는 팀도 안정감을 느껴서 더 시너지가 잘 나게 돼요. '응답하라'나 '슬의생' 시리즈도 이제 종영한 지 오래됐지만, 다들 어제 프로그램이 끝난 것처럼 여전히 끈끈하죠.

에그이즈커밍이 현재까지 가진 정체성도 결국엔 '사람 냄새'예요. 한국어로 하면 "계란이 왔어요"잖아요? 계란말이 반찬을 싫어하는 사람이 없는 것처럼 누구나 편안하고 부담스럽지 않게 즐길 수 있는 콘텐츠를 만들고 싶다는 것. 결국엔 콘텐츠와 사람이 하나의 맥락으로 다 연결되네요.

5년 후에 회사 망할 수도 있어, 그럼 나는?

Q. 1996년에 KBS 공채로 입사한 후 28년째 일하고 계십니다. 이렇게 오래 일할 거라 예상하셨나요?

전혀 몰랐습니다. 국장이니 본부장이니 대표이사니, 이런 게 될 줄도 몰랐어요

(웃음). 어떻게 이렇게 오래 일했나, 생각해보면 저에게 가장 두려운 시청자는 결국 동료였어요. 방송 나가기 전에 내부에서 시사회를 하거든요. 그 반응이 가장 두렵죠. 두 번째 허들은 예전에 있던 '웃음 더빙'이었어요. 웃음소리를 녹음하는 건데요. 듣다 보면 이게 진짜 웃음인지, 아니면 소리만 내는 건지 단박에 알아요. 진짜 웃음소리가 아니면 애가 타는 거죠(웃음). 승부욕이나, 자존심이라고 얘기할 수도 있을 텐데요. 그 축이 저를 지금까지 이끈 것 같아요.

Q. 롱런의 비결이 궁금합니다.

후배들에게도 분기나 반기마다 5년 후 모습을 그려보라고 얘기해요. 요즘 업계 속도로는 3년 후로 바꿔야겠네요. 시장에서 나는 어떤 모습으로 일할지 정체성을 만들고, 거기에 대해 준비하라고요. 월례회의에서든 술자리에서든, 5년 후엔 PD라는 직업의 정체성도 많이 바뀔 수 있다고 거듭 강조했어요. "지금 우리는 tvN이라는 조직 내에서 열심히 일하고 있다. 또 나는 이 조직을 담당하고 있다. 하지만 5년 뒤엔 지금 이 공간이 아닌 새로운 영역에서 함께할 수 있는 준비와 상상을 하자"라고 종종 얘기하곤 했습니다.

Q. 새로운 흐름이나 방향을 캐치하기 위해 노력하시는 부분이 있나요?

업계 한복판에 있다 보니까 자연스레 캐치하게 되는 것도 물론 있어요. 중요한 건, 전문성에 깊이를 더하는 개인의 노력이에요. 내 본업 외 음악, 미술, 문학 등 한 분야에 대한 깊이 있는 사유와 관점이요. 젊었을 때 시작해서 10년간 꾸준히 하면 전문가로서의 깊이는 얼마든 가질 수 있다고 보거든요. 콘텐츠 업계는 이 업을 정말 좋아해서 온 사람이 많아요. 좋아하는 일을 하면서 소진되지 않으려면, 의도적으로 본인만의 것을 채워야 해요. 그래야 지치지 않거든요.

황은주 에디터 hwang.eunjoo@joongang.co.kr

참고문헌

건강 프로 휴먼 다큐 넘쳐 난 종편 10년의 그늘, 미디어오늘, 2021.12.1.(http://www.mediatoday.co.kr)

구현모(2022). 기획형 유튜브 예능의 등장과 콘텐츠 지형 변화. 〈BROADCASTING TREND & INSIGHT〉 31호, 한국콘텐츠진흥원, 35-39.

김수정(2018). 『문화연구의 렌즈로 대중문화를 읽다』. 한국방송학회 엮음. 컬처룩.

노의현(2016). '먹방'의 욕망에서 '쿡방'의 욕망으로. 〈문화과학〉, 86, 356-376.

반옥숙(2023). 넷플릭스 이후, K-콘텐츠 도약을 위한 과제, 〈코카포커스〉, 155호, 1-16.

서병기(2022). 한국 예능만의 힘, 글로벌 경쟁력이 되다. 〈BROADCASTING TREND & INSIGHT〉 31호, 한국콘텐츠진흥원, 11-16.

안순태 · 임유진 · 이하나(2020). 국내 먹방(먹는 방송, Mukbang) 콘텐츠 특성에 관한 연구: 지상파와 온라인 먹방 프로그램의 비교를 중심으로. 〈한국방송학보〉 34(4), 39-79.

이유진 · 유세경(2016). 한국 예능프로그램 포맷 수출 활성화 방안 연구: 글로벌 예능프로그램 포맷 특성과의 비교분석을 중심으로. 〈한국콘텐츠학회 논문지〉, 16(12), 160-169.

정길화 외(2022). 『오징어 게임과 콘텐츠 혁명』, 인물과 사상사.

주제연(2023). 유튜브 채널 예능프로그램에 나타난 숏폼 콘텐츠 스토리텔링 연구: TV 예능프로그램과의 스토리텔링 비교분석을 중심으로. 〈산업융합연구〉, 21(8), 13-21.

한국방송학회(2018). 『문화연구의 렌즈로 대중문화를 읽다』, 컬처룩.

황진미(2016). 가짜 전문가 양산하는 방송의 비밀, 〈월간 참여사회〉 2016, 11월호(통권 240호), 8-10.

홍석경 · 박소정(2016). 미디어 문화 속 먹방과 헤게모니 과정. 〈언론과 사회〉, 24(1), 105-150.

코로나19 이후 글로벌 방송시장의 TV 프로그램 포맷 트렌드(2021). 〈Media Issues & Trend〉, 45호, 44-54.

제6장

방송수용자

수용자란 커뮤니케이션 과정에서 송신자가 보내오는 메시지를 해석하는 과정을 통해서 자신이 설정한 목적을 달성하고자 하는 사람들을 말한다. 전통적으로 방송 시청자는 수동적 수용자로서의 역할이 강조되어왔다. 그렇지만 현재의 미디어 환경은 케이블 방송, 위성방송, 인터넷 등으로 확장되면서 단순하고 수동적인 방송의 수용자를 보다 능동적 수용자로 변화시키고 있다.

　미디어에 대한 시청자의 다양한 참여를 의미하는 퍼블릭 액세스도 중요한 위치를 차지하게 되었다. 단 하루도 미디어를 접하지 않는 생활을 상상할 수 없을 만큼 미디어가 우리 생활의 일부를 차지한 지 오래된 상황에서 수용자 스스로가 미디어를 적극적으로 활용하는 시점이 된 것이다. 미디어는 소수를 위해 여론을 형성하는 일방적 도구가 아니다. 이제 미디어는 사회적 약자는 물론이고 일반 시민까지 미디어에 접근해 자기 생각을 표현하고 공유하는 쌍방향 커뮤니케이션이 가능한 새로운 의미의 공론장이 된 것이다.

　이처럼 미디어의 발전은 수용자 특성의 변화를 일으키고 있다. 더 이상 일방적인 송신자도 일방적인 수용자도 없는 것이다. 이 장에서는 기존의 미디어 수용자의 개념을 바탕으로 다매체 시대에서 수용자가 어떻게 변화하고 있고, 방송에서의 대표적인 수용자 권익 보호 장치는 무엇이 있는지에 대해 살펴본다. 마지막으로 방송프로그램이 수용자에게 미치는 반응과 영향을 조사할 수 있는 양적, 질적 방법에 대해서도 살펴볼 것이다.

1. 수용자 상의 변화

고전적인 수용자의 개념은 18세기경 유럽에서 전문적인 음악을 듣는 자리의 형성으로 연주회를 듣는 청중에서 출발했다고 볼 수 있다. 원래 연극이나 음악과 같은 공연예술에서 나온 말로 청중이나 관중의 의미를 가진다. 여기에는 음악 연주(궁중이나 귀족)나 마을 축제, 교회 예배, 무도회에 참여하는 대상을 포함한다. 그 후 인쇄술의 보급으로 혼자서도 독서행위를 하는 불특정 다수, 즉 독자라는 공중의 개념이 생겨나고 신문과 잡지의 보급으로 수용자들의 지역성이 없어지고, 유사한 관심을 가진 독자로서의 공중은 공간은 물론이고, 시간의 제약을 받지 않고 존재할 수 있게 되었다. 매스커뮤니케이션에서 수용자는 매스미디어의 내용에 노출되거나 그것을 이용하는 독자, 시청자, 청취자 등의 집합적 개념이다(McQuail, 1999).[1]

수용자라는 용어는 '미디어 수용자'의 한계를 넘어 커뮤니케이션을 구성하는 하나의 중요한 요소인 '수신자'를 지칭하는 집합적 용어로 사용되어 왔다. '수용자'는 미디어와 관련해서 미디어 채널에 따라 혹은 내용이나 공연 형태에 따라 독자, 시청자, 청취자를 가리키는 '미디어 수용자'일 뿐 아니라 인간의 커뮤니케이션 과정에서 송신자가 전달하는 메시지를 받는 수신자, 혹은 텍스트를 능동적으로 이용하고 해독하는 인간 커뮤니케이션의 담당자, 즉 주체를 가리키는 용어가 되었다.

일반적으로 수용자는 매스컴을 받아들이는 사람, 수신자 즉 미디어가 대상으로 하는 익명의 개인이나 집단을 말한다. 이를 매체별로 적용하면 신문이나

---

1 McQuail, D.(1997). Audience analysis, Beverly Hills, CA: Sage, 박창희 역(1999). 『수용자분석』. 커뮤니케이션북스.

잡지와 같은 인쇄 매체의 수용자는 독자, 연극이나 영화에서는 관객, 라디오방송의 경우는 청취자, 텔레비전방송은 시청자라고 부르고, 나아가서 이를 아울러서 이용자라는 단어도 있다(방송문화진흥회, 1997).[2] 특히 이용자 개념은 유료방송의 증가와 쌍방향적 미디어의 출현으로 매체를 적극적이고 능동적으로 이용하고, 비용을 지불하더라도 본인의 필요와 욕구에 의해 채널이나 프로그램을 이용하는 적극적인 수용자를 포함하는 단어로 볼 수 있다.

최근 방송환경은 약 반세기 동안 지상파방송이 미디어 시장의 헤게모니(hegemony)를 누렸던 위상에서 케이블과 위성방송을 비롯하여 IPTV 그리고 다양한 OTT(over-the-top) 서비스에 이르기까지 다매체, 다채널의 무한경쟁 시대에 진입하게 되었다.

하지만 이러한 기술적, 산업적인 발전으로 나타나는 다양한 매체와 채널들의 출현이 수용자를 위한 공공서비스나 보편적 서비스를 무한정으로 제공하는 것은 아니다. 뉴미디어의 유료방송서비스 확대는 방송의 공익 개념뿐만 아니라 보편적 서비스의 상대적 약화를 초래하고 있으며, 또한 유료서비스 이용에 따른 수용자의 비용부담이 점점 늘어나면서 경제적, 지역적 차이에 따라 수용자에 대한 권리와 혜택의 격차도 증대되고 있다. 즉, 경쟁 시장에서 상업주의의 심화로 디지털 격차(digital divide)의 확대가 심화하면서(정두남, 2006),[3] 향후 수용자를 위한 방송의 보편적 서비스, 나아가서는 퍼블릭 액세스(public access)를 보장할 수 있는 제도적 장치나 정책적 환경이 마련되지 않는다면 수용자 복지는 더욱 위축될 수밖에 없는 상황에 처하게 될 것이다.

---

2   방송문화진흥회 편(1997). 『방송문화사전』. 한울, 250쪽.

3   정두남 (2006). 방통융합시대 KOBACO 체제 공적 기능 강화방안 연구, 한국방송광고공사 연구 보고서, 제26권.

그뿐만 아니라 방송환경의 변화는 새로운 소외계층을 양산하고 있다. 즉, 경제적, 교육적 및 물리적 제한으로 인해 급속한 디지털기술의 발전을 따라가지 못하고 새로운 융합 환경에 적응하지 못하는 방송 소외계층이 점차 확산하고 있다. 사회의 고령화 현상, 다문화가정의 증대, 이주노동자의 증가, 장애인의 확산 등은 이러한 방송 소외계층의 대상과 범위를 더욱 폭넓게 정의할 것을 요구하고 있고, 이들의 권리를 보호하고 권익을 증진하기 위한 국가의 역할도 증가하고 있다.

채널과 매체의 희소성이 극복되는 방송과 통신의 융합시대에는 국제적 시장 경쟁이 더욱 치열해질 것이고 그에 따라 국가에 의한 공익성의 강제는 더욱 어려울 것이 예상되기 때문에 방송 소외계층을 위한 퍼블릭 액세스권(시청자 접근권)의 보장은 더욱 중요하다. 즉, 방송과 통신의 융합 환경에서 쌍방향적인 경로를 활용하여 수용자들의 미디어에 대한 참여를 확대해야 한다. 21세기의 변화된 방송환경은 시청자 주권 강화를 통한 시청자 권익 보호를 요청하고 있으며 이러한 시대적 요구는 향후 더욱 강화될 전망이다. 이러한 시대적 요청을 가장 잘 반영하고 있는 개념이 퍼블릭 액세스이다. 퍼블릭 액세스란 일반인이 직접 기획 · 제작한 영상물을 그대로 방영하는 것을 의미한다.

따라서 방송통신융합시대에도 수용자의 공익성 확보를 위한 보편적 서비스나 표현의 자유를 위한 퍼블릭 액세스권은 더욱 확대되어야만 하는 것이 중요한 정책적 과제다. 최소한의 전파자원을 이용하여 사회적으로 막대한 영향력을 행사하는 방송서비스, 특히 주류 미디어가 특정인이나 집단의 사익에 치우치지 아니하고 일반 수용자뿐 아니라 소외계층을 위해 이익을 대변하는 서비스로 존립해야 한다는 것은 민주주의 미디어의 원칙이다. 하지만 이러한 보편적 서비스를 구현하는 주 임무를 실행하는 방송이 복잡한 시장 경쟁 속에서 임무를 제

대로 실천하지 못하고 있다는 비난을 피할 수 없는 상황이다(박창희, 2006).[4]

기존의 미디어가 동일한 메시지를 다수의 수용자에게 전달하는 커뮤니케이션 형태로 소극적이고 수동적인 수용자를 만들어낸 반면, 미디어가 디지털화되면서 지금까지와는 달리 능동적이고 적극적인 수용자로 변화하고 있다. 따라서 수용자의 선택권은 날로 늘어가고 있으며 기존의 방송이 제공하던 획일적인 서비스 수용에서 벗어나 채널에 대한 선택뿐 아니라 제작 능력만 있다면 원하는 매체에 제작물을 제공할 기회가 증가하고 있다. 즉, 디지털로 인한 변화들은 기술적인 발달로 기존의 미디어보다 고차원적이며 통합적인 서비스를 제공할 수 있는 환경을 보완함으로써 일상의 커뮤니케이션에도 많은 변화를 일으키고 있다. 개인 간의 쌍방향 커뮤니케이션과 대중과의 매스커뮤니케이션을 하나의 네트워크로 통합하는 추세에 따라 수용자는 능동적이고 정보 추구적인 수용자로 개념이 바뀌고 상호작용적(interactivity) 기능을 이용하여 정보의 생산과 소비에 직접 참여할 수 있는 적극적인 생비자(prosumer)로서의 역할을 하게 된 것이다(홍종배, 2009).[5]

2. 수용자의 법적 지위

퍼블릭 액세스 프로그램 혹은 채널로 통용되는 시청자 참여프로그램은 케이블TV 액세스 채널, 지상파방송의 특정 시간대에 편성되는 시청자 참여프로그램과 커뮤니티 TV 등을 포함하며 주류 미디어에 대한 대안 언론 혹은 대안 문화 차원에서 논의되어 오고 있다. 시청자 참여프로그램의 이론적 근거는 미디

---

4   박창희 (2006). 디지털 시대 방송의 공익성 확보방안, 디지털 뉴미디어 포럼 세미나.

5   홍종배(2009). 시청자 참여프로그램 지원 사업 발전방안 연구. 방송통신위원회 보고서.

어 액세스권(방송 액세스권)과 시청자 주권 개념에서 찾아볼 수 있다. 미디어 액세스권은 대중매체로부터 소외된 공중들이 특정 이슈나 문제 및 사항 등에 대해 자신들의 생각과 의견을 표명하기 위한 방편으로 미디어에 시간이나 지면을 요구하여 이용할 수 있는 권리를 의미한다. 시청자 참여프로그램은 미국, 캐나다 등의 경우 일찍이 정착되어 일반화되었다.

일반 시청자들의 '표현의 자유'를 보장하는 권리인 미디어 액세스권(right of access to the mass media)은 첫째, 미디어에 접근하여 이용할 수 있는 접근이용권, 둘째, 자신의 의사 표현을 위해 이용할 수 있는 광의의 액세스권, 셋째, 자신과 관계있는 보도에 대한 반론 또는 해명을 위한 반론권, 넷째, 미디어 측의 부담으로 수용자가 지면이나 방송 시간을 이용하여 자신의 의견이나 작품 등을 나타낼 수 있는 권리 등 네 가지로 구분할 수 있다(조연하, 이영주, 배진아, 2007).[6] 또한, 미디어접근권의 유형은 ① 소유권 다양화와 관련한 소유권 액세스, ② 프로그램 전송업자(방송사업자) 규제에 관한 제작자 액세스(선거 또는 정치적 사안에 대한 형평성 보장, 반론 기회 제공, 의무전송 채널 송신, 주시청 시간대 다양성 보장, 소수인종 또는 집단 배려 원칙), ③ 공정성과 형평성 원칙과 관련된 공중통신 임대 액세스, ④ 선착순(First Come, First Served) 원칙에 바탕을 둔 퍼블릭 액세스로 나눌 수 있다(최영묵, 2005).[7]

이러한 시청자 참여프로그램 관련 권리와 유형은 시청자 주권 개념으로부터 파생되었다. 시청자 주권은 방송의 속성상 수동적이기 쉬운 시청자의 의식을 깨우기 위해 고안된 개념이라 할 수 있다. 시청자 주권은 접근할 수 있는 정보

6   조연하, 이영주, 배진아(2007). 시청자 단체활동 지원 사업의 시청자 권익 보호 정책으로서의 타당성 연구. 한국방송학보 25-1. 204-239.

7   최영묵(2005). 『시민 미디어론』, 서울: 아르케.

원으로부터 방해받지 않고 '듣고, 읽고, 보고, 받을 수 있는 권리'인 시민의 알권리(right to know)를 바탕으로 한 것으로 명예훼손, 프라이버시 침해, 저작권 침해가 발생할 경우, 개인적 권리와 충돌할 수 있는 측면이 존재한다. 시청자 주권은 명확한 법적 근거가 없고, 국내에서는 1990년대 이후 시민운동 활성화를 통해 그 의미가 형성되기 시작했다. 시민단체들은 일반 시청자들이 방송의 주인임을 다음과 같은 네 가지 근거를 통해 제시하고 있다. 첫째, 시청자가 공공재인 전파의 실질적 소유자(방송주권자)이다. 둘째, 방송내용의 소비자로서 소비자 보호법에 의한 소비자(소비자 주권론과 다른 개념 – 단순 상품 소비자가 아니라 방송의 수용자)이다. 셋째, 시청자가 방송사 재원(수신료 · 광고료)의 실질적 납부자(방송운영주체)이다(김은규, 2003).[8]

'공중접근 채널'이라는 뜻의 퍼블릭 액세스는 시청자가 직접 제작한 영상물을 방송국에 의뢰하면 검열도, 대가도 없이 그대로 상영하는 것을 의미한다. 퍼블릭 액세스는 우리나라에서 시청자 참여프로그램 · 옴부즈맨 프로그램 · 시청자 제작 방송프로그램 등 여러 용어로 불리고 있다. 그러나 이들 용어 가운데 어느 한 가지만 가지고는 퍼블릭 액세스의 모든 의미를 담을 수 없다. 퍼블릭 액세스는 일반인, 즉 시청자가 직접 기획 · 제작한 자체 프로그램, 시청자가 방송사의 프로그램 제작에 참여해 시청자의 의견 또는 주장이 담긴 프로그램, 시청자 평가 프로그램 등을 모두 포괄하기 때문이다. 우리나라의 경우 현행법상 시청자 참여프로그램이란 방송제작을 업으로 하지 않는 자연인 및 비영리민간단체가 자체적으로 직접 프로그램을 제작하여 방송법 제9조에 따라 허가받은 방송사업자를 통해 방송된 프로그램을 의미한다. 이미 독일, 미국, 남아프리카

---

8 김은규 (2003). 『미디어와 시민참여. 시민 미디어론』. 서울: 커뮤니케이션북스.

공화국 등에서는 '개방 채널' 또는 '공동체 TV' 등의 명칭으로 퍼블릭 액세스 프로그램이 활성화되어 있다.

퍼블릭 액세스 프로그램은 시청자들이 직접 6mm 디지털카메라나 8mm VHS 카메라로 제작한 프로그램을 지상파, 케이블TV, 위성방송 등 방송 매체를 통해 방영한다는 점에서 그동안 KBS, MBC, SBS 등 지상파방송사들이 제작해 온 시청자평가 프로그램(옴부즈맨 프로그램)과는 성격을 달리한다. 퍼블릭 액세스 프로그램은 미디어 제작과정에 시청자가 직접 참여하는 대중운동의 한 모습으로 선진국에서 흔히 볼 수 있으며 수용자 주권의 실현과 미디어 운동을 통한 민주주의를 실현하는 중요한 수단으로 활용된다.

퍼블릭 액세스의 초기 주창자들은 비판적 인식과 사회적 행동을 확장하는 하나의 방편으로서 시민의 독자적인 미디어 활용이라는 영역에 주목한 것이다. 말하자면, TV 프로그램의 제작 활동을 배우는 것은 가장 효과적인 미디어 교육의 과정이었으며, 제작과 해독의 기술을 대중적으로 공유하는 과정은 궁극적으로 미디어를 탈신화할 수 있을 것으로 여겨졌다. 캐나다에서 시작된 이러한 아이디어는 미국보다 전국적이고 조직적인 형태로 표현되었다. 흔히 PEG 액세스(public, educational and governmental)로 불리는 미국의 퍼블릭 액세스의 기본 개념은 그리 복잡하지 않다. 케이블방송은 지역사회를 대상으로 하는 사업이며, 공적인 공간을 활용해서 케이블을 설치하는 것이 기본 전제다. 따라서 특정 지역에서 사업을 하고자 하는 케이블방송사업자는 사업허가권을 얻는 대가로 그 지역사회의 자치단체에 일정한 사업 허가료를 내게 되고, 지역사회에 대한 봉사의 의무를 지게 된다. 그 결과 지역 시민들은 케이블방송 회사, 그리고 지방자치단체에 대해 다음과 같은 사항을 요구하게 된다.

첫째, 특정 채널을 서비스 가입자가 만든 영상물을 방송할 수 있도록 개방한다. 둘째, 그러한 창작 활동을 보장하기 위해서 각 방송국은 시민들이 활용할 수 있는 일정량의 기재를 반드시 확보해서 소정의 절차를 거쳐서 자유롭게 사용할 수 있도록 한다. 셋째, 그러한 기재를 쉽게 사용하고, 나아가 영상적인 표현을 해낼 수 있도록 일정한 교육 기간을 설정하여 창작에 필요한 최소한의 교육프로그램을 진행하도록 한다. 이러한 세 가지 내용은 그 활동에 있어서 다양한 편차를 보이는 미국 전역의 퍼블릭 액세스 활동에 공통으로 관철되는 보편적인 사항이다(구종상, 이준호, 유승관, 2007).[9]

퍼블릭 액세스 채널이란 케이블 TV의 채널 중 시청자 개인이나 각급 시민 단체가 직접 제작한 프로그램을 내용에 대한 제한 없이 내보내는 공익적 채널을 의미한다. 독일 등 유럽 국가에서 주로 쓰이고 있는 개방 채널이나 호주나 라틴아메리카에서 주로 등장하고 있는 공동체 TV도 동일한 개념의 연장이다. 퍼블릭 액세스 채널은 미디어 액세스권에서 근거하는 것이다. 액세스권을 표현의 자유와 관련하여 해석해보면, 채널의 배타적 이용권을 허가 받은 방송사업자에게뿐만 아니라 대중에게도 방송접근권을 인정해야 한다는 측면이 부각된다. 요컨대 소수계층의 사람들이나 일반인들도 텔레비전이나 라디오방송을 이용해 자유롭게 의견을 표명할 수 있어야 한다는 것이다.

다른 면에서 액세스권은 시청자 권리의 연장으로 이해할 수 있다. 시청자가 방송에 참여하는 방법은 크게 보아 정책 형성 및 경영과정에 참여하는 것과 방송프로그램 제작에 참여하는 방법이 있을 수 있다. 프로그램 제작에의 참여는 다시 직접 참여와 간접 참여로 나눌 수 있다. 직접 참여란 퍼블릭 액세스유형의 프로그램 제작과정에 참여하여 자율적으로 의사를 개진하는 것 등을 의미한다.

---

9 구종상 · 이준호 · 유승관 (2007). 『퍼블릭 액세스와 한국의 시민참여방송』. 커뮤니케이션북스.

반면에 간접 참여란 방송프로그램에 대한 정보제공자, 협조자 혹은 비판자로서 다양한 방식으로 견해를 표출하는 것을 의미한다. 지상파에 정착된 옴부즈맨 프로그램이 전형적이다. 국제방송협회(BIC)에서는 방송 액세스와 방송 참여의 차이를 다음과 같이 제안하고 있다. 액세스란 "당신이 제안하고 당신이 통제하며 당신 스스로 시스템을 이용하는 것(You apply, you control, you make use of system)"이다. 반면 방송 참여란 "그들이 초대하고 그들이 통제하며 그 시스템이 당신을 이용하는 것(They invite, they control, the system make use of you)"이다(BIC, 2009).[10]

시청자 권리는 바로 시청자 주권과 직결된다. 주권은 국가의 의사를 최종적으로 결정하는 최고 권력을 뜻한다. 민주주의 국가는 주권이 국민에게서 나온다는 국민주권을 채택하고 있다. 이 개념이 방송에 적용된 것이 바로 시청자 주권이다. 방송의 주인은 시청자라는 것이다. 시청자는 TV 방송을 보는 사람으로, 어린이부터 노년층까지 불특정 다수를 일컫는다. 시청자 주권은 방송에 참여해 자신의 견해를 펴는 '방송접근권'과 방송을 통해 유용한 정보를 얻는 '정보 접근권', 방송에 의한 사생활 침해 또는 명예훼손에서 구제받을 권리의 보장으로 실현된다. 법에 규정된 권리가 아니라 사회적 합의에 따라 암묵적으로 주어진 권리다. 2000년 발효된 통합방송법은 제정 목적이나 시청자 권익 보호 규정을 통해 이 권리를 간접적으로 뒷받침하고 있다.

방송에서의 시청자 주권은 다양한 형태로 나타나는 시청자 참여를 통해 확보될 수 있다. 최근 들어 각종 쇼나 오락 프로그램에 시청자의 직·간접적 참여가 많이 늘어나고 있다. 이러한 프로그램들은 한마디로 '참여형'이라 할 수 있

---

10   BIC(2009), ⟨www.dti.gov.uk⟩

다. 진정한 참여프로그램이라기보다는 시청자를 '이용'하는 프로그램이기 때문이다. 즉, '참여형'은 시청자가 방송 제작과정에 참여하여 실질적 권리를 행사하는 것이라기보다는 아이디어나 체험담을 제공하는 방식 혹은 인터뷰나 취재의 대상이 되는 제한적 형태를 벗어나지 못하는 것을 의미한다. 이에 비해 시청자 참여프로그램은 직접 영상제작을 통해 자신들을 표현할 수 있으므로 시민들이 방송 출연을 통해 발표할 기회를 얻는 것보다 훨씬 더 적극적인 참여이다.

시청자 주권은 우선 방송의 정보 전달 매개체인 전파의 특수한 성격에서 찾을 수 있다. 신문사는 자신이 소유한 제지에 인쇄하는 방식으로 대중에게 정보를 전달한다. 반면 방송사는 공공자산(공공재)인 전파에 정보를 실어 시청자에게 보낸다. 전파가 공공재 성격을 띠는 것은 전파의 희소성에서 연유한다. 전파가 희소성을 가지는 것은 사용할 수 있는 전파는 한정돼 있지만, 이를 사용하려는 사람이 많기 때문이다.

방송사는 전파 소유권을 갖는 게 아니라 이용할 권리를 위임받아 일정 기간 동안 국민을 위해 활용한다. 따라서 방송사는 일정 기간이 지나면 별도 심사를 거쳐 전파 재허가 승인을 받아야 한다. 전파 희소성은 시청자 주권의 근거이지만, 방송이 공공성 · 공익성을 추구해야 하는 이유이기도 하다. 이런 맥락에서 정부나 방송통신위원회는 방송을 규제 · 심의한다.

우리나라의 시청자 주권 운동은 독재 권력과 밀착된 방송을 감시 · 비판하기 위한 시민운동에서 비롯된 경향이 큰데 1986년 KBS 시청료 거부 운동이 바로 그 좋은 예이다. 또한, 1993년 시민단체가 주도한 'TV 끄기 운동'의 경우 방송의 지나친 상업화를 막고 저질 프로그램을 추방하기 위해 추진된 범국민적 시민운동이라 하겠다. 통합방송법에는 시청자 주권을 보장하기 위한 다양한 장치가 마련됐다. 시청자는 방송사 시청자위원회나 시청자 참여프로그램 등을 통해 의견을 적극 표현할 수 있다. 시청자가 TV 드라마 내용까지 바꾸기도 한다. 이는 드라마 '폐인'과 같은 신조어가 나올 정도로 능동적 시청자가 증가했다는 것을 보여준다(홍종배, 2009).[11]

3. 시청자 권익 보호 장치

현행 「방송법」 제3조는 "방송사업자는 시청자가 방송프로그램의 기획 · 편성 또는 제작에 관한 의사결정에 참여할 수 있도록 하여야 하고, 방송의 결과가 시청자의 이익에 합치하도록 하여야 한다"라고 명시하고 있다. 이에 따른 시청자 권익 보호 정책과 어린이와 청소년 보호 장치는 다음과 같다.

1) 시청자 권익 보호를 위한 정책

시청자위원회와 시청자 평가원, 시청자평가 프로그램, 시청자 참여프로그램 등은 시청자들이 방송에 접근할 수 있도록 마련된 장치다.

(1) 시청자위원회

현행법상 종합편성 또는 보도 전문편성을 행하는 사업자는 시청자의 권익을 보호하기 위하여 시청자위원회를 두어야 한다(「방송법」 제87조). 이에 따라 KBS, MBC, SBS 등 지상파방송과 JTBC, TV조선, 채널A, MBN의 종합편성채널, YTN, 연합뉴스TV 등 보도 전문채널은 시청자위원회를 구성해야 한다.

시청자위원회는 10명 이상 15명 이하로 구성되며 각계의 시청자를 대표할

---

11   홍종배(2009). 시청자 참여프로그램 지원 사업 발전방안 연구. 방송통신위원회 보고서.

수 있는 사람 중 방송통신위원회가 정하는 각 단체의 추천을 받아 위촉한다.

(2) 시청자평가 프로그램과 시청자 평가원

시청자위원회와 마찬가지로 종합편성 또는 보도 전문편성을 하는 방송사는 방송 운영과 방송프로그램에 대한 시청자의 의견을 수렴하여 주당 60분 이상의 시청자평가 프로그램을 편성해야 한다. 시청자평가 프로그램이란 일종의 옴부즈맨(ombudsman) 프로그램으로 시청자가 방송사에 보내는 비평이나 문제 제기, 의견 등을 중심으로 만들어지는 프로그램이다. 예를 들어 KBS의 〈TV 비평 시청자 데스크〉, MBC의 〈TV 속의 TV〉, SBS의 〈열린 TV, 시청자 세상〉 같은 프로그램들이다.

(3) 시청자 참여프로그램 편성과 제작 지원

시청자가 방송에 접근할 수 있는 방법의 하나는 시청자가 직접 제작한 프로그램을 방송할 수 있게 요구하는 것이 대표적이다. 「방송법」에서는 KBS의 경우 시청자가 직접 제작한 시청자 참여프로그램을 편성할 것을 의무화하고 있다. KBS는 매월 100분 이상 시청자 참여프로그램을 편성해야 하고, 시청자가 프로그램 제작과 관련하여 지원을 요청하는 경우 시설과 방송 장비를 지원해야 한다. 또한, 방송통신위원회는 방송발전기금을 통해 시청자 참여프로그램 제작을 지원해 준다.

KBS의 경우 〈열린 채널〉이 시청자 참여프로그램이다. 이외에도 종합유선방송사업자 및 위성방송의 경우도 시청자제작 프로그램의 방송을 요청받은 경우 방송편성의 제약이 없는 한도에서 최대한으로 방송할 수 있도록 노력해야 하며, 필요한 경우 편집이 가능하지만, 프로그램의 본질적 내용에 간섭할 수 없도록 하고 있다.

2) 어린이 청소년 보호를 위한 정책

「방송법」 제33조(심의규정)에서 "방송사업자는 아동과 청소년을 보호하기 위하여 방송프로그램의 폭력성 및 음란성 등의 유해 정도, 시청자의 연령 등을 고려하여 방송프로그램의 등급을 분류하고 이를 방송 중에 표시하여야 한다"라고 명시하고 있다. '방송프로그램 등급분류 및 표시 등에 관한 규칙'에 따르면 프로그램 등급은 5단계로 나누는데 '모든 연령 시청 가', '7세 이상 시청 가', '12세 이상 시청 가', '15세 이상 시청 가', '19세 이상 시청 가' 등이다. '19세 이상 시청 가' 등급에 해당하는 방송프로그램은 「청소년보호법」에 의거, 청소년 유해 매체물로 보고 방송 시간에 제약을 받는다.

등급 표시가 적용되는 프로그램은 애니메이션, 영화, 수입 드라마, 뮤직비디오, 국내 드라마다. 등급을 매기는 주체는 프로그램 제작자지만 시청자가 민원을 제기하거나 할 때는 방송통신심의위원회의 사후 심의를 통해 등급 변경, 주의, 경고, 권고 등의 처분을 받거나 과태료가 부과될 수 있다.

등급기호는 흰색 테두리와 노란색 바탕의 원형에 검은색 숫자로 해당 등급을 표시하되 화면의 왼쪽 또는 오른쪽 상단에 대각선의 1/20 이상 크기로 표시한다. 방송 시작과 동시에 30초 이상, 그리고 방송 중에는 10분마다 30초 이상 등급기호를 표시해야 하며, 프로그램에 대한 예고 방송 시에도 등급을 고지하거나 화면에 등급을 표시해야 한다(한진만 외, 2016).[12]

---

12   한진만 · 박은희 · 정인숙 · 주정민(2016). 『새로운 방송론』. 커뮤니케이션북스. 304-311.

4. 시청자 운동과 퍼블릭 액세스

퍼블릭 액세스는 "매스미디어로부터 소외된 공중이 자기의 의견을 표명하기 위해 매스미디어에 필요한 지면이나 시간을 요구하여 그것을 이용할 수 있게 하는 권리"라고 할 수 있다. 요컨대 수용자가 미디어 측의 부담으로 신문의 지면이나 방송의 시간을 요구하여 자유로이 의견이나 작품 등을 나타낼 수 있는 권리를 의미한다.

이렇듯 액세스권은 매스미디어가 점차 대규모화하고 발전하게 됨에 따라 소수의 자본가나 정치 권력에 장악됨으로써 일반 대중이 언론표현의 자유를 누리기 어렵게 된 상황에서 그들의 권리를 보장해 주기 위해 등장한 개념이라고 할 수 있다. 매스미디어가 거대화·독점화됨으로써 언론의 자유가 미디어를 소유하거나 지배하는 소수의 계층이나 집단의 자유로 전락하였기 때문에 일반 시민들의 언론자유를 보장하기 위해서는 액세스권을 인정해야 한다는 측면에서 제기한 것이다.

그러나 이러한 액세스권은 일정한 한계를 지니고 있다. 독점자본이 장악하고 있는 기존의 언론 구조를 불변의 현실로 용인하는 가운데 제한적인 작은 부분에서의 반론권 등 액세스권을 법률적 권리로 확보하자는 측면에 치우쳐 있기 때문이다. 이러한 액세스권에 대한 논의는 보다 적극적으로 발전될 수 있다. 거대 자본의 미디어로 하여금 약간의 지면이나 시간을 할애하도록 요구하여 보장받는 정도가 아니라 시민들이 직접 매체를 소유·운영함으로써 언론의 자유를 보다 풍부하게 누릴 수 있도록 하자는 것이다.

1) 퍼블릭 액세스의 법적 지위

퍼블릭 액세스 즉 시청자 참여프로그램은 시청자의 방송접근권 보장을 통한 시청자복지 향상 및 방송의 공익성·공공성 강화를 목적으로 방송법에 보장된 제도이다. 따라서 방송법은 퍼블릭 액세스권에 대한 보장을 다음과 같이 명문화하고 있다.

〈표 1〉 수용자와 시청자 참여(퍼블릭 액세스) 관련 법 조항

조항	내용
방송법 제3조 (시청자의 권익 보호)	방송사업자는 시청자가 방송프로그램의 기획·편성 또는 제작에 관한 의사결정에 참여할 수 있도록 하여야 하고, 방송의 결과가 시청자의 이익에 합치하도록 하여야 한다.
방송법 제38조 (기금의 용도)	4. 시청자가 직접 제작한 방송프로그램 5. 미디어 교육 및 시청자단체의 활동 8. 장애인 등 방송 소외계층의 방송접근을 위한 지원 11. 기타 방송의 공공성 제고와 방송발전에 필요하다고 위원회가 의결한 사업
방송법 제69조 (방송프로그램의 편성 등)	⑥한국방송공사는 대통령령이 정하는 바에 의하여 시청자가 직접 제작한 시청자 참여프로그램을 편성하여야 한다.
방송법시행령 제51조 (시청자 참여프로그램)	①법 제69조 제6항의 규정에 의하여 공사는 지상파 텔레비전방송사업의 허가를 받아 행하는 텔레비전방송의 채널에서 매월 100분 이상의 텔레비전방송프로그램을 시청자가 직접 제작한 시청자 참여프로그램으로 편성하여야 한다. ②한국방송공사는 시청자 참여프로그램의 편성기준을 정하고 이를 공표하여야 한다. ③시청자 참여프로그램의 운영, 제작 지원 및 방송권 등에 관하여 필요한 사항은 방송위원회 규칙이 정하는 바에 따른다.

조항	내용
방송법 시행에 관한 방송위원회 규칙 제13조 (시청자 참여프로그램)	①법 제69조 제6항의 규정에 의한 시청자가 직접 제작한 시청자 참여프로그램은 다음 각 호의 방송프로그램을 말한다. 1. 시청자가 직접 기획·제작한 방송프로그램 2. 시청자가 직접 기획하고 방송발전기금 등의 지원을 받아 제작한 방송프로그램 ②제51조 제3항의 규정에 의한 시청자 참여프로그램의 운영에 관한 사항은 한국방송공사의 시청자위원회에서 담당한다. ③한국방송공사의 시청자위원회는 필요하다고 인정하는 경우에는 한국방송공사에 시청자 참여프로그램의 제작에 소요된 제작비용의 일부에 대한 지원을 요청할 수 있다. 이 경우 한국방송공사는 제작비의 일부를 지원할 수 있다. ④시청자 참여프로그램의 방송을 요청받은 한국방송공사는 무상으로 시청자 참여프로그램을 방송한다. 다만, 방송된 시청자 참여프로그램의 저작권은 제작자에게 있다. ⑤방송위원회는 시청자 참여프로그램의 제작비 지원 등 제작의 활성화를 위한 시책을 수립·시행하여야 한다.
방송법 제70조 (채널의 구성과 운용)	⑦종합유선방송사업자 및 위성방송사업자는 위원회 규칙이 정하는 바에 의하여 시청자가 자체 제작한 방송프로그램의 방송을 요청하는 경우에는 특별한 사유가 없는 한 이를 지역 채널 또는 공공채널을 통하여 방송하여야 한다.
방송법 시행에 관한 방송위원회 규칙 제18조 (종합유선방송사업자 및 위성 방송사업자의 시청자제작 방송프로그램 방송)	①종합유선방송사업자 및 위성방송사업자가 법 제70조 제7항의 규정에 의하여 시청자제작방송프로그램의 방송을 요청받은 경우에는 방송기술 및 방송편성의 제약이 없는 한도에서 최대한으로 방송하여야 한다. ②종합유선방송사업자 및 위성방송사업자는 방송을 위하여 불가피한 경우에는 제작자와 협의하여 최소한의 범위에서 시청자제작방송프로그램을 편집할 수 있으나 방송프로그램의 본질적 내용을 훼손하여서는 아니 된다. ③종합유선방송사업자 및 위성방송사업자는 시청자제작방송프로그램의 내용이 법령에 위배되는 경우에는 시청자제작방송프로그램의 방송을 요청한 자에게 관련 내용의 수정을 요구할 수 있다. ④종합유선방송사업자 및 위성방송사업자는 시청자제작방송프로그램을 편성할 수 없는 경우에는 그 사유를 명시하여 서면으로 통보하여야 한다.

조항	내용
방송법 제108조 제1항에 의한 위반행위의 종류별 과태료의 부과기준	4. 법 제69조 제3항 내지 제6항의 규정을 위반하여 방송프로그램을 편성한 자 마. 법 제69조 제6항의 규정에 위반하여 대통령령이 정하는 바에 따라 시청자 참여프로그램을 편성하지 아니한 자(부과금액 500만 원) 7. 법 제70조 제7항의 규정에 위반하여 특별한 이유 없이 시청자가 자체 제작한 방송프로그램을 방송하지 아니한 자(부과금액 300만 원)

2) 퍼블릭 액세스의 유형

퍼블릭 액세스의 유형은 시민의 액세스 수준을 기준으로 시민참여유형을 다섯 가지로 분류할 수 있다.

(1) 소유구조 액세스

시민사회가 미디어의 소유구조와 운영에 직접 참여하는 유형을 말한다. 이 유형은 제도화된 형태를 보여주고 있으며, 각 국가의 사회문화적 전통과 밀접히 연관되어서 나타나고 있다.

(2) 채널 액세스

수많은 방송채널 중에서 시민들이 직접 제작한 프로그램만을 방영하는 독립채널을 확보하는 유형이다. 이 유형은 미디어 제도적 차원에서 액세스 채널을 보장하고 있는 경우와 공공단체 및 미디어 단체의 독자적 노력에 의해 기존 방송사업자의 특정 채널을 액세스 채널로 확보하는 두 가지 경우로 나누어진다.

(3) 프로그램 액세스

시민이 직접 제작한 프로그램을 공영방송이든 상업방송이든 기존 방송사의 방송편성에 반영하는 형태이다.

(4) 대안적 액세스

공영, 민영과 관계없이 기존의 방송구조하에서 제공되지 못하는 방송프로그램을 제공하는 대안적 제작, 편성구조를 갖는 방송을 말한다. 즉, 기존의 방송구조에서 관심을 두지 못하는 교육, 환경, 성적 소수자, 소수민족 등 소수자를 위한 대안 전문방송을 의미한다.

(5) 시민 저널리즘 액세스

기존의 저널리즘 관행과 달리 시민의 참여를 중심으로 하는 언론 보도 과정을 의미한다. 이 유형은 시민 저널리즘에 기반을 두어 시민의 공적 생활을 증진하기 위한 것으로, 지역 미디어 및 지역공동체와 연관되어 있다.

이처럼 퍼블릭 액세스는 시민의 참여수준에 따라 다섯 가지로 분류할 수 있으며 우리나라의 퍼블릭 액세스의 경우 프로그램 액세스유형이 가장 보편화되어 있다.

3) 해외의 퍼블릭 액세스

퍼블릭 액세스에서 TV에 퍼블릭 액세스 프로그램이 방영될 수 있는 통로는 크게 세 가지다. 공중파방송 시간을 일부 이용하거나 독자적인 케이블방송 운영, 또는 위성방송을 활용하는 것이다. 우리나라의 경우 공중파 방송과 케이블

채널에서 일부 퍼블릭 액세스 프로그램을 편성 운영하고 있으며, 과거에는 위성방송에서 RTV라는 이름으로 시민방송채널을 운영하기도 했다. 하지만 전세계적으로 인터넷의 급속한 발전과 보급으로 인해 더욱 접근이 용이한 인터넷과 퍼블릭 액세스가 결합하고 있는 추세이다.

퍼블릭 액세스 운동은 1960년대 말 캐나다의 NFB(National Film Board of Canada. 캐나다 영화진흥기구)가 '변화를 위한 도전(Challenge for Change)'이라는 프로그램을 제작하면서 일반 시민들을 참여시킨 것을 시초로 꼽는다. 미국의 경우 1972년 전미(全美) 가입자 순위에서 1백 위 안에 들고 가입 가구 수가 3천 5백 가구 이상인 케이블 TV는 적어도 1개의 채널을 퍼블릭 액세스 채널로 개방하도록 의무화했다. 케이블방송을 이용한 대표적인 퍼블릭 액세스 채널은 미국, 캐나다의 지역 채널(Community Channel), PEG(Public, Educational, Governmental) 채널, 독일의 개방 채널(Offener Kanal) 등이다. 제3 세계에선 남아프리카공화국의 공동체 TV가 유명하다.

〈표 2〉 각국의 퍼블릭 액세스유형 사례

구분	주요사례	비고
소유구조 액세스	네덜란드 : NOS 스웨덴 : SVT(TV), SR(라디오)	회원제에 기반을 둔 방송사 소유구조 다원화
채널 액세스 (사회 제도화)	미국 : access channel 독일 : offener kanal 호주 : community 방송	케이블 PEG 액세스 지역 TV 및 라디오 지역공동체 방송
채널 액세스 (공공단체)	미국 : Deep Dish TV 미국 : FSTV 네덜란드 : SALOT	위성네트워크 다원적 네트워크 케이블네트워크
프로그램 액세스	영국 : BBC 이탈리아 : RAI	일반 시민참여 노조, 정당, 사회단체 참여
시민 저널리즘 액세스	미국 : 600여 프로그램	시민참여 보도 진행

구분	주요사례	비고
대안적 액세스 (전문 대안방송)	쿠르드족 방송 : MED-TV 캐나다 : WETV	소수민족 방송 환경 전문 채널

출처: 김은규(2003). 『미디어와 시민참여. 시민 미디어론』. 서울: 커뮤니케이션북스. 59쪽.[13]

유럽에서는 84년 독일 루드비히스하펜에 첫 개방 채널이 설립된 이후 각국으로 확산되었는데 97년 11월엔 유럽 차원의 개방 채널 국제회의가 개최될 정도로 성장했다. 현재 해외의 퍼블릭 액세스는 각국 채널 간의 노하우 교환 등 조직적인 연대 활동도 활발하다. 남아메리카에서는 비디오운동연합, 공동체 TV 운동연합 등이 조직돼 정치 권력에 대항하는 등 '민중에게 카메라를 돌려주는' 미디어 운동이 전개되고 있다.

현재 퍼블릭 액세스 프로그램 방송은 케이블이나 지상파 중심에서 위성과 인터넷 매체로 확산된 상태이며 다각적인 네트워크 형태로 퍼블릭 액세스를 활성화하고 있다. 그 예로 영국은 비디오 네이션으로 전환하면서 인터넷을 통한 퍼블릭 액세스로 자리 잡았다. 그리고 미국의 액세스 채널의 경우 대부분 웹 스트리밍 서비스를 하고 있거나 아카이브를 구축하고 있다.

대표적인 예로 시애틀, 오하이오 등이 있으며 지역 밀착형 프로그램이 활성화되어 있다. 특히 캐나다는 환경 전문채널인 WETV와 자국의 환경 채널인 그린 채널, 노동자 전문 액세스 방송인 워킹 TV, 그리고 미국의 FSTV가 위성채널과 케이블 그리고 인터넷을 통해 퍼블릭 액세스를 조직적으로 증진시키고 있다는 점에서 매우 주목할 만하다.

---

13 김은규 (2003). 『미디어와 시민참여. 시민미디어론』. 서울: 커뮤니케이션북스. 59쪽.

5. 시청률 조사

프로그램 이용에 대한 시청자의 양적 반응을 계량적으로 측정하는 가장 대표적인 방법은 시청률 조사다. 시청자의 반응은 이와 같은 양적 시청률 조사방법과 개인별 시청감상이나 평가를 주관적으로 알아볼 수 있는 질적 방법이 있다.

1) 시청률 계산 방법

시청률(ratings)은 TV를 시청하는 가구를 대상으로 하느냐, 개인을 대상으로 하느냐에 따라 다르다. 우리나라의 경우 주로 가구 시청률을 많이 사용하는데, 개인 시청률보다는 가구 시청률의 수치가 조금 더 높다.

여기서 총 가구 시청률은 HUT(households using television)로 TV를 켜놓은 전체 가구 수를 의미한다.

○ **총 가구 시청률(HUT)= (TV 시청 가구 수/총 TV 보유 가구 수)×100**

HUT와는 달리 개인 시청률은 PUT(persons using television)을 말하는데, 텔레비전을 이용하는 개인을 대상으로 한 시청률이다. 따라서 TV를 보유한 가구의 총 인구 수 중에서 TV를 시청하는 개인들의 비율이다.

○ **총 개인 시청률(PUT)= (TV 시청 가구 수/TV를 보유한 가구의 전체 인구 수)×100**

HUT와 PUT가 전체 텔레비전 시청률을 측정한 결과라면 우리가 일반적으로 말하는 시청률은 TV를 보유한 전체 가구 혹은 인구 중에서 특정 시간에 특정 프로그램을 시청하는 가구 또는 개인의 수를 산출한 것이다.

○ **채널별 시청률: 가구(개인) 시청률= 〔특정 채널 시청 가구(인구) 수/총 TV 보유 가구(인구) 수〕×100**

시청 점유율(share)은 해당 시간에 TV를 시청하고 있는 가구(개인) 중에서 특정 채널을 시청하는 가구(개인)의 비율이다. 주로 시청 점유율은 TV를 시청하는 가구나 개인을 대상으로 다른 채널과 상대적인 우위 여부를 파악하는 개념이다.

○ **시청 점유율(share)= (특정 채널 시청 가구(인구) 수/TV 시청 가구(인구) 수)×100**

2) 시청률 측정 방법과 절차

시청률 조사는 전화, 서베이, 일기식 조사 등 다양한 방법이 활용되었다. 그러나 현재는 과학적인 측정을 위하여 개인 시청률과 실시간 측정이 가능한 피플미터(people meter) 방식을 주로 사용하고 있다. 우리나라에서 기계식 시청률 조사가 최초로 실시된 것은 1991년으로 한국갤럽과 미디어 서비스 코리아(MSK)에서 시작했다. 현재는 TNMS와 AG닐슨 미디어리서치 두 회사에서 시청률을 측정한다. 피플미터를 이용한 시청률 조사를 위해서는 다음과 같은 단계를 거치게 된다.

(1) 기초조사

시청률 자료는 조사 패널의 자료를 바탕으로 전체 시청자를 추정한 자료이므로 정확한 추정을 위해 주기적인 기초조사, 인구센서스를 활용해 모집단 특성을 파악한 후 이를 바탕으로 대표성을 보장하는 패널을 구성한다. 현재 제주도를 포함한 전국 16개 시도에 사는 약 3,200가구를 대상으로 패널을 구성하고 있다.

(2) 패널 영입

모집단 자료에 근거해 적합한 패널이 선정되면 무작위로 전화를 돌려 시청률 조사의 참여 방법을 설명하고 참여를 승낙한 가구에 피플미터를 설치하게 된다. 현재 최대 4년을 기준으로 패널을 교체하는데, 이는 조사에 응하는 성실성을 높이고 공정성을 높이기 위해서다.

(3) 패널 관리

선정된 패널 가구는 구성원 각자가 텔레비전을 시청할 때마다 피플미터 핸드셋에 자신의 번호를 입력하고 시청을 멈출 경우 핸드셋의 자기 번호를 눌러 끄게 되어 있다. 정확한 시청률은 패널 가구의 도움이 없이는 불가능하다. 비협조 가구가 발생할 경우 재교육을 하거나 패널을 중도에 교체하기도 한다. 조사 패널의 변경은 이사를 가거나 자발적으로 중단 의사를 밝히거나 가구의 변화가 생겨서 대표성에 문제가 생길 경우 발생하는데, 연간 패널 교체율은 평균 25~30% 정도라고 한다.

(4) 피플미터 설치

피플미터는 시청률 조사가 가능한 모든 채널을 측정한다. TV에 조사 기기를 부착하는데, 가구에 TV가 2대 이상 있을 경우 조사 기기와 핸드셋도 TV 대수만큼 설치하여 한 가구 내 모든 TV의 시청 정보가 저장된다. 패널의 시청 기록은 초 단위로 기록되며 시청률 조사는 일일 단위로 매일 진행된다. 이렇게 저장된 시청률 조사 결과는 각 회사로 전송되고, 매일 아침 방송사, 광고회사, 신문사 등에 보내진다.

3) 시청률의 활용

시청률은 첫째, 방송사의 프로그램 성과를 측정하는 자료로 사용된다. 특히 다른 방송사와 경쟁 관계에 있을 때 시청률은 편성의 중요한 자료로 활용된다. 시청률 조사를 통해 가구(개인)별 평균 시청 시간, 주시청시간대, 시간대별 시청자들의 시청 흐름, 프로그램에 대한 시청 정도, 중복 시청, 목표 시청자별 시청률, 광고 효율 등을 알아볼 수 있다. 둘째, TV 광고 가격을 결정하는 데 매우 중요한 자료다. 광고 시급이 시간대별로 정해져 있기는 하지만 시청률이 높을 경우 광고 가격을 달리해서 판매하기도 하므로 시청률 자료가 없이는 협상이 어렵게 된다. 이처럼 광고주에게 시청률은 효율적인 광고 전략을 실행하는 주된 근거가 된다. 셋째, 방송사나 광고주 외에도 방송정책 수립에 기초적인 자료로 활용된다. 시청률이 보여주는 다양한 정보를 통해 프로그램이나 채널 평가를 할 수 있고, 시청자 이용행태를 기반으로 장기적인 미디어 정책을 마련할 수 있다. 넷째, 신문이나 인터넷 등 미디어를 통해 보도되는 시청률은 제작진의 경우 프로그램 홍보를 위해 사용할 수 있고, 시청자는 프로그램에 대한 기본적인 정보로 이해하거나 시청을 위한 동기로 활용할 수도 있다(한진만 외, 2016).[14]

4) 질적 시청률 측정

시청률이 방송과 광고 산업의 발전에 도움을 줄 수 있지만, 단순 시청률에 따라 프로그램의 모든 생존 여부가 결정되거나 시청률 경쟁이 격화되는 상황을 초래하기도 한다. 즉 시청자의 방송프로그램에 대한 효용이나 가치, 만족도 등을 양적으로 계산한 시청률로만 판단해서는 부족하고, 문제점도 있다는 것이

---

14   한진만 · 박은희 · 정인숙 · 주정민(2016). 위의 책. 277-284.

다. 이러한 이유로 양적 측정 중심의 시청률에 의한 평가를 지양하고 공익성을 포함한 보다 다양한 요인을 반영하는 지수나 방법이 필요하다는 인식에서 나온 것이 질적 방법에 기반을 둔 프로그램 평가다.

대표적으로 방송통신위원회는 프로그램의 질적 평가제도를 도입해 현재 'KI 시청자 평가 지수 조사'를 매년 실시하고 있다. KI(Korea Broadcasting Index) 는 프로그램 평가와 채널 평가를 나누어서 프로그램에서는 만족도 평가와 질적 수준 평가를, 방송사 채널 평가의 경우 방송사에 대한 이미지 평가를 한다.

조사 대상 채널은 지상파 채널 전부와 종합편성채널이며 프로그램은 편성 된 모든 프로그램을 대상으로 하지만 대체로 보도, 드라마, 스포츠, 정보, 오락, 영화, 교육, 어린이 및 유아, 기타 등 9개의 프로그램 장르별 평가 결과를 발표 한다. 조사방법은 전국의 만 13세부터 69세의 남녀 2,400명을 5개 집단으로 나눠서 온라인을 통해 연중 조사하는 방법을 채택하고 있다. 프로그램 평가지 수는 11점 척도의 만족도 지수(SI: satisfaction index)와 품질 지수(QI: quality index)로 구성되는데, 최종 평가지수는 이 두 지수의 평균으로 산출한다.

방송채널 평가는 방송사의 이미지에 대한 평가로 7개 항목을 측정하는데, 흥미성(재미있다)/다양성(다양한 내용을 전달한다)/창의성(새롭거나 신선하 다)/신뢰성(믿을 수 있는 내용을 전달한다)/유익성(유익하다)/공정성(공정하 다)/공익성(공익을 추구한다)의 항목이 포함된다.

시청자 평가지수 조사는 시청자가 직접 실시하는 방송평가라는 점에서 의미 가 있다. KI 조사 결과는 시청자의 만족도와 품질 평가를 통해 궁극적으로 프 로그램의 질적 향상을 기하는 데 목적을 둔다. 특히 방송사 이미지에 대한 평가 는 시청률이 높다고 반드시 이미지가 좋아지는 것은 아니므로 방송사의 공정 성, 공익성, 신뢰성 등의 이미지가 장기적으로 개별 방송사에 대한 호의적인 시청으로 이어질 것이라는 점을 고려하여 프로그램과 방송사 이미지 제고를 위한 참고 자료로 활용된다.

이 밖에도 KI 조사가 직접 활용되는 예는 방송평가와 관련해서다. 방송통신위원회가 방송평가위원회를 구성하여 매년 방송평가를 하는 근거는 「방송법」 제31조에 따른 것이다. 「방송법」 제31조는 "방송통신위원회는 방송사업자의 방송프로그램 내용 및 편성과 운영 등에 관하여 종합적으로 평가할 수 있다"라고 규정하고 있다. 이에 따라 방송통신위원회는 방송 내용, 편성, 운영에 관한 세부 평가 기준을 정해 방송평가를 하고 있으며, 평가 결과를 방송사의 재허가 추천에 점수로 반영한다(유세경, 2006;[15] 한진만 외, 2016).[16]

5) 시청률 측정의 문제점 및 새로운 방안

시청률 측정과 활용에 대한 문제점은 크게 두 가지로 요약할 수 있다. 첫째, 양적인 시청률에 과도하게 의존하는 경우 제작자의 창의성 있는 콘텐츠 제작에 부정적인 영향을 줄 수 있다. 왜냐하면, 아무래도 더 많은 불특정 다수를 위한 콘텐츠를 제작 현장에서 추구하다 보면 창의적이고 실험적인 새로운 시도를 방해하고, 이미 검증된 포맷을 재생산하고 오락성과 선정성이 높은 콘텐츠 생산으로 이어지는 경우가 많기 때문이다. 또한, 최대 다수의 공약수를 넓히기 위해 신경을 쓰다 보니 소수자나 장애인, 노인층을 포함한 소외계층이나 공익성이 높은 질적으로 우수한 콘텐츠 제작에 영향을 줄 수 있다. 따라서 이러한 문제를 보완하기 위해 프로그램에 대한 질적 평가가 반드시 병행되어야 할 필요가 있

---

15 유세경(2006). 『방송학 원론』. 서울: 이화여자대학교 출판부.

16 한진만 · 박은희 · 정인숙 · 주정민(2016). 위의 책, 286쪽.

다. 둘째, 인터넷을 통한 프로그램 시청과 모바일 시청이 증가하고, 본 방송을 반드시 보지 않고 개인의 스케줄에 따라 시청하는 비선형적 시청과 다시 보기가 많아졌기 때문에 특정 시점에 가정용 TV를 대상으로 프로그램의 시청률을 측정하는 것은 한계가 많다.

이에 따라 방송통신위원회는 스마트폰, PC 등을 포함한 시범 통합시청점유율을 공개했다. 시범 산정 결과 현행 시청 점유율 대비 한국방송공사(KBS)의 감소 폭이 가장 컸고, CJ ENM이 가장 많이 증가한 것으로 나타났다. 방통위는 TV 방송채널을 운영하는 282개 방송사업자의 '2019년도 방송사업자 시청 점유율 산정 결과'를 발표했는데 시청 점유율이란 전체 TV 방송에 대한 시청자의 총 시청시간 중 특정 방송채널에 대한 시청시간이 차지하는 비율을 의미한다. 시청 점유율 산정 결과에 따르면 KBS(25.0%), CJ ENM(12.6%), MBC(11.0%) 순으로 높은 시청 점유율을 보였다.

특히 통합시청점유율 순위도 현행 시청 점유율 순위와 비슷한 흐름을 보였다. 다만 일부 사업자별로 시청 점유율이 증가하거나 감소해 차이를 나타냈다. 통합시청점유율 순위는 KBS, CJ ENM, MBC 등의 순서로 현행 시청 점유율과 같았다. 하지만 KBS가 통합 시청 점유율 22.5%를 나타내며 현행 시청 점유율과 비교했을 때 방송사업자 중 감소 폭이 가장 컸다. 증가 폭이 가장 큰 방송사는 CJ ENM으로 통합 시청 점유율 14.6%를 차지했다. 이외에도 MBC, SBS, JTBC, 채널A 등이 현행 시청 점유율 대비 통합시청점유율이 증가한 것으로 나타났다.

방송프로그램 소비 흐름이 TV에서 스마트폰, PC, 주문형 비디오(VOD) 등 N스크린으로 다양화하며 이를 종합적으로 담아낼 통합시청률 도입을 요구하는 목소리가 커지고 있다. 공개된 시범 산정 결과도 통합시청점유율 최종 도입을 위한 방통위 연구의 한 단계다. 방통위는 지난 2014년 통합시청점유율 민관

협의회를 구성해 운영하며 산정 기본원칙을 마련했다. 당시 결정된 원칙은 시청유형에 따른 가중치를 부여하지 않고, N스크린 시청 기록은 본방송 다음날부터 1주일간의 시청 기록으로 한정했다. 이번에 발표한 통합시청점유율도 이러한 원칙을 반영한 것이다(방통위, 통합시청률 첫 시범 공개···KBS 감소 폭 가장 커, 2020).[17]

현재 통합시청률 자료 없이는 동일 콘텐츠에 대한 국민 총 소비량을 알 수 없다. 광고주로서는 동일 콘텐츠에 대한 전체 소비를 알아야 각 구간별 즉 디바이스별, 플랫폼별, 실시간과 VOD 콘텐츠별 소비 점유율을 파악할 수 있고 그에 따른 효과적인 매체 기획을 할 수 있다. 통합시청률 조사 결과 없이는 실로 어떤 콘텐츠가 가장 소비력이 강한 콘텐츠인지, 또 최강의 콘텐츠인지 알 수 없다. 그 결과 앞으로 더 좋은 콘텐츠 기획 제작에도 장님이 코끼리 더듬는 식의 기획이 계속되어야 하고 이러한 정보 한계성으로 인해 마침내 콘텐츠 개발 시장에도 부정적 영향을 줄 수밖에 없다(민경숙, 2017).[18]

이러한 여러 가지 문제에 대한 복안으로 방송통신위원회는 방송콘텐츠 가치에 대한 시청률 중심의 평가 외에 콘텐츠 트렌드, 시청자 선호 등 질적 가치를 제시하여 제작, 편성, 광고, 수출 등을 지원하고자 2018년부터 방송콘텐츠에 대한 시청자 등의 인터넷 반응(게시글, 동영상 조회, 뉴스 기사 등)을 매주 조사하여 공개하고 있다.

17　https://www.newstomato.com/ReadNews.aspx?no=995172.
　　방통위, 통합시청률 첫 시범 공개···KBS 감소 폭 가장 커
　　N스크린 시청 기록 시범 산정···CJ ENM 가장 크게 증가. 2020.9.9. 뉴스토마토.

18　민경숙(2017). 통합시청률에 대한 혼돈과 이해. 반론보도닷컴. 2017.6.21.
　　http://www.banronbodo.com/news/articleView.html?idxno=2370

스마트기기 보급으로 기존 TV 시청률 중심의 콘텐츠 평가를 보완할 새로운 지표의 필요성이 대두되었고, 수동적인 '단순 시청 정보' 측정에서 나아가 능동적인 '반응정보' 측정도 필요하기 때문이다. 이러한 상황에서 방송통신위원회와 한국방송광고진흥공사는 신뢰할 수 있는 인터넷 반응지표를 개발하여 기존 TV 시청률의 한계를 보완하고, 업계에 필요한 기초자료를 제공하고자 RACOI (Response Analysis on Content of the Internet, 방송콘텐츠 인터넷 반응 조사) 시스템을 운영하고 있다. RACOI 데이터의 주요 특징은 첫째, 서로 다른 이해관계를 가진 산학연 전문가 연구반을 통해 지표를 개발하여 산업 차원의 거래지표가 가져야 할 공개적 특성이 있고, 둘째, 방송콘텐츠에 대한 인터넷 반응을 시청자 버즈/미디어 버즈로 분류하고, 시청자 버즈는 게시글/댓글/동영상 조회로, 미디어 버즈는 뉴스 기사/동영상으로 세분화하여 마이크로 데이터 형태로 제공한다. 셋째, 인터넷 반응지표와 함께 시청지표(실시간·비실시간 TV 시청률·시청자 수 및 PC·모바일 시청자 수)를 제공함으로써 특정 방송콘텐츠가 인터넷 반응지표와 시청지표에서 차지하는 상대적 위치를 파악할 수 있도록 하였다. 넷째, 인터넷 반응 수집대상 문서의 정확도를 유지하기 위해서 전담 실사실을 운영하며, 3단계의 필터링 과정을 거쳐 정제된 데이터를 제공한다. 다섯째, 한국 드라마에 대한 해외 반응 분석을 위해 각국의 현지 인터넷 반응을 게시글, 댓글, 뉴스, 동영상으로 세분화하여 마이크로 데이터 형태로 제공한다. 여섯째, 국내외 웹사이트에서 주요 방송콘텐츠와 관련한 버즈 데이터를 수집하여 TV 시청률만으로 파악할 수 없는 방송콘텐츠의 숨은 가치를 측정하고 있다(방송통신위원회 방송콘텐츠 가치정보분석시스템, 2023).[19] 앞으로 더욱 정교하고

---

19 방송통신위원회 방송콘텐츠 가치정보분석시스템

과학적인 통합시청률 측정 방법이 지속적으로 개발되어야 할 것이다.

〈방송이슈〉 시청률 조사의 문제점 Ⅰ

30년 된 TV 시청률 집계에 언제까지 프로그램 운명 맡기나
기자명 노지민 기자 입력 2022.02.23. 10:50 수정 2022.02.23. 10:55
TV 수상기 피플미터 방식의 시청률 위상 저하, 알면서도 침묵하는 현실
"왜곡된 시청률, 콘텐츠에도 악영향…정부가 총대 메고 방안 마련해야"

중앙선거방송토론위원회 주관 첫 번째 대선 후보 TV토론 다음날인 22일 여러 방송사의
토론 중계가 시청률 상위권 프로그램에 올랐다. 전통적인 TV 시청률 강자인 KBS1의 중계
가 닐슨코리아(8.0%), TNMS (8.2%)에서 모두 1위로 꼽혔지만, 나머지 방송사들의 사정은
다르다.

닐슨의 시청률 상위 프로그램 기준으로 MBC 토론 중계가 13위(5.0%), SBS는 18위(4.2%)
로 나타난 반면, TNMS 순위에선 SBS(4.4%)가 15위로 MBC(3.9%)를 세 단계 앞섰다. 절대
적 시청률이 낮은 종합편성채널의 경우 편차는 더 크다. 닐슨 집계에서는 4.7%로 4위에 랭
크된 JTBC가 독보적이고 채널A가 3.0%로 10위에 머물렀지만 TNMS 순위에선 JTBC가
포함되지 않았다. TNMS 시청률 상위 프로그램에서 종편 순위는 15위 채널A(2.2%), 18위
TV조선 1.7%, 19위 MBN 1.6% 순으로 나타났다.
시청률의 문제가 하루 이틀 지적된 사안은 아니다. 근본적으로 미디어 이용행태의 변화를 따
라가지 못하는 피플미터 방식 조사에 대한 의구심은 이미 오래 전부터 제기돼왔다. 시청률 조
사기관은 패널로 설정된 가구의 TV 수상기에 시청률 측정 기기인 '피플미터'를 부착하고, 해
당 가구 구성원은 TV를 볼 때 기기와 연결된 핸드셋에 부여 받은 고유번호를 입력해야 한다.

시청률 조사가 이뤄지는 시간 TV를 켜고 정보를 입력해야만 시청률 조사에 포함되는 것인
데, 이미 30여 년 전 방식이다. 닐슨코리아가 1991년부터 피플미터 기반의 시청률 조사를
시작했고 1999년 지금의 TNMS (당시 TNS)가 합류했다. 이후 사실상 독점 지위를 지닌 닐
슨은 4000여 가구를, TNMS는 3000여 가구를 패널로 삼고 있다. 민간기업이기에 해당 패
널에 대한 세부적인 데이터는 해당 기관들만 알고 있다.

(https://www.racoi.or.kr/kobaco/nreport/about.do?racoi)

TV 시청률과 실제 콘텐츠 이용행태 간 괴리는 갈수록 두드러지고 있다. 지난달 종영한 SBS 드라마 '그해 우리는'은 3%대 시청률로 시작해 5.3% 시청률(닐슨, 전국단위)로 종영했는데, OTT 순위에서는 상위권을 차지했다. 지난달 25일 한국갤럽이 공개한 '한국인이 좋아하는 TV 프로그램' 조사에서도 3위에 오른 바 있다. 지난해 시청률이 저조하다고 기사화됐던 JTBC '구경이' '알고 있지만' 등은 한국리서치의 OTT 시청지표에서 순위권에 올랐다.

조사 패널 자체가 왜곡됐다는 지적도 제기된 바 있다. 한국케이블TV협회가 이른바 '0% 시청률'을 문제 삼았던 사례가 대표적이다. 시청 기록이 있음에도 조사 패널이 적어 반영되지 않았다는 것이다. 지난해 10월 협회는 닐슨 시청패널 자료에서 IPTV는 126%로 과대 표집된 반면, 케이블TV는 60% 수준으로 과소 대표되고 있다고 주장하기도 했다. 중소 PP의 경우 수익에 직격탄이 된다는 불만이 나온 이유다.

방송통신위원회의 통합시청점유율 도입이 수년째 시범사업 수준에서 벗어나지 못하는 가운데 통합 시청지표에 대한 논의는 사실상 '멈춤' 상태다. 일부 방송사 등에서 나름의 지수를 만들어 발표하고 있지만, 공신력은 부족하다는 지적이다.

CJ ENM은 지상파, 종편, 일반 PP 등을 대상으로 발표하는 '콘텐츠 영향력지수'(CPI), KBS는 본방송·재방송·VOD 시청 등을 더해 화제성을 측정하는 '코코파이'(KOCO PIE) 등을 발표하고 있다. 그러나 이는 특정 기업, 방송사들이 각사에 유리한 지표를 만들었을 것이라는 시선에서 자유롭지 못한 게 현실이다. 방송통신위원회·코바코의 '가치정보 분석시스템'(RACOI)은 사실상 존재감이 미미하다.

〈방송이슈〉 시청률 조사의 문제점 II

광고업계에서는 기존의 공인된 시청률 이상의 대안은 찾기 어렵다는 입장이다. 광고업계 관계자는 "매체별 표본이 명확한 플랫폼에 광고를 판매해야 하는데 명확하지 않은 지표들을 근거로 삼기는 어렵다"라고 전했다. IPTV의 경우 셋톱박스를 이용한 맞춤형 타깃 광고인 어드레서블 TV를 확대해나가고 있는데, 관련 데이터가 공개적인 시청지표로 제시되진 않고 있다.

문제는 이런 시청률 지표의 문제가 광고 판매뿐 아니라 콘텐츠의 질에도 악영향을 미칠 수 있다는 우려다. 시청률의 위상이 예전같지 않다고는 하지만 지금도 방송제작 현장에선 상당한 영향을 미치고 있다. 한 지상파방송사 PD는 "모두가 객관적으로 인정하는 건 시청률밖에 없다 보니 현실과 동떨어진 지표를 보면서 프로그램 성공의 기준으로 삼는 말이 안 되는 상황이 반복되고 있다"라며 "제작자 입장에서 시청률은 파일럿 프로그램이 정규편성이 되느냐, 광고가 얼마나 들어오느냐 등 영향을 받을 수밖에 없고 결국 시청률을 바라보면서 프로그램을 만들게 되는 것 같다"라고 털어놨다.

왜곡된 시청지표가 콘텐츠의 획일화로 이어질 수 있다는 우려도 있다. 박상호 공공미디어연구소 연구실장은 "고정형 TV를 시청하는 사람들은 중장년층일 가능성이 크고, 이분들이 좋아하는 프로그램이 시청률이 높다"라며 "TV를 틀면 트로트가 나오고 막장 드라마가 나오고 '먹방'만 나오는 쏠림 현상이 심해질 수밖에 없다"라고 우려했다. 그러면서 "지상파도 종편에서 트로트 중심으로 가니까 따라가지 않았나. 새로운 장르 개발이나 트렌드를 선도하는 콘텐츠는 TV 시청률에 부응하지 못한다. 결국, 콘텐츠 방향이나 선순환에는 긍정적인 영향을 미치지 못하게 되는 것"이라 지적했다.

박 실장은 "지역 케이블의 경우도 힘을 잃고 있지 않나. 매체의 의미와 다양성 면에서 보존하고 지원해야 할 매체들이 있고, 이를 매개하기 위해선 제대로 된 조사가 필요하고 이를 통해 적재적소에 투자가 이뤄지고 시청권을 보장할 수 있어야 한다"라고 지적하면서 "최근엔 OTT 데이터도 명확하고 IPTV 셋톱박스 데이터도 있다. 조사할 방법과 루트는 더 단순해졌다. 시청권 보장을 위해 정부가 총대를 메고 나서야 한다"라고 말했다.

박건식 MBC 공영미디어국장은 "이제는 방송사에서도 예전처럼 시청률에 의존하지는 않는다. 가장 큰 고민은 복합멀티플랫폼 시대의 시청지표를 어떻게 통합하고 계량할 수 있느냐"라면서 "각사로서는 자사에 유리하게 세팅할 수밖에 없다고 본다. 광고주와 방송사를 연결하는 광고 전문 재단 또는 미디어 재단 같은 곳이 통합되어서 미디어에 대한 전반적인 싱크탱크 기능을 하는 것이 필요하다"라고 밝혔다.

출처 : 미디어오늘(http://www.mediatoday.co.kr)

6. 새로운 미디어 수용자

지금까지 미디어 수용자의 고전적 개념과 함께 기존의 미디어 수용자가 미디어의 주체가 되어 미디어 콘텐츠를 생산하는 퍼블릭 액세스의 전반적인 사항들을 알아보았다. 퍼블릭 액세스는 매스미디어가 점차 독점화하고 상업화됨에 따라 소수의 미디어 자본가나 정치 권력의 장악에 따라 시민들 표현의 자유가 억압된 현실을 개선하기 위한 목적으로 시작되었다. 이는 미디어의 주체는 수용자 즉 공중이 중심이 되어야 한다는 이야기와 그 맥락을 같이한다. 이는 곧 미디어 민주주의를 표방하는 것이다.

이러한 이야기는 전혀 새로운 개념들이 아니다. 기존에도 수용자에게 미디어에 대한 액세스권은 존재했다. 하지만 이러한 기존의 기초적인 액세스권은 미디어의 접근권을 간헐적으로 보장하고 있다. 하지만 퍼블릭 액세스는 이러한 기본적 액세스권의 개념에 기초해 미디어 수용자들의 미디어에 대한 소극적인 접근이 아닌 적극적인 참여를 유도하는 것이다. 이러한 과정을 통해서 단순한 수용자가 아닌 우리 주변의 공공의 의제 그리고 자신의 의견을 미디어를 통해 공유하고 나아가 미디어 문화를 향유하게 되는 것이다. 결론적으로 누구나 미디어를 통해 이야기할 수 있고 이러한 다양한 이야기들이 모여 새로운 공론장을 만드는 퍼블릭 액세스의 주체가 이 시대의 미디어 수용자의 개념인 것이다.

그리고 민주주의의 미명으로 포장된 시청률에 대한 가치에 대해 심각하게 재고해야 한다. 부르디외에 의하면 시청률은 시장과 경제의 제재방식이고 순전히 상업적이고 외적인 합법적 제재방식이다(부르디외, 1994).[20] 물론 시청률은 기본적인 편성 정책과 수용자의 다양성 증진을 위한 가장 기초적인 자료로서

---

20 부르디외, 피에르(1994). 현택수 옮김(1998). 『텔레비전에 대하여』. 동문선. 114쪽.

의 가치가 있지만, 이것이 최상의 평가 목표가 되어서는 곤란하다. 시청률 조사와 함께 질적 평가도 다양하게 이루어지고 있지만, 아직도 시청률을 맹신하는 경향이 지배적이라는 한계가 있다. 스마트 미디어를 포함한 디바이스의 다양한 반응에 대한 지수개발도 부분적으로 시행되고 있지만 큰 영향과 신뢰를 얻고 있지는 않다. 이 부분에 대해서도 지속적으로 통합적인 지수개발을 위한 연구가 필요하고, 평가에 적극적으로 반영하도록 정책이 수정되어야 할 것으로 보인다.

참고문헌

구종상 · 이준호 · 유승관(2007). 『퍼블릭 액세스와 한국의 시민참여방송』. 커뮤니케이션북스.

김은규(2003). 『미디어와 시민참여』. 나남.

민경숙(2017). 통합시청률에 대한 혼돈과 이해. 반론보도닷컴. 2017.6.21. http://www.banronbodo.com/news/articleView.html?idxno=2370

박창희(2006). 디지털 시대 방송의 공익성 확보방안, 디지털뉴미디어포럼 세미나.

방통위, 통합시청률 첫 시범 공개…KBS 감소 폭 가장 커. N스크린 시청 기록 시범 산정…CJ ENM 가장 크게 증가. 2020.9.9. 뉴스토마토. https://www.newstomato.com/ReadNews.aspx?no=995172.

부르디외, 피에르(1994). 현택수 옮김(1998). 『텔레비전에 대하여』. 동문선.

유세경(2006). 『방송학 원론』. 서울: 이화여자대학교 출판부.

정두남(2006). 방통융합시대 KOBACO 체제 공적 기능 강화방안 연구, 한국방송광고공사 연구보고서, 제26권.

조연하 · 이영주 · 배진아(2007). 시청자 단체활동 지원 사업의 시청자 권익 보호 정책으로서의 타당성 연구. 〈한국방송학보〉, 25-1. 204~239.

최영묵(2005). 『시민 미디어론』. 서울: 아르케.

한진만 · 박은희 · 정인숙 · 주정민(2016). 『새로운 방송론』. 커뮤니케이션북스.

홍종배(2009). 시청자 참여프로그램 지원 사업 발전방안 연구. 방송통신위원회 보고서.

법제처 www.moleg.go.kr

미디액트 www.mediact.org

McQuail, D.(1997). Audience analysis, Beverly Hills, CA: Sage. 박창희 역(1999). 『수용자분석』. 커뮤니케이션북스.

방송통신위원회 방송콘텐츠 가치정보분석시스템, https://www.racoi.or.kr/kobaco/nreport/about.do?racoi

제7장

방송과 뉴스

방송은 대표적인 매스미디어로서 미디어의 주요 기능인 환경감시, 상관조정, 사회화와 문화 전승, 오락 등의 기능을 수행한다. 이 중에서 환경감시의 기능을 주로 담당하는 것이 방송뉴스보도를 통한 저널리즘 기능이다. 방송은 사회화, 교육, 오락 및 문화의 전승과 계발 등 다양한 사회문화적 기능을 하고 있지만, 뉴스를 통한 저널리즘의 역할을 하는 언론기관이기도 하다. 방송보도는 물리적, 사회적 환경에서 일어난 사건을 전달하는 정보원이라는 점에서 일차적인 의미를 지닌다. 정보 제공의 기능과 함께 사회의 특정 사건을 강조하고 중요한 것으로 보도하는 의제 설정의 기능도 한다. 방송보도의 역사는 신문이나 잡지에 비해 짧다. 미국의 경우 라디오 뉴스는 1920년대 초반부터 시작되었고, 텔레비전 뉴스는 1940년대부터 시작되어 오늘날과 같은 틀은 1960년대에 들어오면서 시작되었다.

  이 장에서는 방송보도의 특성, 방송보도의 유형, 방송뉴스를 결정하는 뉴스가치, 그리고 방송 저널리즘의 기본적 원칙에 대해 살펴보고 마지막으로 우리나라 방송뉴스의 문제점과 개선 방향에 대해서도 살펴보기로 한다.

1. 방송보도의 특성

  방송보도는 방송이 가지는 특성에 의해 신문 등 인쇄매체와 비교해볼 때 기술적, 법적, 경제적 측면에서의 특징을 살펴볼 수 있다. 먼저 기술적 특징으로는 첫째, 인쇄매체에 비해 방송뉴스는 반복된 시청이 제한적이다. 재방송이나 다시보기를 통하지 않는다면 방송뉴스는 항상 현재 진행적인 것이 된다. 둘째, 방송은 신문과 달리 헤드라인을 보고 관심 있는 부분만 골라서 볼 수는 없다. 방송뉴스는 기사의 중요도에 따라 보도 순위 또는 보도 횟수를 정하고 방송뉴스의 분량을 조절한다. 셋째, 신문은 필요에 따라 지면을 늘릴 수 있으나, 방송은 시간의 제약이 상대적으로 더 커서 융통성이 적다. 넷째, 방송은 일정한 시간에 정보를 전달할 수 있는 양이 신문보다 적다. 다섯째, 방송은 전파매체로서 동시성을 가지고 있으며 즉각적이다. 동시성과 현장성이 신문에 비해 상대적인 장점이다. 여섯째, 문자의 해독이 필요하지 않으므로 교육 정도가 낮은 사람도 즐겨 접촉할 수 있다는 점에서 대중성이 높다. 또한, 신문보다 특별한 주의 집중을 요구하지 않는다. 일곱째, 방송보도는 뉴스를 전달하는 앵커나 아나운서 등의 역량이나 이미지, 신뢰도에 영향을 받는다. 마지막으로 문어체로 제작되는 신문에 비해 방송뉴스는 구어체로 제작된다. 따라서 방송뉴스의 언어와 문장은 신문보다 꾸밈이 없고 밋밋하다(김우룡, 2002).[1]

그리고 방송뉴스는 영상과 음향이라는 시청각 요소를 차용하기 때문에 다른 언론매체에 비해서 정서적 영향력이 크다. 그런데 뉴스보도가 정서적 소구에 지나치게 치중하는 경우 영상과 음향이 주는 상승효과에 의해 합리적, 이성적 판단보다는 가정적 판단의 가능성을 높일 수 있다. 반면 영상이라는 시각적 메시지와 함께 전달되기 때문에 영상이 보여주는 사실성을 통해 신뢰감을 높일 수 있다(김춘옥, 2005).[2]

이러한 기술적 특성 외에도 방송은 전파의 물리적 유한성과 공공재산을 위

---

1   김우룡(2002). 『현대 방송학』. 나남. 304-305.

2   김춘옥(2005). 『방송 저널리즘』. 커뮤니케이션북스. 76쪽.

탁받았다고 하는 데서 오는 공익성, 그리고 누구나 수용할 수 있다는 대중성으로 인해 신문보다 더 많은 법적, 정치적 통제를 받는다. 신문은 등록제 정도의 법적 통제에 그치는 반면, 방송은 주파수 사용과 방송내용에 있어서 신문보다 정책적인 규제가 강하다. 광고수입의 측면에서도 신문은 비교적 큰 광고주에 크게 의존하지 않는 광고주 분산이 가능하고 이로 인해 경영권이나 편집권의 독립성이 강화되는 데 비해, 방송은 큰 광고주에 집중적으로 의존하기 때문에 경제적, 편성적 독립성이 약화될 수 있다(김우룡, 2002).[3]

2. 방송보도의 유형

첫째, 방송보도는 뉴스 프로그램과 뉴스 관련 프로그램으로 나누어 볼 수 있다. 뉴스 프로그램에는 여러 종류가 있으며 그 분류기준도 다양하다. 발생 지역에 따라 국제뉴스와 국내뉴스로 나눌 수 있고, 국내뉴스는 다시 언론사 소재 지역과 다른 지역의 뉴스로 나눈다. 공급원에 따라서도 자급 뉴스와 타급 뉴스로 나누어 볼 수 있다.

뉴스 관련 보도프로그램은 제한된 뉴스 시간에 다룰 수 없는 관련 정보나 심층 취재 내용을 전달하는 것으로 뉴스 매거진, 뉴스 해설, 보도 특집, 뉴스 다큐멘터리, 뉴스 토크, 뉴스 인터뷰 등의 유형으로 구분할 수 있다.

둘째, 뉴스 형태에 따라 스트레이트 뉴스와 뉴스쇼로 나눌 수 있다. 스트레이트 뉴스는 뉴스 진행자가 객관적인 입장에서 사건 사고의 내용을 가감 없이 그대로 전달하는 방식으로 뉴스 요약이나 단신 뉴스가 이에 속한다. 반면 뉴스쇼는 종합뉴스로 대개 30분 또는 그 이상의 와이드 형태로 기자의 목격 보도와

---

3 김우룡(2002). 위의 책. 304-305.

현장 보도가 중심이 된다(김영임 · 김우룡, 1998; 김우룡, 2002, 재인용).[4] 그리고 방송 시간과 분량에 따라 종합보도, 간추린 보도, 토막소식, 속보 등으로 구분할 수 있다.

셋째, 수용자가 뉴스를 접합으로써 받게 되는 보상의 정도에 따라 경성뉴스와 연성뉴스로 나눌 수 있다. 정치, 경제, 사회의 사안들과 같이 다소 무거우면서 사회에 영향을 미치는 뉴스를 경성뉴스(hard news)라고 하고, 다소 가볍고 인간적인 감성에 소구하는 뉴스를 연성뉴스(soft news)라고 한다. 경성뉴스는 지연적 보상을 주고 연성뉴스는 즉각적 보상을 제공한다. 지연적 보상은 지성적 현실의식을 유발하는 것이고, 즉각적 보상은 감성적 쾌락을 만족시키는 것이다. 윌버 슈람(Wilber Schramm)은 경성뉴스보다 연성뉴스가 지배적이라고 주장하면서 그 이유로 많은 독자나 시청자가 이러한 뉴스를 원하기 때문이라고 주장했다(김우룡 · 정인숙, 1996; 김우룡, 2002).[5]

뉴스의 연성화는 그 원인이 뉴스 미디어의 상업화에 기인하는 것으로 보는 연구가 많다. 특히 텔레비전 뉴스가 연성화되는 내부적 원인으로 극도의 시간적 제약 속에서 영상 이미지 중심으로 보도해야 하는 한계, 보도가 일과성 흐름으로 지나가 버리기 때문에 관심을 끌기 위해 이슈의 극적인 면만을 강조하는 문제, 일면만 단순화하여 보도하는 문제, 사회구조나 가치와 같은 추상적인 것을 회피하고 사람 중심으로 뉴스를 구성하는 문제 등이 꼽힌다(김춘옥, 2003).[6] 할린(Daniel C. Hallin)은 다매체, 다채널 환경에서 뉴스 미디어 간의 시청률

4   김영임 · 김우룡(1998).『방송학 개론』. 한국방송대학교 출판부, 131-132.

5   김우룡(2002). 위의 책. 308쪽.

6   김춘옥(2005).『방송 저널리즘』. 커뮤니케이션북스. 104쪽.

경쟁은 가속될 것이고 연성화의 정도와 폭도 심화할 것으로 예측했다(김춘옥, 2003).[7]

실제로 경성뉴스와 연성뉴스에 대한 개념 정의가 뚜렷하지 않음에도 불구하고 텔레비전 뉴스의 연성화에 대한 비판은 주로 뉴스가 사회적으로 중요한 정보나 교양 있는 시민이 갖추어야 할 정보와 관련된 이야기(경성뉴스)와 단순 오락이나 흥미 유발, 긴장 완화 욕구와 관련된 이야기(연성뉴스)로 나눌 수 있다는 오래된 정의에 따른 것으로 보인다. 이외에 뉴스의 연성화와 연관되어 사용되는 유사한 용어로 정보의 오락화를 의미하는 '인포테인먼트'(infortainment), 뉴스의 선정화를 의미하는 '타블로이드화'(tabloidisation), '문화의 우중화'(dumbing down of the culture) 등이 있다(김춘옥, 2003).[8]

이렇게 다양하게 구분할 수 있는 뉴스보도의 형태 중에서 심층보도에 대해 좀 더 살펴보면 심층보도에는 뉴스 다큐멘터리, 뉴스 해설, 뉴스 특집, 인터뷰 프로그램, 패널 토론 프로그램, 사회고발 프로그램 등이 포함된다.

뉴스 다큐멘터리는 현장에서 발생한 사실을 중심으로 극화시키는 양식으로 방송매체의 저널리즘적 성격을 잘 구현하는 포맷이다. 사실을 바탕으로 제작된다는 면에서 시사 뉴스의 성격이 강하지만 극화하는 제작 측면에서 보면 설득적 또는 오락적 기능도 있다. 또한, 사전 계획된 의도가 강력하게 반영되기에 이론적 근거에서 보면 프로파간다(propaganda)의 대표적 수단으로도 볼 수 있다.

뉴스 해설은 뉴스거리가 된 특정 사건을 선정해서 배경과 의의 등을 파헤쳐 뉴스가 갖는 참뜻을 시청자에게 전달하는 것이다. 인터뷰는 뉴스의 초점이 되

---

7 김춘옥(2005). 위의 책. 95쪽.

8 김춘옥(2005). 위의 책. 103쪽.

거나 주로 사안과 관련된 대상자를 선별하여 인터뷰함으로써 사건이나 사안을 이해하거나 추적하려는 양식으로 방송 저널리즘의 또 하나의 특징적 요소를 지니고 있다.

패널 토론 프로그램은 일종의 토크쇼 양식으로 사회적 주요 사안에 대해 전문가들을 초빙하여 그들의 견해를 중심으로 사안에 접근하고자 하는 유형으로, 신문 보도의 전문가들 중심의 간담회 양식 보도유형과 유사하다.

사회고발 프로그램은 사회적으로 문제가 되는 일을 파헤쳐 고발하거나 새로운 문제를 제기하는 프로그램으로 '탐사보도'(investigative reporting)라고도 부른다. 사회의 부정부패와 비리와 비행을 폭로하고 고발하는 내용으로 기본적인 정신과 형식은 1870년대 미국의 비판적 사회 분위기 속에서 등장한 저널리즘 유형과 19세기부터 대두된 '폭로저널리즘'(muckraking journalism)에 기초를 두고 있다(김우룡 · 정인숙, 1998; 김우룡, 2002 재인용).[9]

2009년 미디어법 개정으로 종합편성채널이 등장하면서 방송뉴스 채널이 증가했다. 채널A, TV조선, JTBC, MBN 등 보도기능을 갖춘 종편 4사가 방송을 시작하면서 방송 저널리즘은 확대되었다. 지상파 3사의 뉴스가 정보제공을 강조하는 전략을 일관되게 사용했다면, 종편 방송사들은 해설적이고 분석적인 뉴스로 차별화하려는 노력을 기울이고 있다. 반면 뉴스의 선정성과 공정성 문제가 지속적으로 제기되고 있다(한수연 · 윤석민, 2016).[10]

---

9   김우룡(2002). 위의 책. 311쪽.

10   한수연 · 윤석민(2016). 종합편성채널의 출범이 지상파방송 뉴스에 미친 영향. 〈한국방송학보〉, 30(1), 169-210.

<방송이슈>

*전설의 뉴스 앵커 I: 에드워드 머로(Edward R. Murrow)

미국에서 라디오와 TV 저널리즘 분야에서 전설이 된 사람, 그가 바로 에드워드 머로(Edward R. Murrow)이다. 1935년 CBS에 입사하고 2년 뒤에 유럽 지국장으로 승진한다. 그가 라디오 뉴스의 가치를 배우고 한 세대 동안 방송 저널리즘의 주역들을 훈련한 곳은 유럽이었다. 머로는 히틀러가 꾸준히 힘을 기르는 것을 보도했다. 제2차 세계대전 동안에는 런던에서 방송했는데 늘 "여기는 런던입니다(This is London…)"라는 말로 보도를 시작해 미국인들이 직접 전쟁을 경험하는 착각을 하게 만들었다고도 한다.

전쟁이 끝난 후 TV로 돌아온 그는 두 편의 프로그램 〈See it now〉와 〈Person to Person〉을 만드는데 1954년 〈See it now〉를 통해, 반공을 내세워 마녀사냥을 해왔던 매카시(Joseph R. McCarthy) 의원을 공격했다.

그는 1961년 케네디 대통령이 그를 USIA(United States Information Agency)의 원장으로 임명할 때까지 CBS에 몸담았다. 머로는 방송기자로 일하면서 방송의 힘과 가능성에 대해 배웠다. 그는 1965년 라디오 TV 뉴스 책임자 협회에서 다음과 같이 말했다. "이 도구(방송)는 가르칠 수 있고, 빛을 발할 수 있고, 영감을 불러일으킬 수도 있다. 그러나 이것은 인간이 이와 같은 목적을 위해 사용할 때만 그렇게 할 수 있다. 그렇지 않다면 방송은 단지 상자 안에 들어있는 전선과 빛일 뿐이다."(Folkerts & Lacy, 2004; 김춘옥, 2005, 48쪽에서 재구성).

<방송이슈>

*전설의 뉴스 앵커 II: 월터 크롱카이트

월터 크롱카이트 (Walter Cronkite)
월터 크롱카이트는 1960년대부터 1980년대에 이르는 미국 3대 네트워크의 전성기에 세계의 뉴스와 다큐멘터리를 좌지우지하던 인물이다. 신문기자로 언론인 생활을 시작했으며 리포터로 일하기도 하였다. 그는 1958년 CBS의 〈The Morning News〉의 앵커로 발탁되면서 자신의 재능을 발휘하기 시작했고, 1962년부터 1981년까지 〈CBS Evening News〉의 앵커로 활약했다. 세계 최초로 뉴스의 취재, 편집을 총괄하는 뉴스 제작의 총책임자와 앵커의 자리를 겸했다. 1952년과 1956년 공화당과 민주당의 대통령 후보 지명을 위한 전국대회를 보도하면서 텔레비전을 통해 정당정치를 생생하게 보여주기도 했다. 그때 대회장 내에서 대의원 등의 움직임과 대회의 진행을 소상하고 기동성 있게 보도하여 텔레비전 앵커맨의 중요성을 시청자들에게 각인시켰다.

1968년에는 17시간 연속으로 험프리와 닉슨의 대통령 선거를 중계 방송하여 '철의 바지 (iron pants)를 입은 사나이'라는 별명을 얻을 정도로 방송에 대한 정력을 과시했다. 그는 여론조사에서 '미국에서 가장 신뢰할 만한 뉴스캐스터'로 평가되었으며, 1976년부터 1981 년까지 모두 다섯 차례나 '미국의 주요 결정을 내리는 열 사람' 중 1위를 차지하기도 했다.

출처: 김 규(1996). 『방송미디어』. 나남, 230쪽에서 재구성.

3. 방송뉴스 가치

뉴스란 무엇인가? 뉴스는 일반적으로 'New'의 복수 형태라고 인식되고 있는데, 'New things(새로운 것들)'와 'New tidings(새 소식)'의 첫 단어인 'New'에다 끝머리의 's'를 결합시킨 용어라고 한다. 또, '북(North) 동(East) 서(West) 남(South)'의 첫 글자에서 따왔다고도 한다. 뉴스란 대체로 '독자들의 관심을 끄는 새로운 일과 진기한 사건' '매스컴에 보도된 사회적으로 중대한 사건이나 흥미롭고 새로운 정보'라고 말해지고 있다. 즉, 뉴스 수용자와 매스컴을 축으로 해서 생성된다는 것이다. 뉴스의 정의들을 종합해서 요약해 보면, 중요하고 흥미로운 사실이 있어야 하고, 이를 취재하여 기사를 쓰는 기자가 있어야 하고, 그 기사를 보도하는 매체가 있어야 하고 마지막으로 기사를 수용하는 독자나 시청자가 있어야 한다(오정국, 2013).[11]

방송뉴스는 특정 사건이나 사안이 기사로 선택될 때 개별 사안에 대한 뉴스가치의 속성이 서로 경쟁하면서 그중에서 가장 적절하게 그 사건이나 사안의 성격을 반영하는 것이 중시되어 선택된다. 이를 '뉴스가치의 상대성'이라고 한다. 이 경우 뉴스의 가치는 절대적 속성이 아니고 여러 다양한 속성들이 상대적

---

11   오정국(2013). 『미디어 글쓰기』. 아시아. 39쪽.

으로 평가받으면서, 사건이나 사인의 성격을 가장 잘 나타내는 것을 방송뉴스로 최종 선택하는 과정을 거치게 된다(김우룡, 2002).[12] 방송뉴스에서 가장 일반적으로 사용하는 대표적인 뉴스가치의 기준은 다음과 같다.

1) 시의성

시의성은 뉴스가치를 평가하는 가장 기본적인 척도이다. 실제 사건과의 시간적 근접성을 측정하여 뉴스가치를 측정하는 기준이다. 아무리 좋은 기삿거리도 시기를 놓쳐버리면 죽은 기사가 되고 만다. 여기서 짚고 넘어가야 할 점은 최근에 발생한 기사만 가치를 지니는 게 아니라는 것이다. 과거에 보도된 사건이라 할지라도 새로운 사실이 밝혀져 그 사실이 현재 시점에서 중요한 의미를 지니게 되면 훌륭한 뉴스가 된다. '방금 들어온 뉴스', '자막뉴스', '속보' 같은 경우에는 기사의 '시의성'을 강조한 것이다.

2) 영향성

뉴스의 파급범위와 강도를 예측하여 뉴스의 값을 매기는 방식을 영향성이라고 하는데 특정 뉴스가 얼마나 많은 사람에게 얼마나 큰 영향을 미칠 것인가를 따져보는 것이다. 최근 들어 환경 관련 기사가 갈수록 늘고 있다. 이것 또한 뉴스의 영향성을 반영한 것이다. 십여 년 전만 해도 미미하게 취급했던 환경기사가 1면 머리기사가 되는가 하면 건강-레저기사의 비중도 점점 높아지고 있다. 이를테면 2008년의 '광우병 파동'과 2011년의 '구제역 사태'도 식생활 건강과 상태 환경문제가 겹쳐진 사건이었다. 보도 매체는 이처럼 일반 시민들의 일상

---

12 김우룡(2002). 위의 책. 나남. 307쪽.

생활에 직접적인 영향을 주는 사건을 더 주목하게 된다.

3) 근접성

특정 사건이나 사고 정보가 시민의 일상생활에 어느 정도 근접해 있는가를 따져보는 것이 바로 근접성이다. 사람들은 자신과 직결되거나 가까운 사안일수록 관심을 두게 되어 있다. 이러한 근접성에는 공간적 근접성과 심리적 근접성이 있다. 예를 들어 서울의 특정 지역에서 발생한 연쇄살인 사건은 그 주변 지역 시민들에게 가장 심각한 충격을 주지만 먼 거리의 사람들에겐 상대적으로 그렇게 큰 충격을 주지 않는다. 각 지역 민방들이 지역 소식을 비중 있게 보도하는 것이 바로 공간적 근접성이다. 반면 심리적 근접성은 거리는 멀지만, 정서적 유대감을 가진 장소에서 일어나는 사건에 관한 관심을 의미한다.

4) 갈등성

텔레비전 드라마는 인기 드라마일수록 갈등의 굴곡이 크고 깊다. 또 특정 사건을 둘러싸고 있는 당사자들의 갈등이 커질수록 기사 가치가 높아진다. 이러한 것을 보고 갈등성의 특징이라고 한다. 인간은 대립하고 싸우고 긴장되는 상황에 주의를 집중한다. 평화로운 지역보다는 전쟁, 화해보다는 경쟁에 더욱 주의를 기울이게 된다. 기자들의 생생한 취재 현장으로는 일상적인 회사 생활보다는 격렬한 분규와 시위 현장이 더욱더 호기심을 끌고 이슈가 되기에 적합하다. 뉴스를 접하는 이들의 호기심을 자극하고 뉴스 수용자는 대립과 갈등의 쟁점을 통해 자기 자신을 되돌아본다. 사회적 갈등에 바탕을 둔 뉴스는 그 논점을 조정하고 해결해 나가는 역할을 하게 된다.

5) 희귀성

아무리 중대한 사안이라 할지라도 매일같이 반복되는 일은 뉴스가 되지 못한다. 주위에서 일어날 확률이 적은 사건일수록 뉴스의 가치가 높아진다. 뉴스의 정의 중 '개가 사람을 물면 뉴스가 되지 못하지만, 사람이 개를 물면 뉴스가 된다.'(If a dog bites a man, that is not news. But if a man bites a dog, that is news.)라는 말은 바로 희귀성이 뉴스가치의 속성임을 말해준다.

6) 저명성

일반인이 일상에서 흔히 행한 언행이 뉴스가 되지는 않는다. 하지만 사회적으로 유명한 인물이라면 그 이름값만큼 뉴스의 가치가 올라간다. 대중적인 스타, 대통령을 비롯해 대기업의 회장, 유력 정치인 등은 뉴스의 초점이 된다. 그 사람의 지위만큼 사회적 영향력이 크기 때문이다. 사람의 지위나 대중성은 인적 저명성에 해당한다. 또 다른 저명성에는 물적 저명성이 있는데 물적 저명성이란 널리 알려진 진귀품이나 역사적 유물을 의미한다. 예를 들어 일제강점기 시대에 빼앗겼던 우리의 유물을 되찾는다는 보도는 '일제강점기의 빼앗겼던 유물'이라는 저명성 때문에 뉴스가치가 높은 것이다.

7) 흥미성

칠레 광부 33명이 지하 700m 갱도에 갇혀 69일 만에 구조되는 일이 있었다. 이 사건은 CNN과 BBC 등의 생중계 전파를 타고 지구촌 곳곳에 전달되었다. 칠레에서 일어난 사건, 사고였지만 국내 매스컴 또한 현장 상황을 연일 보도했고 급기야는 신문의 1면을 장식하기도 했다. 이러한 행동을 했던 이유는 무엇일까? 그 이유는 사건 사고에 내장된 휴머니즘 요소 때문이다. 뉴스로서의 근접성이나 영향성, 저명성은 없지만, 흥미성이 있기 때문이다. 저명성이나 흥미성 둘 중 하나만 갖춰져도 충분히 뉴스가 된다.

이런 흥미성 기사는 '미담 기사'가 대표적인데 이러한 화제성 이야기는 삭막한 현실을 정화해주는 역할을 한다. 예를 들어 신체적 장애를 극복한 성공 스토리, 노점상 할머니의 장학금 전달 소식, 소녀 가장의 명문대 입학 사연 등이 여기에 해당한다. 사회의 부정, 부패를 밝혀내거나 충격적인 사건, 사고를 담아내야만 뉴스가 되는 것은 아니라는 점을 가르쳐주는 셈이다(오정국, 2013).[13]

4. 방송 뉴스보도의 원칙

최근 들어 건강, 환경, 레저기사가 더욱 늘고 있다. 이는 뉴스 수용자의 의식 변화에 따른 것인데 여기에는 매체별 성향이나 미디어 환경의 변화도 개입되어 있다. 뉴스는 일차적으로 기자의 취사선택에 의한 것이지만 일단 보도하기로 한 뉴스는 보도 원칙을 지켜야 한다. 보도란 뉴스거리를 쓰고 선택하고 편집하는 과정을 의미한다. 일반적이고 보편적인 뉴스가치 평가 기준이 있는 것처럼 뉴스보도에도 기본원칙이 있다.

1) 정확성

뉴스의 생명은 정확성에 있다. 뉴스의 내용에서부터 기사의 문장까지 모든 것이 완벽하고 정확해야 한다. 뉴스를 가장 정확하게 담아내는 틀이 있다. 바로

---

13   오정국(2013). 위의 책. 47-66.

'육하원칙'이다. 육하원칙은 뉴스의 공신력을 얻기 위한 장치이다. 기자는 육하원칙에 의거해 사실을 뉴스화하지만 유의해야 할 사안이 있다. 이 사실이 과연 진실이냐는 것인데 사건, 사고의 경우 증인이나 목격자 그리고 사건 당사자의 주변 인물을 접촉하게 된다. 이때 부정확한 사실이나 왜곡된 정보를 얻을 수 있다는 것이다. 뉴스의 팩트가 의심스럽게 된다면 기자는 진실이 확인될 때까지 뉴스보도를 미뤄야 한다. 기자들은 '단독 보도'나 '특종'을 할 기회가 잡히면 자신도 모르게 흥분하게 된다. 판단력이 흐려지는 만큼 오보를 낼 가능성이 커 신중해야 한다. 자신의 오보로 인해 상처받을 당사자를 생각하여 판단력을 잃지 않도록 해야 할 것이다(오정국, 2013).[14]

2) 객관성

뉴스보도를 할 때 기자가 자신의 주관적 견해를 배제하고 사실을 있는 그대로 전달하려는 태도를 객관성이라고 하는데 찬반이 엇갈리는 이슈 거리일 경우 중립적 자세가 요구된다. 뉴스는 뉴스 수용자에 의해 완성된다. 그리고 판단된다. 기자는 메신저이고 객관적 사실을 객관적으로 전달하는 리포터이다. 개인의 견해를 표명하는 기자 칼럼이나 논설은 객관성에서 벗어나지만 이러한 글의 재료가 되는 사실은 객관적으로 기술되어야 한다. 이러한 맥락에서 기자는 인사이더이면서 동시에 아웃사이더이다. 이는 보도 매체의 생존 전략이기도 하다. 객관성은 신문의 대중화 시대가 열리면서 그 중요성이 부각되기 시작했다(오정국, 2013).[15]

---

14   오정국(2013). 위의 책. 70쪽.

15   오정국(2013). 위의 책. 71쪽.

3) 공정성

우리나라에서 방송내용을 놓고 벌이는 논란 가운데 공정성 문제만큼 치열한 논쟁의 주제가 되는 예를 찾아보기 어렵다. 노무현 정권 시절에는 대통령탄핵 방송을 두고 공정성 시비가 있었다. 이명박 정권이 출범한 이후에도 광우병이나 촛불시위 방송보도를 비롯해 다양한 내용의 방송보도를 두고 공정성 논란이 지속되었다. 1980년대의 공정성 논의가 민주 대 반민주의 대립구조에서 나타난 시대적 요구를 반영한 것이라면, 2004년 탄핵 보도 이후의 공정성 논의는 보수 대 진보의 대립구조에서 나타난 요구라 할 수 있다. 이처럼 시대에 따라 성격을 달리하며 제기되는 공정성 논란은 2008년 방송통신심의위원회가 MBC TV의 'PD수첩'에 대해 '시청자 사과'를 명하는 조치를 내린 뒤 2012년 8월 23일 방송통신위원회가 심의 규정을 위반한 방송사업자에게 '시청자 사과 명령'을 내리는 것은 위헌이라는 헌법재판소의 결정이 나옴으로써 더욱 가열되었다.

공정성의 사전적 개념은 다양하게 정의할 수 있고 이론의 여지가 있지만 넓게는 논쟁적인 사안에 대해서 중립적인 입장에서 논쟁 당사자들의 입장을 균형 있게 제시하는 것과 함께 어떤 보도에서든 이중기준을 적용하거나, 어느 한쪽에 편파적이거나, 중요한 사실을 생략하거나, 사실의 일면만을 다루거나, 사실을 오도하지 않는 보도 제시를 지칭한다(이효성, 1992).[16]

그런데 공정성 문제에 취약한 매체가 방송이라는 지적이 많다. 방송의 매체적 특성(뉴스의 시간적 흐름, 영상적 요소 등)으로 인해 정보를 심층적으로 전달하는 데 한계가 있기 때문이다. 언론의 공정성 개념과 실천원리는 크게 인지

---

16 이효성(2002). 선거 보도 개선을 위한 이론적 논의와 제언. 〈선거 보도 가이드라인 제정을 위하여〉. 2002년 한국언론학회 세미나(7. 30).

적 차원에서 해결되는 도덕/윤리적 영역과 그보다는 좀 더 검증과 평가가 용이한 평가적 차원의 법적 규율이 가능한 영역으로 구분할 수 있다. 보통 국내 언론의 공정성 개념 연구는 웨스터슈탈(Westerstahl)이나 맥퀘일(McQuail)의 이론에 기초하여 발전했는데 먼저 강명구(1989)는 공정성을 ① 사실성(정확성 + 균형성), ② 윤리성, ③ 이데올로기적 정당성 등의 하부개념으로 보았다. 즉 공정성 문제는 그것이 객관적일 수 있는가 하는 인식론적 질문과 보도의 내용과 과정이 사회의 공공성 면에서 보다 윤리적으로 정당한가 그리고 정의로울 수 있느냐는 이데올로기적 질문에 대해 적절한 답변을 내려야 한다는 것이다(윤성옥, 2009).[17]

한편 공정성의 개념은 정확성, 균형성, 다양성, 불편 부당성, 완전성, 양시양비론의 지양 등과 함께 객관성을 포함하는 개념으로 다차원적으로 정의할 수 있다. 이런 의미에서 객관 보도는 공정 보도의 충분조건은 아니지만, 필요조건에 해당하며, 어떤 보도가 공정하기 위해서는 객관적 보도가 담보되어야 한다(김민익, 2005).[18]

그리고 언론의 공정성에서 말하는 균형성이란 양적, 질적 차원으로 나뉘어 설명되기도 한다. 양적 균형성이란 대립되는 각 당사자에 대한 보도 양 및 보도 방향(긍정, 부정)의 균형을 뜻하거나, 각 당파에 똑같은 양의 시간이나 지면을 할당하느냐, 특정 사건에 대해서 일정한 입장이 있느냐 없느냐, 각 당파에 대해서 긍정적이냐 부정적이냐 등의 판단 여부를 가리키는 것으로 한정된다(강명

---

17 윤성옥(2009). 선거방송 심의 규정의 실제 적용과 문제점. 〈한국언론정보학보〉, 45호, 384~425.

18 김민익(2005). 한국 신문의 제17대 국회의원 선거 보도 경향 분석. 〈선거논단〉, 중앙선거관리위원회, 315-316.

구, 1994; 권혁남 2006).[19] 다시 말하면 관련 입장들에 대한 양적 확보 차원에서 균등성을 확보하고 있는지, 또 어느 한쪽에 치우치지 않은 상태인(개별 사안들에 대해 동일한 거리를 유지하도록) 중립성을 지니고 있는지를 통해 공정성을 판단한다.

그러나 질적인 공정성 측면에서 보면 아무리 시간, 항목 수, 보도 형식, 보도 유형에서 양적 균형을 이루었다고 하더라도 보도 태도, 보도 논조, 뉴스의 제시 방식 등에서 얼마든지 공정하지 않게 다룰 수도 있으며(강태영, 2004),[20] 균형성은 외형상 공정 보도지만 실제로는 진실추구와 거리가 먼, 오히려 편향 보도인 경우가 있다고 지적되기도 한다(Kovach & Rosenstiel, 2001/2003).[21] 이러한 문제 제기는 기자가 양쪽 입장의 균형을 맞추기 위해 상호 편향된 취재원을 의도적으로 찾는다면 이는 공정 보도도 객관 보도도 아니며 단지 두 개의 편향된 입장을 적절히 배열한 것에 불과하다는 것이다(박재영, 2005).[22]

결국, 존재하지도 않는 객관성을 확보하려는 헛된 노력이 사실 이면의 진실을 추구하려는 심층보도를 가로막는다고도 볼 수 있기 때문이다(Hackett, 1984; Golding & Elliott, 1979; Shiller, 1981 등).[23] 형평성을 근거로 대다수의

---

19 강명구(1989). 탈사실의 시대에 있어 뉴스 공정성의 개념구성에 관한 연구. 〈신문연구소학보〉, 26, 85-111;권혁남(2002). 선거환경변화에 따른 효과적 선거방송 운영방안 연구. 방송위원회 〈공정선거방송 모델 연구〉.

20 강태영(2004). 텔레비전 보도와 공정성 기준. 한국방송학회 세미나 주제발표집. 1-18.

21 Kovach, B. & Rosenstiel, T. (2001). *The elements of journalism*. 이종욱 역 (2003). 『저널리즘의 기본요소』. 서울: 한국언론재단.

22 박재영(2005). 공정성의 실천적 의미: 문화일보 2002년 대선 보도의 경우. 〈한국언론학보〉, 49(2), 167-195.

23 Hackett, R. A. (1984). Decline of a paradigm: Bias and objectivity in news media studies. *Critical Studies in Mass Communication*, 1, 229-259.; Shiller, D. (1981). *Objectivity and the news*.

여론이 특정사안을 지지하고 있음에도 특정 사안에 대해 찬반을 구분하는 것은 여론 분포를 왜곡시킬 소지가 있으며(Kovach & Rosenstiel, 2001/2003),[24] 언론자유 측면에서 보더라도 잘잘못을 균형 있게 보도하는 것보다 "잘못된 것을 잘못됐다고 지적하고 그릇된 것을 그릇됐다고 지적하는 것이 공정성에 부합하는 것"이라는 주장이다(최영재·홍성구, 2004).[25]

비슷한 맥락에서 양적 균형성 확보는 균형을 위한 균형이 아니라 언론사들이 공정성 비판과 시비로부터 방어하기 위한 전략으로 기능한다는 문제점도 제기된 바 있다(Tuchman, 1977).[26] 이런 경우 균형성은 오히려 진실 보도에 기여하지 못하는 관행에 불과하고 이러한 기계적 균형성만으로는 공정성 확보가 가능하지 않다는 결론에 도달하게 된다. 그런데 균형성이 양적으로만 확보될 수 있는 것은 아니며 질적인 기준적용이 오히려 중요한 원칙이라고 판단할지라도 '양적 균형성'에 대한 절대적인 무시가 아니라 여전히 언론의 공정성 판단에 있어, 정치적 가치 판단과 반대되는 입장이 '합당하게 취급'되어야 하며 '타당성의 근거'를 제시해야 한다는 점이 중요하게 지적되기도 한다(최영재·홍성구, 2004).[27]

객관 보도 옹호론자들 역시 수용자에게 충분한 정보를 제공하기 위해 '양측 모두 응답의 기회를 주는 형평과 균형'을 위한 노력 등을 중시한다는 측면에서

Philadelphia: University of Pennsylvania Press.

24 Kovach, B. & Rosenstiel, T. (2001). *The elements of journalism*. 이종욱 역 (2003). 『저널리즘의 기본요소』. 서울: 한국언론재단.

25 최영재 · 홍성구(2004). 언론자유와 공정성. 〈한국언론학보〉, 48(6), 336쪽.

26 Tuchman, G.(1977). Objectivity as strategic ritual: An examination of newsmen's notions of objectivity, *American Journal of Sociology*, 77, 660-679.

27 최영재 · 홍성구(2004). 언론자유와 공정성. 〈한국언론학보〉, 48(6), 326~342.

기회가 균등하지는 않더라도 소수의견이나 입장에 대해 방송이 적정한 접근권을 보장해주고 있느냐의 차원에서는 공정성에 대한 문제 제기가 가능하다(유승관, 2013).[28]

5. 전문영역에서의 방송 저널리즘 사례

우리는 지구온난화, 환경오염, 기상 악화 등 자연재해를 비롯한 환경문제가 날로 심각해지고 세계적으로 테러가 빈번한 위험사회에 살고 있다. 특히 다수의 사회적 재난이 발생하면서 이를 보도하는 언론의 보도 태도와 윤리 그리고 취재 및 보도 시스템 측면에서 많은 문제를 노정하였고, 이에 따른 반향으로 재난 보도와 관련된 인식 개선이 필요하다는 요구가 제기되었다.

재난은 더 이상 먼발치의 이야기가 아니다. 한 치 앞을 예상하기 어려운 인간의 숙명은 갈등과 위험이 증폭되는 현대사회에서 더 위태롭다. 우리나라에서도 2016년 9월 경주에서 역대 최고급인 진도 5.8의 지진이 발생해 영남지역에 영향을 주었고, 한반도가 지진에서 결코 안전한 지역이 아니라는 점을 또렷이 각인시켰다. 이는 전 국민의 트라우마가 되었다. 기후 이변으로 빈도도 높고 피해도 커지고 있는 태풍, 홍수, 가뭄, 폭우, 폭서 등과 같은 자연재해도 날로 심각성을 더하고 있다.

2002년 8월 우리나라에서 발생한 태풍 루사는 지금까지 중 최대인 6조 원대의 피해를 안겼다. 2022년도에는 54일간 역대 최장의 장마가 발생하여 강원도 지역에 가장 큰 피해를 주었고, 2023년에는 청주 오송에서 폭우로 인해 사상자가 다수 발생했다. 2023년 9월 리비아도 대홍수가 발생했고 홍콩도 139년

---

28 유승관(2013), 우리나라의 방송 공정성 심의규제 분석과 대안, 한국방송학회 특별세미나 발제문. 1-2.

만에 최악의 대홍수를 겪었고 노르웨이도 피해가 컸다. 이란은 51도까지 온도가 상승했고 이탈리아에서는 8월에 폭설이 내렸다. 2016년부터 국제법으로 효력이 발효된 파리협정의 목표는 산업화 시대(1850년~1900년) 대비 지구 평균 온도 상승을 2°C보다 아래로 유지하고 나아가 1.5°C로 억제하는 것이다. 이것이 임계점으로 기후재앙을 막을 수 있는 한계라고 한다. 바야흐로 글로벌 워밍(global warming)의 시대를 이미 지나 글로벌 보일링(global boiling)의 시대로 진입했다는 이야기도 나온다.

위험과 재난은 발전이나 개발이라는 명제를 포기하지 않는 한 피할 수 없는 운명일 수도 있다. 그러나 최소한의 우선순위는 정해야 할 것이다. 발전이나 개발이 생명보다 우선일 수 없다는 것 말이다. 그리고 재난을 최소화하기 위한 준비가 중요하다. 존 머터(John C. Mutter)는 『재난 불평등』(The Disaster Profiteers)이란 책에서 2010년 아이티에 진도 7.0의 지진으로 30만 명이 사망하고 22만 명이 부상한 데 비해, 같은 해 칠레에서 8.8의 지진이 발생했지만 이보다 훨씬 적은 525명의 사망으로 그친 이유를 사회적 구조 문제로 설명했다. 아이티는 가난하고 부패해서 허술한 건물, 후진적 정치시스템, 가난과 같은 요인이 재난의 규모를 더 키웠다는 것이다. 지진에 관한 연구 성과가 축적된 오늘날 과학자들은 지진을 예측하기 힘들다고 주장하지만, 지진 후 회복 과정은 예측하고 실천 가능하다. 즉 재난에 대한 경고 및 예방 시스템 구축과 이에 따른 신속하고 효율적인 대피는 사회적 현상이라는 것이다. 이를 위해 미디어는 매우 중요한 역할과 책임을 다해야 할 것이다(마티 스테펀스 외, 2018).[29]

---

29 Steffens, M., Wilkins, L.,Vultee, F., Thorson,E., Kyle, G. & Collins, K.(2012). Reporting Disaster on Deadline: A Handbook for Students and Professionals. 유승관 역(2018). 『현장 취재 전에 꼭 봐야 할 재난보도 매뉴얼』. 커뮤니케이션북스. 5-9.

1) 재난보도의 필요성

언론의 중차대한 기능 중 하나가 환경감시다. 환경감시 기능은 물리적 환경과 사회적 환경감시를 아우르는 개념이다. 이 중에서 급속한 기후변화로 인한 물리적 재난이 중요한 문제로 떠오르고 있다. 따라서 방송매체에서 환경감시자의 역할도 증대하고 있다. 재난에 대한 예방과 발생 시 신속하고 정확한 보도, 그리고 사후대책까지 재난의 단계별로 언론의 역할이 중요하다. 즉 방송매체는 발생한 재난과 갈등에 대해 신속하고 효율적으로 대처할 수 있는 정보를 제공하고, 발생 가능성이 큰 위험요인에 대해서는 지속적인 감시와 주의를 환기해야 하는 기능과 책임이 있다. 재난재해가 발생했을 때, 어떻게 하면 효과적인 재난재해 정보를 신속하게 전달해 피해를 최소화할 수 있을까 하는 것이 중요한 과제가 되는 것이다.

우리나라의 언론은 그동안 재난재해 사고를 보도하면서 많은 문제점을 드러내 왔다. 근본적인 원인을 파헤치기보다는 책임자 처벌요구 보도에 중점을 두거나, 냉철한 문제해결과 재발 방지를 위한 보도보다는 감정적이고 선정적인 보도로 치우치는 경향이 적지 않았다. 그리고 사태가 수습되고 나면 거의 보도를 하지 않고 사후대책의 실시 여부에 관한 확인 조치도 하지 않음으로써 관계 당국이 시간만 흘러가면 된다는 잘못된 인식을 하게 하는 데에도 일부 언론의 책임이 있다.

예상하지 못한 갑작스러운 위기상황에서 사람들은 정보를 얻기 위해 미디어에 의존할 수밖에 없으므로 미디어의 역할은 특히 중요하다. 특히 재난방송에 있어서 보도는 사실성, 접근성, 흥미성과 같은 기존의 저널리즘 보도기준과는 달리 전문성, 정확성, 그리고 계몽성과 예방성이 전제되지 않으면 안 된다. 즉, 재난재해 보도는 사실과 의견을 분리하지 않는 보도양식이나, 상업적이고 선정적인 보도양식을 자제하고, 취재 경쟁으로 인해 구조에 방해받지 않는 취재체계의 확립과 보도의 객관성, 일관성, 정확성을 유지하고, 참혹한 현장의 모습보다 재난구조의 내용을 우선으로 보도하여 객관적인 메시지를 전달하는 역할을 해야 한다. 재난재해 보도가 재난재해 확산을 방지하기 위해 사고내용을 보다 많은 사람에게 전달해주는 정보전달자의 역할과 동시에 방재 등의 사회적 기능을 담당해야 한다.

2) 재난재해 보도준칙

해외 뉴스통신사의 취재 보도의 기본적인 방향을 살펴보면, 로이터통신의 경우 재난으로 피해를 본 생존자 우선, 정확성, 과도한 표현, 진정한 보도 방향, 취재기자의 겸손, 희생자의 입장, 사전예방이나 안전교육을 중시하는 취재 방향을 제시하고 있다. AP통신의 경우도 취재기자의 사전 준비, 신속한 보도 준비, 취재원의 초상권 보호, 취재 시 오류의 신속한 정정 등을 기본으로 제시하고 있다.

이를 위해서는 보다 구체화된 재난보도에 관한 매뉴얼을 만들어 이를 사전 교육하고 숙지하도록 해야 하며, 나아가 전문성이 있는 재난보도 전문기자를 양성해야 할 것이다. 다음은 비영리 공익단체인 저널리스트를 위한 국제센터 (International Center for Journalists: ICFJ)의 가이드라인 중 일부를 원용한 재난보도에 대한 보도준칙의 제언이다.

〈취재단계〉

① 가능한 가장 상세한 정보를 제공한다: 어떤 것이 밝혀졌고, 어떤 것이 또한 밝혀지지 않았는지를 말해주어야 한다. 현장목격자의 말이 확실하지 않을

수 있다는 점도 유의해야 한다. 따라서 어떠한 오보도 부정확한 정보는 즉시 수정해야 한다.

② 추측성 보도를 금해야 한다: 모든 기사와 정보는 출처를 명기해야 하고 신뢰할 수 있는 출처여야 한다.

③ 복수의 소스를 사용해야 한다: 경우에 따라 정부라는 단일 소스에 의존하는 것보다는 전문가나 업계관계자로부터 받은 정보가 더 신뢰성이 높을 수 있다.

④ 맥락을 제공해야 한다: 오해를 불러올 수 있는 지나친 단순화나 축약을 삼가야 한다.

⑤ 주의 깊은 질문을 만들어야 한다: 잘 작성된 질문은 관계자의 답변 가능성을 높일 수 있다.

⑥ 지도를 제공해라: 시청자나 일반인이 재난의 양과 정도를 잘 이해할 수 있도록 하기 위한 방법으로 시각적인 정보는 효과적이다.

⑦ 모든 미디어를 활용해라: 정보를 온라인 수시로 업데이트하는 것 이외에 페이스북이나 트위터 등 소셜 미디어를 적극적으로 활용하는 것이 유용하다.

〈사후단계〉

① 관련 서류 및 기록 등을 조사해야 한다: 재난이나 사고의 초기 몇 시간 동안은 업데이트된 뉴스가 중요할 수 있으나 그 이후 단계에서는 재난의 원인과 결과를 찾아내는 것이 중요하게 된다. 따라서 이 단계에서는 동일하거나 유사한 재난에 대한 공문서나 기록을 찾아야 한다.

② 전문가와 협의하라: 건물 붕괴의 경우 건설 건축 전문가와 교육문제의 경우는 학생들이 어떤 영향을 받겠는지 등에 관해 교사나 상담사 등 전문가 활용이 유용하다.

③ 스토리를 계속 업데이트하고 추적해야 한다: 피해 정도나 물적 손해 등 사고의 진전에 따른 변화를 업데이트해야 한다.

④ 재난방지 대책과 예방 등에 대해 정밀보도를 해야 한다: 정부나 지자체는 재난에 대해 어느 정도의 준비를 해왔는지 유사한 과거의 재난에 대해 어떤 조치를 했는지에 대해 정밀한 조사를 해야 한다.

⑤ 재난의 패턴을 조사해라: 재난으로 인한 피해 정도를 정밀히 조사한다. 이러한 과정을 통해 어떤 시설이나 부분은 더 많이 또는 상대적으로 적게 영향을 받았는지에 대한 비교 분석과 제시가 가능하다.

⑥ 향후 예방과 미래의 준비사항에 대해 보도하라: 유사한 재난 시 대피방법과 예방법, 비상전화번호 등에 대해 안내한다.

재난재해 취재 보도의 실무지침에 대해서 로이터통신과 AP통신은 기본적인 재난보도의 실무지침을 사전에 교육하여 대비하고 있는 것으로 나타났다. 즉 최소한의 보호 장비, 예방조치, 안전수칙, 송출 장비, 인터뷰 요령 등을 제시하고 있다. 이러한 실무지침은 반드시 필요하겠지만 재난 보도가 특정 기자의 몫만이 아닌 인명을 보호하고 안전을 우선시한다면 현장에 가까운 취재기자가 일보를 제공하는 시스템이 보완되어야 할 것이다. 이를 위해서는 평소에 전체 기자에 대한 재난보도 교육이 이루어져 있어야 한다. 이와 같은 평소 재난보도에 대한 뉴스통신사나 언론사 자체의 의지와 노력이 있을 시 신속한 보도와 인명을 구조하고 안전을 유지할 수 있을 것이다. 따라서 향후 취재 신속성과 속보성을 유지하는 동시에 인권을 최대한 보호하는 상시적인 취재 보도 교육을 통해 재난재해 보도가 보다 효율적으로 이루어져야 할 것이다.

재난재해 보도를 위한 기본적인 실무지침의 방향을 로이터, AP통신, 그리고 저널리스트를 위한 국제기구(International Center for Journalists: ICFJ)에서 제시하고 있는 기본지침을 중심으로 제시하면 다음과 같다.

(1) 재난보도를 위해 숙지해야 할 사항과 준비사항에 대한 사전교육을 평소 실시한다.

(2) 대규모 재난재해가 발생하면 〈긴급〉 또는 〈1보〉 등의 형식으로 가능한 한 가장 신속하게 보도해야 한다. 해당 지역이나 분야 담당 취재기자는 재난

재해 발생 소식이 관계기관에서 들어오면 간단한 사실 확인 작업을 거쳐 데스크 보고와 함께 긴급 또는 1보를 처리하고 현장 취재 등 후속 취재에 들어가야 한다. 긴급이나 1보는 사안의 긴급성이나 비중을 따져 처리함으로써 긴급이나 1보가 남발되지 않도록 해야 한다.

(3) 담당 데스크는 현장 취재가 결정되면 편집국장에게 보고하는 한편, 관련 부서장과 협의해 사진기자, 영상취재 기자 동행 여부를 결정한다. 편집국장은 사안 규모에 따라 사내 방송과 함께 자막 보도, 인터넷 보도, 그래픽 등 업무 협조를 요청하고 추가 인원 투입이나 지원 요청 여부를 결정한다.

(4) 현장 취재기자 유의사항
- 유무선 통신망을 확보해 즉시 기사 송고를 준비해야 한다.
- 재난재해를 촬영한 화면을 현장에서 입수할 수 있는지 파악해야 한다.
- 최초 목격자, 사고 유발자, 현장 책임자를 찾아 인터뷰를 시도해야 한다.
- 현장이 수습되기 전 상황을 최대한 사진이나 영상으로 담아야 한다.
- 사실을 있는 그대로 중계 보도해야 한다.
- 사고현장을 과도하게 보도하는 것은 피해야 한다.
- 탐문, 목격자의 증언, 증거 등을 활용 보도한다.
- 실종자와 피해자를 평가나 가치 개입 없이 보도한다.
- 사고현장이나 구조현장을 생생하게 보도한다.
- 사고현장의 생중계나 대책본부 등의 상황을 개괄적으로 보도한다.
- 도표와 자료를 활용하여 사건의 원인을 분석, 해설하여 보도한다.
- 과거에 일어난 사건을 새롭게 구성, 그래픽이나 사진을 통해 현실감을 부여 보도한다.

(5) 관련 서류 및 기록 등을 조사해야 한다: 재난이나 사고의 초기 몇 시간 동안은 업데이트된 뉴스가 중요할 수 있으나 그 이후 단계에서는 재난의 원인과 결과를 찾아내는 것이 중요하게 된다. 따라서 이 단계에서는 동일하거나 유사한 재난에 대한 공문서나 기록을 찾아야 한다.

(6) 재난방지 대책과 예방 등에 대해 정밀보도를 해야 한다: 정부나 지자체는 재난에 대해 어느 정도의 준비를 해왔는지 유사한 과거의 재난에 대해 어떤 조치를 했는지에 대해 정밀한 조사를 해야 한다.

결론적으로 향후 재난보도의 방향으로서 유의할 점은 사고현장의 상황과 피해 상황에 대한 보도, 생존자에 대한 상황, 구조 및 의료상황, 정부나 관계기관의 대책과 같은 사실 중심의 취재 보도가 중요하다. 신속성만큼 중요한 덕목으로 실제 일어난 상황을 그대로 보도하는 사실성, 종합적이고 구체적인 보도, 현장감, 재난 원인에 대한 추적 보도가 이루어져야 할 것이다.

언론의 상업화와 경쟁으로 인한 선정성과 과열취재 경쟁의 폐해는 고질적인 관행으로 지적되었다. 피해자의 인격권 보호나 아픔을 위로하거나 최소화시키기보다는 언론 스스로가 더욱 감정적으로 되어 극적, 주관적 보도, 축소 및 과장 보도, 추측성 보도, 인간적 흥미를 자극하기 위한 방편으로 이용하는 선정적 보도 경향 등이 대표적인 문제였다.

재난보도에 있어서 속보성보다는 정확성을 중시하고, 인권이나 초상권 등의 기본권을 보호하고, 피해자의 심리적 안정을 도모하고 피해자의 입장에서 피해자 중심의 재난보도가 이루어져야 할 것이다. 그리고 사고현장 상황을 있는 그대로 알리고 사고의 원인을 찾는 것이 최우선이지만 재난이나 사고가 완료된 이후에는 이에 대한 심층 조사를 통해 문제점과 개선 방향을 제시할 수 있도록 노력해야 할 것이다(유승관, 2014).[30]

6. 방송보도의 문제점과 미래

방송보도는 미국에서 1980년대 초반까지만 해도 세계를 향한 눈과 귀 또는 세계를 향한 창(window)이라고 일컬어졌다. 그러나 정보 위주의 네트워크 뉴스는 점점 시청자를 잃고 있다. 이들의 가장 치열한 경쟁자는 지역 가맹사 뉴스

---

30   유승관(2014). 외국의 재난보도 기준 및 보도사례. 〈언론 중재〉, 131호, 18-27.

로 뉴스를 품격 있게 전달하는 공중파 네트워크와는 다른 포맷으로 뉴스를 전달한다. 이른바 인포테인먼트 형식을 가미한 프로그램이다. 이것은 뉴스를 품격 있게 요약하고 정보를 정확하고 객관적으로 그리고 종합적으로 전달하는 데는 별 관심이 없다. 이러한 형태의 프로그램이 시청률을 올리자 유사 프로그램이 범람하여 국내외적으로 뉴스의 타블로이드 경향도 심해지고 있다.

이와 같은 뉴스의 타블로이드화, 연성화와 함께 뉴스의 선정주의도 문제다. 상업신문의 주요한 특징 중 하나였던 선정주의가 방송매체에서도 반복되는 것이다. 특히 텔레비전은 기본적으로 저관여 매체이기 때문에 시청자의 관심과 주목을 높이기 위해서는 흥미를 끄는 요소를 가미하지 않을 수 없다. 이러한 점이 방송뉴스를 선정적으로 만드는 원인이기도 하다.

관급뉴스에 대한 의존도가 높다는 것도 문제다. 우리나라의 뉴스보도는 주로 제도화한 기관에서 가공된 정보를 제공하는 공식적 채널에 많은 부분 의존한다. 이 중 대표적인 것이 프레스 릴리스(press release)로 각종 정부 부처나 기관, 기타 대기업이나 사회단체 등에서 자신들이 의도적으로 선택한 정보를 해당 기관의 대변인이나 홍보담당자를 통해서 미디어에 전달하는 것으로 엄밀히 보았을 때 홍보나 일방적인 선전에 가깝다.

이러한 현상은 방송뉴스의 공정성, 균형성, 독립성 등에 매우 부정적인 영향을 줄 수 있기에 관급뉴스의 양적 비중도 줄이고, 보다 자발적인 뉴스소스를 개발해야 할 필요가 있다. 또한, 자발적 채널을 이용하는 경우에도 자연적으로 발생한 사건의 취재나 보도에는 팩트에 기반을 둔 정확성을 확보하기 위해 주의를 기울여야 한다. 그리고 인터뷰나 심층적인 분석, 사건에 관한 해설을 포함하는 독립된 취재나 기자의 분석 등이 부족한 점에 대해서도 개선을 위한 노력이

필요하다(김우룡, 2002).[31]

　그 자신이 증가하는 상업적 논리의 영향력에 종속되는 저널리즘은 대중 선동의 경향에 의해 항상 사로잡힌 정치의 장에 영향을 준다. 이 영향력은 정치적 장의 자율성을 약화시키는 데 기여하고 집단적 가치의 수호자 권위를 내세우는 대표들에게 부여한 능력을 약화시키기도 한다. 이같이 상업적 논리의 직 · 간접적 지배에 점점 더 종속되어 가면서 강화되는 저널리즘 장은 다른 문화생산 장들의 자율성을 위협할 수 있다는 점을 간과해서는 안 된다(부르디외, 1994).[32]

31　김우룡(2002). 위의 책, 323-325.

32　부르디외, 피에르(1994). 현택수 옮김(1998). 『텔레비전에 대하여』. 동문선. 129-134.

참고문헌

강명구(1989). 탈사실의 시대에 있어 뉴스 공정성의 개념구성에 관한 연구. 〈신문연구 소학보〉, 26, 85-111.

강태영(2004). 텔레비전 보도와 공정성 기준. 한국방송학회 세미나 주제발표집. 1-18.

권혁남(2002). 선거환경변화에 따른 효과적 선거방송 운영방안 연구. 방송위원회 〈공정선거방송 모델 연구〉.

김 규(1996). 『방송미디어』. 나남.

김민익(2005). 한국 신문의 제17대 국회의원 선거보도 경향 분석. 〈선거논단〉, 중앙선거관리위원회, 315-316.

김민환 · 한진만 · 윤영철 · 원용진 · 임영호 · 손영준(2008). 〈방송의 공정성 심의를 위한 연구〉. 방송통신심의위원회.

김영임 · 김우룡(1998). 『방송학 개론』. 한국방송대학교 출판부, 131-132.

김우룡(2002). 『현대 방송학』. 나남.

김춘옥(2005). 『방송 저널리즘』. 커뮤니케이션북스

박재영(2005). 공정성의 실천적 의미: 문화일보 2002년 대선 보도의 경우. 〈한국언론학보〉, 49(2), 167-195.

부르디외, 피에르(1994). 현택수 옮김(1998). 『텔레비전에 대하여』. 동문선.

오정국(2013). 『미디어 글쓰기』. 아시아.

유승관(2013). 우리나라의 방송 공정성 심의규제 분석과 대안, 한국방송학회 특별세미나 발제문.

유승관(2014). 외국의 재난보도 기준 및 보도사례. 〈언론 중재〉, 131호, 18~27.

윤성옥(2009). 선거방송 심의규정의 실제 적용과 문제점. 〈한국언론정보학보〉, 45호, 384-425.

이민웅(2008). 『저널리즘의 본질과 실천』. 나남.

이효성(2002). 선거 보도 개선을 위한 이론적 논의와 제언. 〈선거 보도 가이드라인 제정을 위하여〉. 2002년 한국언론학회 세미나(7. 30.).

한수연·윤석민(2016). 종합편성채널이 출범이 지상파방송 뉴스에 미친 영향. 〈한국방송학보〉, 30(1), 169-210.

최영재·홍성구(2004). 언론자유와 공정성. 〈한국언론학보〉, 48(6), 326-342.

Golding, P. & Elliott, P. (1979). *Making the news*. London: Longman.

Hackett, R. A. (1984). Decline of a paradigm: Bias and objectivity in news media studies. *Critical Studies in Mass Communication, 1*, 229-259.

Kovach, B. & Rosenstiel, T. (2001). *The elements of journalism*. 이종욱 역(2003). 『저널리즘의 기본요소』. 서울: 한국언론재단.

Shiller, D. (1981). *Objectivity and the news*. Philadelphia: University of Pennsylvania Press.

Steffens, M., Wilkins, L., Vultee, F., Thorson, E., Kyle, G. & Collins, K.(2012). Reporting Disaster on Deadline: A Handbook for Students and Professionals. 유승관 역(2018). 『현장 취재 전에 꼭 봐야 할 재난보도 매뉴얼』. 커뮤니케이션북스.

Tuchman, G.(1977). Objectivity as strategic ritual: An examination of newsmen's notions of objectivity, *American Journal of Sociology*, 77, 660-679.

제8장

방송과 정치 및 제도

방송은 현대 생활에 다방면에 영향을 미친다. 그중에서도 가장 중요한 기능 중 하나가 정치적인 영향이다. 방송은 정당정치를 대신하는 미디어를 통한 민주주의를 구현한다. 이 같은 기능은 평상시 방송되는 뉴스보도나 평론 프로그램 같은 저널리즘 기능을 통해 장기적이고 간접적으로 수용자의 의제설정과 여론형성에 영향을 주지만, 선거를 위한 후보자 토론회나 정치광고 등을 통해 더욱 직접적인 영향을 미친다. 이 장에서는 이와 같은 방송의 정치적 기능과 영향에 대해 살펴본다. 다음으로 우리나라 방송을 형성하는 제도적 특성에 대해 살펴보도록 한다. 방송제도는 세계적으로 공통적인 부분도 있지만, 국가의 고유한 정체성을 반영하기 때문에 나라별로 차이가 있다. 이를 통해 우리나라 방송제도의 고유한 정체성은 무엇인지에 대해서도 살펴볼 것이다.

1. 방송과 정치

1) 선거 관련 보도

현대 정치의 두드러지는 점은 정당을 중심으로 한 정치 활동이 방송을 비롯한 각종 뉴미디어를 활용하는 미디어에 의해 대체되고 있다는 점이다. 전통적으로 텔레비전은 정치 메시지를 확산하는 본격적인 선전매체의 기능을 수행해 왔다.

우리나라는 선거에서 많은 제약과 한계를 갖기 때문에 입후보자에 대한 정보나 정책을 알기 위해 방송을 많이 이용한다. 후보자가 유권자의 집을 방문하지 못하고, 유권자들은 유세장을 직접 찾는 경우가 많지 않기 때문에 후보자들이 방송 매체를 최대한 이용하고, 결론적으로 방송이 대통령을 비롯한 국회의원, 지자체장과 국회의원을 선출하는 데 매우 강력한 영향을 주고 있다. 선거에 방송 매체가 이용된 것은 1924년 제30대 미국 대통령 선거부터로 쿨리지(John Calvin Coolidge) 후보가 라디오방송을 통해 선거 연설을 한 것이 첫 번째 사례가 되었다. 세계 최초의 정규 라디오방송이 1920년에 시작되었다는 점을 고려해 볼 때 방송은 초창기부터 선거에 활용되었음을 알 수 있다(원우현, 1991; 한진만 외, 2016).[1]

한편 텔레비전이 정치에 활용된 것은 1952년 미국에서다. 제2차 세계대전의 영웅 아이젠하워가 개선장군으로 귀국하자 그를 클로즈업 시켰고, 이에 대해 공화당 대통령 후보로 나서려던 로버트 태프트(Robert Taft)가 등시간 조항을 내세우며 자신에게도 방송에서 동등한 시간을 할애할 것을 요구한 것이다(장을병, 1981; 한진만 외, 2016).[2]

텔레비전의 등장은 선거운동 방식에 전면적인 영향을 주게 되었다. 텔레비전의 등장 이후 선거운동의 주체가 정당에서 후보자 개인으로 상당 부분 옮겨진 것이다. 대규모 조직을 동원하지 않더라도 다수의 유권자에게 쉽게 다가갈 수 있는 새로운 방식이 생겼기 때문이다. 따라서 선거운동에 있어서 정당 조직에 대한 의존도가 줄고 대신 후보자 개인의 능력과 이미지가 더욱 중요하게 되었다(최영재, 2006; 한진만 외, 2016).[3]

---

1 한진만·박은희·정인숙·주정민(2016). 『새로운 방송론』. 커뮤니케이션북스. 237쪽.

2 한진만·박은희·정인숙·주정민(2016). 위의 책, 237쪽.

3 한진만·박은희·정인숙·주정민(2016). 위의 책, 238쪽.

2) 선거방송 토론

프랑스에서 드골이 국가적 영웅이 된 것은 2차 대전 중 영국의 BBC방송을 통해 프랑스 국내 레지스탕스에 보낸 메시지 덕분이었으며, 케네디가 1960년 선거에서 닉슨을 이긴 것도 텔레비전의 영향이 컸다. '텔레비전은 대통령을 만들어내는 판도라의 상자'라는 말이 어색하지 않은 이유다(김기도, 2003).[4]

정치광고는 매체 시간 비용이나 제작비가 많이 들기 때문에 제한된 범위에서 사용될 수밖에 없다는 한계가 있다. 이에 대한 대안이 텔레비전 토론으로 후보자들이 무료로 미디어에 출현할 기회를 가질 수 있기 때문이다. 우리나라는 1997년 제15대 대선부터 후보자 간의 본격적인 토론이 성사되었다. 미국의 선거방송 토론은 1948년 5월 17일 최초의 라디오 토론이 시작이었다. 그러나 이 토론회는 후보자 간 논쟁이 아니라 각 후보의 정치적 메시지를 단순히 전달한 연설에 가까웠다. 텔레비전 토론의 시작은 1952년 공화당과 민주당에서 다수의 토론자가 출연하여 논쟁을 벌인 것이 시작이다. 그 후 1956년에 최초로 전국적인 당내 경선을 위해 TV토론이 개최되었다. 1959년에 의회는 「커뮤니케이션법」 315조를 수정하여 선거방송의 규제조항인 '동등시간의 원칙'(equal time law)과 '형평의 원칙'(fairness doctrine)을 수정하게 된다.

1960년에는 일명 '대토론회'(The Great Debates)라고 부르는 케네디와 닉슨의 토론이 있었다. 처음부터 공화당 닉슨 후보에게 뒤지던 민주당 케네디 후보가 세 번에 걸친 텔레비전 토론 결과 새로운 대통령으로 당선되었다. 케네디의 당선에 이 토론회가 매우 큰 영향을 유권자에게 주었다는 평가가 있어 많은 학

---

4 김기도(2003). 『미디어 선거와 마케팅 전략』. 나남. 87쪽.

자와 전문가들은 이것이 텔레비전 정치토론의 획기적인 전환점이 되었다고 보고 있다.

미국에서 정치와 선거 관련 보도의 주요 원칙에 대해 살펴보자. 먼저 '동등시간의 원칙'은 만약 어떤 방송국이 한 정치 후보자에게 시간을 제공한다면 같은 공직에 출마하는 다른 후보에게도 같은 시기에 동일한 양의 시간을 할애해야 한다는 규정이다.

그런데 '동등시간 원칙'을 적용하지 않는 예외가 있는데 진실한 뉴스(bona fide newscast), 진실한 뉴스 인터뷰(bona fide news interview), 진실한 뉴스 다큐멘터리(bona fide news documentary), 진실한 뉴스 사건의 현장 취재 보도 (on-the-spot coverage of bona fide news events)로 이 같은 유형에는 '동등시간 원칙'을 적용하지 않는다. 즉 후보자가 방송의 순수한 뉴스보도 대상으로 등장하는 경우, 후보자가 방송국에서 기획한 인터뷰에 등장하는 경우(선거에 임박해서 기획한 임시프로그램이 아닌 정규 프로그램이어야 하고, 형식이 정해져 있어야 하며, 정치적 정실주의가 배제된 공정한 방송이어야 한다는 전제가 있음), 후보자가 뉴스 다큐멘터리에 등장하는 경우(단 후보자가 주제 관련 부수적인 역할이어야 함), 후보자가 현장 보도의 대상이 될 만한 사건을 전하는 경우는 예외로 한다. 이 같은 조치는 선거 관련 방송에 있어서 지나친 규제는 오히려 유권자의 알권리에 부정적 영향을 줄 수 있으므로 방송사의 자율적 판단에 맡기는 것이다.

'형평의 원칙'은 논쟁이 되는 문제를 다룰 때 어떤 견해를 제시할 경우 반드시 그와 반대되는 견해를 표현할 동등한 기회를 제공해야 한다는 원칙이다. 여기서 동등한 기회란 산술적인 균형을 요구하는 개념은 아니고 각 견해에 제공되는 시간의 총량, 빈도, 방송물이 방송되는 동안의 시청자 수를 고려한다. 그

러나 이 원칙은 1987년 폐지되어서 현재 법적인 구속력은 없다(한진만 외, 2016).[5]

선거방송 토론은 직접 유세에 의한 선거비용을 경감시키고, 정치적 무관심 층이나 부동층에게 선택의 기회를 부여한다는 장점을 지닌다. 이러한 장점 때문에 미국, 일본, 프랑스 등 선진국에서 일반화되었지만, 내용보다 이미지 정치를 조장하고 상대의 실수만을 기다리는 제도라는 등의 비판도 있다(한국방송개발원, 1994, 65쪽: 김우룡, 2002, 32쪽 재인용). 동문서답, 꼬리잡기, 상대 약점 집요하게 추구하기, 문제은행식 질문, 무조건 자신이 아니면 안 된다는 식의 결론, 정치 담론의 개인화 등은 보는 이로 하여금 답답함과 인물 중심 이미지 정치의 폐단을 양산하기도 한다. 무책임한 주장을 하거나 거짓말하는 후보자는 추후라도 응분의 책임을 져야 할 것이고 매니페스토(manifesto) 운동을 통한 사후 검증이 필요하다. 토론회에서 사회자의 역할을 강화하고 시민단체가 질문 의제에 참여하고, 시민참여의 폭을 확대하는 방안도 필요하다(김기도, 2003).[6]

3) 정치광고

정치광고는 "정보원(후보자 · 정당)이 매스미디어를 통하여 유권자의 정치적 태도, 신념 그리고 행위에 의도적 효과 또는 영향을 미칠 수 있는 정치적 메시지를 유권자들에게 노출하기 위한 기회를 구매하는 커뮤니케이션 과정"으로 유권자들에게 직접 설득적인 메시지를 제공하는 가장 대표적인 방법이다.

우리나라에서는 1992년 제14대 대통령 선거에서 최초로 텔레비전을 이용

---

5   한진만 · 박은희 · 정인숙 · 주정민(2016). 위의 책. 242-243.

6   김기도(2003). 『미디어 선거와 마케팅 전략』. 나남. 88쪽.

한 정치광고가 사용되었다. 정치광고는 후보자가 자신의 이미지나 공약을 일반 유권자들에게 알리기 위해 광고를 제작하고 특정 광고시간을 구매한다는 점에서 일반광고와 차이가 없지만, 그 내용에 있어서 일반광고보다 제약이 있다. 정치광고는 특정 시간을 구매해야 한다는 점에서 금전적으로 취약한 후보에게는 불리하다. 텔레비전 정치광고의 비용 문제는 선거자금과 연관되기 때문에 정치 신인보다는 선거 보조금을 충당할 수 있는 기존 정당의 후보에게 유리할 수 있다. 오늘날 선거 캠페인에서 정치광고에 많은 시간을 할애하는 것은 그만큼 정치광고가 선거에서 중요한 위치를 차지하고 있음을 입증한다(김우룡, 2002).[7]

4) 선거방송 유형

〈공직선거법〉에서 제도적으로 허용하고 있는 선거방송 유형은 선거운동을 위한 방송광고(제70조), 후보자와 연설원의 방송 연설(제71조), 방송시설 주관 후보자 연설의 방송(제72조), 경력 방송(제73조), 단체의 후보자 등 초청 대담·토론회(제81조), 선거방송토론위원회 주관 대담·토론회(제82조의 2), 선거방송토론위원회 주관 정책 토론회(제82조의 3) 등이 대표적이다.

5) 국회방송

우리나라는 1995년 케이블 방송이 출범하면서 의회방송을 전문으로 하는 KTV가 등장했다. KTV 국민방송은 1948년 11월 대통령령 제15호로 공보처 공보국 영화과의 창설과 함께 처음 설치되었다. 그 이후 1949년 대한영화사, 1961년 국립영화제작소, 1994년 국립영상제작소, 2007년 한국정책방송원, 그

---

7 김우룡(2002). 『현대 방송학』. 나남. 29-30.

리고 2014년 현재의 KTV 국민방송으로 자리 잡았다.

KTV 국민방송은 정부의 정책을 '수혜자인 국민에게 널리 확산시키고, 공감을 끌어내기 위해 우리 생활과 직결되는 정부 정책과 공공 정보를 담은 다양한 프로그램을 제작, 방송하고 이러한 프로그램을 모두 모아 보관하고 관리함으로써 후대에도 편리하게 볼 수 있도록 하는 것을 목표로 한다.

이를 위해 주요 정책성과나 국정 현안에 대한 홍보를 강화하고, 국민 참여프로그램을 확대, 부처 주요 정책의 생중계를 통해 정책 현장의 소통을 강화한다. 또한, 한류 확산을 위한 관광 프로그램을 제작하거나 국민 참여프로그램을 확대하는 등의 기능과 역할을 하고 있다는 점에서 공익성이나 공영성을 가진다. 2019년 KTV 국민방송은 지상파, 종편, 스포츠 연예 등 전문채널을 제외하고, 공공·공익 채널 중 유일하게 시청률 40위대를 유지하는 성과를 올렸다.

국회방송은 1988년 6월 국회 의사 중계방송을 위해 국회법에 근거하여 마련된 것을 시작으로 2002년 11월 국회방송 전용 채널을 확보하여 2004년 5월 정식으로 개국하였다. 의회 전문채널로서 국회의 회의 및 입법 활동과 관련된 다양한 프로그램을 편성하여 채널의 전문성을 확보하고, 국회와 국민의 가교역할을 강화하여 국민 여론을 수렴하는 프로그램을 편성, 국회와 국민 간의 친밀함을 제공하는 것을 목표로 한다.

국회방송은 국민의 알권리를 충족시키기 위한 공공방송으로 국회의 활동과 정책 현안, 입법 정보 등에 대한 폭넓은 정보를 공정하게 제공하고, 국민 교육적 기능을 강화하기 위해 입법 과정 및 의회 민주 정치 과정에 관한 심층적인 편성을 통해 정치 교육의 기능을 수행하는 역할을 한다. 또한, 입법 정보에 대한 충실하고 심층적인 분석으로 국민의 알권리를 최우선으로 보장하고, 정책 현안 및 국민 제안에 대한 객관적이고 공정한 방송을 제공한다는 점에서 공익성과 공영성을 가진다. 국회방송은 2003년 9월 국회 운영 위원회, 국회방송 전용 채널을 확보하고 방송채널사용사업자(PP)를 획득하여 2003년 12월 방송위원회에서 공공채널로 선정되었다(이상식 외, 2020).[8]

미국의 경우 케이블 텔레비전 산업은 1979년에 C-SPAN(Cable-Satellite Public Affairs Network)을 출범시켰다. 이러한 기금으로 인해 네트워크의 정치적 공정성, 중립성과 독립성을 유지하고 있다는 평판을 얻고 있다. 1980년, C-SPAN은 첫 번째 대통령 선거를 취재하고 전국적인 시청자 참여프로그램을 개척했다. 1982년까지 C-SPAN의 편성은 하루 24시간, 일주일에 7일로 확대되었다. 현재 약 275명의 직원을 두고 있으며 24시간 내내 운영된다. 프로그램은 약 7,900개의 케이블 시스템을 통해 약 8,600만 TV 가정에서 이용할 수 있다. 상하원 의사 진행과 지방 및 총선거의 생중계를 비롯해 3개의 C-SPAN 채널은 정부 청문회, 후보 연설 및 토론회, 기자회견 등을 방송하고 있다. 대표적인 프로그램은 Road to the White House, Booknotes, Washington Journal, American Presidents와 같은 것이 대표적이다(Waldman, 2011).[9] C-SPAN은 1979년부터 하원의 의사결정과정을 중계하고, 1986년 발족한 C-SPAN 2는 상원의 의사결정과정을 그리고 C-SPAN 3은 의정활동을 생중계하기도 하고 역사물을 방송하기도 한다(임정수·박남기, 2008).[10]

2009년 조사에 따르면 케이블 TV 가정의 21%인 약 3,900만 명의 시청

8   이상식, 유승관, 김희경, 김정명, 장지연(2020). 공공·공익채널 등 정부 지원 방송채널 평가방안 연구. 방송통신위원회 보고서. 31-32.

9   Waldman, S. (2011). *Working Group on Information Needs of Communities.* July 2011, available at https://www.fcc.gov/infoneedsreport

10   임정수·박남기 (2008). 〈의무편성 채널 제도 개선방안 연구〉. 방송통신위원회 연구보고서.

자들이 C-SPAN을 때때로 또는 규칙적으로 시청한다고 한다(Pew Research, 2010).[11] C-SPAN은 현재 23개 주 및 컬럼비아 특별구에 케이블 TV를 통해 공공 정책, 주 입법, 행정, 사법 및 다양한 종류의 공공 업무 프로그램을 방송하고 있다. 전미 공공문제 네트워크연합(National Association of Public Affairs Networks)에 의하면 16개 주는 독립적인 SPAN을 운영하는 것으로 파악되었다. 그런데 위성방송은 알래스카를 제외한 어떤 주에서도 SPAN을 방송하지 않고 있다(이상식 외, 2020).[12]

6) 여론조사

선거방송에 이용되는 여론조사는 크게 두 가지가 있다. 여론조사 결과 공표 금지 기간 이전에 발표할 수 있는 후보자 지지도 조사와 선거 당일 투표 종료 후에 발표할 수 있는 선거 예측 조사다. 방송사들은 여론조사의 공정성을 기하기 위해 가이드라인을 마련하고 있다. KBS는 "후보자 지지도 조사를 수행할 때는 과학적이고 공정한 방법을 이용해야 하며 그 결과를 발표할 경우 특정 후보에게 유리하게 작용하는 방식으로 이용하는 것을 피해야 한다"라고 제시하고 있다.

선거 예측 조사는 사안의 중대성을 고려해서 기획 단계에서부터 실행, 분석, 보고에 이르기까지 과학적 여론조사 방법을 적용해야 한다. 공표나 보도를 목적으로 선거에 관한 여론조사를 하는 경우 피조사자에게 여론조사 기관, 단체

---

11 Pew Research Ctr. for the People & the Press, Americans Spending More Time Following the News 87 (2010), *available at* http://people-press.org/files/legacy-pdf/652.pdf.

12 이상식, 유승관, 김희경, 김정명, 장지연(2020). 공공 · 공익채널 등 정부 지원 방송채널 평가방안 연구. 방송통신위원회 보고서, 91쪽.

의 명칭, 주소, 또는 전화번호와 조사자의 신분을 밝혀야 하고, 조사 대상의 전 계층을 대표할 수 있도록 표본을 선정해야 한다.

현행 〈공직선거법〉은 선거 여론조사에서 다음 사항에 대해 금지하고 있다. 첫째, 특정 정당 또는 후보자에게 편향되도록 하는 어휘나 문장을 사용하여 질 문하는 행위 둘째, 피조사자에게 응답을 강요하거나, 조사자의 의도에 따라 응 답을 유도하는 방법으로 질문하거나, 피조사자의 의도를 왜곡하는 행위 셋째, 오락, 기타 사행성을 조장할 수 있는 방법으로 조사하는 행위 넷째, 피조사자의 성명이나 성명을 유추할 수 있는 내용을 공개하는 행위 등이다.

선거운동 기간 중 여론조사 결과를 보도하고 선거 결과를 예측하는 것은 유 권자의 흥미를 유발할 수 있지만 조사 방법이나 해석이 부정확할 경우 선거에 매우 부정적인 결과를 줄 수 있기에 주의가 필요하다(한진만 외, 2016).[13]

'민심은 천심'이라는 말이 있다. 위정자들이 백성의 마음을 올바로 헤아려 바른 정치를 해야 한다는 금언이다. 복잡다기한 현대에도 이 말이 지닌 의미는 변하지 않았다. 하지만 인구 팽창과 더불어 다양한 의견이 존재하는 현대사회 에서 민심을 정확히 알아내기란 쉽지 않다. 그래서 필요한 것이 여론조사다.

여론조사의 대부인 조지 갤럽(George Gallup)은 장모인 올라 밀러가 주지사 선거에 출마하자 여론조사를 통해 당선을 예측했다. 무작위 표본추출기법을 개 발한 그는 여론을 과학적 방법을 통해 숫자로 계량화했다. 1935년 여론연구소 를 설립하고 1936년 미국 대선에서 루스벨트의 당선을 정확히 예측해 명성을 날렸다. 이후 여론조사는 현대 민주주의의 주요한 수단으로 이용되고 있다. 중 요한 국내외 사건에 대한 영향력뿐만 아니라 권력을 위임받은 정치인들의 정책

---

13 한진만 · 박은희 · 정인숙 · 주정민(2016). 위의 책. 247-248.

결정에 대중의 뜻을 반영하는 자료가 되었다. 특히 선거에서 여론조사는 후보와 유권자 쌍방에 상당한 영향을 미친다. 후보들이 난립할 때는 경쟁력 있는 소수의 후보들로 압축해주는 여과기능도 수행한다.

여론조사는 이러한 긍정적 측면에도 불구하고 부작용도 많고 매번 예측에 성공하는 것이 아니다. 1996년 제15대 총선 당시 TV 방송사들이 벌인 여론조사는 세계 선거 여론조사 역사상 최악으로 평가될 정도로 결과 예측에 실패했다. 비록 당선자를 맞히기는 했지만 많은 선거구에서 표본오차 범위를 벗어났다. 이러한 실패는 2000년 제16대 총선에서도 일어났고 2020년 총선에서도 일어났다.

따라서 여론조사가 민심을 측정하는 유용한 수단이긴 하지만 그 자체가 가지고 있는 위험성과 부작용을 간과해서는 안 된다. 여론조사는 표본추출방식, 표본 수, 무응답층 분류방식 등에 의해 영향을 받기 때문이다. 여론조사에 응하는 다중의 정직성을 문제 삼지 않더라도 지지율이 높은 후보에게 표가 쏠리는 '밴드웨건'(bandwagon)효과나 지지율이 미미한 후보에게 동정표가 쏠리는 '언더독'(underdog)효과 등 여론조사 자체가 또 다른 여론을 형성하는 부작용이 나타나기도 한다. 여론조사에 의한 대중조작의 위험성도 등장한다. 투표 시점이 가까워지면 여론조사 결과를 공표하지 못하도록 법으로 금지하는 이유도 이 때문이다(김기도, 2003).[14]

이에 더해 언론이 여론조사를 발표할 때는 조사의 주체, 조사 방법, 모집단, 응답자 수, 표본오차, 조사 기간뿐만 아니라 조사에 사용된 설문과 답변 전체를 함께 공개하는 것이 바람직하다. 그리고 여론조사의 신뢰성을 높이기 위해서는

---

14 김기도(2003). 『미디어 선거와 마케팅 전략』. 나남. 61-62.

언론사 공동의 여론조사를 하는 것도 바람직한 방법이다(김기도, 2003).[15]

7) 선거 보도의 특성 및 문제점

우리나라 선거 관련 보도에서 많은 문제로 지적되는 부분은 다음과 같이 몇 가지로 집약할 수 있다.

(1) 개인화된 보도

개인화 보도는 '개인 정치인에 대한 강조에 치중하고 정당이나 조직, 제도에 대한 감소'를 의미한다. 의회선거에서 정당은 전통적으로 중요한 역할을 하지만 소속 정당보다 개별 정치인의 존재가 더 중요하게 평가된다. '지도자화'(presidentialization)는 지도적인 위치에 있는 정치인이나 정당 지도자에 초점을 맞추는 것을 의미한다. 개인화된 보도는 공적, 사적 측면에서 모두 개별 정치인에 관련된 보도를 말한다(Takens & Atteveldt, 2013; 권혁남, 2014 재인용).[16] 우리나라 선거 보도에서는 개인화된 보도와 지도자화 보도 경향이 뚜렷한 편이다. 특히 지도자화 보도 성향은 국회의원 선거에서 두드러진다. 국회의원 선거임에도 불구하고 뉴스의 초점이 국회의원 후보가 아니라 정당 지도자인 경우도 많다(Takens & Atteveldt, 2013; 권혁남, 2014 재인용).[17]

---

15 김기도(2003). 위의 책. 66쪽.

16 권혁남(2014). 정치의 미디어화와 선거 보도 특성 변화에 관한 연구. 『방송문화연구』, 26(2), 21쪽.

17 권혁남(2014). 위의 책, 21쪽.

(2) 경쟁 보도

경마식 보도라고 불리기도 하는 보도 경향으로 정치적 이슈보다 선거의 경쟁 측면을 더 많이 보도하는 경향이 있다. 경마식 보도는 구체적으로 이슈나 후보자의 개인적 특성이나 배경 등의 본질적 내용보다는 투표율 예측이나 어느 후보가 얼마나 우세한지에 관한 여론조사나 특정 지역의 분위기, 캠페인 전략, 후보의 공중 접촉, 군중 수와 반응, 선거자금, 정치광고, 캠페인 활동, 정치적 지지(정책이나 이슈에 관한 토론 없이 정당이나 후보에 대한 지지 기사)에 대한 내용을 중심으로 기사화하는 보도 방식을 말한다(권혁남, 1990; 한진만 외, 2016 재인용).[18]

경마식 보도는 공공 정책의 중요한 이슈가 후보자가 어떤 입장에 동의하는지에 대해 별로 주의를 받지 못하게 하고 외견상 중요하지 않은 이슈가 오히려 지나친 관심을 받게 될 수 있다는 점에서 부정적인 영향을 준다(Broh, 1980; 한진만 외, 2016 재인용).[19] 한편 선거에 무관심하거나 후보자들을 개인적으로 접촉할 기회를 얻지 못하는 유권자의 관심을 촉진할 수 있다는 장점도 있다. 정치적 무관심은 선거에 대한 무관심으로 이어지기 마련인데 언론이 유권자에게 사건을 보도하고 해석해 줌으로써 호기심을 자극하고 정치 참여를 독려하는 역할을 한다. 그런데 경마식 보도는 다음 두 가지를 유념해야 한다(Erikson, 1988; 한진만 외, 2016 재인용).[20] 첫째, 스토리를 흥미롭게 만드는 주제를 찾는 기자는 여론조사를 왜곡시킬 수 있다. 둘째, 경마식 보도는 투표자의 흥미를

---

18 한진만 · 박은희 · 정인숙 · 주정민(2016). 『새로운 방송론』. 커뮤니케이션북스. 244쪽.

19 한진만 · 박은희 · 정인숙 · 주정민(2016). 위의 책, 245쪽.

20 한진만 · 박은희 · 정인숙 · 주정민(2016). 위의 책, 246쪽.

일으킬 수 있지만 궁극적으로 선거 캠페인과는 무관한 것이 될 수 있다. 마치 경마에 돈을 거는 사람이 말의 아름다움에 현혹되어 오판할 수 있듯이 투표자들이 선거 캠페인의 사소한 것에 현혹될 수 있고 중요한 이슈가 흥미 위주의 보도로 간과될 수 있다는 것이다.

(3) 부정적 보도

부정적 뉴스는 정부에 대한 불신을 높인다는 연구결과가 있다. 의회와 정부에 대한 뉴스가 극단적으로 비판적일 경우 이들에 대한 대중의 인식도 매우 부정적이었다는 것이다. 우리나라의 언론도 선거에 대한 냉소주의, 혐오감을 심어줄 수 있는 불법 부정선거, 흑색선전, 선거 무관심 등 부정적인 내용이 많다(권혁남, 2014; 한진만 외, 2016 재인용).[21]

2. 방송제도

1) 방송제도의 정의

한 나라의 방송제도는 그 나라의 특성을 시기면서 국세적인 변화에 빌밎출 수 있는 융통성을 지녀야 하고, 국내 정세나 사회적 여건 변화에도 제도의 기본 틀은 흔들리지 않는 합리성과 정당성 또한 함께 필요하다. 그리고 문화적 정체성 위기의 극복을 위해서도 방송은 문화매체로서 지도적인 역할을 해야 한다. 방송제도는 그 나라의 모든 배경 속에서 사회 갈등을 해소함과 동시에 각종 사회의 불균형을 해소하는 데 기여해야 한다. 이런 면에서 방송제도는 그 국가 사

---

21   한진만·박은희·정인숙·주정민(2016). 위의 책. 246쪽.

회의 고유한 역사적 현실에서 당면한 사회, 문화적 문제를 근본적으로 해결하기 위해 마련된 이념의 제도적 표현이다. 우리나라의 방송은 짧지 않은 역사 속에서 상당히 다양하고 힘겨운 변화를 거쳐왔다.

어떠한 제도의 특성도 사회조직의 진공상태에서 발생할 수 없으며 제도의 특성은 조직의 유형과 구조에 따라서 결정된다. 따라서 조직의 유형과 구조를 이해함으로써 제도의 특성을 이해할 수 있게 된다. 현존하는 세계의 방송체계는 크게 자유방임주의 체계, 계도주의 체계 그리고 권위주의 체계로 분류해 볼 수 있다. 자유방임주의 시스템의 전형적인 본보기로는 미국의 방송체계를 꼽는다. 자유시장 경제의 원리, 민간주도, 상업방송으로 특징지어진다. 방송국은 국민이 원하는 것을 제공한다는 이른바 문화적 민주주의를 내세워 상업적 이윤을 추구하고 프로그램의 편성은 시청률의 극대화에 초점을 두게 된다. 이러한 결과 방송프로그램은 시청자들의 흥미에 영합하는 대중오락을 강하게 지향하는 성격을 띠게 된다. 이와 반대로 권위주의 체계는 국가가 방송을 통제한다. 국민 교화나 정치 조작에 방송은 이용된다. 가장 전형적인 예로서 공산주의 국가의 방송제도를 들 수 있다. 방송은 당과 정부의 조종으로 집단적 조직자, 선동자, 선전자로서 기능하게 된다. 따라서 일상적인 프로그램의 편성조차 고위층의 승인을 받아야 하며 방송 종사자들은 한낱 기능인으로 주어진 지침에 충실해야 한다.

자유방임적 상업방송과 권위주의적 관영방송의 부정적 측면을 극복하고 원래 전파의 주인인 공공에 더 잘 봉사할 수 있도록 마련된 것이 계도주의 체계이다. 이를 위해 계도주의 체계는 방송의 운영을 공영화한다. 공영방송은 국민이 원하는 것만을 주지 않고 무엇이 국민에게 유익한 것인가를 고려한다. 국민에게 필요한 것이 무엇인가를 결정함에서 공영방송은 정부나 정치 권력 혹은 특

정 집단의 압력을 배제한다(원우현, 1987; 김우룡, 1987 재인용).[22]

방송제도에 대해 학자들은 첫째, 방송이 누구에 의해 소유되며, 둘째, 방송 기관이 어떻게 운영되고 있으며, 셋째, 방송사가 어떻게 재원을 확보하고 경제 적으로 유지되는지, 넷째, 방송프로그램이 지향하는 목표는 무엇이며, 다섯째, 방송을 송출할 때 주된 시청 대상이 누구인지, 마지막으로 방송이 효과를 어떻 게 측정하고 있는가로 구별한다. 이 기준에 따라 방송제도는 공영방송, 민영(상 업)방송, 공 · 민영 혼합체제, 국영방송 등의 네 가지로 구분된다.

대표적인 모형으로는 미국형(전파관리에 따르는 정부 통제 외에는 방송 운 영에 최소한의 규제를 받는 민영상업방송 허가제도), 영국형을 모태로 하는 서 구의 공영방송제도, 구소련의 국가운영체제를 모태로 하는 개발도상국들의 국 영방송제도, 캐나다, 호주, 일본을 위시한 혼합형 등이 있다. 기타 아시아, 라틴 아메리카, 아프리카 등 여러 나라는 위의 여러 형태를 그대로 모방, 도입했거나 아니면 그 파생형인 프랑스형, 벨기에형, 스페인형, 이탈리아형 등을 따르고 있 다(김우룡, 2002).[23]

〈표 1〉 방송제도의 장단점 비교

유형	장점	단점
국영제도	정치이념구현과 신속한 정책수행에 방송이 적극적 역할	-방송이 정치선전과 대중조작의 도구로 이용될 가능성 -정부가 방송내용을 직접 통제하여 정부 의사가 일방적으로 국민에게 하달되는 경직성과 획일성

---

22 원우현(1987). 『한국미디어 문화비평』. 나남. 103쪽; 김우룡(1987). 『방송학 강의』. 나남. 30쪽.

23 김우룡(2002). 위의 책. 161쪽.

유형	장점	단점
공영제도	-방송의 문화적, 교육적 기능 강조 -상업주의, 시청률 지상주의 지양 -독립성, 자율성, 중립성 유지 -방송통제기구들이나 자문기구를 통해 연립주의와 다원주의가 반영	-프로그램의 다양성이 결여된 획일성 -상업방송과의 경쟁력 약화 -시청률 저하 -재정난이 야기될 가능성
민영제도	-자유경쟁 원리에 따라 운영되어 선택의 다양성 제공 -최소한의 정부 통제	-광고주의 압력 작용, 시청률 만능주의 -대중에게 영합하여 프로그램의 질 저하(성과 폭력물 난무) -과당경쟁에 따른 비경제성 -이윤의 기업집중
혼합제도	여러 방송제도의 장점을 살릴 가능성	실제 운영 면에서 이질적인 제도와 상호마찰 가능성

출처: 김우룡(2002). 『현대 방송학』. 나남. 176쪽에서 재구성.

2) 방송제도의 결정 요인

방송제도란 방송의 존재 양식을 말하며, 다른 말로는 소유 형태를 이른다고 볼 수 있다. 세계적으로 거의 모든 국가가 방송시설을 갖추고 있지만 어떠한 형태를 유지하고 있으며 누구의 소유로 되어 있는지는 각각 다르다. 방송의 존재 양식을 다르게 하는 방송제도의 결정 요인이 있는데 구체적으로 나누어보면 다음과 같다.

첫째, 방송 자체가 지니는 매체적 속성으로 인한 요인을 들 수 있다. 방송매체는 자발성, 유연성, 편재성, 즉시성, 잠재성, 간섭 경향 등의 속성을 지니는데 이와 같은 방송의 속성을 최대한 유지할 수 있는 형태로 존재하지 않으면 대중매체로서의 효율성이 떨어지게 된다.

둘째, 각 국가가 처한 정치적 상황이다. 오늘날 방송은 정치, 사회적 중요성이 점차 크게 인식되면서 방송매체에 대한 소유, 통제 및 운용에 대해 정치 권력의 형태나 이념이 작용하는 바가 커졌다. 이것은 비단 방송뿐만 아니라 오늘날의 대중매체 전반에 작용하는 요인이기도 하다. 한 나라의 방송이 어떠한 제도에 따르느냐 하는 문제는 방송의 소유, 통제, 관리 등의 복합적인 사항을 고려한 결정 요인에 따라야 할 것이지만 대체로 정치적 요인이 더 크게 작용하는 추세이다. 한국의 방송제도도 이와 무관하지 않다.

현존하는 방송제도를 구분하면, 미국식의 민간상업방송이 주류를 이루는 국가, 구소련식의 국가독점체제를 따르는 국가, 영국식의 공영형태를 따르는 국가, 일본과 같이 공영과 상업혼합형을 따르는 국가 등으로 대별할 수 있다. 우리나라는 공영방송과 상업방송의 요소를 동시에 내포하고 있는 혼합형 제도이다. 역사적으로 우리나라는 국영체제의 일원제도에서 국영·민영으로, 다시 1973년 이후부터는 공영과 민영이 병존하는 이원제도로 바뀌었다가, 1980년 12월 이후 새로운 언론기본법과 언론통폐합 조치 등 일련의 변화를 거치면서 공영제도를 향한 과도기를 거친 후, 서울방송(SBS) 및 지역민방의 개국과 더불어 다시 공영방송과 민영방송의 이원제도로 바뀌었다(김우룡, 2002).[24]

3) 방송제도의 구분과 그 속의 한국방송

(1) 국영방송모델(국가가 직접 관리 운영하는 방송)

국영방송은 정부가 소유하는 제도를 의미하고, 정부가 정치이념을 구현하거나 정책수행에 방송을 이용하고자 하는 목적에 의해 만들어지는 제도다. 따라서 권위주의나 공산주의 체제의 강력한 정부 통제에 놓인 나라나. 제3세계나 저개발국과 같이 사회적, 정치적, 경제적으로 미성숙한 나라들, 또는 쿠데타와 같은 갑작스러운 혁명으로 인해 정부가 단시일 내에 혼란스러운 국내 상황을

---

24   김우룡(2002). 위의 책. 162쪽.

바로잡아야 하는 경우에 처한 나라들이 채택하고 있는 제도라고 볼 수 있다. 공산국가 외에도 개발도상국 중 많은 나라가 국영방송이 있다. 재원(財源)은 국가 예산, 수신료 또는 시청료 등이며, 특수한 경우 외에는 광고방송을 하지 않는다.

한국의 KBS도 1973년 한국방송공사 설립 이전에는 정부의 국영방송이었다. 일제하 방송국이 하나의 법인체로 처음 설립되었을 때부터 미 군정을 거쳐 대한민국 정부가 수립되고, 기독교방송이 개국하기 전인 1954년까지는 방송국이 정부의 하부기관으로서 국영방송체제를 유지해 오고 있었다. 당시 방송국에 종사하였던 사람들은 공무원 신분이었고 재정운영은 국고에 의존하였으며 방송국 재산이 국가 예산의 일부로 편성되어 있었다. 이후 다른 제도가 도입되고 시행된 뒤에도 여전히 방송은 정부의 영향권에서 벗어나기 어려웠음을 볼 때, 제도 자체가 국영방송이라고 되어 있지 않더라도 성격상 우리나라의 방송은 방송 설립 초기의 국영적 성격을 배제하지 못하고 있는 것으로 보아야 할 것이다.

(2) 공영방송모델(공공기업체나 공공기관에서 운영하는 방송)

공영방송은 방송의 목적을 영리에 두지 않고, 시청자로부터 징수하는 시청료 등을 주 재원(主財源)으로 하여 오직 공공의 복지를 위해서 행하는 방송을 말한다. 공영방송이란 소극적으로는 정부로부터 독립된 방송으로서 정치적 간섭이나 영향력이 배제된 자주적인 방송이고 상업주의와 시청률 지상주의를 지양하는 방송체제이다. 보다 적극적인 개념에서 보면 공영방송의 주체는 정부도 아니고 개인 또는 사법인도 아닌 공공 즉 국민이 주체가 되는 국민의 방송이라는 점에서 기회 균등한 다양성이 모색되며, 공공의 참여에 의한 독립적 지위에서 중립성을 유지하면서 공익을 추구하는 방송이다. 공영방송은 정부가 설립한

공사가 소유하되 다양한 사회 이익집단이 공동으로 참여하여 자금을 내게 되는 제도이다. 그 운영은 수신료 및 일부 광고료로 충당되지만, 정부가 보조할 수도 있다. 따라서 사회책임 이론에 입각하여 정부와 대중이 공유하는 방송이라는 의미를 가지게 되므로 편성원칙은 수용자가 원하는 것과 수용자에게 필요한 것을 조화시키는 데 두고 방송행위를 통해 발생하는 이윤은 사유화할 수 없다.

이 제도의 장점은 방송의 문화적, 교육적 기능을 강조하므로 상업주의, 시청률 지상주의를 지양하게 되고 독립성, 자율성, 중립성을 유지하며 방송통제기구들이나 자문기구들을 통해 연립주의와 다원주의가 방송 운영에 반영된다는 점이다. 단점으로는 민영방송과 달리 사적인 이익을 추구할 수 없으므로, 방송국들이 지나친 경쟁을 하지 않게 되어 프로그램의 다양성이 결여된 획일성을 띠게 되고 재정난이 야기될 수도 있다.

이 모델은 기본적으로 민간상업방송 모델이 가진 문제점을 최대한 줄이면서 수용자인 국민의 이익에 최대로 봉사한다는 이념에서 생겨난 제도이다. 공영모델은 민간 상업방송 제도를 채택하고 있다가 이 모델로 전환한 우리나라에서도 가장 많은 논의가 있었던 모델이다(김우룡, 2002).[25]

한국의 KBS(한국방송공사), 영국의 BBC(영국방송협회: British Broadcasting Corporation), 일본의 NHK(일본방송협회), 호주의 ABC(호주방송위원회: Australian Broadcasting Commission), 캐나다의 CBC(캐나다 방송협회: Canadian Broadcasting Commission) 등은 모두 공공방송으로서, 그 운영형태는 대체로 동일하고, 캐나다의 CBC는 상업방송도 약간 겸하고 있다. 또 공공방송의 운영형태를 취하고 있는 것 중에서도 독일, 스위스, 벨기에에서는 복수

---

25   김우룡(2002). 위의 책. 171쪽.

(複數)의 공공단체가 공공방송을 하고 있고, 이탈리아, 핀란드, 오스트리아(일부 상업방송을 운영)에서는 대부분 정부출자(政府出資)의 특수회사가 운영하고 있는데 한국의 KBS도 이 같은 형태를 채택하고 있다.

(3) 민영방송모델(국가나 공기업 이외에 민간이 운영하는 방송)

민간상업방송은 정치적으로 자유민주주의 이념과 제도를 바탕으로 하고, 경제적으로는 자유시장 원리에 뿌리를 두고 있으며 사회적으로는 다원주의를 지향한다. 사회 공공의 이익을 위하여 비영리로 운영되는 공공방송(公共放送)에 대하여 민간자본으로 설립·경영하는 방송이며, 상업방송이나 종교방송이 여기에 속한다. 영리를 목적으로 하는 민간방송은 대개 주식회사 형태이며, 광고를 판매함으로써 운영한다. 이러한 전통을 바탕으로 미국을 중심으로 하는 상업방송 시스템은 자유기업으로 성장해왔다. 다만 미국도 PBS(Public Broadcasting Service)와 같은 교육방송이나 종교방송의 경우에는 특수재원에 의해 운영되는 경우가 많고 방송광고를 하지는 않는다. 세계적으로 미국과 같이 민간상업방송제도로 출발했던 국가 중 라틴아메리카 국가 중 자본주의를 채택하고 있는 나라들의 경우 민영방송이 많다. 그러나 이러한 국가들도 점차 공적 서비스에 대한 논의가 있고 정부 소유의 방송국도 늘어나는 추세다.

민간상업방송체제의 큰 특징은 방송국의 운영과정이 모두 방송광고에 의존한다는 것이다. 따라서 정부는 방송국의 설립에 대한 규제에 관여하지만, 그 내용이나 운영에 대해서는 직접적인 규제를 하지 않는다. 그만큼 독자성을 가질 수 있으나 그 수입원이 방송광고를 통한 광고료에 의존하게 되므로 시청자를 많이 확보하여 광고주들로부터 받는 수입을 확대하려 하게 된다. 이는 시청률 만능주의 경향이 강하게 되어 오락성, 저질성을 유발할 수도 있으나 자유경쟁

원리에 따라 운영되므로 선택의 다양성을 확보할 수 있다(김우룡, 2002).[26]

우리나라는 제도상으로는 국영 독점 체제였지만, 사실상 미 군정기에 들어와서부터 최초로 오락적 프로그램이 도입, 개발되었고 방송국 기구도 미국식으로 개편되는 등 민영방송 설립의 가능성을 열기 시작했다. 1987년 방송법 제정으로 민간방송국의 설립이 자유로워지면서 라디오의 경우 1990년 평화방송(PBS)과 불교방송(BBS)이 개국하여 현재 기독교 방송(CBS)과 함께 종교방송을 진행하고 있고, 1990년 개국한 교통방송(TBS)이 운영되고 있다. TV의 경우는 1991년 서울방송(SBS)이 개국하였고, 1995년 부산, 대구, 대전, 광주 등 4대 광역시에 지역 민영방송이 개설되어 운영되고 있다. 또한, 종합유선방송국으로서 케이블 TV와 IPTV 등의 도입으로 본격적인 상업적 민영방송은 우리나라 방송계의 양적, 질적으로 큰 발전을 가져다주었다.

(4) 혼합방송모델

이 제도는 앞에서 설명한 공영제도와 민영제도의 장점을 고려하여 공영제도의 사회책임주의라는 이념에 충실하면서도 민영제도의 시청자 욕구를 충족시킬 수 있는 다양한 프로그램 공급을 배합한 제도라고 볼 수 있다. 세계의 약 10%의 라디오방송과 그보다 약간 높은 비율의 텔레비전방송이 위의 모델 가운데 둘 이상을 동시에 채택하는 혼합방송모델을 따르고 있다. 즉 각국의 사정과 경제적 이해관계를 고려하여 부분적으로 국가가 직접 방송을 소유 · 통제하기도 하며, 일부는 공영이나 완전한 상업방송체제로 운영되는 것이다. 이러한 국가군에 속하는 나라는 대표적으로 호주, 일본 등을 들 수 있으며 캐나다, 우리

---

26   김우룡(2002). 위의 책. 166-167.

나라도 이에 속한다고 할 수 있다(김우룡, 2002).[27]

<표 2> 미디어 제도 유형

구분	공영	민영	국영
소유 형태	정부설립공사	민간기업(사유)	국가기관(정부)
통제자	일반 대중	자본가	국가
통제 성격	공공의 통제	경제적 통제	정치적 통제
운영형태	독과점 또는 경쟁	경쟁의 원리	독점
경영	비영리성	영리성	비영리성
재원	수신료(정부 보조)	광고료	국가 예산
이념	사회책임	자유주의	권위주의, 공산주의
방송목표	문화의 전파	상업이윤의 극대화	영향력의 확산
공익성의 개념	참여적 개별이익	참여적 개별이익	권위적 전체이익
특징	문화 교양성, 객관성, 형평성, 높은 정치문화의식	경제성, 선택의 다양성, 오락성, 대중성, 영리성	정치성, 제도성, 일반성, 비경쟁성, 정치 도구화
대표국가	영국을 비롯한 서구제국	미국	구동유럽국가, 아프리카와 아시아의 개발도상국들

출처: 김우룡(2002). 『현대 방송학』. 나남. 164쪽.

4) 한국의 정치사와 방송제도

한국방송이 도입되거나 제도적 변화가 있었던 시기는 정권이 바뀌거나 정권 유지를 위한 중요한 변화가 일어났던 시기였기 때문에 다른 요인보다는 정치권력의 영향을 주로 받았던 점이 특징이다. 이는 방송이 문화매체나 정보매체 또는 오락매체로서 인식되기보다는 그 시기의 정권 홍보매체, 선전매체로 자리 잡아온 역사적 흔적을 통해 엿볼 수 있다.

27　김우룡(2002). 위의 책. 174쪽.

방송의 존재 근거가 되는 이념의 문제나 방송 실천의 원리가 제대로 논의되지 못하고 정치적 변화와 입장에 따라 방송의 형식과 내용이 영향을 받아온 것이다. 이 과정에서 방송의 수용자인 국민의 의견이나 입장이 전혀 고려되지 않았던 것은 분명하다. 한국의 방송제도를 역사적으로 간략하게 살펴보면 다음과 같다.

(1) 개발독점시대

일제시대에서 시작해 미 군정 시대, 정부수립 후 1970년대까지 이르는 시기이다. 일제시대 조선총독부는 사단법인 경성방송국을 설립하고(1926년) 라디오방송을 시작하였다. 당시에(1925년) 라디오방송에 대한 일반의 관심이 고조되면서 조선총독부의 방송에 대한 통제권을 확보하기 위한 대처로 볼 수 있겠다. 외형상으로는 민영체제인 사단법인의 기부금이었다.

그런데 실질적으로 총독부 체신국의 강력한 통제 아래 놓여 있었다. 민영이 아닌 관영적 성격이었다. 해방 후 미 군정 체제에서 방송은 완전히 미 군정청에 속하여 일종의 국영체제로 운영된다. 일제하에서는 방송이 최소한 조직상으로는 총독부로부터 독립된 사단법인 형태였다. 미국의 권위주의적인 성격 아래 미국의 자유주의 시장 원리를 따르지 않고, 미군의 점령정책의 효과적 수행을 위한 홍보수단이 된 것이다. 남한에서 미군의 자유시장 체제 구축이라는 기본 임무를 달성하기 위해서 일본의 패망 직후부터 진보적인 민족주의 세력의 주도하에 진행 중이던 혁명을 중지시키는 작업을 진행하였다.

이를 위해 미 군정은 강력한 억압적 수단에 의존하지 않을 수 없었다. 미 군정청의 체신부(지금의 과학기술정보통신부)가 방송국의 시설관리와 운영을 맡고, 미 군정청 공보부(국가의 이념과 정책을 선전하는 국무총리 산하의 중앙행정기관)로 바뀌기 전인 총무처에서의 조선인 관계와 정보과는 방송내용과 편성을 직접 관장하였다. 한국 방송규제의 특징 가운데 하나인 방송내용과 방송 기술을 분리하여 규제하는 방식은 이 시기에 근원을 두고 있는 듯하다.

대한민국 정부수립 후 서울 중앙방송과 9개 지방국은 모두 공보처 산하 기구가 된다. 취약한 정부의 정치적 기반을 보완하기 위해 방송은 효과적인 홍보수단이 된 것이다. 텔레비전의 출발은 처음에는 미국 민간자본에 의해 상업방송으로 시도되었는데(1956년), 영업 부진과 화재 때문에 뿌리를 내리지 못한다.

5 · 16 이후 군사정부는 국영 KBS-TV를 개국하여(1961년) 서울 일원에 방송을 시작하였는데, 설립자금을 압수한 간첩공작금으로 충당한 사실은 자원이 부족한 시기에 정부개입이라는 전형적인 개발독점시대의 특성으로 볼 수 있다. 한국전쟁 이후 이승만 정권과 박정희 군사정권은 피폐화되고 열악한 국가적 조건 속에서 민영방송에 대하여 잇달아 허가를 내준다. 이승만 대통령은 종교적 입장과 관련된 특정 종교에 편중된 방송국의 허가가 눈에 띄는 점이다. 박정희 군사정부는 신문 등 정기간행물에 대한 매체 축소정책을 펼치는데 방송에 대해서는 두 가지 방향으로 정책 방향을 결정한다. 하나는 방송 관련법의 제정이고 다른 하나는 민영방송의 계속적인 허가다. 대폭적인 허가를 받는 라디오 부분에서는 청취 층이 늘어나고 방송의 규모가 커지면서 곧이어 나올 특혜적 독점형으로 이전하려는 움직임을 보이게 된 것이다. 점차 확대해 가는 방송을 체계적으로 규제하기 위해 방송법이 제정되고(1963) 방송내용에 대한 섭외는 방송윤리 위원회가 관장하도록 하였다.

(2) 특혜적 독과점 시대

신군부의 등장 이후 6공화국에까지 이어지는 시기이다. 이 시기에는 대부분의 방송을 KBS와 MBC로 통합하여 명목만 공영이지 실상은 국영으로 운영하였다. 그러나 급신장하고 있는 광고의 공급물량을 국영 매체만으로는 해소할 수 없었다. 이에 따라 특혜적 독과점형의 방안으로서 민영방송 SBS의 허가가 이루어지게 된 것이다.

이 시대의 언론은 성장기의 개발 독재 논리를 공정한 분배와 참여를 요구하는 성장된 사회라고 강요하였다. 신군부는 언론의 책임을 강화한다는 명분으로 언론기본법을 제정하고(1980) 방송에 대한 통제를 강화하였다.

(3) 권위적 분배 시대

김영삼 정부가 출범한 이후 한국의 방송제도는 권위적 분배형의 모습을 보였다. 초기에 부족하던 언론자원이 기술 발전과 경제성장으로 여유가 생기게 되니, 정책적으로 대상이나 영역을 분화하고 그 분야에 맞도록 내용을 차별화하게 되었다. 언론 운영의 주체는 국가기관일 수도 있고 공공기관이나 민간기업이 될 수도 있다. 매체가 제한되었을 때는 채널의 다양성이라는 명분으로 권위적 분배형의 타당성이 인정되었다. 그러나 다매체 · 다채널 아래에서의 권위적 분배형은 사회주의 국가의 계획경제와 같이 국가가 경제의 모든 면에 지시를 내려 통제한다. 예를 들어 케이블 TV는 누가 채널을 운영하며, 몇 개의 채널을 둘 것이냐에 이르기까지 정부가 기획, 결정하였다.

(4) 개방적 경쟁 시대

김대중 정부가 들어서기 직전 IMF라는 국가적 충격을 받으면서 방송도 개방적 경쟁의 모델을 받아들여야 한다는 목소리가 높아졌다. 현실적으로 신문과 방송 등 많은 언론사가 부도나거나 회생불능의 상태로 빠져버린 상태에서 정부는 이에 개입할 능력도 명분도 가지고 있지 못했다. 아직도 한국의 방송체제는 정치와 권력에 의한 특혜적 독과점, 또는 권위적 분배의 그늘 속에서 완전히 벗어나고 있지 못하고 있다(윤재홍, 1998; 김춘옥, 2005 재인용).[28]

3. 방송제도 개선 방향과 미래

우리나라 방송은 당시의 정치세력들에 의해 방송의 제도와 체제가 설계된 후, 그에 의해 법체계가 마련되었다. 따라서 정치 권력을 가진 주체세력에 의해서 주도되었다. 한국 방송제도의 더 큰 도약을 위해 변화 및 보완해야 하는 부분은 다음과 같다.

첫째, 우리나라의 방송제도는 일제하에서 미 군정을 거쳐 해방 후의 이승만 정권에서 현재까지 정권이 바뀌었고, 그에 따라 제정되는 법규들에 의하여 방송제도가 이끌려왔다. 향후 방송법은 방송을 간섭하고 억압하거나 통제하기 위해서가 아닌 방송정책을 올바로 수행하기 위한 지침으로서 진지하고 꾸준한 연구 검토 끝에 제정되어야 한다.

우리나라의 방송은 태생 당시부터 정치와 밀접한 관계를 맺고 탄생했다. 이미 살펴보았듯이 역사적으로 우리나라의 방송은 정치 권력이 정권 유지를 위해 방송을 이용한 불행한 역사로 점철되어있다. 특히 공영방송 지배구조의 문제점으로 정치적 독립이 훼손되는 심각한 문제점을 가지고 있다.

공영방송은 독립성을 유지하기 위해 중립적이고 객관적으로 구성한 최고의결기구와 집행이사회를 두고 있다. 최고의결기구로 영국의 BBC, 일본의 NHK는 '경영위원회'를 두고 있고, 이 아래에 별도로 '집행위원회'를 두고 있다. 아울러 공영방송의 목표를 수행하기 위해 최고 수장인 사장을 두고 있

---

28   김춘옥(2005). 『방송 저널리즘』. 커뮤니케이션북스. 24~41.

다(주정민, 2012).[29]

그런데 공영방송은 구성 및 운영 차원에서 내외부적으로 다양한 세력의 영향을 받는다. 주요 외부 요인은 공영방송을 규정하는 방송법과 같은 법제와 청와대, 국회, 방송통신위원회와 같은 기관이다. 여기에 프로그램의 직간접적으로 시청자와 각종 시민단체도 포함된다. 내부요인은 조직, 인사, 경영 등과 함께 노조, 협의회 등을 들 수 있다.

우리나라의 공영방송인 KBS와 EBS는 공사이고, MBC는 주식회사다. 외형적으로 KBS와 EBS는 각 방송사 이사회에서 규율하고, MBC는 '방송문화진흥회'라는 공익법인의 이사회에서 규율한다. 우리나라의 공영방송은 정치적 독립성이 가장 큰 문제라는 지적이 많은데 그 이유는 무엇보다도 사장을 임명하는 데 정부가 개입할 여지가 많기 때문이다. 우리나라의 경우 어떤 진영이든 정권에 따라 정권 유지에 유리한 인물을 사장으로 임명하려 하기 때문이고 선택된 사장은 정권 유지에 기여하는 역할을 해왔다는 비판을 받아왔다.

사장이 정치적으로 편향된 인사로 선출될 가능성이 많은 이유는 사장 선출 과정에서의 구조적 문제점 때문이다. 공영방송인 KBS와 MBC 사장은 각기 이사회에서 선출하는데 이사회의 구성은 정치권인 여야가 합의하에 일정 비율로 나누어 할당된다. KBS 이사는 방송통신위원회의 추천으로 대통령이 임명하고, MBC 방송문화진흥회 이사는 방송통신위원회에서 임명한다. KBS 이사회에서는 사장 후보를 선출하여 대통령에게 추천하는데, 이사회는 여권 추천 7명, 야권 추천 4명의 총 11명이다. 방송통신위원회는 합의제 기관으로 대통령이 임

29   주정민(2012). 공영방송의 독립성과 지배구조, 『공영방송의 이해』, (245-273쪽). KBS · 한국언론학회 · 한국방송학회 · 한국언론정보학회 공동기획. 247쪽.

명하는 5명으로 구성된다. 그런데 이 방송통신위원회의 구성도 정치적으로 여야의 비율로 나누어 구성한다. 즉 5명 중 2명은 대통령이 정하고, 3명은 국회의 추천으로 대통령이 임명한다. 국회 추천 3명은 여당(대통령이 소속되거나 소속되었던 정당) 1명과 야당 2명으로 구성된다(한진만 외, 2016).[30]

이렇듯 방송통신위원회와 공영방송 이사회에 이르기까지 여권과 야권, 즉 정치권이 인원을 할당하는 방식은 방송이 정치로부터 자유로울 수 없는 매우 심각한 구조적 환경을 초래한다. 향후 이러한 방송정책기구에 대한 개편과 함께 공영방송의 사장 및 이사진 임명방식에 대한 폭넓은 사회적 논의를 거쳐 반드시 문제점을 바로잡아야 할 것이다. 역사적으로도 불행한 전통을 가지고 있고 지금까지 이러한 문제가 계속되는 방송제도의 문제는 우리 사회에서 방송이 정쟁을 불러일으키거나 일부 수권세력을 위해 편향된 보도를 함으로써 여론을 왜곡해온 점을 볼 때 방송 독립성을 바로 세우기 위해 매우 시급하고 중요한 이슈다.

둘째, 시간 여유를 가지고 방송프로그램의 형식과 내용을 충분히 연구하여 제작에 들어가는 것이 아니라, 정부 방침이나 상업성만을 고려하여 오락 프로그램을 주로 제작하였다. 국영방송체제에서는 정부 홍보적인 보도나 교양, 또는 스포츠 위주였고 상업성이 강한 민영방송 체제에서는 거의 모든 프로그램이 드라마나 쇼, 퀴즈 등으로 오락성 있는 내용을 다투어 제작하였다. 채널 수가 늘어남에 따라 프로그램 내용과 형식이 다양해질 필요가 있으며, 흥미 위주의 즉흥적인 제작방식은 배제하고 한국인의 정서에 맞는 창의적이고 건전한 오락 프로그램을 개발하는 것이 중요하다.

---

30 한진만 · 박은희 · 정인숙 · 주정민(2016). 위의 책. 219-223.

셋째, 방송 운영은 각 제도의 특성을 활용하여 운용의 묘를 살려야 한다. 지나치게 이윤 추구를 목적으로 방송사를 운영하는 경향이 있는데 방송은 일반적인 사기업과는 그 목적을 다르게 두어야 한다. 방송사는 국민 공공의 소유인 방송전파를 이용하는 것이므로 그들이 방송하는 내용이 국민에게 어떠한 영향을 미칠 것인가를 생각하는 사회적 책임을 언제나 염두에 두어야 한다. 이를 위해서는 방송을 통해 얻는 이익을 상업적인 '이윤'이 아니라 '잉여'의 개념으로 보는 의식개혁이 필요하다(이상식, 1993; 김우룡, 2002 재인용).[31]

---

31   김우룡(2002). 위의 책. 179-180.

참고문헌

권혁남(2014). 정치의 미디어화와 선거 보도 특성 변화에 관한 연구. 〈방송문화연구〉, 26(2), 7–32.

김기도(2003). 『미디어 선거와 마케팅 전략』. 나남.

김우룡(1987). 『방송학 강의』. 나남.

김우룡(2002). 『현대 방송학』. 나남.

김춘옥(2005). 『방송 저널리즘』. 커뮤니케이션북스.

이상식(1993). 민영방송의 이상적 역할. 〈방송시대〉, 봄 · 여름호, 57쪽.

이상식, 유승관, 김희경, 김정명, 장지연(2020). 공공 · 공익채널 등 정부 지원 방송채널 평가방안 연구. 방송통신위원회 보고서.

임정수 · 박남기(2008). 〈의무편성채널제도 개선방안 연구〉. 방송통신위원회 연구보고서.

주정민(2012). 공영방송의 독립성과 지배구조, 『공영방송의 이해』, (245~273쪽). KBS · 한국언론학회 · 한국방송학회 · 한국언론정보학회 공동기획.

한진만 · 박은희 · 정인숙 · 주정민(2016). 『새로운 방송론』. 커뮤니케이션북스.

Pew Research Ctr. for the People & the Press, Americans Spending More Time Following the News 87 (2010), *available at http://people-press.org/files/legacy-pdf/652.pdf.*

Waldman, S. (2011). *Working Group on Information Needs of Communities.* July 2011, available at https://www.fcc.gov/infoneedsreport

제9장

방송과 경영

비판사회학을 차용한 비판미디어 이론가들은 '미디어산업' 또는 '문화산업'과 같은 단어에서의 '산업'이란 용어의 문제점을 비판한다. 그럼에도 불구하고 현대사회에서 문화산업이란 용어는 광범위하게 쓰이고 있다. 이 장에서는 산업이란 용어를 가치 중립적으로 정의하고자 한다. 방송은 문화산업의 대표다. 방송사는 문화산업의 범주 내에서 경영행위를 수행한다. 이는 정부가 행정을 통해서, 가계가 각자의 가정예산 내에서 경영 효율화를 도모하는 것과 같다. 방송사는 방송법상 방송이념에도 명시되어 있지만, 공익성을 추구한다. 이로 인해 1인 유튜브 방송과는 다른 정책적 규제를 받고 있다. 공익성은 전파자원의 한계와 사회적 영향력이 지대하다는 측면에서 방송사의 숙명이다. 하지만 합리적인 경영행위를 통해 수익도 창출해야 한다.

이런 측면에서 양면성을 지니고 있다. 방송은 공영방송이든 상업방송이든 주된 재원의 차이가 있고 수익구조의 차이점은 있지만, 경영행위를 통해서 수익을 창출하고 프로그램 제작 예산을 충당하고 이를 통해 조직을 운영한다. 이 장에서는 먼저 방송의 재화적 특수성을 살펴보고, 방송플랫폼별로 어떤 비즈니스 모델로 경영을 도모하는지, 그리고 최근 방송사의 수익구조 현황과 변화 추이에 대해 살펴본다. 이를 통해 방송 재화의 특수성, 경제학적, 경영학적 기본 개념에 대해 살펴보고자 한다.

1. 방송재화의 특수성

미디어 상품은 기본적으로 정보상품(또는 정보재, information goods)이다. 정보상품은 물리적인 공산품과는 매우 다른 성격을 가진다. 따라서 가격을 결정하거나 프로모션하는 방법, 그리고 수익 창출의 방법 등이 매우 다르다. 정보상품인 미디어 상품의 수요는 일반적으로 전달요소보다 내용 요소의 영향을 더 많이 받는다. 미디어 상품의 이러한 특징은 고객이 원하는 정보, 오락, 설득과 같은 비물질적 요구를 만족시키기 때문으로 볼 수 있다(노상규, 2013; 권호영, 2020 재인용).[1]

1) 공공재

방송은 기본적으로 공공재적 특성이 있다. 그 이유는 한정된 희소성 자원인 주파수를 사용하기 때문이다. 첫째, 공공재로서 '비경합성(non-rivalry)'의 속성이 있다. 이는 어느 한 소비자의 소비가 다른 소비자의 소비에 영향을 미치지 않기 때문에 소비자끼리 경쟁하지 않아도 된다. 예를 들어 나의 텔레비전 시청이 다른 사람의 시청을 방해하지 않는다. 공공재가 비경합성을 갖는 이유는 상품의 속성이 소모되지 않는 비소모성 때문이다. 방송프로그램은 이용자 수가 증가해도 한 사람이 이용할 수 있는 양에는 영향을 미치지 않기 때문에 함께 공유할수록 상품 가치가 증가하는 특성을 가진다(김지운 · 정회경, 2005).[2]

공공재는 사회적으로 필요하지만, 비경합성으로 인해 시장의 자발적 생산이 불가능하기에 정부의 개입이 필요한 상품이다. 둘째, 배제 불가능성(non-

---

1 권호영(2020). 『한국미디어 경제학』, 박영사, 17쪽.

2 김지운 · 정회경(2005). 미디어 경제학: 이론과 실제, 커뮤니케이션북스.

excludability)'을 지닌다. 방송프로그램은 소비자가 필요한 가격을 지불하지 않더라도 미디어 이용을 완전히 배제하기 어렵다. 이로 인해 방송을 소비하려는 사람들이 이에 상응하는 비용을 지불하지 않으려는 무임승차적 소비행태를 보일 수 있다. 이 같은 이유로 인해 세계적으로 대부분의 국가가 공영방송 제도를 유지하고 있다.

2) 경험재

방송상품이란 실제로 경험을 해 봐야 제품의 품질을 평가할 수 있다는 면에서 상품 품질의 불확실성이 존재한다. 생산자 입장에서도 시장 상황을 예측하기 쉽지 않다. 이와 같은 공공재와 경험재라는 방송 재화의 특수성 때문에 수요와 공급이라는 일반적인 시장 원리가 작동하기 어렵다.

3) 이중 상품 시장(dual product market)

방송시장에서 판매자는 시청자를 위한 상품과 광고주를 위한 상품을 생산하는 특이성이 있다. 하나는 방송프로그램을 판매하는 시장으로 방송프로그램은 시청자에게 제공되어 시청률로 성과를 측정한다. 다른 한편으로 광고주에게 '대 수용자 접근권'을 판매한다. 즉 프로그램 전후나 중간에 광고시간대를 광고주에게 판매함으로써 수용자를 광고주에게 판매한다는 측면에서 이중 상품 시장의 속성을 가진다. 이처럼 하나의 플랫폼을 통해 서로 다른 고객들과 거래하는 시장을 양면시장이라고 한다.

4) 규모의 경제

규모의 경제는 생산 규모가 커질수록 생산비용을 줄일 수 있는 경제구조를 의미한다. 규모의 경제는 대부분의 공공재 산업에서 나타나는 경제적 특성으로, 생산에 필요한 초기비용은 많이 들어가지만, 초기 투자 이후에 추가 비용이 많이 발생하지 않는 특성이 있다. 방송산업 역시 개국 초기에는 설비, 인력 등 많은 투자 비용이 발생하지만, 시청자가 늘어날수록 생산에 필요한 평균비용은 점차 하락하는 특성이 존재한다. 이에 따라 소수의 업체가 독과점 구조를 보이기 쉬운데 이를 조정하기 위해 다양한 방법으로 소유, 진입, 프로그램 다양성과 관련된 규제를 하기도 한다.

5) 창구효과(window effect)

방송산업은 생산 차원에서 '규모의 경제'뿐만 아니라 유통과 배급 차원에서 '범위의 경제'가 존재한다. 규모의 경제가 일종의 개별 산업 집중 방식으로 이익을 창출하는 구조라면 범위의 경제는 비슷한 산업에 진출하여 보유하고 있는 역량을 이용하여 경쟁력을 높이는 '다각화' 전략과 관련이 높다. 창구효과는 하나의 프로그램을 서로 다른 시점에서 서로 다른 채널을 통해 공급하여 방송프로그램의 부가가치를 높이는 전략적인 유통방식을 말한다. 예를 들어 지상파방송의 인기 프로그램은 케이블TV와 위성방송, 인터넷 다시보기, 비디오, DVD, 해외 수출 등을 통해 재활용되며, 게임 · 음반 · 캐릭터 · 관광과 같은 연계산업으로 확장하는 전략을 말한다. 이에 더해 창구효과가 발생하는 상황에서 미디어 플랫폼의 성격에 맞게 변형시켜 하나의 프로그램이 효율적으로 이용되는 원소스멀티유즈(OSMU: one-source multi-use)

전략을 구사하기도 한다(정회경, 2012).[3]

6) 외부효과

외부효과란 특정한 경제활동이 뜻하지 않게 다른 사람에게 이익 혹은 손해를 가져다주면서도 이에 대한 비용을 지불하지 않는 것을 말한다. 즉 시장 원리에서 벗어난 부분에서 발생하는 경제적·사회적 이익이나 손해다. 방송산업은 공공재라는 상품의 속성으로 인해 다양한 외부효과가 발생하는 구조다. 예를 들어 품질 높은 방송 다큐멘터리는 시청자들에게 정보 제공과 감동을 줄 수 있을 뿐만 아니라 학생들을 위한 훌륭한 교육 자료로 이용되는 순기능이 있다(정회경, 2012;[4] 한진만 외, 2013).[5]

7) 위험재

문화콘텐츠는 위험 부담이 높다. 문화상품은 새롭고 독창적인 것이 가치가 높다. 이로 인해 문화상품의 수명은 짧은 경향이 높다. 영화는 개봉 후 1주 이내에 성패가 갈리고, 흥행에 실패하면 스크린에서 내려진다. 따라서 문화상품에 대한 투자 위험은 큰데 불법복제가 쉽고 반복과 재소비가 용이한 점도 위험 요인에 추가된다.

---

3   정회경(2012). 『미디어 경제·경영』, 커뮤니케이션북스.

4   정회경(2012). 『미디어 경제·경영』, 커뮤니케이션북스.

5   한진만 외(2013). 위의 책. 156-159.

8) 재능재

미디어 상품은 사람의 재능에 크게 의존한다. 오락산업에는 엄청난 창의성과 변화와 혁신도 중요하다. 이때 가장 가치 있는 요소는 상상력이다. 콘텐츠 상품의 성공 여부는 창작자의 상상력, 창의성과 같은 재능에 달려있다. 스타 연기자, 작가, 감독이 큰 주목을 받고 전문가 집단의 능력이 진정 요구되는 가치다.

9) 생산성 향상이 어려움

미디어 상품은 연기자, 작가, 감독과 같은 사람들의 노동이 핵심적이라 기계 등으로 대체되기 어렵다. 공산품의 생산에는 기계 이용과 자동화를 통해 생산성을 높일 수 있지만, 임금상승으로 제작비용은 증가하게 된다. 이에 따라 문화 상품의 가격은 물가상승보다 빠르게 상승하게 된다(권호영, 2020).[6]

2. 방송산업의 비즈니스 모델

비즈니스 모델은 기업이 고객을 위한 가치를 창출하여 전달해서 수익을 획득하는 것을 말한다. 비즈니스 모델은 비즈니스를 전개하기 위한 필수적인 구성요소들을 모아놓은 상호관계를 모델화한 것이다. 비즈니스 모델은 가치설정, 목표 고객, 가치사슬, 전달방식, 수익모델로 구성되어 있다. 전통적인 미디어 서비스의 수익모델은 이용자로부터 직접 대가를 받거나 광고주로부터 받는 광고수입으로 이루어진다(권호영, 2020).[7]

---

6 권호영(2020). 위의 책, 22-27.

7 권호영(2020). 위의 책, 187쪽.

전형적인 방송의 재원은 수신료, 광고, 유료수신료로 나뉜다. 이 중에서 수신료는 공영방송에 있어 가장 보편적인 재원으로 우리나라 KBS의 경우가 대표적이다. 준조세 성격을 갖는 수신료로 운영되는 공영지상파방송은 방송프로그램에 대한 광고주나 정치적 개입의 여지를 줄이고 중립성과 독립성을 높일 수 있다는 장점이 있다. 반면 다채널로 미디어 환경이 변화하면서 공영방송의 존재가치에 대한 논의와 함께 수신료 제도에 대한 존폐와 인상 문제에 대해서는 이견이 많다. 공영방송의 대표적인 KBS 이외의 지상파방송의 주된 수입은 광고판매수입이다. 지상파방송의 광범위한 대중에게 상품 및 서비스를 알리는 데 유리한 가장 효율적인 광고수단이기 때문이다. 미디어 시장의 확장으로 인해 지상파방송의 영향력과 시청률이 저하되고 있어 지상파방송의 광고수입도 하락하는 추세다. 다음으로 지상파방송의 중요한 수익원은 프로그램에 대한 판매료로 PP 채널이나 VOD 프로그램에 대한 판매 수익이다.

유료방송사인 케이블TV, 위성방송, IPTV의 주된 수입원은 가입자료부터 받는 수신료다. 유료방송사가 채널사용사업자로부터 채널을 구매하고 이를 시청자에게 제공한 대가가 수신료다. 이에 대해 유료방송사는 채널사용사업자에게 채널 사용료를 지불하는 구조다. 이외에 유료방송사의 수입으로 홈쇼핑채널 송출수수료, 단말장치 대여료, 시설설치비, 광고와 협찬 수입 등이 있다.

1995년 케이블TV의 출범과 함께 본격적으로 등장한 PP는 초기에 허가제를 거쳐 2001년 등록제를 거치며 급속도로 늘어났다. 일반 PP의 매출을 보면 광고수익이 50% 내외를 차지하고, 프로그램 제공매출액이 약 24%, 나머지가 협찬, 프로그램 판매, 행사 수입 등이다. 미국은 프로그램 제공매출의 비중이 가장 높지만, 한국은 유료방송의 가격이 상대적으로 저렴하고, 유료방송사의 수신료 수입에서 PP에게 지불하는 비율이 낮아 프로그램 제공매출의 비중이 상

대적으로 적은 편이다(권호영, 2020).[8]

3. 방송 경영 현황

1) 전체 방송시장 개관

2021년 기준 지상파방송사업자 개수는 50개로 전년도와 동일하였으며, 방송채널사용사업자(이하 PP)의 개수는 전년 대비 6개 증가한 180개다.

-종합유선방송사업자(이하 SO), 위성방송사업자 및 IPTV 사업자의 개수는 전년도와 동일, 중계유선방송사업자 개수는 23개로 전년 대비 6개 감소했다. 인터넷 멀티미디어 방송콘텐츠사업자(이하 CP)는 36개로 전년 대비 3개 증가했다.

〈그림 1〉 2021 방송 매체별 사업자 수 비중

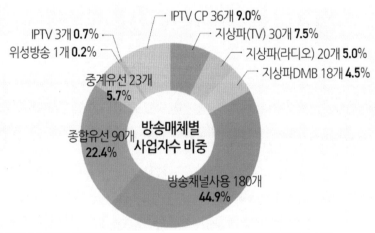

출처: 과학기술정보통신부·방송통신위원회 2022년도 방송산업 실태조사 보고서, 19쪽.

---

8   권호영(2020). 위의 책, 75쪽.

-2021년도 전체 방송사업자의 방송사업매출액 총규모는 19조 4,016억 원으로 전년 대비 7.7% 증가했으며, 2년 연속으로 명목 GDP 성장률을 상회했다(방송사업자의 방송사업매출액 성장률은 2014년 4.9% →2015년 4.1% →2016년 3.8% →2017년 3.8% →2018년 4.8% →2019년 2.1% →2020년 1.9% →2021년 7.7%).

- PP(홈쇼핑 PP 포함)의 방송사업매출액은 2021년 7조 5,520억 원으로 전년 대비 6.8% 증가했으나, 전체 방송사업매출액 중 비중은 전년 대비 0.4%p 감소한 38.9%(홈쇼핑 PP 제외 시 PP의 방송사업매출액은 3조 7,320억 원으로 전년 대비 14.4% 증가했고, 홈쇼핑 PP의 방송사업매출액은 전년 대비 0.2% 증가한 3조 8,200억 원)이다.

-지상파방송사업자의 방송사업매출액은 2021년 3조 9,882억 원으로 전년 대비 11.8% 증가했다. 전체 방송사업매출액 중 비중은 20.6%로 전년 대비 0.8%p 증가했다.

-SO 사업자의 방송사업매출액은 2021년 1조 8,542억 원으로 전년 대비 4.1% 감소했다. 전체 방송사업매출액 중 비중은 9.6%로 전년 대비 1.1%p 감소했다.

-IPTV 사업자의 방송사업매출액은 2021년 4조 6,368억 원으로 전년 대비 8.2% 증가했다. 전체 방송사업매출액 중 비중은 23.9%로 전년 대비 0.1%p 증가했다.

-위성방송사업자의 방송사업매출액은 2021년 5,210억 원으로 전년 대비 2.2% 감소했다. 전체 방송사업매출액 중 비중은 2.7%로 전년 대비 0.3%p 감소했다.

-2021년도 기준 지상파방송사업자와 일반 PP(홈쇼핑, 라디오, VOD, 데이

터 PP 제외)의 TV 사업 부문 방송사업 매출액 총 규모는 7조 3,743억 원으로 전년 대비 14.0% 증가했다.

-홈쇼핑, 라디오, VOD, 데이터 PP 등을 제외할 경우 지상파TV 방송채널의 방송사업 매출액 비중(2021년 기준 50.3%)이 일반 PP의 방송사업매출액 비중(2021년 기준 49.7%)보다 다소 높았다.

-TV 방송채널사업자의 전체 방송사업매출 중 지상파TV 방송채널의 비중은 2014년 59.4% →2018년 51.6% →2021년 50.3%로 전반적인 감소세를 유지했다.

-지상파계열 PP를 포함할 경우에도 지상파계열 채널의 방송사업매출 비중은 지속적인 감소세를 유지했다(2014년 68.9% →2018년 60.1% →2021년 57.3%).

-2021년 기준 가구 일일 평균 TV 시청시간은 약 355분이었으며, 지상파방송 채널 시청시간은 155분, PP 시청시간은 200분으로 각각 전년 대비 10분 감소했다. 2021년 기준 지상파방송 채널+지상파계열 PP 시청시간은 194분으로 전년 대비 13분 감소했고, 비지상파 계열 PP 시청시간은 161분으로 전년 대비 7분 감소했다.

-2021년 기준 지상파TV 방송채널 및 일반 PP의 방송프로그램 직접 제작비(자체제작+ 외주제작+구매) 규모는 2조 5,495억 원으로 전년 대비 3.4% 증가했다.

-지상파TV 방송채널의 프로그램 직접 제작비 규모는 9,015억 원으로 전년 대비 1.6% 증가, 일반 PP 제작비 규모는 1조 6,480억 원으로 전년 대비 4.5% 증가했다.

-종합편성 PP 제외 시 일반 PP의 프로그램 직접제작비 규모는 2021년 기준

1조 353억 원으로 전년 대비 7.5% 증가했다.

- 종합편성 PP의 직접제작비 규모는 2021년 기준 6,126억 원으로 전년 대비 0.2% 감소했다.

- 2021년 기준 전체 유료방송가입자 규모는 전년 대비 2.9% 증가한 3,576만 (단자 수 기준)을 기록하며 증가 추세를 지속하고 있다.

- 사업자군별 가입자 비중을 보면 IPTV 증가, 종합유선방송(SO) 감소 추세가 지속되고 있다(방송통신위원회, 2022).[9]

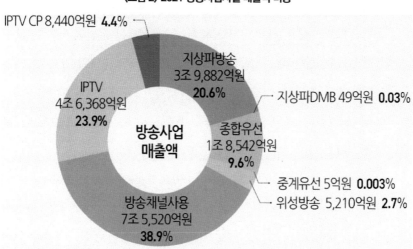

〈그림 2〉 2021 방송사업자별 매출액 비중

IPTV CP 8,440억원 **4.4%**

지상파방송 3조 9,882억원 **20.6%**

지상파DMB 49억원 **0.03%**

IPTV 4조 6,368억원 **23.9%**

방송사업 매출액

종합유선 1조 8,542억원 **9.6%**

중계유선 5억원 **0.003%**

위성방송 5,210억원 **2.7%**

방송채널사용 7조 5,520억원 **38.9%**

출처: 과학기술정보통신부·방송통신위원회 2022년도 방송산업 실태조사 보고서, 23쪽.

2) 지상파방송사업자

2021년 기준 지상파방송사업자의 방송사업(TV+라디오) 매출액 총 규모

9   방송통신위원회(2022). 2022년도 방송시장 경쟁상황 평가. 25-26.

는 3조 9,882억 원으로 전년 대비 11.8% 증가했다(지상파방송사업자의 전체 방송사업매출액 총 규모는 2017년 3조 6,837억 원 → 2019년 3조 5,168억 원 →2021년 3조 9,882억 원으로 최근 감소세가 2021년에 반전). 방송사별 방송사업매출액 규모는 KBS 1조 4,471억 원, MBC(지역 MBC 제외) 7,797억 원, SBS 8,581억 원이다.

-KBS와 MBC(지역 MBC 제외)의 방송사업매출액은 전년 대비 각각 7.0%, 11.7% 증가, SBS는 전년 대비 21.6% 증가했다.

방송사업매출액 중 방송광고 매출액이 차지하는 비중은 전반적으로 감소 추세(2017년 38.3% →2019년 31.3% →2021년 30.3%) 유지 - 여전히 방송광고 매출 비중이 가장 크지만(2021년 기준 30.3%, 1조 2,097억 원), 매출액 규모는 전반적인 감소세를 유지(2017년 1조 4,121억 원 →2019년 1조 999억 원 →2021년 1조 2,097억 원)했다.

-방송프로그램 판매 매출이 차지하는 비중은 소폭이나마 전반적인 증가세를 유지하고 있다(2017년 17.5% →2021년 22.7%).

-지상파방송 채널 재송신 매출은 절대 규모와 비중에서 모두 전반적인 증가세 유지(지상파방송사업자의 재송신매출액 규모는 2017년 2,539억 원에서 2021년에는 4,079억 원으로 증가했다. 해당 매출이 지상파방송사업자의 전체 방송사업매출액 중에서 차지하는 비중도 같은 기간 6.9%에서 10.2%)로 증가했다.

-2021년 지상파TV 방송 부문의 방송사업매출액 총규모는 3조 7,117억 원으로 전년 대비 12.5% 증가해 감소 추세가 반전(2017년 3조 209억 원 →2019년 3조 2,151억 원 → 2021년 3조 7,117억 원)되었다.

-사업자별 TV 부문 방송사업매출액 규모는 KBS 1조 4,182억 원, MBC(지

역 MBC 제외) 7,432억 원, SBS 8,053억 원, OBS 412억 원, 지역 MBC 총계 1,952억 원, 지역민방(OBS 제외) 총계 1,869억 원이다.

-2017년부터 2021년까지의 지상파방송 3사의 TV 부문 방송사업매출액의 사업자별 연평균 성장률은 KBS 0.7%, MBC(지역 MBC 제외) 4.6%, SBS 5.0%로 나타났다.

-2021년 기준 지상파방송사업자의 TV 방송광고 매출액 총 규모는 1조 611억 원으로 전년 대비 23.5% 증가해 감소 추세가 반전되었다.

사업자별 TV 방송광고 매출 규모는 KBS 2,595억 원, MBC(지역 MBC 제외) 2,493억 원, SBS 3,166억 원, OBS 186억 원, 지역 MBC 총계 994억 원, 지역민방(OBS 제외) 총계 848억 원으로 각각 전년 대비 16.8%, 23.8%, 30.3%, 28.1%, 17.4%, 32.8% 증가했다.

-지상파방송 3사의 연평균 가구시청률 합계는 2021년 기준 12.5%로 전년 대비 0.9%p 감소해 전반적인 하락 추세를 유지하고 있다.

-2021년 기준 지상파방송 채널 시청률 기준 1위는 KBS1(4.6%)이며, 2위와 3위 채널은 각각 KBS2(3.2%)와 SBS(2.7%)로 전년도와 순위 동일하다.

-2021년 기준 지상파방송사업자의 TV 방송프로그램 직접제작비 총 규모는 9,015억 원으로 전년 대비 1.6% 증가(전년도에는 10.4% 감소)했다.

-지상파방송사업자별 TV 방송프로그램 직접 제작비는 KBS 3,339억 원, MBC(지역 MBC 제외) 2,128억 원, SBS 2,393억 원, EBS 382억 원, OBS 169억 원, 지역 MBC 총계 269억 원, 지역민방(OBS 제외) 총계 335억 원 이었다.

-지상파방송 3사의 2021년 기준 TV 방송프로그램 직접 제작비는 전년 대비 SBS 12.5% 감소, MBC(지역 MBC 제외)는 5.7% 감소, KBS는 20.7%

증가했다.

- 2021년도 지상파방송 3사 및 관계사의 전체 사업 기준 영업이익률은 4.53%로 5년 만에 흑자 전환(2017년 -0.54% →2018년 -6.20% →2019년 -6.05% →2020년 -0.54% → 2021년 4.53%)되었다.

- KBS의 영업이익률은 -0.49%로 적자 폭이 감소하고, MBC(지역 MBC 제외)의 영업이익률은 8.77%, SBS는 15.47%의 영업이익률을 기록하여 흑자 폭을 확대했다.

- 지상파방송은 광고매출이 가장 큰 비중을 차지하지만, 광고매출액은 2015년부터 2020년까지 지속적으로 감소하다 2021년 중간광고 도입 등으로 반등하여 20.8% 성장했다.

- 다음으로 큰 비중(22.7%)을 차지하는 프로그램 판매 매출은 2019년 이후 증가하여 2021년에 15.7% 성장했다.

- 텔레비전방송 수신료는 2013년 이후 소폭 증가 추세이며 2021년 1.1% 증가하고, 비중은 17.7%를 기록했다.

- 협찬매출도 2018년 이후 소폭 증가 추세이며 2021년 6.4% 증가하고 비중은 10.3%를 차지했다.

- 재송신 매출은 전년 대비 2.0% 증가하였으며, 방송사업매출에서 차지하는 비중은 10.2%다(방송통신위원회, 2022).[10]

---

10   방송통신위원회(2022). 2022년도 방송시장 경쟁상황 평가, 26-27.

〈그림 3〉 지상파방송 사업 매출 추이(2019-2021)

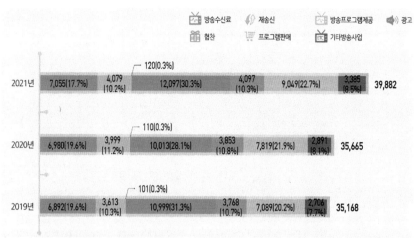

출처: 과학기술정보통신부·방송통신위원회 2022년도 방송산업 실태조사 보고서, 25쪽

〈그림 4〉 지상파방송의 재원구조

출처: 강명현, 방송산업과 재원정책, 2022, 11쪽.

3) 유료방송사업자

2021년 기준 유료방송사업자 수는 총 94개로 이 가운데 SO는 90개, 위성방송사업자는 1개, IPTV 사업자는 3개다. 2021년 유료방송사업자 전체의 방송사업매출은 전년 대비 3.9% 증가한 7조 120억 원으로 증가 추세를 지속하고 있다.

- SO의 방송사업매출액은 전년 대비 4.1% 감소한 1조 8,542억 원을 기록한 반면, IPTV의 방송사업매출액은 전년 대비 8.2% 증가한 4조 6,368억 원을 기록했다.

전체 영업매출 대비 방송사업매출 비중은 SO가 68.3%(2020년 69.7%)인데 반해, IPTV는 13.4%(2020년 12.7%)로 낮은 수준이다.

- 2021년 유료방송사업자 전체의 홈쇼핑 송출수수료 매출은 전년 대비 10.8% 증가한 2조 2,490억 원으로 지속적인 증가 추세다.

- SO 전체의 홈쇼핑송출 수수료 매출은 전년과 유사한 7,470억 원(2020년 7,452억 원)을 기록한 반면, IPTV는 전년 대비 19.5% 증가한 1조 3,243억 원(2020년 1조 1,086억 원)을 기록했다.

- 방송사업매출 대비 홈쇼핑송출 수수료 매출 비중은 증가 추세를 유지 (2018년 27.0% → 2019년 28.4% →2020년 30.1% →2021년 32.1%)하고 있다.

- 2021년 유료방송시장의 가입자 매출은 약 4조 4,431억 원으로 전년 대비 1.1% 증가했으나, 방송사업매출에서 차지하는 비중은 63.4%로 감소 추세가 지속되었다.

- 2021년 유료방송사업자의 방송수신료매출은 3조 6,579억 원으로 전년 대비 1.3% 증가했다.

-2019년부터 감소 추세를 기록하고 있는 유료방송사업자의 VOD 매출은 2021년 전년 대비 16.7% 크게 감소한 6,233억 원을 기록했다.

-2021년 전체 유료방송(중계 유선방송 및 Pre-IPTV 제외) 가입자 수는 전년 대비 2.9% 증가한 3,576만을 기록하며 증가 추세를 지속(단자 수 기준)하고 있다.

-8VSB 케이블TV 가입자 수는 577만으로 전년 대비 소폭 감소(2019년 587만 → 2020년 584만 →2021년 577만)했고, IPTV 전체 가입자 수는 전년 대비 7.3% 증가한 1,989만, SO 전체 가입자 수는 전년 대비 1.9% 감소한 1,288만을 기록했다.

(1) 종합유선방송

종합유선방송의 경우 홈쇼핑 송출수수료 매출 규모는 큰 변동이 없었으나 가입자 감소로 인해 유료방송 수신료 매출이 매년 지속적으로 감소한 결과(2021년 성장률 −7.9%), 2020년부터 홈쇼핑 송출수수료가 유료방송수신료를 추월했다. 유료방송수신료매출이 종합유선방송의 방송사업매출에서 차지하는 비중도 지속적으로 감소하는 추세(2013년 49.0% → 2021년 35.1%)다. 단말장치대여(판매)매출 규모도 2016년 이래로 꾸준히 감소(2021년 단말장치대여(판매)매출 비중 17.8%)하고 있다(방송통신위원회, 2022).[11]

---

11   방송통신위원회(2022). 2022년도 방송시장 경쟁상황 평가, 26쪽.

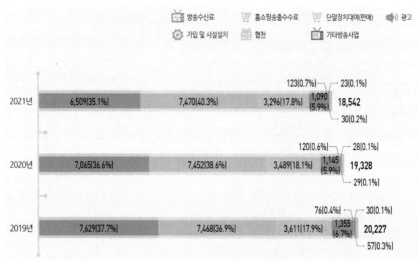

<그림 5> 종합유선방송 방송사업매출 항목별 추이(2019~2021년) (단위: 억 원)

출처: 과학기술정보통신부·방송통신위원회 2022년도 방송산업 실태조사 보고서, 26쪽.

(2) 위성방송

위성방송의 유료방송수신료매출은 2013년 이후 지속적인 감소 추세에 있으며 2021년에도 3.4% 감소(비중 2013년 69.7% → 2021년 56.0%)했다.

-홈쇼핑송출수수료매출은 2013년 이래로 꾸준히 증가하는 추세이며 2021년에도 1.1% 증가(비중 2013년 15.1% → 2021년 34.1%), 광고매출은 2018년 정점(511억 원)을 찍은 이후 지속적으로 감소하여 2021년에도 0.7% 감소(비중 6.3%)했다. 2021년 단말장치대여(판매)매출의 비중은 2.3%이며 전년 대비 매출 규모가 크게 감소(-20.6%)했다(방송통신위원회, 2022).[12]

---

12   방송통신위원회(2022). 위의 책, 27쪽.

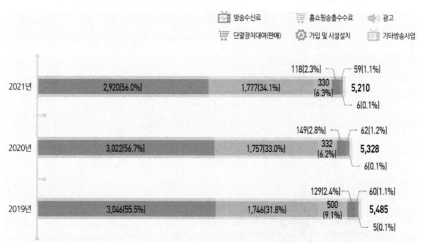

〈그림 6〉 위성방송 방송사업매출 항목별 추이(2019~2021년) (단위: 억 원)

출처: 과학기술정보통신부·방송통신위원회 2022년도 방송산업 실태조사 보고서, 27쪽.

(3) IPTV

IPTV의 경우, 유료방송수신료매출의 꾸준한 증가에도 불구 IPTV 방송사업매출에서 유료방송수신료 매출이 차지하는 비중은 지속 감소하고 있는 반면 홈쇼핑송출 수수료 매출은 큰 폭으로 증가하면서 비중 또한 증가했다.

2021년 항목별 비중은 유료방송수신료(58.6%), 홈쇼핑송출수수료(28.6%), 단말장치대여(판매)(8.0%)의 순, 기타방송사업(-4.7%)을 제외한 모든 항목에서 매출이 증가하였는데, 특히 홈쇼핑 송출수수료가 크게(19.5%) 늘었고, 가입 및 시설설치(8.0%), 단말장치대여(판매)(5.8%), 유료방송수신료(4.3%)도 증가했다(방송통신위원회, 2022).[13]

---

13   방송통신위원회(2022). 2022년도 방송시장 경쟁 상황 평가, 28-31.

〈그림 7〉 IPTV 방송사업매출 항목별 추이(2019~2021년) (단위: 억 원)

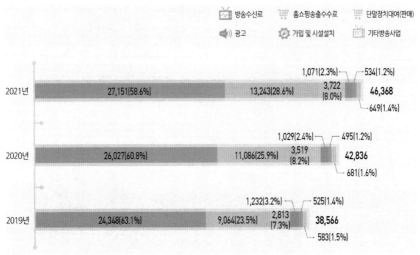

출처: 과학기술정보통신부·방송통신위원회 2022년도 방송산업 실태조사 보고서, 28쪽.

〈그림 8〉 유료방송 플랫폼의 재원구조

출처: 강명현, 방송산업과 재원정책, 2022, 20쪽.

4) 유료방송채널사업자(PP) 관련 주요 현황

2021년 기준 일반 PP의 방송사업매출액 전체 규모는 3조 6,626억 원으로 전년 대비 15.5% 증가(전년도 증가율: -3.0%)하여 전년도 감소세가 반전되었다.

-유료방송사업자로부터 분배받는 일반 PP의 방송프로그램 제공매출액은 증가세를 지속하며 2021년에는 전년 대비 10.2%(828억 원) 증가했다.

-일반 PP의 방송광고 매출액은 전년 대비 15.7% 증가(2020년 1조 4,578억 원 →2021년 1조 6,864억 원)했다.

-2021년 기준 일반 PP의 방송사업매출액 중 방송광고 매출액이 차지하는 비중은 46.0%로 전년도와 동일했다. 방송프로그램 제공매출액과 프로그램 판매 매출 비중은 각각 24.4%, 8.4%로 전년 대비 1.1%p, 0.2%p 감소했다.

-유료방송채널 시청률 상위 채널은 주로 종합편성채널, 보도전문채널, 지상파계열 채널, MPP 채널 등으로 구성되었다.

-2021년 시청률 기준 최상위 5개 유료방송채널은 종합편성채널(TV조선, MBN, JTBC)과 MPP계열 채널(tvN) 및 보도 전문채널(YTN) 각 1개로 구성되어 있으며, 차상위 5개 유료방송채널은 보도전문채널(연합뉴스TV), 종합편성채널(채널A), 지상파계열 채널 2개 (KBS 드라마, MBC every 1), MPP계열 채널(OCN)로 구성되었다.

-2021년 기준 일반 PP의 방송프로그램 직접 제작비(자체제작비+외주제작비+국내외 프로그램 구매) 전체 규모는 전년 대비 4.5% 증가한 1조 6,480억 원이다.

-CJ 계열 PP의 2021년 방송프로그램 직접제작비 규모는 전년 대비 2.2% 증가한 3,765억 원인 반면, 종합편성계열 PP의 방송프로그램 직접제작비 규모는 6,324억 원으로 전년 대비 0.5% 감소했다. 지상파계열 PP의 방송

프로그램 직접제작비 합계는 2,489억 원으로 전년 대비 6.9% 증가하였으며, MBC 계열은 전년 대비 0.9% 감소, KBS 계열과 SBS 계열은 각각 전년 대비 11.1%, 10.3% 증가했다.

-2021년 기준 일반 PP의 전체 사업 영업이익률은 6.3%로서 수익성은 전년도(4.3%)에 비해 개선된 모습이다(방송사업 부문과 여타 사업 부문 사이의 회계 분리가 이루어져 있지 않으며, 홈쇼핑 PP와 일반 PP를 겸업하는 사업자의 경우 홈쇼핑 부문의 영업이익이 방송사업 부문 영업이익에 포함됨에 따라 관련 지표 해석에 주의가 필요하다(홈쇼핑PP, 데이터 PP, 라디오 PP, VOD PP를 제외한 유료방송 PP를 일반 PP라고 정의하고 경쟁 상황 평가 대상을 이들로 한정)).

-방송프로그램제공매출액 기준 상위 사업자인 CJ 계열, 중앙계열, MBC 계열 PP의 영업이익률은 각각 11.4%, -5.8%, 3.1%, CJ 계열 PP를 제외할 경우 일반 PP의 전체 영업이익률은 3.3%로 전년도(1.2%) 대비 증가했다 (2019년 1.1% →2020년 1.2% →2021년 3.3%).

-종합편성계열 PP 제외 시, 여타 일반 PP의 영업이익률은 6.4%였으며(2019년 6.1% → 2020년 4.7% →2021년 6.4%), 종합편성계열 PP와 CJ 계열 PP를 모두 제외할 경우 여타 일반 PP의 영업이익률은 2.2%(2019년 2.7% →2020년 0.6% →2021년 2.2%)로 나타나 전반적으로 수익성이 개선된 모습이다(방송통신위원회, 2022 방송시장 경쟁상황 평가, 25~31쪽).[14]

-방송채널사용사업의 방송사업매출은 홈쇼핑방송 매출이 50.6%로 가장 큰 비중을 차지했다. 홈쇼핑방송 매출은 2018년 이후 증가 추세이며, 2021년

---

14 방송통신위원회(2022). 2022 방송시장 경쟁상황 평가, 25-31.

은 전년과 비교해 소폭(0.2%) 증가했고, 2020년 감소했던 광고매출 규모는 2021년 15.5% 증가하며 비중도 증가(20.7% → 22.4%)했다.

- 방송프로그램제공은 2017년부터 지속적으로 증가했는데, 2021년에도 7.3% 증가하여 12.4%의 비중을 기록했다.

- 협찬매출은 2018년 이후 증가 추세이며 2021년에 22.7% 증가하여 7.0%의 비중을 차지했다(과학기술정보통신부 · 방송통신위원회, 2022).[15]

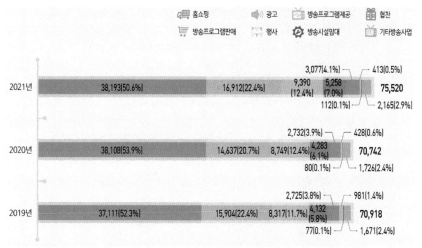

〈그림 9〉 방송채널사용사업의 방송사업매출 항목별 추이(2019~2021년) (단위: 억 원)

출처: 과학기술정보통신부·방송통신위원회 2022년도 방송산업 실태조사 보고서, 29쪽.

---

15   과학기술정보통신부 · 방송통신위원회(2022). 2022년도 방송산업 실태조사 보고서, 29쪽.

출처: 강명현, 방송산업과 재원정책, 2022, 16쪽.

4. 방송의 확장에 따른 새로운 경영전략–전략적 합병과 제휴

미디어산업은 광고-콘텐츠-유료방송의 밸류체인으로 구성되어 있다. 광고주의 광고비를 재원으로 드라마, 예능 등의 콘텐츠가 만들어지고 이를 유료방송사업자들이 소비자에게 전달하는 구조이다. 통신사들은 밸류체인 내에서 유료방송의 영역을 담당하고 있다. 유료방송은 IPTV와 위성방송, 케이블TV 3가지 형태로 구성되어 있는데, IPTV와 위성방송은 통신사들이 직접 운영하는 플랫폼이며, 케이블TV도 점차 통신사들이 인수하는 중이다.

지상파방송콘텐츠와 일부 개별 PP(Program Provider)들의 콘텐츠 전송으로 시작한 케이블TV 사업은, 케이블의 남는 용량을 활용해서 2000년도 초반에 초고속 인터넷 사업에 진출한다. 한편, 통신사들은 1990년대 말에 기존 전화선(PSTN, Public Switched Telephone Network)을 활용해서 인터넷 서비스를 제공하고 있었다. 지상파 콘텐츠의 재전송으로 시작된 유료방송 사업은

〈그림 11〉 미디어 밸류체인에서 통신사의 역할

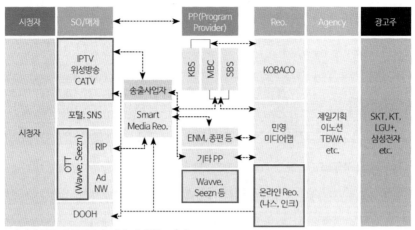

* 빨간색 부분이 통신사가 직접 사업하는 영역

출처: 대신증권 Research Center, 김회재(2021). Telco의 미디어 사업진출 동향 및 전략, 〈Media Issues & Trend〉, 44호, 50쪽.

2000년대 후반에 5대 MPP(Multi Program Provider) 중심의 케이블TV, 통신 3
사의 IPTV, 위성방송으로 통신 3강 체제가 자리를 잡았다. 3강 구조에 변화가
생긴 계기가 바로 지상파의 디지털 전환이다. 디지털 시대에 진입하면서 2013
년 1월부터 모든 지상파 콘텐츠는 디지털 방식으로만 전송하도록 변경되었다.
IPTV와 위성방송은 처음부터 디지털 방식으로 서비스를 시작했지만, 케이블
TV는 아날로그 방식으로 시작했기 때문에 디지털 전송을 위해서는 다시 대규
모 투자가 필요했다. 케이블 TV는 디지털 전환에 소극적이었다. 고화질과 양
방향 통신 및 VOD에 대한 수요가 증가하면서 소비자들은 자연스럽게 통신사
들이 운영하는 IPTV와 위성방송으로 이동하게 되었다. 가입자의 이탈이 지속
되면서 케이블TV는 사업 철수를 결정하게 되고, CJ헬로는 LGU+가, 티브로드
는 SK브로드밴드가 인수했다. 이로써 미디어산업 내 광고-콘텐츠-유료방송의
밸류체인 중 소비자들이 가장 직접 접하게 되는 유료방송은 지상파방송콘텐츠

재전송에서 시작하여 디지털 전환을 계기로 통신사들이 대부분 시장을 차지하는 형태로 바뀌게 되었다(김회재, 2021).[16]

앞서 언급한 통신사 IPTV의 케이블 TV 흡수 합병은 디지털 전환이 계기가 되었지만, OTT의 등장과도 무관하지 않다. 2017년에 한국에 넷플릭스가 상륙하면서부터다. 넷플릭스로 인해 미국에서는 코드 커팅(Cord Cutting) 현상이 가속화되고 있다. 미국은 동서 간의 시차가 3시간이기 때문에 실시간 방송의 수요가 크지 않고, 유료방송의 이용료가 한국의 10배 수준인 월 100달러 이상을 지불해야 하므로, 월 $10 수준의 넷플릭스와 같은 OTT가 빠르게 유료방송 시장을 장악해가고 있다. 통신사가 콘텐츠 영역으로 진출하는 궁극적인 목적은 미디어 사업 밸류체인의 완성을 위해서고, 지금 한국 콘텐츠에 대한 국내외 수요 급증으로 인해 사업 확장의 기회가 열렸기 때문이다.

한편 콘텐츠 사업자들의 경우 CJ ENM이 새로운 형태를 만들어가고 있다. 음악에는 전 국민이 참여할 수 있는 아이돌 오디션 프로그램을 도입했고, 드라마도 2016년에 스튜디오 드래곤을 출범시키면서 한국 최초로 스튜디오라는 개념을 도입했다. 통신사는 LTE를 거치면서 유연하게, 콘텐츠는 스튜디오를 통해 체계적으로 바뀌면서 자연스럽게 통신사가 다시 콘텐츠 사업으로 진출하는 계기가 마련되었다. 콘텐츠 영역에 먼저 진입한 것은 SK텔레콤이다. SK텔레콤은 자회사 SK브로드밴드를 통해 옥수수라는 모바일 IPTV, 즉 OTT를 운영하고 있었다. 모바일 IPTV는 가정에서 이용하는 IPTV의 단순한 모바일 버전으로 시작해서, 일부 자체 콘텐츠를 공급하는 형태로 진화했다. 한편, 지상파 3사는 OTT가 TV를 대체하는 영향을 준다고 판단하여 OTT 도입에 소극적이었

---

16   김회재(2021). Telco의 미디어 사업진출 동향 및 전략, 〈Media Issues & Trend〉, 44호, 50-51.

으나, 시청행태의 변화를 받아들여 결국 3사가 공동으로 Pooq을 통해 지상파 실시간 방송 및 VOD 서비스를 시작했다. 옥수수와 Pooq은 통합을 결정했고, 2019년 9월에 Wavve라는 통합 브랜드가 출범했다.

통신사들이 콘텐츠 시장에 본격적으로 진입하면서 투자비 경쟁이 벌어지고 있는 한편, 콘텐츠 시장 내 제휴도 활발하게 진행 중이다. LGU+와 KT는 각각 2018년과 2020년에 글로벌 최대 OTT인 넷플릭스와 제휴를 맺고, 넷플릭스는 LGU+와 KT의 IPTV에 PIP(Platform In Platform) 형태로 서비스를 제공 중이다. 2021년 하반기에 국내 서비스를 시작할 예정인 디즈니 플러스(Disney+)도 KT 및 LGU+와의 제휴를 추진 중인 것으로 알려져 있다. 2021년 말이나 2022년 초 한국에서 서비스를 시작할 예정인 HBO 맥스(HBO Max) 역시 통신사와의 제휴 가능성이 크다.

넷플릭스는 2020년부터 향후 3년간 스튜디오 드래곤 및 제이콘텐트리와 드라마 21편가량의 동시 방영 및 9편가량의 넷플릭스향 오리지널 드라마 공급 계약을 체결했고, 네이버는 CJ ENM 및 스튜디오 드래곤과 지분 교환을 통해 상호 우호적인 관계를 형성했다. MBC는 지상파 연합의 일원으로서 Wavve에도 콘텐츠를 공급하지만, 2020년에 출범한 카카오TV와도 콘텐츠 제작/공급 제휴를 체결했다(김회재, 2021).[17]

결론적으로 기존의 방송사업자 그리고 네이버와 카카오뿐 아니라 SKT와 KT 같은 통신사업자들도 IP 비즈니스를 지향한다. 즉 기존의 전통적인 방송사업자 이외에 통신사를 넘어 이제는 IT 사업자들이 방송영역의 주도권을 가지려 경쟁하고 있다. KT는 통신 중심의 사업구조에서 벗어나 플랫폼 비즈니스

---

17 김회재(2021). 위의 책, 58-61.

를 지향하겠다고 선언하며 카카오와 긴밀한 관계를 구축하기 시작했다. 2018년부터 SKT가 IT 기업을 지향하며 SM엔터테인먼트, 빅히트 등과 콘텐츠 제휴를 맺어온 것이나 KT가 최근 IPTV와 케이블TV를 미디어 플랫폼으로 정의하며 플랫폼 사업자로 전환하겠다는 내용을 발표한 것도 모두 같은 맥락이다. 특히 KT는 콘텐츠 전문 기업 '스튜디오 지니'를 설립하고 콘텐츠에 대한 투자 및 기획, 제작, 유통뿐만 아니라 원천 IP 개발에도 신경 쓰며, 2023년까지 대형 오리지널 콘텐츠를 연간 10~20개 시리즈 수준으로 제작할 계획이다(차우진, 2021).[18] 다음 그림은 이와 같은 콘텐츠 회사와 기존 방송사 그리고 통신 및 IP 회사들 간의 전략적 합병 사례를 보여준다.

<그림 12> 콘텐츠 사업자의 IP 통신사업자와의 전략적 제휴

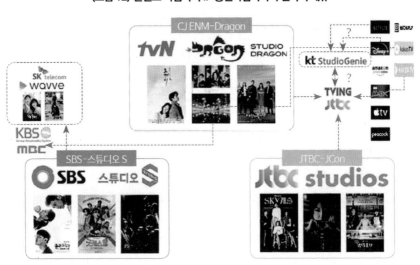

출처: 대신증권 Research Center, 김회재(2021). Telco의 미디어 사업진출 동향 및 전략, 〈Media Issues & Trend〉, 44호, 63쪽.

---

18   차우진(2021). 엔터테인먼트 산업의 미디어 플랫폼화, 〈Media Issues & Trend〉, 44호, 14쪽.

넷플릭스가 한국에 상륙한 이후 한국에서 서비스되고 있는 OTT 서비스 중에서 가장 많은 MAU(Monthly Active User: 한 달에 한 번이라도 접속한 사용자의 수)를 기록하고 있다. 아이지에이웍스의 6월 모바일 인덱스에 따르면 토종 OTT 서비스인 웨이브(WAAVE)가 271만 명, 티빙(TVING)이 138만 명, 왓챠(WATCHA)가 43만 명을 기록했는데, 넷플릭스는 이 모두를 합한 숫자보다 큰 466만 명이라는 데이터도 있다.

재미있는 것은 넷플릭스의 성장 원동력으로 그들의 오리지널 콘텐츠뿐만 아니라 한국 방송사들의 콘텐츠도 꼽힌다는 것이다. 아래 넷플릭스 한국 TOP 10 콘텐츠를 보면 4, 5, 7위를 기록한 넷플릭스 오리지널을 제외하곤 모두 한국 방송사에서 제작된 콘텐츠들이다. 한국에서는 드라마 방영이 끝나면 시청자들이 찾는 빈도가 현격히 떨어지는 데 반해, 넷플릭스는 미국에서의 〈프렌즈〉, 〈오피스〉의 사례처럼 계속 시청하게 만드는 경험도 만들 수 있다.

지상파 3사에는 웨이브, JTBC와 CJ ENM에는 티빙이 있지만, 방송사들은 가장 많은 돈을 주는 플랫폼에 콘텐츠를 공급하고 싶어 한다. CJ ENM과 JTBC의 주요 드라마들의 경우 넷플릭스에 동시 공급하고, 그렇지 않은 콘텐츠는 티빙에 공급한다. 넷플릭스와 경쟁이 아닌 공존하는 방식을 택한 것이다. 〈킹덤〉, 〈시그널〉(tvN)의 김은희 작가와 〈도깨비〉(tvN), 〈태양의 후예〉(KBS2)의 이응복 감독이 만드는 〈지리산〉의 경우 중국 OTT 플랫폼인 아이치이(IQ.com)에 공급한다고 발표했다. 광고수입과 IPTV와 같은 디지털 판매, 해외 유통이 나날이 어려워지는 환경에서 제작비 수급이 힘든 대작들은 글로벌 OTT 플랫폼과 손을 잡는 것이 필수가 되었다.

방송사뿐만 아니라 OTT 플랫폼 입장에서도 이렇게 손을 잡는 것을 포기할 수가 없는 상황이다. 일본에 하나의 사회적 현상을 만들었던 〈사랑의 불시착〉

(tvN)의 경우 tvN이 넷플릭스에 해외 독점권을 준 케이스로 넷플릭스가 2020년 일본 시장에서 막대한 영향력을 키우게 만든 콘텐츠다. 스튜디오 드래곤이 제작하고 SBS에서 방영했던 〈더 킹: 영원의 군주〉(SBS)의 경우 전 세계에서 가장 인기 있었던 넷플릭스 TV 시리즈 Top 10에 오르기도 했다. 방송가에서는 아쉬운 콘텐츠였어도 넷플릭스엔 효자 콘텐츠의 역할을 하기도 한다(김조한, 2020).[19]

미국 미디어 시장을 보더라도 콘텐츠 기업과 OTT 플랫폼 그리고 통신사 간의 합종연횡이 연이어 벌어졌다. 디즈니는 2017년 6월 21세기폭스를 713억 달러에 인수했다. 컴캐스트와 경쟁 끝에 얻어낸 값진 승리였다. 디즈니는 또 2019년 5월엔 '넷플릭스 대항마'로 꼽혔던 훌루 지분을 전부 손에 넣으면서 스트리밍 전쟁 준비에 박차를 가했다. 훌루는 2007년 월트디즈니, 폭스, 컴캐스트, 타임워너가 공동으로 만든 스트리밍 전문업체다. 당시 이들은 넷플릭스에 대항하기 위해 훌루를 공동 설립했다. 디즈니는 21세기폭스를 인수한 데 이어 2019년 4월엔 AT&T가 워너미디어(옛 타임워너)를 통해 갖고 있던 지분 9.5%를 손에 넣었다.

한 달 뒤인 2019년 5월 컴캐스트 보유 지분 33%까지 인수하면서 훌루를 완전히 소유하게 됐다. 디즈니에 앞서 AT&T도 2016년 타임워너를 854억 달러에 인수했다. 두 회사 합병은 법무부를 상대로 한 법정 공방까지 거친 끝에 2019년 들어 최종 확정됐다. 통신사인 AT&T는 미디어 기업인 타임워너를 손에 넣으면서 본격적으로 OTT 전쟁에 뛰어들 준비를 마쳤다. 워너미디어로 이

---

19 김조한(2020). 넷플릭스 상륙 4년, 그리고 유튜브 시대 방송사들의 전략, KOCCA 〈방송 트렌드 인사이트〉 스페셜 이슈1.

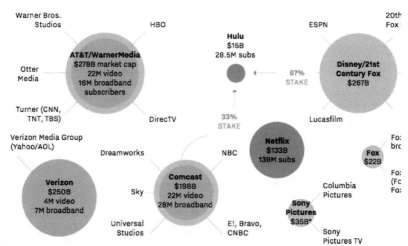

〈그림 13〉 미국 콘텐츠 사업자 플랫폼의 합종연횡

출처: https://www.vox.com/2018/1/23/16905844/media-landscape-verizon-amazon-
comcastdisney-fox-relationships-chart

름이 바뀐 타임워너는 〈왕좌의 게임〉으로 유명한 HBO와 영화사 워너브러더스 등을 보유한 콘텐츠 강자다. 현재 아래 그림을 살펴보면, 미국 미디어 시장은 AT&T, 디즈니, 컴캐스트, 버라이즌 등이 강력한 세력권을 형성하고 있다. 이들은 강력한 통신망을 기반으로 다양한 콘텐츠 사업자를 보유하고 있어 OTT 시장의 새로운 강자가 될 잠재력이 있다(김익현, 2019).[20]

미국 미디어 시장에서도 AT&T, 디즈니, 컴캐스트, 버라이즌 등은 넷플릭스보다 훨씬 거대한 기업 규모를 자랑하고 있어 향후 미디어 기업의 경영 판세에 어떤 영향을 미칠지 귀추가 주목된다. 미디어 시장에서의 경쟁력을 확보하기 위해서는 질 높은 콘텐츠의 다량 확보도 중요하지만 이와 동시에 스스로 멀

---

20 김익현(2019). 포스트 넷플릭스, 전쟁의 서막-글로벌 OTT 시장 현황과 전망.『방송문화』. 419, 107-120.

티플랫폼이 되거나 전략적 합병을 통해 스트리밍 플랫폼을 강화해야 할 수밖에 없기에 이와 같은 합종연횡과 전략적 제휴는 선택이 아닌 운명으로 보인다.

우리나라에서도 '스마트폰으로 텔레비전을 시청하고 있다'라는 사람의 비중은 2016년도에 7.0%에서 2021년도에는 10.2%로 늘었다. 또한, '동영상을 보고 있다'라는 비중은 13.4%에서 무려 50.8%로 증가했다(정용한, 2022).[21] 이같은 추세를 볼 때 모바일 시청이란 변수는 대세다. 따라서 킬러 콘텐츠와 접속이 편리한 어떤 디바이스를 통해 안정적인 서비스를 공급할 수 있는 플랫폼은 동시에 중요하다.

---

21 정용한(2022). 스마트폰, 세대별 TV 대체 속도. KISDI STAT REPORT. 5쪽.

참고문헌

강명현(2022). 『방송산업과 재원정책』, 박영사.

과학기술정보통신부 · 방송통신위원회(2022). 2022년도 방송산업 실태조사 보고서.

권호영(2020). 『한국 미디어 경제학』, 박영사.

김익현(2019). 포스트 넷플릭스, 전쟁의 서막-글로벌 OTT 시장 현황과 전망. 『방송문화』. 419, 107-120.

김조한(2020). 넷플릭스 상륙 4년, 그리고 유튜브 시대 방송사들의 전략, KOCCA 〈방송 트렌드 인사이트〉 스페셜 이슈1.

김지운 · 정회경(2005). 『미디어 경제학: 이론과 실제』, 커뮤니케이션북스.

김회재(2021). Telco의 미디어 사업진출 동향 및 전략, 〈Media Issues & Trend〉, 44호, 48-63.

방송통신위원회(2022). 2022년도 방송시장 경쟁 상황 평가.

정용한(2022). 스마트폰, 세대별 TV 대체 속도. KISDI STAT REPORT.

정회경(2012). 『미디어 경제 · 경영』, 커뮤니케이션북스

차우진(2021). 엔터테인먼트 산업의 미디어 플랫폼화, 〈Media Issues & Trend〉, 44호, 6-18.

한진만 외(2013). 『방송학 개론』. 커뮤니케이션북스

제10장

방송과 사회

우리나라의 방송은 일제 강점기 시대인 1926년 경성방송국의 설립으로부터 시작되었다. 그 후 1932년 조선방송협회로 개편되어 광복 당시까지 전국에 17개의 지방방송국이 개설되었다. 1956년에는 최초의 텔레비전방송인 HLKZ-TV가 발족하여, 세계에서 15번째, 아시아에서 4번째로 TV 방송을 시작하였다. 그리고 경제 발전과 함께 가정용 TV가 확산하였고, 1980년 컬러TV 방송을 시작한 이후 2013년 본격적인 디지털 방송 전환과 함께 지금은 어디서든 방송을 시청할 수 있는 바야흐로 유비쿼터스 방송시대를 맞이하였다. 이로 인해 방송은 더욱 우리의 일상생활부터 삶의 전반에 매우 깊숙이 자리 잡고 있다.

　방송은 단기적, 장기적 차원과 직접적, 간접적 차원에서 매우 다양한 영향과 효과를 주고 있다. 이 장에서는 미디어의 하나로서 방송의 대표적인 사회적 기능과 우리의 일상생활에 미치는 다양한 긍정적, 부정적 영향에 대해 살펴보기로 한다.

1. 방송의 사회적 기능

　매스미디어의 대표적 기능은 여러 학자에 의해 제시되었다. 그 중 대표적인 해럴드 라스웰(Harold Lasswell)과 찰스 라이트(Charles R. Wright)의 관점을 중심으로 살펴보기로 하자.

1) 환경감시기능

매스미디어 중 대표적인 방송은 물리적, 사회적 환경에 대한 감시기능이 대표적이다. 흔히 물리적 환경에 대한 감시는 태풍, 자연재해, 홍수, 가뭄, 황사, 환경오염 등 자연적 현상에 대해 시기적절한 경고와 예보를 포함하는 것을 의미한다. 사회적 환경에 대한 감시는 교통사고, 범죄, 사회적 재난, 정치인 및 기업의 비리, 기타 사회적 문제에 대한 보고와 비판 기능을 의미한다.

이를 통해 위기상황에 효율적이고 능동적으로 대처할 수 있도록 경고자의 역할을 하며, 개인의 사회복지를 증진시키는 데 기여하고 일상생활에 필요한 정보를 제공한다. 예를 들어 공해 문제나 수질 오염의 심각성에 대해 구체적인 자료를 제시하고, 정치 과정에서 어떤 정책이나 이슈가 처리되는 과정을 보여줌으로써 사회문제나 공적 이슈에 대해 감시견(watch dog)의 역할을 하는 것이다. 또한, 사회가 안고 있는 고민이나 불편 또는 갈등을 지적하기도 한다. 이러한 정보 제공을 통해 어떤 위험에 대한 경고나 사회 기구 활동의 수단이 되어 견제와 감시를 통해 사회발전에 기여하고 사회의 규범을 강화하는 기능을 하기도 한다.

2) 상관조정 및 해설

방송은 사회가 처해 있는 환경에 대응하여 지역사회의 각 부문을 상호 연결하는 기능을 한다. 방송은 복잡한 사회구조 속에서 서로 다른 영역에 있거나 이해관계를 달리하는 집단 또는 조직체들이 유기적인 관계나 공통의 이해를 도모하도록 함으로써 구성원들 간의 연대성을 촉진하고 상호 공존하는 데 기여한다. 그리고 방송은 그 사회가 당면한 문제를 해결하기 위해 어떤 제안을 하기도 하며 다양한 계층의 의견이 개진될 기회를 제공하여 구성원들의 참여를 이끌고 사회발전에 기여한다.

쓰레기 매립장이나 핵발전소 설치 문제, 기타 환경문제 등에 있어서 지역 이기주의로 심각한 지역 간 갈등이 일어나기도 하는데 이러한 경우 구성원들 간의 갈등을 해소하고 궁극적으로 사회적 통합을 하는 데도 방송은 중요한 역할을 할 수 있다. 예를 들어 이해를 달리하는 집단 간의 문제해결을 위한 공개된 토론의 장을 마련하거나 토론의 과정을 거쳐 지역 이기주의를 극복하고 합리적인 해결 방안을 도출하도록 도와준다. 이러한 기능을 수행하는 대표적인 프로그램은 시사 관련 대담 및 토론 프로그램, 사회적 이슈를 다룬 다큐멘터리, 그리고 정치, 기업, 종교 등 다양한 사회적 문제를 다룬 탐사보도나 심층보도 형식을 주로 가진 사회고발 프로그램이다. 그러나 지나친 합의의 강조는 사회의 발전적인 변화를 저해하고 획일화를 조장하며, 개인의 비판 능력을 약화시킬 수도 있다.

3) 사회화/문화계승

방송은 사회적 유산을 한 세대로부터 다음 세대로 전수하고 그 사회가 추구하는 공통의 규범과 가치관 등을 공유시키는 기능을 통해 사회화의 수단이 되기도 한다. 그리고 문화재나 역사 및 예술 활동을 소개하고 고유문화를 발굴해 발전시키는 데 기여한다. 문화는 구성원의 결속과 의사의 통일성을 강화함으로써 정신적 단합을 유도하는데, 문화 육성의 강력한 추진제는 방송을 포함한 미디어가 대표적이다. 세계화의 추세에서도 각 사회는 나름의 전통적인 가치관과 규범을 지키는 것을 미덕으로 삼고 이를 고수하는 경우도 있다. 이러한 경우 방송은 사회에서 성장하는 개인에게는 물론 외부로부터 이주해 오는 사람들에게도 그 사회가 추구하는 가치관과 규범을 제시해 줌으로써 사회질서를 유지하는 데 기여한다. 그러나 한편으로 전통적인 윤리나 가치관 및 규범 등의 강요는 문화적 다양성을 약화시키거나 개성을 상실하도록 만들 수도 있다.

방송의 사회화 기능은 알튀세(Louis Althusser)가 주창한 미디어의 이데올로기 유지 기능에서도 찾을 수 있다. 특히 방송이 부모나 학교를 대신하고 어릴 때부터 방송이 자연스러운 일상이 되는 상황에서 방송은 현 시대적 상황에서 사회의 지배적인 이데올로기가 무엇인지를 자연스럽게 주입하고 수용자가 이를 자연스럽게 받아들이도록 한다는 것이다. 즉 지배적으로 통용되는 가치관과 같이 무엇이 윤리적으로 옳고, 보다 가치 있고, 칭찬이나 비난받을 행위인지를 학습하게 되는 것이다. 방송은 뉴스 및 시사보도 프로그램에서의 범죄나 사회적 일탈 행위에 대한 보도를 통해 사회적으로 경종을 불러일으키는 가운데 이러한 사회화 기능을 수행하기도 하지만 크게 보면 드라마나 연예오락 프로그램에서 재현하는 다양한 인간관계, 성적 역할, 사회적 역할, 가족관계, 직장 및 직업 등에 대한 묘사를 통해 개인의 역할이나 주체성을 형성하는 대리사회화 기능을 수행한다.

4) 오락

방송은 시청자에게 즐거움과 휴식을 주는 매체로서의 기능을 한다. 오락 프로그램은 시청자에게 여가 선용의 기회를 제공함으로써 생활의 활력소로서의 역할을 한다. 또한, 오락적인 내용은 개인이 가진 갈등이나 긴장감을 해소해 줌으로써 궁극적으로 사회가 바람직한 방향으로 유지되게 한다. 특히 연예나 오락 프로그램 중 스포츠는 사회 구성원 간의 결속력을 강화하는 기능을 하기도 한다. 즉 방송을 통한 스포츠 경기 중계는 사회통합의 기능을 하기도 한다. 그러나 방송은 양적인 시청률을 추구하고 최대한 많은 시청자의 욕구나 수준을 충족시키려는 특성이 있어서 더 많은 시청자를 확보하기 위해 수준 낮은 오락 적 내용을 양산해서 대중문화의 취향을 저급화하는 부정적 요소도 있다. 또한, 대중의 비판 능력을 약화시키고 현실 도피적인 속성을 강화시키기도 한다(한 진만 외, 2016).[1]

2. 방송과 일상생활

1) 방송과 어린이

방송이 만들어내는 가상의 현실은 많은 사람에게 현실에 대한 모델 역할을 한다. 특히 세상에 대한 배움을 시작하는 어린이들은 과거 가정과 또래 집단 등 을 통해 배울 수 있었던 읽는 능력이나 말하는 능력 등을 부모님을 대신하여 방 송을 통해 학습하게 되고, 방송에 크게 의존하면서 자신의 직접적인 환경 밖에 있는 세계에 대한 정보를 얻는다.

방송은 어린이들에게 사회화 과정을 돕고, 세상에 대한 정보를 제공하고, 어 린이들을 꿈의 세계로 이끌어주기도 하는 등 긍정적인 기능을 한다. 하지만 많 은 시간의 방송 시청은 직접적인 경험을 방해하고 선유 경향(이미 형성되어 있 는 개인적 성향으로 동기 · 성격 등의 심리적 요인, 가정 및 준거집단의 사회 심 리적 요인, 생활 수준 · 사회적 지위 · 문화적 배경 등의 사회문화적 요인)(김정 현, 2015)[2]이 형성되지 않은 어린이들에게 폭력성을 누적시키거나 모방 행동을 쉽게 할 수 있고, 수동성을 강화하고 중독과 같은 부정적 영향을 주기도 한다.

---

1   한진만 · 박은희 · 정인숙 · 주정민(2016). 『새로운 방송론』. 커뮤니케이션북스. 190-193.

2   김정현(2006). 『설득 커뮤니케이션의 이해와 활용』. 커뮤니케이션북스. 156쪽.

앨버트 반두라(Albert Bandura)는 텔레비전이 사회화 과정의 모델이 될 수 있다고 보고 사회관찰학습이론을 통해 "인간이 직접 경험에 의해서만 행위를 배우는 것이 아니라 모방을 통해서도 배울 수 있다"라고 주장했다. 특히 어린 이들의 사회화 과정(vicarious socialization)에서 방송은 부모나 선생님의 역할을 부분적으로 대신할 수 있다. 따라서 대리사회화 과정의 매체로서 방송은 특히 어린이들의 신념, 가치, 규범의 형성과 변화에 강력한 영향을 미치는 것으로 볼 수 있다(김우룡, 2002).[3]

반두라의 사회학습 이론(social learning theory)은 인간의 행동은 보상이나 처벌의 결과로만 형성되는 것이 아니라 다른 사람의 행동을 관찰하고 모방한 결과로 이루어진다고 주장한다. 그는 조건형성과 인지이론을 통합하여 사회학습 이론을 제안했는데 이 이론은 모방이나 공격성, 행동 치료 연구에 많이 활용되고 있다.

반두라의 관찰학습 이론에서는 인간의 외형적인 행동만을 관심의 대상으로 삼는 것이 아니고 학습에서 인지 과정의 중요성을 강조한다. 또한, 관찰학습은 주의집중단계(모델에 주의 집중), 파지 단계(모델의 행동 기억), 재생단계, 강화와 동기유발단계의 4단계 과정을 거친다. 이와 함께 사람들이 관찰과 모방을 통해 습득한 지식과 기술을 어떻게 행동으로 전환하는가에 관한 관심을 두고 자기효능감(self-efficacy)이라는 개념을 통해 설명하고자 하였다. 그에 의하면 자기효능감은 상황이 요구하는 행동을 수행할 수 있다는 개인의 확신으로 개인의 행동 여부를 결정한다. 이러한 자기효능감의 개념은 최근에 많은 연구자의 주목을 받게 되었고 이에 관한 연구가 활발히 이루어지고 있다.

---

3   김우룡(2002). 『현대 방송학』. 나남. 507-509.

2) 폭력성

일찍이 1933년 미국의 국립정신건강연구소(National Institute of Mental Health)의 '텔레비전과 행동에 대한 보고서'에 의하면 어린이와 10대 청소년의 텔레비전 폭력물 시청 행위와 시청에 이어 발현되는 공격성 사이에 유의미한 상관관계가 있음을 밝혔다(전범수 외, 2020).[4] 이러한 일련의 연구들은 매우 단정적으로 미디어 폭력이 반사회적인 영향을 가져올 수 있다고 주장한다. 특히 미디어 문제에 가장 많은 주목을 받아온 주제는 폭력적 내용이 과연 폭력적 행동을 가져오는가 하는 것이다. 이에 대해 그간의 다양한 실험연구, 상관관계 조사, 장기연구, 그리고 메타분석 연구결과를 종합해 보면 청소년에게 유해한 영향을 미칠 수 있다는 점에 대해 강한 의견 일치가 존재한다. 미디어 폭력에의 장기간 노출은 청소년을 둔감하게 함으로써 현실 세계에서 일어나는 폭력에 무감각해지도록 만든다. 또한, 이들에게는 폭력으로 희생자가 될지 모른다는 과장된 염려와 두려움으로 귀결될 수 있다. 이러한 결과 중 어느 것도 직접적이고 보편적이지는 않다. 그러나 특정 어린이와 10대는 인지발달 상황과 선호하는 미디어 폭력의 유형, 그리고 노출의 정도에 상응하여, 다른 유형의 메시지와 비교할 때 미디어 폭력에 특히 취약하다(스트라스버거 & 윌슨, 2006).[5]

미디어에 담긴 폭력은 인지적, 정서적, 행동적 차원에서 확인된다. 이 중 각성과 탈억제, 둔감화, 그리고 모방은 가장 대표적인 행동적 차원에서의 효과다. 각성은 일종의 자극효과를 의미하는데 폭력적 장면을 시청할 때 감정적으로 각

---

4   전범수 외(2020). 『새로운 방송학 개론』. 한울. 127-128.

5   빅터 스트라스버거 & 바바라 윌슨(2006). 김유정 & 조수선 옮김. 『어린이, 청소년, 미디어』. 커뮤니케이션북스. 152쪽.

성되며 생리적으로 측정될 수 있다. 이미 무언가에 화가 나 있는 10대 소년이 폭력적인 프로그램을 시청하고 있다면 시청하지 않았을 때보다 더 공격적으로 반응할 수 있다는 것이고, 특히 시청 직후 공격적으로 될 수 있는 상황이 있을 경우 더 공격적 반응으로 이어질 수 있다는 것이다. 탈억제란 상황에 의해 정당화되거나 사회적으로 용인되는 폭력을 시청하는 데 익숙해지면 폭력적 행동에 대한 사회적 제재에 대한 억제가 약화된다는 가정을 기반으로 한다. 장기적인 패널 연구에서 어렸을 때의 텔레비전 폭력물 시청과 성인이 된 후의 공격성은 강한 정적 상관관계가 있다고 보고된 바 있다. 둔감화는 폭력물에 대한 반복적 시청은 오랜 시간을 거치면서 폭력에 대한 감수성이 줄어들게 만들어 실제 폭력으로 이어질 가능성이 커진다는 것이다(브라이언트 & 톰슨, 2005).[6]

방송프로그램 내용을 모방해서 이와 유사한 행동으로 폭력을 행사하는 사례를 매우 빈번하게 뉴스를 통해 접하게 된다. 이러한 모방은 텔레비전방송 속의 폭력이 실제 현실세계의 폭력적 행동을 야기할 수 있다는 것을 입증해 주는 사례다. 그간 방송과 폭력성의 관련성을 다룬 매우 많은 연구가 축적되어 있는데 이에 의하면 방송 시청이 폭력적인 행위의 모방에 결과적으로 기여하는 중요한 요인 중 하나임은 분명하지만, 방송 이외의 여러 가지 다양한 상황 요인들 또한 폭력 행위에 영향을 미친다. 따라서 방송의 폭력성은 직접적인 모방의 위험성보다 잠재적이고도 일반적인 영향력에서 시작되고, 잠재적인 수준에서 장기적으로 축적된다고 볼 수 있다. 이렇게 즉각적이지 않더라도 잠재적으로 누적된 폭력 성향이 수용자의 상황과 결합하였을 때 반사회적인 실제 폭력으로 일어날 수 있는 확률이 높고 이때 방송의 폭력적 내용은 방아쇠의 역할을 하게 된다.

---

6   제닝스 브라이언트 & 수잔 톰슨(2005). 배현석 옮김. 『미디어효과의 기초』. 한울.

그러므로 폭력이 일어나는 상황에 대해서도 보다 면밀한 연구와 종합적인 고려가 필요하다(김우룡 편, 1992).[7]

한편 학습이론의 관점에서 모방과 모델링을 통해 학습을 하더라도 폭력을 행동으로 발전시키는 과정에 대한 몇 가지 이론이 존재한다. 많은 실험연구에 의하면 영화나 방송의 공격 내용 묘사는 시청자들의 공격행위 가능성을 증가시키는 요인이라는 것을 증명했다. 그러나 증진된 폭력이나 공격성은 언제나 명백한 것은 아니다. 만약 수용자가 방송에 묘사된 공격행위가 부당하거나 도덕적으로 나쁘다고 생각하면 억제가 발생하게 된다. 그리고 그린과 베르코비치(L. Berkowitz & R.G. Green, 1966; 한진만 외, 2016)[8]는 공격적인 선유 경향은 적절한 계기가 그 상황에 존재하지 않은 한 공격적인 행위를 야기시키지 않는다고도 주장했다. 이러한 연구결과들을 종합하면 폭력성이 있는 방송콘텐츠의 시청은 개인의 사회문화적 특성 및 상황별로 다르게 나타날 수 있고, 실제 폭력의 유일한 원인은 아니지만, 간접적, 장기적인 축적을 통해 실제 폭력으로 이어질 수 있는 원인 중 하나로 작용한다고 볼 수 있다.

한편 이와는 다르게 폭력을 담은 방송프로그램의 시청이 실제로 폭력을 유발하기도 하지만 오히려 정화 또는 카타르시스(catharsis)와 같은 긍정적 효과를 준다는 시각도 있다. 그리스어인 카타르시스는 정화를 의미하는데 공격적인 충동은 공격을 표현함으로써 감소할 수 있다는 것이다. 프로이트(Freud)는 이런 과정을 공격적인 감정의 카타르시스라고 명명했다. 또한, 사회과학자들은 카타르시스란 사람들이 어떤 감정을 나타내거나 관찰함으로써 그것을 순화 또

---

7   김우룡 편(1992).『커뮤니케이션 기본이론』. 나남. 59쪽.

8   한진만·박은희·정인숙·주정민(2016).『새로운 방송론』. 커뮤니케이션북스. 197쪽.

는 정화시키는 과정이라고 본다(Kaplan& Singer, 1976; 한진만 외, 2016).[9] 즉 방송 시청자의 경우 본인이 실제의 환경에서는 경험하거나 표현할 수 없는 행위를 방송에 등장하는 인물이 대신해 주는 것을 통해 대리만족을 경험한다는 것이다.

마지막으로 보강 효과는 평소 폭력적인 성향이 있거나 심적 갈등을 많이 겪거나 스트레스를 많이 받는 사람은 폭력적인 내용을 선호하는 경향이 있고, 그렇지 않은 사람은 비폭력적인 내용을 좋아하는 경향이 있다고 주장한다. 미디어의 보강 효과를 주장하는 이론가들은 폭력 행위의 중요한 결정 요인을 문화적 규범과 가치, 사회적 역할, 개인의 성격, 그리고 가족 또는 친구의 영향력 등으로 본다(Chester, Garrison & Wllis, 17쪽; 한진만 외, 2016).[10]

한편 거브너(George Gerbner)의 배양이론에 따르면, 텔레비전의 자극적인 폭력성이 일상적인 것이 되면 사람들이 현실세계의 폭력에 무감각해진다고 한다. 게다가 시청자들은 텔레비전 경험의 관점에서 현실세계를 보는 경향이 있어서 프로그램 속의 폭력성이 시청자에게 불안감을 줄 수도 있다. 이와 같은 불안 효과가 오히려 모방 효과보다 더 심각한 텔레비전 폭력성의 결과인 셈이다.

거브너 등에 의해 이루어진 배양 효과(문화계발 효과)에 의하면 방송에 나타난 공통적이고 반복되는 유형을 토대로 그 세계를 구성하고 있는 내용 체계가 사회적으로 일관된 이미지를 형성한다는 것이다, 이들 연구의 주요 결과는 방송을 많이 시청하는 사람들은 적게 시청하는 사람들에 비해 텔레비전에서 묘사한 현실에 대해 더욱 믿는 경향이 큰 '주류' 현상이 두드러진다. 즉 방

---

9   한진만 · 박은희 · 정인숙 · 주정민(2016). 위의 책. 197쪽.

10   한진만 · 박은희 · 정인숙 · 주정민(2016). 위의 책. 198쪽.

송에 의해 현실적 생활에 더 큰 영향을 받는다는 것이다. 결론적으로 방송미디어가 재현한 현실을 통해 일반 수용자들은 현실을 사회적으로 재구성(social construction of reality)하는 효과를 준다. 즉 지속적으로 동일한 이미지를 재현하여 그것을 표준화된 문화로 자연스럽게 받아들이게 되고 궁극적으로는 사회문화적인 규범의 배양이나 문화계발에 영향을 주기 때문에 배양이론 또는 문화계발이론이라고 부른다.

여태까지 무수하게 이루어진 텔레비전과 폭력과의 연구 결과를 요약하면 연구자별로 이견이 있었다. 하지만 텔레비전 시청이 실제 폭력성을 높인다는 연구가 더 많다. 즉 텔레비전 폭력이 현실사회에서 가족, 또래 영향력, 사회경제적 지위, 약물 남용 등과 비교해 볼 때 가장 중요한 요인은 아니지만, 반사회적 텔레비전 프로그램의 노출이 공격성을 촉발하고, 적어도 단기적 효과가 있다는 것이다. 많은 연구에서는 특히 어린이들에게는 장기적인 효과도 있다고 주장한다(김도연 외, 2016).[11]

〈방송이슈〉 방송의 폭력성

재미만 있으면 된다?…날로 높아지는 미디어 폭력성, 브레이크가 필요하다는 목소리 높아져 취재기자 김나희 승인 2021.12.13 11:06 댓글 0 페이스북

술래를 맡은 아이가 뒤돌아 눈을 감고 구호를 외치기 시작한다. 그러자 멀리서 있던 아이들이 하나둘 술래를 향해 움직인다. 구호를 다 외친 술래가 홱 뒤돌자 아이들이 제자리에 멈춘다. 아이들을 이리저리 살피던 술래가 별안간 총 모양으로 바꾼 손을 들고 한 아이를 가리키며 "탕!" 입소리를 낸다. 그 아이는 총에 맞아 죽은 시늉을 하며 놀이에서 '탈락'한다. 술래에게 걸리지 않고 술래

---

11   김도연 외(2016). 『미디어 나우』, 한경사, 346쪽.

가 있는 곳까지 도착해야 '살아남을 수' 있는 놀이. 바로 요즘 아이들이 아는 '무궁화 꽃이 피었습니다' 놀이다.

최근 폭력적이고 자극적인 내용이 한국 콘텐츠의 주류가 됐다. 이로 인해 아이들이 넷플릭스 오리지널 시리즈 '오징어 게임' 속 장면을 알고 따라 하는 모습을 심심찮게 발견할 수 있다. 문제는 '오징어 게임'이 청소년 관람 불가 등급이라는 점이다.

오징어 게임의 인기가 불러온 '패러디' 열풍

'오징어 게임'은 넷플릭스 역대 시리즈를 통틀어 최장기 1위를 유지하고, 한국 드라마 최초로 미국 '고담 어워즈'의 수상작이 되는 등 선풍적인 인기를 끌며 한국 드라마의 위력을 세계에 알렸다.

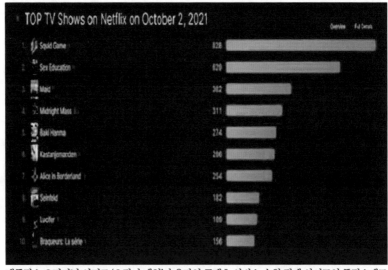

넷플릭스 오리지널 시리즈 '오징어 게임'이 온라인 콘텐츠 서비스 순위 집계 사이트인 플릭스패트롤에서 압도적인 글로벌 랭킹 포인트 1위를 기록 중이다(사진: 플릭스패트롤 웹 사이트 캡처).

그 인기를 증명하듯 '오징어 게임'의 2차 콘텐츠가 쏟아졌다. 유튜브나 틱톡 등에는 '오징어 게임'의 장면을 잘라 업로드한 2차 창작물 영상이 넘쳐 난다. 오픈 플랫폼에서는 누구나 콘텐츠를 만들 수 있기 때문이다. 그리고 그 콘텐츠에는 미성년자도 쉽게 접근할 수 있다. 대학생 노주영(21) 씨는 "친구가 얼마 전 4~6세 사촌 동생들이 모여서 휴대폰으로 오징어 게임을 보는 모습을 보고 충격받았다고 말했다"라고 전했다.

JTBC 예능프로그램 '아는 형님'에서는 '아는 오징어 게임', SBS 예능프로그램 '런닝맨'에서는 '주꾸미 게임 레이스'라는 이름으로 '오징어 게임'을 패러디한 코너를 진행했다. 시청 등급이 15세 이상인 두 프로그램이 청소년 관람 불가 등급인 '오징어 게임'을 패러디하는 것은 모순이다.

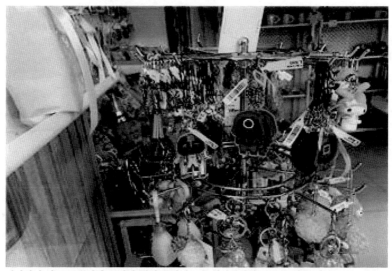

길거리의 한 소품숍에서 오징어 게임 등장인물을 캐릭터화한 소품을 팔고 있다(사진: 취재기자 김나희).

'오징어 게임'은 일상 속에도 자연스레 스며들었다. 롯데리아에서는 지난 10월 블랙오징어버거 세트를 구매하면 상품 당첨 여부를 알 수 있는 명함 스크래치를 나눠 줬다. 이벤트 포스터의 로고와 상품 내용 모두 '오징어 게임'을 패러디한 것이었다. 대학생 정휘원(21) 씨는 "길거리에 소품이나 액세서리를 파는 가게에서 오징어 게임 캐릭터 인형을 파는 것을 봤다"라며 "그런 인형은 보통 어린아이들을 겨냥한 물건인데 그런 식으로 폭력적인 콘텐츠를 쉽게 접할 수 있는 게 문제"라고 말했다.

이로 인해 미성년자의 '오징어 게임' 시청과 모방을 우려하는 목소리가 생겨났다. 부산교육청은 지난 10월 25일 관내 초 · 중 · 고교에 '특정 매체를 모방한 학교폭력 사례 발생 우려 관련 미디어 시청 및 놀이 금지 지도 요청' 공문을 보냈고, 미국과 유럽 학교에서는 핼러윈 데이에 앞서 학생들에게 '오징어 게임' 코스프레 금지령을 내렸다. 대학생 박수영(21) 씨는 "폭력적인 콘텐츠들이 폭력을 너무 멋지게 포장하니 그것을 따라 하는 사람도 많아지는 것"이라고 말했다.

자극적일수록 좋다?…논란과 인기는 '정비례' 관계

넷플릭스에서 인기를 얻은 한국 시리즈는 '오징어 게임'뿐만이 아니다. '킹덤', '스위트홈', '인간 수업', '마이 네임' 그리고 '오징어 게임'의 바통을 넘겨받은 '지옥'까지. 모두 청소년 관람 불가 등급이다.

이를 바탕으로 한국이 폭력적인 나라라는 인식이 생길까 봐 걱정하는 사람들도 생겨났다. 대학생 조현지(21) 씨는 "오징어 게임에서 잔인하게 묘사되는 게임들은 원래 순수하게 즐기는 어린 시절의 놀이"라며 "한국이 세계에 알려지는 것은 좋지만 그렇게 폭력적으로 잘못 묘사된 것을 통해 알려지는 건 싫다"라고 말했다.

OTT 서비스가 등장하기 이전에도 한국에서는 자극적인 콘텐츠가 꾸준히 사랑받아 왔다. 그로 인해 발생하는 문제들은 늘 논란이 됐으나 이번 '오징어 게임'의 세계적 흥행으로 그 기조가 수면 위로 완전히 드러난 것뿐이다.

트로피를 두고 싸우던 '펜트하우스'의 주인공 두 명이 대기실에서 피를 흘리며 쓰러져 있다(사진: SBS 드라마 '펜트하우스' 장면 캡처).

JTBC 드라마 '부부의 세계'는 15세 이상 시청가였음에도 불구하고 성 상품화와 폭력성이 짙은 연출로 방송통신심의위원회(방통위)로부터 행정지도 '권고'를 받았다. SBS 드라마 '펜트하우스'는 과도한 폭력 묘사 등으로 논란이 끊이지 않다가 결국 방통위로부터 '법정 제재'를 받았다. 두 드라마는 끊이지 않는 논란 속에서도 높은 시청률로 화제성과 인기를 끌었다.

자극적인 콘텐츠가 계속 만들어지는 이유는 무엇인가?

자극적인 콘텐츠는 가장 빠르고, 가장 쉽게 돈을 버는 소재다. 선정적이고 폭력적인 내용은 사람들의 관심을 쉽게 끈다. 그렇게 모인 조회 수는 높은 수익을 내는 밑판이 된다. 오래 남을 작품성보다는 순간적인 클릭을 위해 자극적인 소재를 택하는 것이다.

자극적인 콘텐츠가 생산되면 될수록 사람들의 폭력 감수성이 무뎌진다. 그러면 더 높은 폭력성의 콘텐츠를 찾게 되고, 결국 미디어가 생산하는 콘텐츠의

한 남자가 넷플릭스의 수많은 콘텐츠 중 무엇을 볼지 고민하고 있다(사진: pixabay 무료 이미지).

폭력 강도도 소비자의 입맛에 맞춰 갈수록 거세질 수밖에 없다. 부산일보 김건수 논설위원은 "폭력이 난무하는 현실을 모른 체하는 것도, 폭력에 대한 감수성이 무뎌지는 것도 폭력에 가담하는 것"이라고 말했다.

폭력적인 콘텐츠는 폭력적인 현실을 향한 비판이 목적인 경우도 있다. 여러 폭력이 난무하는 현실을 고발하고 비판하기 위해서는 쏙력성이 높아지더라노 그 현실을 그대로 재현할 수밖에 없다는 것이다. 김 위원은 "영상 예술의 설득력이 이런 자극적인 방식밖에 없는 거라면 대단히 안타까운 일"이라고 말했다.

미디어 시대, 현명한 콘텐츠 소비자 되기는 필수

현대사회에서 미디어는 뗄 수 없는 존재가 됐다. 그만큼 우리는 아이들의 미디어 이용을 무조건 제한하기보다, 좋은 것만을 볼 수 있는 환경을 만들어야 한다. SBS 일요특선 다큐멘터리에 따르면, 시청자미디어재단 김아미 정책연구팀장은 "아이들을 대상으로 하는 콘텐츠도 있고 양질의 콘텐츠도 있다"라며 "많이 찾아보고 어떤 것을 추천해 주면 좋을지 생각하길 바란다"라고 말했다.

미디어 콘텐츠 소비자는 자극적인 콘텐츠만을 찾아 소비하며 자극적인 콘텐츠의 생산을 부추기고 있지 않은지 늘 점검해야 한다. 경실련 한상희 팀장은 "수용자는 미디어에 나타난 고정관념 및 폭력성과 선정성에 대해 비판적 감시의 끈을 늦추지 말아야 한다"라고 당부했다.

현대사회에서 우리는 '미디어 리터러시' 능력을 갖춰야 한다. 미디어에서 표현하는 것들을 무작정 모방하지 않고, 한 발짝 물러나 폭력적이고 선정적이지 않은지 비판적으로 바라보고 판단할 수 있는 능력이다. '세상을 바꾸는 시간'에 출연한 서강대학교 신문방송학과 유현재 교수는 "미디어는 미디어일 뿐 따라하진 말자"라고 당부했다.

출처 : CIVICNEWS(시빅뉴스)(http://www.civicnews.com)

3) 선정성

지난 몇십 년 동안 방송과 영화 등을 포함한 전자매체에서의 음란물은 급격하게 증가하고 있다. 특히 온라인에서의 음란물 유통과 이용은 아동 및 청소년뿐만 아니라 성인에 있어서도 성적 폭력성을 높일 수 있다는 측면에서 매우 심각한 사회적 문제이기도 하다. 미국에서 수행된 전국적인 서베이 결과를 보면, 포르노그래피 소비는 자유분방한 성적 태도, 혼외 성관계, 매춘 등과 정적인 관계가 있는 것으로 나타났다(Wright, 2013; 김도연, 2016, 349쪽 재인용).[12]

방송의 선정성 문제는 폭력성의 문제와 함께 매우 중요한 문제이자 가장 빈번하게 이슈화되는 문제다. 성적 표현과 공격성과의 관련성을 다룬 대표적인

---

12 김도연 외(2016). 『미디어 나우』, 한경사, 349쪽.

연구에 의하면 첫째, 질만(Zillman) 등의 연구에서 나온 일반적인 흥분모델을 들 수 있다. 이들 연구에 의하면 전희나 성행위 묘사 등의 성적 표현물에 대한 노출은 화가 나 있던 성인 남성의 공격성을 증대시킬 수 있다는 것이다. 반면에 배런(Baran) 등의 연구에서는 어떤 종류의 성적 표현물에 대한 노출은 그에 따른 공격성을 실질적으로 감소시킨다는 주장도 있다. 둘째, 도너스타인(Donnerstein) 과 에반스(Evans)는 성적 표현이 이전에 화난 상태에 있던 사람의 주의를 전이 내지 혼란시켜 화를 가라앉히고, 이에 따라 공격적 반응도 소멸시켜 공격성을 억제할 수 있다고 주장했다. 셋째, 쾌락 모델이 있는데 불쾌감이나 매스꺼움과 같은 부정적인 감정을 갖게 하는 성적 표현물에 대한 노출은 공격 성향이 많은 피험자들의 공격성을 증대시킨다는 것이다. 반면에 긍정적으로 평가된 표현물에 대한 노출은 화가 난 피험자들의 공격성을 억제한다는 것이다.

선정성에 대한 논란은 표현의 자유와 도덕성의 마찰로 대변된다. 성을 금기시했던 유교 사회의 전통이 남아있는 우리나라에서 선정성 문제는 자칫 도덕관의 폐기나 전통적 가치관의 붕괴로 이어진다. 따라서 방송프로그램에서의 선정성 문제는 단순한 흥미나 호기심을 자극하는 것이 아니라 드라마의 목적에 부합할 수 있는 표현으로서의 정당성을 어느 정도 획득했는지에 대해 인정하고 공감할 수 있는 차원을 포함한 사회적 합의가 필요한 쉽지 않은 영역이다(김우룡, 2002).[13]

4) 여가 및 정신문화 활동

한국인들의 여가활동에 보내는 시간을 조사해봤을 때, 잠자는 시간 다음으

---

13 김우룡(2002). 위의 책. 511쪽.

로 방송을 시청하는 시간이 제일 많을 정도로 우리나라 사람들, 그리고 전 세계 사람들은 방송 시청에 많은 시간을 보낸다. 방송을 보는 시간만큼, 책을 보거나 가족들과 시간을 보내는 등의 여가활동은 없어지게 되었다. 그만큼 방송이 주는 영향력과 효과는 가히 어마어마한 것이다.

현대 수용자는 다양한 콘텐츠를 가정에 있는 텔레비전 이외에 모바일 기기를 포함한 다양한 기기를 통해 이용한다. 이를 포함하면 방송콘텐츠를 이용하는 시간은 더 늘어날 수도 있다. 매체별 이용 시간을 살펴보면 TV는 2019년 기준 평균 3시간 34분, 전화기는 2시간 5분, 컴퓨터는 3시간 27분으로 스마트폰을 포함한 모바일 기기 이용률은 최근 몇 년간 증가하고 있지만, TV 이용이 아직도 가장 많은 비중을 차지하고 있다(미디어 통계수첩, 2020).[14]

5) 여론

월터 리프만(Walter Lippmann)은 1921년에 출간한 그의 저서 『여론』에서 미디어는 사람들의 머릿속에 있는 상들(pictures in our heads)을 구성한다고 주장했다. 이 말은 방송을 포함한 미디어가 수용자가 어떤 사건이나 사회적인 현상을 보는 일반적인 이미지나 틀을 형성하는 데 큰 영향을 준다는 것으로 일찍이 여론형성에 미치는 미디어의 영향이 지대할 수 있음을 갈파한 것이다.

미국의 NBC방송은 1968년 2월 호찌민의 대로변에서 한 월맹군 포로가 월남군 장성에 의해 관자놀이에 총을 맞고 살해되는 생생한 장면을 방영했다. 이 화면은 미국인들의 반전 여론을 집약시키는 전기를 마련했던 것으로 평가된다. 미국이 결국 베트남에서 철수했을 때 미군 사령관이었던 웨스트 모어랜드(West

---

14   미디어 통계 수첩(2020), 정보통신정책연구원. 18쪽.

Moreland) 장군은 텔레비전이 추한 장면들을 생생하게 묘사함으로써 국민들로 하여금 전쟁에 등을 돌리게 했다고 주장했다. 이렇게 베트남전에 대한 대중의 인식과 궁극적으로 전체적인 여론 형성에 미친 방송의 영향력은 전쟁 보도에 대한 심각한 문제도 초래했다. 예를 들어 미국은 베트남 전쟁 등 일련의 전쟁을 수행하면서 전쟁 보도에 매우 엄격한 통제와 제한을 하게 된 것이다.

그 후 1990년에서 1991년까지 계속된 걸프전에서 미국의 국방성은 강력한 검열로 취재진을 통제했다. 그러나 인공위성을 이용한 CNN의 24시간 뉴스보도로 인해 걸프전은 가히 생생한 안방 전쟁이 되었다. 미국의 국무성과 행정부는 걸프전에서의 'press pool'을 미래의 전쟁 보도에 대한 모델이라고 부르지만, 기자들은 검열이 다각도의 뉴스보도를 방해했다고 주장했다(Head et al, 1998, 304쪽; 김우룡, 2002).[15]

방송미디어는 노엘 노이만(Noelle Neumann)이 1974년 주장한 침묵의 나선 이론(The spiral of silence theory)의 관점에서도 여론형성에 영향을 준다는 점을 확인할 수 있다. 침묵의 나선 이론은 소수의 의견은 다수의 의견에 비해 시간이 경과함에 따라 더욱 작아진다는 이론이다. 이때 미디어는 무엇이 다수의 의견인지를 파악하는 기준이나 가늠자 역할을 한다. 따라서 사람들은 소외되기 싫거나 자신이 가진 의견이 소수일 때 이를 표현하기 두려워하는 경향이 있기에 침묵하는 경향이 증폭되고 결과적으로 시간이 지나면서 소수의 의견은 더욱 약화되기 때문에 여론형성에 영향을 주게 된다.

---

15   Sydney W. Head et al., Broadcasting in America: A Survey of Electronic Media, 8th ed.(Boston & NY: Houghton Mifflin Co., 1998), p.304; 김우룡, 2002, 513쪽).

6) 방송광고의 영향

방송의 선정성과 폭력성과 함께 많이 연구된 분야가 광고다. 산업혁명으로 산업이 급속도로 발달하고 자본주의가 싹트기 시작하면서 생산자들은 상품을 판매하기 위해 보다 광범위한 효과를 지닌 수단이 필요하게 되어 근대적인 광고가 개발되었다.

광고에 대한 논란 중 대표적인 것으로서 '그것이 과연 수용자에게 무료인가?' 하는 문제이다. 광고는 대중에게 직접적인 미디어 이용 비용을 줄여줌으로써 사회적으로 유용한 역할을 하는 것으로 평가받기도 한다. 예를 들어 전통적인 상업방송에서 광고는 방송서비스의 전 비용을 부담함으로써 대중에게는 무료로 제공되는 것으로 인식되었다. 그러나 기업이 제품이나 서비스의 최종적인 가격에 광고비용을 포함시키고 시간을 소비해 광고를 시청하기 때문에 결국 소비자로서 수용자들은 그 비용을 지불하고 있는 것으로 보아야 한다. 오늘날 대부분의 방송은 광고의 재정적인 지원 없이 운영되기 어렵다. 또한, 많은 유료방송의 경우 수신료와 광고를 병행하고 있어 이중적인 요금을 받고 있다.

광고가 실제로 불필요한 구매를 조장함으로써 소비자에게 역기능을 하고 있다는 지적도 있다. 경제학자인 갈브레이드(J.K. Galbraith)는 이를 "만들어진 욕구" 또는 "의존효과"로 정의했다. 즉 광고는 실제적인 필요가 없는 소비자의 소비를 자극한다는 것이다.

또한, 광고는 문화에 미치는 영향도 크다. 광고에서 표현되는 문화양식은 그대로 사회에 흡수될 수밖에 없다. 특히 어린이에 대한 상업광고의 경우 광고와 프로그램을 구분하는 분별력이 약하기에 그 영향은 더욱 크다. 다국적기업들이 하나로 만들어진 광고를 전 세계에 배포하고 있는 상황에서 이렇게 서구화된 상품에 대한 무비판적인 노출은 어린이뿐 아니라 모든 수용자들에게 부정적인

영향을 줄 수 있다(Head et al, 1998; 김우룡, 2002).[16]

7) 방송과 한류 그리고 국가 이미지

해외에서 한국의 대중문화를 좋아하는 팬층이 늘어나고 있고 중국과 일본을 시작으로 동북아시아에서 한국 드라마와 영화, K-pop이 현지인들에게 사랑을 받은 지도 꽤 오랜 시간이 지났다. 1997년에 태동한 한류가 이제는 K-pop과 함께 세계적인 인기를 거두는 분위기 속에서 이를 바탕으로 신한류가 어떤 형태로 지속될 것인지에 대한 관심도 높다. 〈뮤직뱅크〉가 KBS 월드 채널을 통해 생중계되고 있는 점도 한류의 확산에 기여하고 있는 것으로 보인다.

신한류는 지역적으로도 아시아를 넘어 그 범위를 넓히고 있다. 이란의 대표적 방송사 IRIB에 의해 방송된 〈주몽〉은 시청률이 80%를 넘었다. 남미도 상상을 초월할 정도인데 특히 칠레는 전국적으로 K팝 팬클럽 수가 200여 개에 달하고, 2만여 명의 회원이 활동하고 있다. 그들이 자체적으로 진행하는 〈K팝 콘테스트〉는 최고의 청소년 문화축제가 되었다(전진국, 2013).[17]

중국에 이어서 초기 한류 확산에 기여한 지역은 동남아국가다. 이 중 태국의 경우를 살펴보자. 동남아 다른 나라와 마찬가지로 태국의 한류도 드라마로 시작되었다. 3번이나 재방영됐을 정도로 호응을 얻었던 드라마 〈가을동화〉가 방영된 것이 2003년이며 이때부터 태국에 한류열풍이 본격화되었다고 볼 수 있다. 역사적으로 일본이나 중국에 비해 상대적으로 늦게 형성되었지만, 태국에

---

16   Sydney W. Head et al.,Broadcasting in America: A Survey of Electronic Media, 8th ed.(Boston & NY: Houghton Mifflin Co., 1998), pp. 326-327; 김우룡, 2002, 515-516).

17   전진국(2013). 『콘텐츠로 세상을 지배하라』. 쌤앤파커스. 169쪽.

서의 한류는 무한한 성장동력을 가지며 태국의 사회, 문화, 경제 등 다방면에 걸쳐 영향을 미치고 있다(한류 콘텐츠연감, 2015).[18] 그런데 2010년대 후반의 한류 콘텐츠의 인기 및 소비는 K-pop이 주도했다고 해도 과언이 아니다. 해외 한류 실태조사 결과를 살펴보면 거의 모든 분야에 걸쳐 K-pop의 성장이 돋보인다. 한국에 관한 연상 이미지로서 K-pop을 떠올리는 한류 콘텐츠 소비자가 16.6%로 가장 많았고, 한국 연상 제품에는 2016년 7위였던 K-pop이 3위로 상승했다. 한류 콘텐츠 호감도 부문에는 '한국 K-pop 콘텐츠가 마음에 든다'라는 응답이 2016년에 비해 18.2%나 증가해, 전년 대비 20.1% 증가한 예능프로그램 다음으로 높았다(한국국제문화교류진흥원, 2019; 류은주·변정민, 2019).[19] 해외에서의 한국 문화에 관한 관심은 시공간을 초월한 온라인 이용의 증가와 소셜 미디어의 이용으로 더욱 가속화되고 있는 것으로 보인다.

태국에서의 한류는 원래 지상파TV의 한국 드라마 방송으로 시작되었다고 할 정도로 드라마가 큰 영향을 미쳤다. 2000년 태국 민영 방송사 iTV에서 〈별은 내 가슴에〉가 처음으로 방영된 이후, 지상파TV와 트루비전(True vision) 등 주요 케이블 방송에 2012년까지 총 267편의 드라마가 방영되었다. 특히 2005년 Ch 7에서 방영된 〈풀 하우스〉는 당시 최종회 시청률이 50%에 육박했고, 2005년 Ch 3에서 방영된 〈대장금〉 또한 50회가 넘는 장편 드라마로 평균 시청률 10% 내외를 유지하며 태국에 한국의 음식, 한복 등 전통문화를 알리는 데 크게 기여했다. 태국 지상파TV에 한국 드라마가 처음 소개된 것은 2000년부터지만 2002년 1년간 총 6개의 드라마가 방영되며 한국 드라마에 관한 관심이

---

18 한류 콘텐츠연감(2015). 태국. 350-362.

19 류은주·변정민(2019). K-pop의 한류 지속을 위한 소셜 미디어 활용 방안에 대한 고찰 - 방탄소년단의 활동 패턴 분석을 중심으로 -. 「문화와 융합」, 41(3), 175쪽.

본격화되었다. 무엇보다도 이 〈대장금〉이란 드라마가 지금까지도 태국인에게 한국과 한류에 대한 인식에 가장 지배적인 영향을 주고 있다(Mary, 2016).[20] 그 후 6년 뒤인 2008년부터 2009년까지 2년 동안 지상파TV에서만 86편의 드라마가 방영되며 정점을 이루었고 그 뒤에는 감소 경향을 보인다(한류 콘텐츠연감, 2015).[21]

〈대장금〉 이후 〈허준〉, 〈주몽〉, 〈태왕사신기〉, 〈왕과 나〉 등의 사극들과 함께 〈궁〉, 〈마이걸〉, 〈커피프린스 1호점〉, 〈내 이름은 김삼순〉 등 트렌디 드라마까지 성공을 거두었다(미디어전략연구소, 2009; 문효진, 2018 재인용).[22] 최근에는 〈별에서 온 그대〉, 〈상속자들〉, 〈드림하이〉, 〈아이리스〉, 〈시티헌터〉 등이 인기리에 Channel 7, 워크포인트 TV 등 유력 지상파TV 및 드라마 케이블 채널에 방영된 바 있다. 한편 2008년 이후부터 케이블TV를 중심으로 오락, 쇼 등의 방송프로그램을 방영하였는데, 〈X맨〉, 〈러브 레터〉, 〈런닝맨〉 등이 대표적인 예다(외교부, 2015; 문효진, 2018 재인용).[23] 2016년은 〈태양의 후예〉, 〈W(더블유)〉, 〈닥터스〉, 〈함부로 애틋하게〉, 〈달의 연인-보보경심려〉, 〈구르미 그린 달빛〉 등이 인기를 얻었고, 여기에 출연한 배우 송중기, 이종석, 박신혜, 수지, 김우빈, 홍종현, 박보검 등은 태국에서 많은 현지 팬을 보유하고 있다(외교

---

20 Mary J. (2016). "Kdramas across Thailand: Constructions of Koreanness and Thainess by contemporary Thai consumers", The Asia-Pacific Journal, Vol. 14, Issue 7, No. 6, 1-15.

21 한류 콘텐츠연감(2015). 태국. 353쪽.

22 문효진(2018). 한국 방송콘텐츠의 태국 진출 및 교류 협력을 위한 방안 연구.「글로벌문화콘텐츠」, 33, 63-87.

23 문효진(2018). 위의 책, 63-87.

부, 2016; 문효진, 2018 재인용).[24]

태국에서는 전공 과정이 개설된 8개 대학을 포함해 40여 개 대학에서 한국어를 가르치고 있다. 2008년 태국 교육부가 한국어를 제2외국어로 중·고등학교(약 70개교)에서도 교육하기로 했고, 2011년 한·태 정상회담 이후 우리 정부는 매년 60여 명의 한국인 교원을 태국 중·고등학교에 파견해왔다. 한국은 태국 중·고등학교에 한국어 교원을 파견하는 유일한 국가이기도 하다. 해외에서 한국어를 제2외국어로 수학하는 중·고등학생 수는 약 10만 명인데, 그중약 2만 명 이상이 태국인이다(김홍구·이미지, 2017, 310쪽).[25]

태국인이 가장 선호하는 대중문화 장르는 TV 드라마(64.6%)인 것으로 나타났다. 좀 더 자세히 살펴보면 남녀 모두 한국의 대중문화를 선호하지만, 남성보다는 여성이, 소득 하위층보다 상위층의 긍정률이 높은 것으로 나타났고, 모든 연령층에서 TV 드라마에 대한 선호도가 가장 높은 것으로 조사되었다(한국동남아연구소, 2010).[26]

태국을 비롯한 인도네시아, 베트남, 말레이시아 시청자들을 대상으로 조사한 보고서에서는 한국 드라마 시청 이유로 흥미로운 스토리 라인과 좋아하는 배우가 출연한다는 점이 지적되기도 했다(한국방송광고공사, 2005; 유승관, 2014 재인용).[27] 태국에서의 한류는 "불교문화권인 태국의 문화와 유교문화권인 한국의 문화가 크게 다르지 않아 문화적 동질성 때문에 한국 문화를 쉽게 이

24 문효진(2018). 위의 책, 63-87.

25 김홍구·이미지(2017). 한국의 태국 연구: 동향과 과제. 「아시아리뷰」, 6(2), 310쪽.

26 한국동남아연구소(2010). 동남아의 한국에 대한 인식. 서울: 명인문화사.

27 유승관(2014). 태국인의 한류 수용의 특성에 관한 연구-드라마에 대한 선호요인과 국가 이미지를 중심으로. 「커뮤니케이션학 연구」, 22(2), 181-201.

해하고 친근하게 느낀다"라는 해석이 태국에서의 인기 원인에 대한 일반적이고 일차적인 분석이다. 또한, "태국인들이 오랜 역사 동안 지녀온 외국과 외국인에 대한 개방적이고 우호적인 자세와 한국전쟁 이후 정치적, 경제적으로 성공한 아시아 국가로서 한국을 바라보고 있는 점"도 한류의 성공 요인으로 보고 있다. "하지만 무엇보다 한국 드라마의 스토리 전개와 연출력 등에서 비롯된 한류 콘텐츠 자체의 우수성"을 한류의 주요 성공 요인으로 꼽고 있는 듯하다 (한류콘텐츠 연감, 2015).[28]

이와 비슷하게 태국인들이 한국영화와 드라마를 좋아하는 이유는 무엇보다 아시아 문화권으로 동양적인 소재와 내용에 친숙하기 때문이라고 추정한다. 태국은 지리적인 위치가 인도와 중국에 인접하여 인도의 불교 문화와 중국의 유교 문화로부터 많은 영향을 받았기 때문에 인류을 중시하는 휴머니즘과 가부장적인 가족관계, 조상에 대한 경의와 공경을 중요시하는 사회이다. 이처럼 불교 및 유교적 가치관이 있는 태국인들은 문화적 근접성 또는 친화성으로 인해 한국 영상매체의 동양적 소재와 내용을 거부감 없이 수용하고 있다고 주장한 바 있다. 그리고 태국인이 선호하는 한국 영상매체의 장점으로 줄거리나 구성 면에서 진부하지 않은 완성도 높은 시나리오와 배경설정 및 카메라 워크, 아름다운 배경음악 등으로 영상미가 뛰어나다는 것도 있었다(김성섭 · 김미주, 2009; 유승관 2014 재인용).[29]

한국 드라마에 대한 장단점에 대해서 장점으로 지적한 것은 대표적으로 드라마의 영상미, 완성도, 배우의 외모 등을 선호하고 있다는 내용이 주류를 이루

---

28 한류 콘텐츠연감(2015). 태국. 353-354.

29 김성섭 · 김미주(2009). 태국 사회에서 한류 대중문화 상품이 한국의 국가 이미지 인식과 한국방문 의향에 미치는 영향. 「관광연구」, 23(4), 118-119.

었다. 또한, 한국의 문화와 유행, 패션 등에 대해 알게 되어서 선호한다는 내용도 있었다(유승관, 2014). 또한, 한국의 드라마와 음악은 태국 콘텐츠와 비슷한 면도 있지만 이보다 차별화되고 새로운 면이 강하고 한류가 이런 면에서 현재 첨단 유행을 창조하고 있어서 좋아한다는 결과도 있었다. 이를 요약하면 한국 드라마에 대한 태국 수용자의 선호요인은 친밀한 소재나 전통성에 기인한 문화적 근접성을 꼽을 수 있지만, 영상미와 현대성과 같이 태국의 드라마와 다른 콘텐츠의 '차별적 요인'이 상대적으로 뚜렷하다는 것이다(유승관, 2014).[30]

또 다른 연구에서도 한국 방송콘텐츠가 태국에서 인기를 얻고 있는 요인에 대해 알아보았는데, 한국 드라마의 경우는 드라마 출연 배우들의 '매력적인 외모' 때문이라는 응답이 90명(22.5%)으로 가장 높은 비율을 차지했다. 그리고 '짜임새 있고, 탄탄한 스토리'와 '자신이 선호하는 스타가 출연해서', '한국 생활 및 문화를 간접적으로 경험할 수 있어서'라는 응답이 각각 50명(13.8%), 44명(11.0%), 44명(11.0%)으로 확인되었다(문효진, 2018).[31]

한편 한류 콘텐츠 유형별로 각 콘텐츠의 태도에 미치는 영향을 분석한 연구에서는 드라마의 경우 모든 드라마 콘텐츠의 소비 속성 차원이 드라마 콘텐츠 태도에 유의미한 영향을 미치는 것으로 나타났으며, 그 중요도를 순서대로 살펴보면 '콘텐츠 속성(재미있는 스토리, 탄탄한 스토리 구조, 작품의 영상미, 연출력)', '인물 속성(K-pop 스타의 출연, 배우의 매력적 외모)', '문화 속성(서양 문화와 동양문화의 결합, 전통과 현대의 결합, 문화적 특이성, 문화적 친숙함)' 순으로 확인되었다. 즉, 한류 콘텐츠 소비에 있어 콘텐츠 품질이 가장 중요하다

---

30   유승관(2014). 위의 책, 181-201.

31   문효진(2018). 위의 책, 74쪽.

는 점을 재확인할 수 있었다(김유경 · 최지혜 · 이효복, 2017, 179쪽).[32]

한편 국가 이미지는 한 국가에 대한 고정관념이나 그 국가의 국민에 의한 전형적인 신념 및 명성의 총체적 이미지를 말한다. 국가 이미지 형성을 위한 정보에는 그 국가의 사람, 기업, 자연환경, 정부, 정치형태, 경제 수준, 상품 등 그 국가와 관련된 여러 가지 다양한 정보가 포함된다. 따라서 국가 이미지란 그 나라 국민 중 어느 특정한 개인에 대한 이미지나 전체적인 국민의 이미지, 정부의 이미지, 기업의 이미지, 상품의 이미지 등 여러 가지 차원이 복합적으로 얽혀서 형성되는 심상이라고 할 수 있다(안보섭, 1998).[33]

국가 이미지는 대인접촉이나 매스미디어 접촉을 통해 형성되기도 하는데(박기순, 1996; 신호창, 1999), 특히 매스미디어 접촉을 통해 형성된 국가 이미지는 일반 공중과의 접근을 통해 그들의 의견과 태도에 영향을 미치는 수단이라는 점과 단시간 내에 광범위한 수용자들을 대상으로 영향을 끼친다는 측면을 볼 때 매스미디어의 영향력은 매우 크다(유승관, 2009에서 재인용).[34]

기존의 한국의 국가 이미지 관련 연구들에 의하면 한국이 일본이나 주요 경쟁국에 비해 취약하며, 경제적으로 다소 빈곤하고, 정치적으로 민주화가 덜 진전되어 있으며, 사회적으로 불안정한 국가로 인식되어 있다. 그러나 한류의 영향을 받는 지역인 중국(82.2%)이나 일본(77.8%) 등에서 매우 높은 호감도를 형성하여 구주 지역(39.4%)이나 북미지역(30.4%) 등의 호감도와 많은 차이를

---

32 김유경, 최지혜, 이효복(2017). 한류 콘텐츠 유형별 소비 속성이 한류 콘텐츠 태도 및 국가브랜드 태도에 미치는 영향에 관한 연구. 「문화정책논총」, 31(2), 179쪽.

33 안보섭(1998). 국가 이미지 개선, 국제경쟁력 제고로 직결, 〈광고 정보〉, 4월호.

34 유승관(2009). 한 · 일 양국 수용자의 드라마 시청과 국가 이미지 형성에 대한 비교 연구. 〈방송통신 연구〉, 여름호, 193-220.

보인다는 점이다. 국가 호감도에 대한 지역 간 차이는 사실상 다양한 요인에 의해 결정된다(Korea Thailand Communication Center, 2012). 2010년도에 태국 방콕에서 실시한 설문조사 결과를 보면 한국에 대한 전반적인 평가가 68.2%로 높은 긍정률(매우 그렇다, 그렇다)을 보였다. 특히 동남아 10개국을 대상으로 조사한 이 연구에서 캄보디아(4.05), 라오스(3.98), 태국(3.82), 미얀마(3.82) 등이 10개국 평균(3.77) 이상의 높은 평가를 보여주었다. 또한, 모든 연령층에서 TV 드라마에 대한 선호도가 가장 높은 것으로 조사되었다(한국동남아연구소, 2010).[35]

복합적 요소에 의해 국가 이미지가 결정된다고 볼 때, 그중에서 매스미디어와 결합한 문화콘텐츠의 영향력은 그 어느 요소와도 비교할 수 없는 커다란 잠재적 효과를 발휘할 수 있다. 특히 실질적으로 직접적인 경험을 통해 정보를 얻기 어려운 타민족이나 다른 국가에 대한 인식에 있어서 매스미디어가 스테레오타입 형성에 큰 영향을 미칠 수 있다. 한 국가에 대한 개인의 인식은 그 나라의 정치, 경제, 사회, 문화적 상황 또는 지리적 환경 등과 같이 객관적인 사실을 전부 파악하기 어려우므로 미디어가 제공하는 단순하고 획일적인 메시지에 의존하는 경향이 크다는 것이다. 따라서 외국에 대한 인식이 단순화되거나 스테레오타입을 가지게 될 가능성이 커지고, 문화적, 인종적으로 비우호적인 상대일수록 그 정도가 심해질 수 있다(박영근, 1997). 또한, 복잡하고 다원화된 현대 사회에서 사람들이 사회 현실을 인식하고 정의하는 데 있어서, 직접적 경험보다는 미디어에 의존할 수밖에 없는 상황은 더욱 심화되고 있다(Seiter, 1986; 안

---

35   한국동남아연구소(2010). 『동남아의 한국에 대한 인식』. 명인문화사.

수근 외, 2007에서 재인용).[36]

국가 이미지에 관한 연구들은 국가 이미지가 국가 간의 접촉, 국제적 사건, 정보원 그리고 상품에 대한 직접적 경험에 의해 형성되기도 하며, 국가와 그 국가의 사람들에 대한 태도가 국가 이미지 형성에 영향을 미친다고 주장하였다 (Martin & Eroglu, 1993).[37] 구달과 애쉬워스(Goodall & Ashworth, 1990)[38]는 전반적인 국가 이미지가 관광산업의 자체적인 홍보 활동보다 일반적으로 미디어에 노출됨으로써 우호적으로 창출된다고 주장했으며, 이와시타(Iwashita, 2006)[39]는 영상매체에서 표현되는 대중문화상품은 관광목적지의 정체성과 대중적인 이미지를 강화하고 촉진하는 매우 강력한 수단이라고 주장했다. 또한, 국가 이미지는 이미지 형성의 대상이 되는 국가의 특성에 따라 달라지기도 하는데, 프랑스에 대한 이미지는 정치 및 경제적 속성보다는 문화적 속성이 주로 고려되며, 미국이나 일본에 대한 이미지는 경제적 속성이 주로 작용한다는 것이 대표적인 예라고 할 수 있다(김용상, 1999).[40]

특히 TV 드라마는 현실과의 유사성이 높은 특징이 있고, 드라마가 내용전개를 위해 배경, 소품, 등장인물 등 다양한 정보를 제공하고 있으며, 수용자의 반

---

36   Seiter, E. (1986). Stereotypes and the media: A re-evaluation. *Journal of Communication*, 36(2), 14-26; 안수근 · 정성호 · 유승관 · 이화행 · 김채환(2007). 한 · 일 영상콘텐츠 수용과 국가 이미지 형성에 대한 비교 연구. 방송위원회연구과제(자유2007-17).

37   Martin, I. M., & Eroglu, S. (1993). Measuring a multi-dimensional construct: Country image. *Journal of Business Research, 28*, 191-210.

38   Goodall, B., & Ashworth, G. (1990). *Marketing in the tourism industry: The promotion of destination regions.* Routledge, London: 1-17.

39   Iwashita, C. (2006). Media representation of the U.K. as a destination for Japanese tourists: Popular culture and tourism. *Tourism Studies, 6*(1), 59-77.

40   김용상(1999). 국가 이미지에 대한 이론적 고찰, 〈관광정책학 연구〉, 5-2호, 87-113.

복적 노출이 요구된다는 점을 고려하면 샤피로와 랑(Shapiro & Lang, 1991, 유승관, 2009 재인용)[41]이 제시한 바와 같이 배양 효과(cultivation effect)를 '혼돈과 실수'로 설명한 이유를 이해할 수 있다. 다시 말해 드라마 시청자들은 드라마 속 현실 노출에 의한 기억으로 인해 실제 현실을 판단할 때 그 판단의 기준으로 드라마가 제시한 현실을 쉽게 떠올리게 된다는 것이다. 사람들은 어떤 인지적 판단을 할 때 가장 쉽게 떠오르는 정보를 이용해 판단하게 되고, 실제 세계에 대한 인지적 판단을 할 때도 드라마의 반복시청으로 인해 자주 기억된 드라마 속 현실정보를 쉽게 떠올리게 된다는 것이다.

이 밖에도 한류는 국가 이미지와의 관계에 있어서 패션, 마케팅, 관광산업 분야 등 다양한 분야에서 매개적 또는 간접적인 요인임이 확인된 바 있다. 예를 들어 중국에서 한류가 한국의 국가 이미지와 제품구매 의사에 미친 영향(이운영, 2006; 유승관, 2009 재인용),[42] 태국 사회에서 한류 대중문화 상품이 한국의 국가 이미지 인식과 한국방문의향에 미친 영향 등 제품구매나 한국방문 의사와 함께 한류와 국가 이미지와의 상호관계를 규명한 연구들이 있다(김성섭·김미주, 2009, 유승관, 2009 재인용).[43] 이들 연구에서도 중국인이 한류의 접촉 전에 비해 접촉 후 국가 이미지는 전반적으로 개선되었고, 한류 전부터 한국제품에 대한 평가는 긍정적이었으나, 한류 접촉 후 그 평가는 뚜렷이 개선되었음을 발견했다(이운영, 2006).[44]

41   유승관(2009). 위의 책, 193-220.

42   유승관(2009). 위의 책, 193-220.

43   유승관(2009). 위의 책, 193-220.

44   이운영(2006). 중국에서의 한류가 한국의 국가 이미지와 제품구매 의사에 미친 영향, 〈국제경영리뷰〉, 10(2), 107-136.

한류 관련 연구와 국가 이미지에 관한 연구는 한류에 대한 긍정적인 전망이나 영향력은 경제적, 문화적 파급효과를 초래한다는 것이며, 이는 한국 문화의 위상 제고와 문화산업 전반의 국가경쟁력을 높이는 데 기여한다는 것으로 요약된다(유승관, 2009 재인용).[45]

3. 사회적 영향의 다차원성

방송의 사회적 영향은 매우 다차원적 의미가 있다. 사회적 영향에서 사회적이란 단어 자체는 정치, 경제, 문화적 영향을 포괄하는 가장 광범위한 개념이다. 기존 1930년대 즈음부터 본격화된 매스커뮤니케이션 이론이나 다수의 역사적인 주류 효과연구의 중심은 미디어의 사회적 영향에 대한 이론이 절대다수였고, 다양한 사회적 영향에 대한 이론적 설명과 효과의 정도에 초점을 둔 연구가 많다. 이 장에서는 이 중에서 방송의 필수적인 4가지 기능과 일상생활에서의 방송의 영향이나 기능에 초점을 두고 정리하였다. 이외의 정치적 영향, 경제·경영적 측면과 문화적 영향도 부분적으로 포함되었지만, 더 자세한 내용은 별도의 장에서 다루었기 때문이다.

방송의 영향력 정도를 볼 때 매스미디어 효과이론의 서막을 쏘아 올린 20세기 초반 탄환이론에서 주장한 정도의 모든 수용자에게 강력한 효과를 행사하고 있는지는 회의적이다. 현대의 미디어 생태계가 다수의 플랫폼과 다수의 프로그램이 있고 다양한 수용자의 해석과 적극적 선택이란 필터가 작용하기 때문이다. 그러나 멀티플랫폼과 다양한 프로그램이 존재하는 현재도 메인스트림(mainstream media) 미디어로서의 특정 채널의 영향력과 일부 프로그램 포맷

---

45   유승관(2009). 위의 책, 193–220.

이 전달하는 확산력은 전체적으로 오히려 더 광범위하고 속도도 더 빠르다. 특히 수용자의 입장에서도 특정 프로그램이나 장르에 대한 중독과 편식은 오히려 강하다. 이런 성향이 수용자의 인구 사회학적 요인과 동기와 함께 상승 작용할 때 영향력은 증폭되고 행동적 반응에서 트리거링(triggering) 효과를 줄 확률은 더 높다. 폭력과 성 표현물에 대한 모방과 학습효과로 인한 부작용은 다수의 실증연구를 통해 이미 검증되었고 지금도 그 영향력을 과소평가할 수 없는 상황이다.

무엇보다 현대사회에서 방송생태계의 무한 확장은 일반 수용자의 일상생활에서 방송콘텐츠에 할애할 수밖에 없는 절대적 비중, 즉 미디어의 의존효과를 증폭시키고 있다. 나아가서 직접적인 모든 사건을 체험할 수 없는 사람들에게 사건이나 이슈를 재구성해서 보여주는 '현실에 대한 사회적 구성력'(social construction of reality)이라는 매개체로서의 절대적 기능을 무시할 수 없다. 부르디외는 이를 사회가 텔레비전에 의해 설명되고 지시받는 세계를 향한다는 면에서 '현실 창조의 도구'이자 '중재자'로 보았다(부르디외, 1994).[46] 이런 이유로 현대사회에서 방송은 전체적으로 보았을 때 매우 다양한 차원에서 심대한 사회적 영향력을 행사하고 있는 것으로 보인다. 따라서 방송을 효율적이고 비판적으로 이용할 능력을 키우기 위한 미디어 리터러시(media literacy)는 매우 필수적인 것이다.

---

46 부르디외, 피에르(1994). 현택수 옮김(1998). 『텔레비전에 대하여』. 동문선. 35쪽.

참고문헌

김도연 외(2016). 『미디어 나우』, 한경사.

김성섭 · 김미주(2009). 태국 사회에서 한류 대중문화 상품이 한국의 국가 이미지 인식 과 한국방문의향에 미치는 영향. 〈관광연구〉, 23권 4호, 101-125.

김영임 · 김우룡(1997). 『방송학 개론』. 한국방송대학교 출판부.

김용상(1999). 국가 이미지에 대한 이론적 고찰, 〈관광정책학 연구〉, 5-2호, 87-113.

김우룡(2002). 『현대 방송학』. 나남.

김유경 · 최지혜 · 이효복(2017). 한류 콘텐츠 유형별 소비 속성이 한류 콘텐츠 태도 및 국가브랜드 태도에 미치는 영향에 관한 연구. 〈문화정책논총〉, 31(2), 163-191

김정현(2006). 『설득 커뮤니케이션의 이해와 활용』. 커뮤니케이션북스

김홍구 · 이미지(2017). 한국의 태국 연구: 동향과 과제. 〈아시아리뷰〉, 6(2), 297-336

류은주 · 변정민(2019). K-pop의 한류 지속을 위한 소셜 미디어 활용 방안에 대한 고찰 - 방탄소년단의 활동 패턴 분석을 중심으로 -. 〈문화와 융합〉, 41(3), 167-218.

문효진(2018). 한국 방송콘텐츠의 태국 진출 및 교류 협력을 위한 방안 연구. 〈글로벌문화콘텐츠〉, 33, 63-87

미디어 통계 수첩(2020), 정보통신정책연구원.

부르디외, 피에르(1994). 현택수 옮김(1998). 『텔레비전에 대하여』. 동문선.

빅터 스트라스버거 & 바바라 윌슨(2006). 김유정 & 조수선 옮김. 『어린이, 청소년, 미디어』. 커뮤니케이션북스

안보섭(1998). 국가 이미지 개선, 국제경쟁력 제고로 직결, 〈광고 정보〉, 4월호.

안수근 · 정성호 · 유승관 · 이화행 · 김채환(2007). 한 · 일 영상콘텐츠 수용과 국가 이미지 형성에 대한 비교 연구. 방송위원회연구과제(자유2007-17).

유승관(2009). 한 · 일 양국 수용자의 드라마 시청과 국가 이미지 형성에 대한 비교 연

구. 〈방송통신연구〉, 여름호, 193-220.

유승관(2014). 태국인의 한류 수용의 특성에 관한 연구-드라마에 대한 선호요인과 국가 이미지를 중심으로. 〈커뮤니케이션학 연구〉, 22(2), 181-201.

이운영(2006). 중국에서의 한류가 한국의 국가 이미지와 제품구매 의사에 미친 영향, 〈국제경영리뷰〉, 10(2), 107-136.

전범수 외(2020). 『새로운 방송학 개론』. 한울.

전진국(2013). 『콘텐츠로 세상을 지배하라』. 쌤앤파커스

제닝스 브라이언트 & 수잔 톰슨(2005). 배현석 옮김. 『미디어효과의 기초』. 한울.

주정민(2012). 방송의 과거와 현재. 『방송영상 미디어의 이해』. 나남.

한국동남아연구소(2010). 동남아의 한국에 대한 인식. 명인문화사.

한국언론학회 미디어교육위원회(2007). 『미디어의 이해』, 방송위원회.

한류콘텐츠연감(2015). 태국. 350-362.

한진만 외(2004). 『방송론』. 커뮤니케이션북스

한진만 외(2013). 『방송학 개론』. 커뮤니케이션북스

한진만 · 박은희 · 정인숙 · 주정민(2016). 『새로운 방송론』. 커뮤니케이션북스

Goodall, B., & Ashworth, G. (1990). *Marketing in the tourism industry: The promotion of destination regions.* Routledge, London: 1-17.

Iwashita, C. (2006). Media representation of the U.K. as a destination for Japanese tourists: Popular culture and tourism. *Tourism Studies, 6*(1), 59-77.

Martin, I. M., & Eroglu, S. (1993). Measuring a multi-dimensional construct: Country image. *Journal of Business Research, 28*, 191-210.

Mary J. (2016). "Kdramas across Thailand: Constructions of Koreanness and Thainess by contemporary Thai consumers", The Asia-Pacific Journal, Vol. 14, Issue 7, No. 6, 1-15.

Seiter, E. (1986). Stereotypes and the media: A re-evaluation. *Journal of Communication*, 36(2), 14-26.

제11장

방송과 문화

방송은 인간의 커뮤니케이션을 촉진하는 현대 생활의 필수적인 요소로서 새로운 문화를 형성하거나 일정 방향으로의 문화를 이끌어 가는 매개체의 기능을 하기도 한다. 이 장에서는 먼저 문화의 일반적 개념을 살펴보고, 매스미디어를 통한 문화의 속성은 무엇인지, 그리고 방송과 대중문화의 관계는 무엇인지에 대해 살펴볼 것이다. 최종적으로 현대사회에서 방송문화의 영향을 받는 수용자 측면에서의 영향과 방송이 매개한 문화로 인해 나타나는 수용자의 행태는 무엇인지, 그리고 대중문화 형성에 많은 영향을 주고 있는 방송콘텐츠를 슬기롭게 이용하기 위한 수용자의 태도는 무엇인지에 대해서도 알아보고자 한다.

1. 문화의 개념과 대중문화

1) 문화의 개념

문화는 매우 광범위한 개념이다. 주거문화, 음식문화, 의복 문화 등에서와 같이 문화는 다양한 차원에서 사용될 수 있고 인간의 삶의 양식과 밀접하게 관련되어 있다. 또한, 한국문화, 미국 문화, 청소년문화, 노동자 문화 등과 같이 문화란 특정 사회의 구성원들이 공유하는 것을 의미한다. 즉 같은 사회에 속하는 구성원들이 상호작용하는 과정을 통해서 만들어가는 약속과 규칙, 그리고 공유하는 공통의 의미와 삶의 양식, 또는 특정 집단에 공통으로 존재하는 사고 방식이나 행동 양식, 취향을 포함하는 개념으로 정의할 수 있다. 결국, 문화는 특정 집단이 공유하는 의미, 가치, 삶의 방식 등을 포괄하는 개념이다.

한 사회에서 미디어가 어떻게 조직되어 있고 어떤 방식으로 기능을 수행하는가 하는 것은 그 사회의 문화와 밀접하게 관련되어 있다. 방송미디어가 소수의 플랫폼과 채널로 구성되어 있다면 수용자도 유일하게 존재하는 방송 채널의 획일적 콘텐츠에 일방적으로 영향을 받기 쉽다. 그러나 미디어 기술이 발전하면서 다양한 형태의 방송플랫폼이 출현하고 다수의 채널이 존재한다면 보다 다양한 문화가 형성될 수 있다. 이런 이유로 문화형성과 발전에 미디어가 미치는 영향과 중요성은 더욱 커지고 있다(방송위원회, 2007).[1]

한편 대중문화를 부정적으로 보는 시각은 19세기 문인, 철학자들에 의해 시작된 엘리트주의적 관점에서 시작되었다. 아놀드(M. Arnold)를 비롯한 학자들은 문화를 최선의 것을 추구하는 것으로 보고, 대중문화는 이러한 문화의 질적 수준을 위협하는 존재로 바라보았다. 일반적으로 대중이라는 용어에 대해 부정적인 관점에서는 대중문화에 대해서도 부정적 시각을 가진다. 전문가 집단이 대중문화를 생산하지만, 무비판적이고 수동적인 대중은 이를 보편적으로 수용하기 때문에 질적 수준은 낮을 수밖에 없다는 것이다. 즉 방송과 같은 매스미디어를 매개로 한 대중문화는 이전에 일부 상류층이 향유했던 문화와 비교할 때 진지하고 세련된 고급문화를 담기보다는 대중적 취향에 소구하는 저급문화를 담아내는 경향이 있다는 것이다. 한편 대중문화를 긍정적으로 평가하는 시각도 있는데, 이들은 미디어를 매개로 한 대중문화의 등장으로 많은 사람이 문화를 즐길 수 있다는 점 자체를 중시한다. 문화의 대중화를 통해서 다양한 문화를 향유하는 문화적 민주주의가 도래되었다는 점을 긍정적으로 보는 것이다(방송위원회, 2007).[2]

---

1   방송위원회(2007). 『미디어의 이해』, 커뮤니케이션북스. 128-129.

2   방송위원회(2007). 위의 책. 130-131.

대중문화는 그것을 논하는 사람의 입장에 따라 고급문화, 민속문화, 대량문화, 지배문화, 노동계급문화, 민중 문화 등 다양한 문화 범주의 상대적 개념으로 다루어져 왔다. 가장 오래된 '문화'의 의미는, 이 단어가 곡식을 재배하거나 가축을 기르는 것을 언급하기 위해 사용되었던 15세기의 저작에서 찾아볼 수 있는데, '농업(agriculture)'과 '원예(horticulture)'가 그것이다. 이 의미는 더욱 발전해 16세기에 이르러서는 '경작(cultivation)'의 관념을 식물이나 동물에서 인간의 정신으로 전이시키면서, 어떤 개인, 집단 혹은 계급이 경작되거나 양육된 정신과 태도를 지칭하는 말이 되었다. 레이먼드 윌리엄스(Raymond Williams)는 18세기의 문화가 독특한 계급적 함의를 획득했다는 것을 발견했다. 문화란 용어가 예술가와 지식인들이 생산한 실제 작품뿐만 아니라 교양을 갖춘 엘리트들이 예술을 추구하는 것과 연관된 일반적인 문명의 상태라는 것이다.

이런 문화의 개념이 20세기에는 노동계급과 하층 중간계급의 '대중문화'를 포함하는 것으로 확장되었다. 가장 최근에 출현한 '문화'의 의미는 '문화가 무엇인가'보다는 '문화는 무엇을 하는가'에 집중한다는 점에서 이전의 접근들과 다른 형태를 보인다. 그람시의 '헤게모니' 이론을 가장 발전적으로 받아들인 윌리엄스에 의해 문화는 하나의 사물(예술)이나 상태(문명)라기보다는 오히려 사회적 실천으로 간주되기 시작했다. 문화는 의미를 생산하는 실천이며, 의미화하는 실천이라는 것이다(Storey, 2004).[3] 이런 차원에서 문화는 사회의 모든 짜임새와 언어, 상징, 의미, 신념과 가치가 사회적 실천을 조직하는 방식인 것으로 본다(스튜어트 홀 외, 1992).[4]

---

3   존 스토리 엮음, 백선기 옮김(2004), 『문화연구란 무엇인가』, 커뮤니케이션북스. 22-48.

4   스튜어트 홀 외(1992), 전효관·김수진·박병관 옮김(1996). 『현대성과 현대문화』. 현실문화연구, 336-337.

문화연구에서 문화란 사회의 공통적 경험을 이해하고 반영할 수 있게 해주는 가능한 모든 기술 체계의 통합과 연관시킨다는 점에서 '관념'을 강조하는 기존의 문화에 대한 개념을 재구성한 것이다. 즉 문화의 개념을 민주화되고 사회화된 개념으로 본다. '지금까지 생각하고 말해왔던 것 가운데 최고의 것'을 모은 것이 아니고, 성취된 문명의 정상이나 열망하는 완벽한 이상도 아니다. '예술'조차 일반적인 사회 과정이라는 의미를 주고받는 것, 그리고 '공통된' 의미, 즉 공통 문화를 점진적으로 발전시키는 것으로 본다. 이러한 의미에서 문화는 '일상적'인 것으로 간주하고, 문화는 "총체적인 삶의 방식이다". 문화연구가 '총체적 삶의 방식 안에 있는 요소들 사이에 존재하는 관계에 관한 연구'로 정의되는 이유가 바로 여기에 있다. 그리고 문화연구의 목적은 어떤 특정한 시기에 모든 실천과 유형 사이의 상호작용 전체가 어떻게 체험되고 경험되는지를 파악하는 데 있다. 이것이 그 시기의 '감정의 구조'라는 것이다(Hall, 2004).[5]

따라서 특히 '문화연구'에서 문화라는 용어는 그 강조점이 미학에 있는 것도 아니고 인간주의적인 것에 있는 것도 아니며 오히려 정치적인 부분에 있다. 문화는 위대한 예술에서 볼 수 있는 형식과 미의 심미적 관념인 균형으로 간주될 수 없으며, 하나의 가설적인 보편적 인간을 설명하기 위해 시대와 국가를 초월하는 '인간 정신'의 목소리와 같은 인간주의적 용어로 간주하지 않는다. 따라서 문화란 천박한 산업적 물질주의와 경박함에 대항하는 보루로서의 인간 정신 활동이라는 미학적 산물이 아니라 사회적 경험의 모든 의미를 포괄하는 산업 사회를 살아가는 하나의 방식으로 간주한다는 점에서 보통의 문화를 보는 개념과

---

5   존 스토리 엮음, 백선기 옮김(2004), 위의 책. 85-87.

문화연구에서 보는 문화는 차별성이 있다(Fiske, 2004).[6]

2) 문화산업론에 대한 비판

문화라는 용어가 학문의 세계에 본격적으로 등장한 것은 근대화와 함께 등장한 대중미디어의 발달과 불가분의 관계가 있다. 대량생산과 대량소비, 그리고 보다 많은 소비자를 공략하기 위한 상업성과 복제라는 대중문화의 특성은 적지 않은 비판의 가능성을 열어놓는다. 대표적 예가 호르크하이머, 아도르노, 마르쿠제 등의 사상가들이 포진한 독일 프랑크푸르트학파의 '문화산업론'이다. 이들뿐 아니라 리비스주의로 대표되는 '문화와 문명' 주의자들은 대중의 취향을 쉽게 만족시키는 평이하고 상업적인 대중문화의 천박함을 강하게 비판한다.

이윤을 추구하는 산업으로서의 대중문화가 사회의 부조리와 구조적 차별을 감추고 문화를 소비하는 쾌감으로 수용자들의 눈과 귀를 가렸다는 프랑크푸르트학파의 대중문화 비판은 매체의 다양화가 이루어지고, 강력한 현실 재현과 정교한 복제 능력이 가능해진 오늘날 더욱 유효한 것으로 보인다.

물론 대중문화의 긍정적인 면 또한 무시할 수는 없다. 저렴한 가격으로 다양한 즐거움을 경험하는 통로가 된다는 점, 동시대의 사람들과 동일한 콘텐츠를 공유함으로 문화공동체를 형성하도록 돕는다는 점, 풍부하고 다양한 콘텐츠를 기반으로 세분된 하위문화의 발전을 가능하게 한다는 점은 대중문화라는 장이 없다면 불가능한 일이다.

다만 문제는 문화의 주체적인 소비자로서 시청자가 어떤 기준과 잣대로 선택권을 행사하며 나름의 비판적인 안목으로 문화 이면의 정치적 역학관계를 바

---

6   존 스토리 엮음, 백선기 옮김(2004), 위의 책. 239-240.

라볼 수 있는가의 여부일 것이다. 문화의 힘은 구체적으로 어떤 방식으로 능력을 발휘하는가? 레이먼드 윌리엄스, E.P. 톰슨, 리처드 호가트, 스튜어트 홀 등의 이론가들이 이끈 버밍엄 현대문화연구소는 대중문화의 연구에 있어 지배세력의 이데올로기가 문화적 생산물에 영향을 미친다는 마르크스주의적 시각과 기호학의 구조주의적 접근, 연구 대상의 설정과 방법론에 개인의 경험을 중시하는 문화주의적 시각을 도입한다. 이데올로기의 중요한 역할은 계급 갈등에 의해 야기되는 구조적 문제들에 대해 일시적인 거짓 해결책을 제시하고 사회를 닫힌 체제로 유지하는 것인데 이러한 일이 이루어지는 대표적인 장(場)이 바로 문화산업, 즉 대중문화이다(한균태 외, 2021).[7]

특히 '문화산업'이란 용어는 호르크하이머와 아도르노에 의해 그들의 공저 『계몽의 변증법』의 '문화산업: 대중 기만으로서의 계몽'이라는 장에서 처음으로 사용되었다. 아도르노는 20년 후에 한 회고 논문에서 원래 '대중문화'란 용어를 사용하려 했으나 '문화산업'으로 바꾸어 쓴 이유를 "대중문화라는 용어의 사용에 찬성하는 사람들의 마음에 드는 의미를 애초부터 제거해 버리기 위해 대중문화란 표현을 '문화산업'으로 대체했다"라고 말했다. 그리고 문화산업이라 하면 반민중적이고 반민주적인 의미를 지니고 있어서 문화산업을 택했다고 아도르노는 설명한 바 있다. 아도르노는 "문화산업은 의도적으로 위로부터 소비자들을 통합한다. 대중은 일차적인 존재가 아니고 부차적이며, 그들은(이익 창출을 위한) 수지 계산의 대상이자, 조직적 기구의 부속물"에 불과하다고 주장하였다.

프랑크푸르트학파의 이론가들이 문화산업에 집단적인 집중적 연구의 초점

---

7 한균태 외(2021). 『현대 미디어의 이해』, 커뮤니케이션북스, 485-488.

을 옮긴 데에는 정치적 · 문화적 이유가 있었다. 연구의 역점을 옮기게 한 주요 정치 · 경제 · 문화 · 사회적인 이유로는 오락 산업과 매스미디어의 급성장, 나치 등 전체주의 체제 사회 내에서의 라디오 등 대중 매체를 통한 대대적인 선전과 세뇌 교육, 예술 문화의 주요 부문에 걸친 예술 문화의 급속한 상품화, 그리고 전파 · 인쇄매체를 통한 대대적인 소비 조장 등을 들 수 있다. 그들에게는 자본주의 사회가 대중을 기만하고 조작하려는 수단으로 문화산업을 통해 '총체적 통합'과 '총체적 통제 관리' 사회로 치닫고 있다고 보았다.

이들의 관점에서 문화산업에는 두 가지 특징이 있다. 첫째, 문화산업은 광고를 포함한 모든 수단을 동원해 잠재적 수용자들의 관심과 흥미를 끌며 계속 사로잡아야 하고, 둘째, 문화산업의 산물들이 끌어내는 주의 집중이 그 산물들을 품평할 수 있을 정도로 예민하지 않도록 하는 것이다. 호르크하이머와 아도르노는 현대 자본주의 부르주아 문화산업의 본질을 논하는 가운데, 지난날 이상주의적인 예술/미학의 원칙은 '목적 없는 목적성'이었는데, 현대의 부르주아 문화산업이 순응해야 하는 원칙은 시장의 필요가 명하는 '목적을 지닌 무목적'의 지경으로 변질했다고 보았다.

이들은 자본주의 체제하의 문화산업은 소비자들이 노동자이든 화이트칼라 봉급자이든 농민이든 중산층이든 할 것 없이 최대 다수의 수용자를 사로잡기 위한 제품으로 맹공을 가하며, 결국 문화 소비자로서의 수용자들은 그들에게 제공되고 투여되는 문화 산물들을 받아들이는 먹이와 같은 희생자로 빠져든다고 주장하였다. 예를 들어, 투자에 대한 수익률 극대화를 노리는 현대 문화산업에서는 입장료 · 발행 부수 · 시청률 · 관람자 동원 등으로 이른바 '히트'하는 산물들이 모방되며, 새롭거나 시험되지 않은 신기한 것들은 손해 위험 부담을 배제하기 위해 채택되기 어렵다. 문화다운 문화에서는 서로 양립할 수 없는 두 가지 요소, 즉 예술성과 오락성이 이윤 극대화라고 하는 하나의 지상 목적에 종속되며, 문화산업이 요구하는 메커니즘 속에 흡수 통합되어 들어갈 수밖에 없다는 것이다. 다시 말해서, 예술의 상업화/상품화가 당연시되고, '예술' 작품들은 시장 경제 원리의 지배하에 들어가게 된다(김지운 외, 2011).[8]

전체적으로 보았을 때 현대문화에 대한 프랑크푸르트학파의 비판은 마르크스, 베버와 프로이트의 사상에 기반을 두고 있다. 이들은 문화가 기술적 이성의 일차원적 유형에 의해 지배되는 것으로 간주했다. 그들은 학문적 중립성을 파시즘을 성장하게 허용한 요인으로 보았다. 그러므로 이성이 집합적인 목적을 제공하지 않고, 기존의 가정을 비판하지 않는다면 비이성이 언제든 그 자리를 차지할 것으로 보았다(스튜어트 홀 외, 1992).[9] 이것이 도구적 이성의 가치를 경계해야 하는 지점이다.

3) 문화와 이데올로기

1960년대 영국 버밍엄대학교 현대문화연구소는 대중문화의 연구에서 지배 세력의 이데올로기가 문화적 생산물에 영향을 미친다는 마르크스주의와 기호학의 구조주의적 접근, 그리고 연구 대상의 설정과 방법론에 개인의 경험을 중시하는 문화주의적 시각을 도입했다. 문화연구자들에 의하면 문화와 이데올로기의 관계를 연구하기 위해 중요한 것은 특정한 이벤트가 아닌 매일의 평범한 일상에서 벌어지는 문화적 실천이다. 즉 이데올로기의 영향력은 우리의 모든 일상에 스며들어 있으며 우리가 경험하는 소설이나 패션, TV 프로그램, 그림,

---

8   김지운 외(2011). 『비판 커뮤니케이션』, 커뮤니케이션북스. 115-132.

9   스튜어트 홀 외(1992), 위의 책, 389쪽.

음악 등의 모든 유형, 또는 무형의 대중문화 상품 또한 예외가 아니라는 것이다. 그러므로 우리가 한 시대에 접하는 모든 유형, 무형의 대중문화 상품은 당대의 정치적이고 역사적인 상황과의 연관 속에서 해석되어야 하고, 이를 소비하는 우리의 행동도 이러한 맥락에서 해석되어야 함을 강조한다.

문화연구의 대표적인 학자인 스튜어트 홀(Stuart Hall)은 대중문화를 소비하는 수용자의 역할에 대해 매스커뮤니케이션 연구의 발신자-메시지-수신자의 일직선 모델을 비판한다. 대신에 그는 메시지가 생산되는 순간(기호화)과 그것이 수용하는 순간(기호해독) 사이에는 불일치가 존재한다고 주장한다. 기호화된 메시지는 수신자의 해독과정을 거쳐 메시지로서 완성되는데 홀은 기호화가 특정한 기호해독을 선호할 수는 있지만 규정할 수는 없다는 표현으로 생산자의 의도와는 다른 의미를 만들어내는 수용자의 역할을 강조한다. 이는 결국 이데올로기의 재생산 도구인 미디어가 소비자의 해독방식에 따라서 이데올로기 투쟁의 장이 될 수도 있음을 주장하는 것이다(한균태 외, 2021).[10]

2. 방송과 문화의 관계 설정

방송은 문화의 경합장이다. 방송은 시청자의 관점에서 매우 편안하고 친절한 소비 상품이다. 문화의 경합장 내부에서 작동되는 문화정치의 운동 논리는 방송의 산업적 논리와 분리해서 설명하기 어렵다. 방송은 하나의 문화이자 산업이기 때문이다. 방송제작자라면 누구나 시청률에 신경 써야 하고 공영방송이든 상업방송이든 정도의 차이가 있지만, 시청률 제고를 위해 다양한 프로그램 제작과 유통기법을 고안해 낸다. 선과 악을 분명하게 대비시키는 이분법적 캐

---

10 한균태 외(2021). 위의 책. 487-488.

릭터 설정, 내용상 의미보다 이미지를 중시하는 촬영과 편집, 관음주의적 시각 욕구에 기반을 둔 카메라 워킹 등은 매일 방송에서 접하는 대표적인 제작 전략이다. 문제는 이런 프로그램이 주는 즐거움, 친절, 부드러움은 그 배후에 자리 잡은 문화들, 나아가서 이데올로기의 갈등을 교묘하게 위장하고 은폐한다는 데 있다. 그럼에도 불구하고 지배계층과 피지배계층의 상호이해관계, 고급문화와 대중문화, 기성세대와 젊은 세대, 남성과 여성문화 등이 끊임없이 충돌하는 공간이기도 하다(한진만 · 박천일 외, 2004).[11]

방송매체를 문명화 순환 과정에서 대표적인 역할을 하는 주체로 볼 때, 방송은 초기의 일정 기간 중심화 역할을 하여 사회의 헤게모니적 정점을 구현하는 데 기여한다. 민족국가 중심의 국가 단위 자본주의라는 시대적 배경에 힘입은 영국의 BBC와 한국의 KBS 등 국가 기간 매체인 공영방송이 매체 독과점 환경 속에서 전개한 민족적 통합체 구현을 위한 노력이 대표적인 예다. 이런 점에서 문명순환의 첫 단계는 소수 독과점 공영매체 주도의 시기다. 이 시기에는 수용자의 문화 정체성 측면을 볼 때는 민족국가 중심의 문명화 건설과정에서 소외된 소수문화의 하향화와 궁극적으로는 동질화 경향이 강하다. 그러나 이 단계는 헤게모니의 지속적 유지에 실패하고 탈중심화되고 분절화의 위기를 맞는다. 자본주의의 역사적 전개 속에서 이 시기는 글로벌 경제 운용체제의 공고화와 신자유주의의 발흥에 상응한다. 다매체 다채널 방송환경의 도래, 뉴미디어의 출현, 글로벌 매체의 등장은 기존의 국가 기간 매체가 갖고 있던 헤게모니를 약화하는 데 중요한 역할을 한다. 글로벌 수용자를 대상으로 한 국지적 프로그램 편성과 수용자 시장 세분화 전략이 그 예이다. 탈중심화 시기의 문화적 정체

---

11 한진만 · 박천일 외(2004). 『방송론』, 커뮤니케이션북스. 230-231.

성은 동질화에서 벗어나고자 하는 다원주의의 추구로 볼 수 있다. 한편 이 시기의 문화적 정체성은 전통주의의 회귀라는 점이 흥미로운데 바로 여기에서 방송을 통한 민족적 정체성 중심의 문화적 실천, 문화적 저항이 가능성도 높아진다(한진만 · 박천일 외, 2004).[12]

대체로 방송수용자는 글로벌/국지적 정체성 형성의 차원에서 첫째, 전략적 혼성화(내용상 민족국가들 사이에 존재하는 원천적 갈등을 극복하기 위해 세계를 관리, 감독하는 단일한 주권적 세계 정부가 필요하다는 세계정부주의 유형), 둘째, 유연적 혼성화(국지적 정체성을 전제로 글로벌 상황을 유연하게 수용하는 유형), 동화(세계 공동체보다는 민족 공동체를 우선시하지만, 자신이나 자국의 이익과 더불어 타민족 국가와의 협력과 공조를 추구하는 병행적 민족주의 유형), 분리(자국의 이익 극대화만 추구하는 폐쇄적, 배타적 민족주의 유형)의 네 가지 의식 유형을 차용하게 된다(한진만 · 박천일 외, 2004).[13]

우리나라의 대중문화는 양적, 질적으로 많은 변화를 겪어왔다. 1980년대 후반 소비자본주의 구축과 뉴미디어의 등장, 전 지구화와 한류의 유행을 빠뜨릴 수 없다(유재천 외, 2013).[14] 방송과 같은 대중매체가 없는 현대적 삶은 상상하기 어려운 일이다. 개인이나 집단적 차원에서 의미를 발생시키고 공유하는 것도 사회적 의미와 상징을 매개하는 방송매체 없이 불가능하다. 유비쿼터스화한 텔레비전은 일반 대중이 지닌 다양한 미적 취향과 감각을 다각도로 반영하고 이를 특정 방향으로 계발하는 적극성을 발휘하는 데 효과적이다. 물론 대중문

---

12 한진만 · 박천일 외(2004). 위의 책. 236-237.

13 한진만 · 박천일 외(2004). 위의 책. 238쪽.

14 유재천 외(2013). 매스커뮤니케이션의 이해, 커뮤니케이션북스. 308-309.

화의 모든 양상이 방송을 통해 이루어지는 것은 아니다. 그럼에도 불구하고 대중문화가 방송을 결정적 조건으로 삼고 있는 현실은 부인하기 어렵다. 즉 방송은 대중문화의 거울과 같다. 방송은 대중문화를 반영하는 차원에서 한발 더 나아가 적극적으로 대중문화를 구성해 나가고 형성한다. 디지털, 유비쿼터스화된 진화된 방송환경, 인터넷과 통신과 융합된 방송환경은 결코 피할 수 없는 매우 자연스러운 현대사회의 지배적 환경이기 때문이다. 예를 들어 10대의 미학적 감수성과 예술적 취향, 기호적, 의미 실천적 행위, 그리고 생활방식으로서의 문화를 방송과 분리해서 이해하기 어렵다. 10대 문화는 바로 방송문화고 집단 정체성 자체가 이미 가정이나 학교보다는 오히려 방송매체에 의해 형성된다고 해도 과언이 아니다(유재천 외, 2013).[15]

3. 대중문화의 수용자

특정 집단 내 자연스럽게 자리 잡은 세계에 대한 의식과 지식 · 표상 체계 정도로 해석될 수 있는 이데올로기는 대중문화 속에 깊이 내재해 있다. 한국 사회 내에서 민족이라는 '상상의 공동체'가 이데올로기 · 담론적으로 구성되는 방식이 시대별로 차이가 난다. 그런데 대중문화 소비가 반드시 지배 이데올로기로의 무의식적 호명을 뜻하는 것은 아니다. 대중문화는 우리에게 즐거움을 제공하기도 한다. 대중문화는 지배 권력을 위한 이데올로기 작동 채널로 전락할 수도 있지만, 즐거움과 욕망을 기초로 한 전복적 정치의 중요한 자원이 될 수도 있음에 주목해야 할 필요가 있다.

그리고 대중문화의 팬덤(fandom) 현상에도 주목할 필요가 있다. 기존의 일

---

15   유재천 외(2013). 위의 책. 311-312.

방적이고 소비적인 열광 차원에서 벗어나 새로운 소수문화 정체성과 연대감을 형성할 권능화의 계기로 작동한다. 예를 들어 최근에는 소녀팬들뿐만 아니라 주부들도 트로트팬의 강력한 팬덤을 형성한다. 또한, 기존의 오빠부대, 걸그룹과 보이그룹에 대한 삼촌과 이모부대도 존재한다. BTS 등 수많은 K-pop의 글로벌한 팬덤은 불평등한 한국 사회 내 계급과 성, 세대로 삼중 구속된 상태에서 빚어진 일종의 아비투스(habitus)에 해당한다. 이런 면에서 방송이 대중문화를 통해 주는 즐거움은 이데올로기와 양면성이 있다는 것을 인식해야 할 것이다 (유재천 외, 2013).[16]

〈오징어 게임〉이 문화적 즐거움이든 감정의 구조이든 놀이이든 세계적으로 어떻게 문화에 영향을 주었는지 살펴보자. 〈오징어 게임〉은 국내뿐만 아니라 글로벌 팬덤을 형성했다. 〈오징어 게임〉은 이후 성공한 〈마이 네임〉이나 〈지옥〉에 비해 매우 다양한 활동을 촉발했다. 틱톡 등 소셜 미디어에서 다양한 챌린지가 진행되었고, 전 세계적으로 놀이 문화 체험과 핼러윈 의상, 공식 복장 등의 굿즈 판매에 이르는 연계 활동이 폭발적이었다. 유명 유튜버가 기획한 실제 〈오징어 게임〉도 거대한 관심을 불러일으켰다. 이러한 원인 중 하나는 오징어 게임이 팬덤에게 놀이의 요소를 많이 제공했기 때문이다. 헨리 젠킨스(Henry Jenkins)는 팬 커뮤니티의 문화적 생산과 사회적 상호작용을 중심으로 하는 문화를 '참여문화'라는 개념으로 설명했다. 참여문화는 생산자와 이용자가 모두 콘텐츠를 생산하는 주체가 되는 현상을 말한다. 여기에 더해 '스프레더블 미디어'(Spreadable Media)라는 개념을 통해 참여문화의 저변 속에서 참여를 촉발하고 바이럴(viral)을 일으키며 확산하기 쉬운 콘텐츠의 중요성을 강조한다. 따

---

16   유재천 외(2013). 위의 책. 318-320.

라서 팬들은 콘텐츠의 특정요소를 문화적 따라하기인 '밈'(meme)의 형태로 전유하고 소셜 미디어 등을 통해 확산하며 이를 가지고 놀이의 판을 벌이기도 한다(정길화 외, 2022).[17] 즉 글로벌한 방송플랫폼의 성장은 국적이나 인종을 초월한 수준에서 보다 다양한 취향 문화에 기반을 둔 팬덤을 형성하고 있다.

매스미디어의 주요한 기능 중에 사회의 규범 체계를 이루는 가치와 규범을 한 세대에서 다음 세대로 전승하는 사회화 기능과 오락 기능이 있다. 매스미디어가 가족이나 학교 이외에 중요한 사회화의 기능을 하고, 일상생활의 스트레스와 피곤을 풀고 기분전환을 하게 만들어주는 현대사회의 지배적 문화 형태인 대중문화를 생산하고 유통시키는 문화적인 기능을 담당한다는 것을 의미한다. 그런데 매스미디어가 제공하는 오락은 사람들을 수동적인 인간, 현실 도피적인 인간으로 만드는 역기능도 간과할 수 없다.

지금까지 방송과 문화의 관계를 살펴보았다. 현대에 방송미디어는 기술적 편이성으로 인한 편재성과 용이성, 그리고 접근 가능성의 증가로 과거보다 더욱 대중문화를 형성하는 데 지대한 영향을 준다는 점에는 이견이 없을 것이다. 또한, 방송미디어로 인한 대중문화는 대체로 상업성으로 인해 저급하다는 비판도 있지만, 과거 일부 엘리트나 상류계층에만 향유되었던 문화를 일반 대중 대다수가 향유하게 되었다는 면에서 긍정적, 부정적 양면성이 있다는 점도 확실하다.

방송은 문화연구의 시각에서 볼 때 특히 '의미의 투쟁을 위한 격론의 공간'이다. 일상생활을 영위하는 보통 사람이라면 수용자 개인은 방송콘텐츠로 대표되는 미디어의 콘텐츠 이용을 통해 부지불식간에 조용하고도 지속적인 부름과

---

17 정길화 외(2022). 오징어 게임과 콘텐츠 혁명, 인물과 사상사, 196-197.

호명 과정을 통해 이러한 과정에 참여할 수밖에 없다. 김수현 작가의 일부 드라마('인생은 아름다워')는 사회적으로 동성애 논의를 촉발시키기도 했고, 일일/주말드라마에서는 직업과 젠더(gender), 계층 간의 갈등과 역할에 대한 논의가 지속된다. 트로트와 힙합 프로그램('쇼미더머니', '고등 래퍼', '언프리티 랩스타' 등)이 채널을 돌려가며 공존하고 있고, 대가족의 갈등과 함께 결혼문제, 가족해체, 재혼이나 이혼 그리고 만혼에 대한 스토리('미운 우리 새끼', '신발 벗고 돌싱포맨', '돌싱글즈' '결혼 지옥' 등), 1인 가구나 혼자 사는 젊은 세대를 소재로 한 프로그램('나 혼자 산다' 등)의 증가는 시대변화에 대한 반영인 동시에 수용자들이 이러한 변화에 응답하기를 원하는 것으로 보인다. 〈고딩 엄빠〉에서는 10대들의 사랑과 출산 문제를 다루면서 가족과 부모의 역할, 그리고 사회적 제도 문제에 관해 이야기를 꺼내고, 〈동치미〉에서는 기성세대인 시부모와 신세대 아들과 며느리를 출연시켜 가족의 의미와 변화에 대해 격론을 벌인다.

많은 셰프가 등장하고 연예인의 주특기 요리를 시연하는 프로그램과 다양한 먹방 프로그램도 가족의 해체로 인한 정서적 허기 충족이란 사회변화를 반영하고 있고 나아가서 외식문화에 주는 영향도 크다. 때로는 폭력과 선정성을 겸비한 막장드라마와 재미있지만 웃픈 다양한 예능프로그램은 마치 이렇게 사는 것이 '정신승리'이자 바른 것이라고 규정하고 선언하는 듯하다. 후기 자본주의 사회에서 살아남기 위한 각자도생 방식의 고투를 보여주는 것을 통해 수용자에게 지배적인 가치관에 대항하는 전복적 사고를 호시탐탐 불러일으키기도 한다.

수용자가 방송콘텐츠를 통해 즐거움과 오락 추구 등을 통해 힐링과 카타르시스, 감동을 느끼는 감정적 영향과 행동은 이러한 의미획득을 위한 인정 투쟁에 의해 주류문화를 형성하기도 하기도 하고, 다양한 하위문화 형성에 영향을 준다. 이 같은 과정을 통해 대항적인 담론이나 이데올로기가 형성되고, 결국 정치 사회적으로도 무엇이 중요한지에 대한 기준을 설정하는 헤게모니(hegemony) 형성에 영향을 준다. 따라서 대중문화를 수용하는 데 가장 중요한 것은 수용자의 비판적이고 주체적인 수용이다. 일부 매스미디어가 대중문화를 독점적으로 생산하는 경향은 있지만 능동적이고 주체적인 방식으로 수용자가 해당 콘텐츠를 이용하는 것이 매우 중요하다는 말이다. 특히 부르디외는 텔레비전의 상업성으로 인해 문화적 행동의 정치에서 대중선동의 우민정치가 될 수 있다는 점을 우려했다(부르디외, 1994).[18] 방송이 어떤 토크쇼, 관음증과 노출을 즐기는 드라마와 리얼리티 예능프로그램을 통해 대중선동을 하더라도 이에 대한 제작자의 의도를 잊지 않고 자율적이고 주체적으로 해석해야 하는 것은 최종적으로 방송 수용자의 몫일 수밖에 없다.

〈방송이슈〉 하위문화

한 사회 혹은 공동체 내에서 전체가 향유하거나 전통 혹은 정통의 위상을 가진 문화와 달리 그 전체 집단에 속하면서도 일부 집단에게만 국한해 향유되는 문화를 말한다. 가장 중요한 특징으로 주류문화 또는 기성문화에 대한 반항의 태도를 들 수 있으며, 특히 기성세대에 대항하는 청년문화로서의 하위문화에서 특히 두드러진다. 하위문화는 그들만의 독특한 가치와 규범을 발전시키는데, 이는 주로 말, 옷, 음악, 태도와 같은 방식으로 다양하게 표출된다. 하위문화는 종종 '고급문화'와 상대되는 개념으로 쓰이기도 한다. 음악을 예로 들면 서양 고전음악에 대립되는 개념으로 대중음악, 그중에서도 소수 마니아(mania)들이 즐기는 펑크, 힙합, 테크노와 같은 음악을 하위문화로 볼 수 있다. 하위문화는 상업화와 문화 전용의 과정을 통해 주류문화로 성격이 변하기도 한다. 대중음악에서 힙합은 1970년 말 뉴욕 브롱스 지역에서 기원했고 디제잉, 랩, 그래

---

18 부르디외, 피에르(1994). 현택수 옮김(1998). 『텔레비전에 대하여』. 동문선. 82쪽.

피티, 비보잉 등을 아우른 흑인 거주지역 기반의 하위문화로 출발했다. 그러나 1990년대 이후 상업화를 거쳐 주류 음악으로 대중화된 힙합은 이제 청년문화이긴 해도 하위문화로 보긴 힘들다.

출처: 김영대(2018). 『문화연구의 렌즈로 대중문화를 읽다』. 한국방송학회 엮음. 컬처룩. 167쪽.

〈방송이슈〉 K-pop과 글로벌 팬덤

21세기 K-pop이 세계무대, 특히 현대 대중음악의 본고장인 미국에서 남긴 가장 큰 성과는 단연 싸이의 〈강남스타일〉과 BTS의 성공이다. 특히 BTS의 성공은 유튜브로 대표되는 소셜 미디어의 발전이 배경으로 자리 잡고 있다. 그러나 BTS의 사례는 과거 싸이의 〈강남스타일〉이 만들어 낸 '바이럴' 현상과는 달리 팬덤을 기반으로 하고 있으며 기존의 한류와 다른 새로운 팬을 대거 흡수한 결과로 볼 수 있다. BTS의 성공이 독특한 것은 음악과 산업의 측면에서 공히 기존에 K-pop이 보여준 최대치를 뛰어넘는 성과라는 점, 그것도 팝의 주류인 미국에서 얻어진 성공이라는 점이다. 특히 글로벌 K-pop의 핵심적 기술로 활용되어 온 초국적 프로듀싱 시스템과 외국인 멤버 등 그동안 세계화의 필수요건으로 여겨지던 현지화 전략을 사실상 통하지 않았다는 사실도 중요하다. 특히 진정성을 내세운 음악적 태도 및 내러티브가 미국 내 팬덤의 분화 양상을 이끌었거나 혹은 그 흐름과 밀접하게 관련되어 있기 때문으로 보인다.

BTS는 여느 아이돌 그룹과 유사한 트레이닝 과정을 거쳤고, 국내 자본과 산업을 거쳤다는 점에서는 기존 K-pop과 유사하다. 그러나 가장 큰 특징은 콘텐츠에서의 차이와 이를 통한 팬덤과의 관계의 독특함에 있다. 즉 기존 아이돌 음악에서는 찾기 힘들었던 아티스트, 음악, 그리고 퍼포먼스의 일체감으로 대표되는 '진정성'이라고도 표현되는 이 특징은 글로벌 트렌드이자 시대정신인 힙합의 언어와 태도를 통해 거칠지만 솔직하게 표현하면서 기존 아이돌 문화에 비판적이었던 팬덤을 구축하는 데 기여한 것으로 보인다. 대중음악에서 '진정성'은 아티스트만의 고유한 내면을 그대로 표현하느냐, 즉 스스로에게 솔직한가의 논의에 집중된다. 이는 종종 퍼포머(performer)의 인종이나 사회경제적 배경 등을 문제로 삼기도 하고, 가사와 음악을 스스로 만들었냐는 논의로 확대되기도 한다. BTS 팬들은 이들의 음악이 '진실하고'(genuine), '진정성'(authentic) 있고, '가공되지 않은'(raw) 것이라 주장하며 이러한 점이 공장에서 찍어낸 듯한 기존의 K-pop과의 중요한 차이로 본다.

BTS의 음악은 상대적으로 덜 서구화되었거나 심지어 '한국적'이라는 주장도 있는데 이들의 가사에 담긴 독특한 '한'의 정서가 K-pop이 가진 지나친 서구성과 다른 부분이라는 것이다. '아미 A.R.M.Y'로 대표되는 BTS 팬은 K-pop 팬덤을 뛰어넘어 광범위한 음악팬을 흡수하고 있고, 온라인과 오프라인을 통해 일반적인 K-pop 팬이 아닌 BTS 팬임을 강조하며 전 세계적인 영향력을 행사하고 있다.

출처: 김영대(2018). 『문화연구의 렌즈로 대중문화를 읽다』. 한국방송학회 엮음. 컬처룩. 173-179.

〈방송이슈〉 동성애 드라마 논란과 문화충돌

"어머님 사랑해요"…'아씨 두리안'→'인생은 아름다워' 파격 동성애 쓴 스타작가들[Oh!쎈 이슈]

OSEN

입력 2023.06.25 10:24 | 수정 2023.06.25 15:27

그간 드라마에 동성애 소재가 종종 등장하긴 했는데 이번에는 그 수준이 다르다. 보통 비슷한 나잇대의 동성 간의 사랑이 그려지는데 '아씨 두리안'은 고부 간의 사랑을 다뤄 크게 화제를 모으고 있다. 드라마에서 본격적으로 동성애를 그려 화제가 된 작품은 2010년 김수현 작가의 드라마 '인생은 아름다워'였다. 훈훈한 가족의 이야기를 담은 '인생은 아름다워'는 재혼 가정의 화합과 사랑을 밝고 경쾌하게 그려내 25% 가까운 시청률을 얻어냈다.

무엇보다 동성애자 태섭(송창의 분)과 경수(이상우 분)의 이야기를 그려 '파격적'이라는 평을 받았다. 당시 드라마, 영화 등에서 동성애 소재가 금기시되는 분위기였는데 김수현 작가가 주말 안방극장에 이를 정면으로 내세웠기 때문. 극 중 태섭이 커밍아웃을 하면서 진정한 가족의 일원이 되는 과정을 그리며 뭉클한 감동을 선사했다. 손자의 정체성을 알게 된 할머니(김용림)가 담담하게 있는 그대로 손자를 받아들이는 모습은 특히나 인상적인 부분이었다.

김수현 작가는 이 동성애를 단순히 시청률을 올리기 위한 자극적인 방편이 아

닌, 이 시대에 우리가 꼭 고민해봐야 하는 화두로 제시를 했다. 방송 내내 태섭
과 경수를 응원하는 목소리만큼이나 "보기 불편하다" 등 동성애를 미화시켰다
는 비난도 있었고 급기야 두 사람의 언약식이 방송되지 않는 등 우여곡절을 겪
었다. 방송되는 동안 다양한 논란이 있었지만 시청자들에게 생각할 거리를 안
겨줬다.

'인생은 아름다워'를 시작으로 동성애 소재의 드라마들이 방송됐다. 최근에는
'안녕 드라큘라'에서 안나(서현 분)가 8년 동안 만난 연인 소정(이청아 분)에
게 이별 통보를 받는 내용이 그려졌고, '시크릿 부티크'에서는 위정혁(김태훈
분)의 성 정체성이 시청자들에게 충격을 주는 소재로 등장했다. 또한, 2021년
에는 드라마 '마인'에서 김서형이 동성애자 연기를 펼치기도 했다.

그리고 지난 24일 처음 방송된 TV CHOSUN 주말드라마 '아씨 두리안'은 가
장 파격적인 동성애를 그렸다. 고부간의 사랑을 드라마에 담은 것. '아씨 두리

안'을 집필한 임성한 작가는 그동안 파격 그 자체였다. 귀신에 빙의된 건 기본이고 드라마 '신기생뎐'에서 아수라(임혁 분)가 눈에서 레이저 빔을 쏘는 장면으로 지금도 레전드 짤로 회자되고 있다.

집필하는 드라마마다 기괴한 장면과 대사로 비난을 받았던 임성한 작가가 이번에 내놓은 파격은 고부간의 동성애다. '아씨 두리안'은 방송 전 짧은 티저 영상만으로 시청자들을 놀라게 했다. 며느리 장세미(윤해영 분)가 시어머니 백도이(최명길 분)에게 "어머님 사랑해요, 며느리가 아닌 여자로서요"라고 사랑을 고백하고 백도이에게 입을 맞추듯 다가가는 모습도 담겼다.

요즘 드라마 속 동성애에 대한 시청자들의 반응이 이전과는 달라졌지만, 고부간의 동성애는 충격적이다. 그간 드라마에 등장하는 고부 관계는 부정적으로 그려졌다. 시어머니와 며느리는 갈등을 빼놓고 말할 수 없는 관계인데 '아씨 두리안'에서는 고부 관계에 동성애를 더했다.

첫 방송에서 장세미가 가족 앞에서 시어머니 백도이에게 사랑한다고 고백하는 내용이 그려졌다. 백도이는 "무슨 약 먹었어?"라며 당황했고 장세미는 "오직 어머님한테만 향하는 감정이고 느낌이다. 태어나서 처음"이라고 했다.

거기다 장세미는 "지극히 좋아하는 거요. 옛날 표현으로 연모인가요? 안아드리고 싶어요. 저도 안기고 싶고 못 느끼셨어요?"라는 대사까지 해 시청자들을 충격에 빠뜨렸다. 워낙 충격적인 내용이라 화제가 되고 있는데 임성한 작가가 어떻게 이를 풀어낼지 궁금증을 자아낸다. 그저 시청자들의 주목을 끌기 위한 소재인 것인지 처음 시도한 판타지 멜로를 극적으로 그려내기 위한 것인지 지켜봐야 할 듯하다. /kangsj@osen.co.kr

[사진] SBS, TV CHOSUN 제공, 방송 캡처

[OSEN=강서정 기자]

참고문헌

김영대(2018).『문화연구의 렌즈로 대중문화를 읽다』. 한국방송학회 엮음. 컬처룩.

김지운 외(2011).『비판 커뮤니케이션』. 커뮤니케이션북스.

방송위원회(2007).『미디어의 이해』. 커뮤니케이션북스.

한국방송학회(2018).『문화연구의 렌즈로 대중문화를 읽다』. 컬처룩.

부르디외, 피에르(1994). 현택수 옮김(1998).『텔레비전에 대하여』. 동문선.

스튜어트 홀 외(1992), *Formations of Modernity*. 전효관 · 김수진 · 박병관 옮김(1996).
　　『현대성과 현대문화』. 현실문화연구.

유재천 외(2013).『매스커뮤니케이션의 이해』. 커뮤니케이션북스.

존 스토리 엮음, 백선기 옮김(2004),『문화연구란 무엇인가』. 커뮤니케이션북스.

정길화 외(2022).『오징어 게임과 콘텐츠 혁명』. 인물과 사상사.

한균태 외(2021).『현대사회와 미디어』. 커뮤니케이션북스.

한진만 · 박천일 외(2004).『방송론』. 커뮤니케이션북스.

제12장

방송의 진화와 확장

한국전자통신연구원(ETRI)은 〈코로나 이후 글로벌 트렌드: 완전한 디지털 사회〉라는 보고서에서 대화형 AI(Conversational AI), 스몰 데이터 기반 AI(Small Data Intelligence), 디지털 자아(Digital Self) 등을 비롯하여 완전한 디지털 사회 전환을 위해 주목해야 할 7대 기술 중 하나로 메타버스를 꼽았다 (ETRI, 2020).[1] AI와 메타버스, 그리고 다양한 OTT와 같은 뉴미디어 플랫폼의 출현으로 방송의 외양과 제작 환경에도 큰 변화를 가져오고 있다. 아직 방송 제작에 있어서 AI의 개입은 초기 단계일지도 모른다. 최근 AI를 통해서 시놉시스(Synopsis)를 구현하는 기술도 나오고 있다. 이 장에서는 방송의 진화와 확장 현상을 유튜브와 같은 다양한 OTT, 메타버스, 그리고 AI와 방송의 접목을 중심으로 살펴보고자 한다.

1. 방송제작과 AI

1) 미디어·콘텐츠 분야 생성형 AI 서비스 사례

(1) 이미지 생성 서비스: Playground AI

인공지능은 콘텐츠 제작의 도구로 활용되어 전체적인 제작환경의 효율성을 개선하거나 새로운 제작방식을 가능하게 만든다. 플레이그라운드 AI는 생성형 AI를 이용해 이미지를 만드는 서비스다. 하루 최대 1,000개의 이미지를 생성할

---

1   ETRI(2020). 코로나 이후 글로벌 트렌드: 완전한 디지털 사회. 〈기술정책 인사이트〉, 2020-01.

수 있다. 이 서비스는 상단에 아름답고 흥미로운 이미지 갤러리가 있는 단순한 인터페이스를 가지고 있다. 사용자는 기존 이미지를 리믹스하거나 다양한 프롬프트, 필터 및 이미지 대 이미지 기능을 사용하여 처음부터 새 이미지를 만들 수 있다.

이 서비스는 이미지 생성 모델인 Stable Fusion 1.5, Stable Fusion 2.1을 기본으로 제공하며, 유료 가입자에게는 오픈 AI의 이미지 생성 모델인 Dali 2도 제공한다. 그 외에도 이미지 크기, 생성 이미지 수, 품질 수준 및 기타 고급 옵션도 선택할 수 있다. Playground AI에는 무료 및 유료 요금제가 있다. 무료 요금제는 사용자가 하루에 1,000개의 이미지를 생성하고 상업적으로 사용할 수 있도록 하고 있다. 그러나 이 경우 처음 50개 이미지는 품질 수준의 제한이 없지만, 50개 이상부터는 품질 수준이 제한된다. 유료 요금제는 더 높은 해상도, 빠른 생성, 영구 비공개 모드를 제공한다. 사용자는 자신의 이미지를 업로드하고 프롬프트를 설정하고 고유한 이미지를 생성할 수도 있다.

예를 들어, 'beautiful girl, pretty face, portrait, pink explosion, hyper detailed face, hyper realistic, hyper detailed background'라는 프롬프트를 입력하면, 근사한 애니메이션 캐릭터가 생성된다. 이 밖에도 자신의 사진을 업로드하고 'Add sunglass to the face'라는 프롬프트를 입력하면, 손쉽게 선글라스를 낀 자신의 이미지를 만들 수 있다(양지훈 · 윤상혁, 2023).[2]

---

2   양지훈 · 윤상혁(2023). ChatGPT를 넘어 생성형(Generative) AI 시대로: 미디어 · 콘텐츠 생성형 AI 서비스 사례와 경쟁력 확보방안, 〈Media Issues & Trend〉, 55호, 66쪽.

〈그림 1〉 Playground AI 구동 화면과 선글라스 명령 전후 비교 이미지

출처: Playground AI 홈페이지, https://kjun.kr/1781

(2) 영상 생성 서비스: InVideo AI

InVideo AI는 복잡한 동영상 편집기술 없이도 생성형 AI를 사용하여 텍스트
에서 매력적인 동영상을 만들 수 있게 하는 서비스다. 비디오에 대한 아이디어
를 선택하고 키워드를 선정하면 된다. 다음 단계는 스크립트를 만드는 것인데,

이때 AI 도구인 ChatGPT를 이용하면 쉽게 스크립트를 생성할 수 있다. 스크립트가 준비되면 InVideo가 작동하여 다양한 템플릿, 전환, 텍스트를 제공한다. 애니메이션 및 음악을 사용하여 비디오를 만들 수 있으며, InVideo 대시보드의 비디오 워크 플로를 통해 비디오 테마와 채널의 가로세로 비율에 맞는 템플릿을 선택할 수 있다.

스크립트는 편집자 왼쪽의 스크립트 상자에 입력하고 더 긴 단락으로 나누어 편집할 수 있다. InVideo의 AI 도구는 각 장면에 대한 정지화면을 포함한 가장 적절한 영상을 제안해 준다. 또한, 사용자는 동영상 탭에서 관련 클립을 검색하여 자동으로 선택된 미디어를 관련 미디어로 교체할 수 있다. 마지막 단계는 InVideo의 자동 텍스트 음성 변환 기능을 사용하여 동영상에 음성 해설을 추가하는 것이다. 사용자는 언어와 음성을 선택하고, 보이스오버를 생성하고, 배경음악을 보완하기 위해 볼륨을 조정할 수 있다. 최종적으로 사용자는 프리뷰 기능을 통해 동영상을 확인한다. InVideo AI는 고품질 동영상을 만드는 데

〈그림 2〉 Invideo AI 구동 화면

출처: RInVideo AI 홈페이지(https://invideo.io/)

필요한 기술이나 인력이 없는 동영상 제작 초보자에게 훌륭한 생성형 AI 서비스다(양지훈·윤상혁, 2023).[3]

2. 메타버스

'메타버스'는 1992년 닐 스티븐슨(Neal Stephenson)의 소설 『스노 크래시(Snow Crash)』를 통해 등장했으며(이시한, 2021),[4] 아바타 형태를 차용하여 사람들이 거주하고, 일하고, 즐기는 가상공간을 의미한다(NG, D. T. K., 2022).[5] 네트워크 고도화로 인한 초연결, 그리고 AI 기술의 발달로 인한 초지능 사회로 접어드는 가운데 다양한 산업 분야에 메타버스 기술이 적용되고 있다(신상기·오동일, 2022).[6] 경영 환경의 급격한 변화와 경쟁 심화로 인해 기업들은 수익을 개선하기 위해 메타버스를 통한 마케팅 전략을 시도하고 있다. 메타버스에 기반을 둔 콘텐츠도 유튜브, 틱톡과 같은 디지털 플랫폼에서 유통되고 있는데, 유튜브의 '매드 몬스터(Mad Monster)'와 '우왁굳의 게임방송' 채널이 대중적 인지도가 높다. 디지털 플랫폼에서 유통되는 메타버스 예능 콘텐츠는 VR챗이나 컴퓨터 그래픽을 활용한 모션 캡처 촬영 방식을 활용하여 제작되고 있으며, 디지털 아바타를 통해 리얼리티 상황극, 뮤직비디오, 게임 중계에 등장하며 많은 인기를 얻고 있다.

---

3   양지훈·윤상혁(2023). 위의 책, 68쪽.

4   이시한(2021), 『메타버스의 시대』, 다산북스

5   NG, D. T. K. (2022), "What is the metaverse? Definitions, technologies and the community of inquiry", Australasian Journal of Educational Technology, 38(4), 190-205.

6   신상기·오동일(2022), 4차 산업혁명 시대 메타버스 기술과 엔터테인먼트 산업의 융합에 관한 연구, 〈애니메이션연구〉, 18권 1호, 64-82.

메타버스에 대한 대중들의 관심이 높아지면서 TV 방송에서도 메타버스 콘셉트와 연관기술을 접목한 프로그램들이 등장하기 시작하였다. 디지털 플랫폼에서의 메타버스 콘텐츠들이 얼굴 변형 기술, VR 기술, 아바타 활용에 국한되어 있다면 TV 프로그램에서는 그 적용 범위와 소재가 다양하고 제작 규모가 커졌다. 2020년 방영된 〈VR 휴먼 다큐멘터리: 너를 만났다〉에서는 망자와 생존자가 볼류메트릭 모션 캡처(volumetric motion capture)와 AI 음성복원 기술로 재현된 가상공간에서 만나 디지털 사이코 세러피(digital psycho therapy)를 구현하였다.

2020년 방송된 음악 다큐멘터리 〈다시 한번〉은 터틀맨 고(故) 임성훈과 고 김광석의 음악 세계와 바이오그래피를 AI 음성복원 기술과 홀로그램 합성을 통하여 재현하였다. 선거방송이나 드라마에서 모션 캡처, 얼굴 합성, 디에이징(de-aging) 얼굴 구현을 위해 AI 기술을 활용하는 사례가 늘어나고 있다. 그뿐만 아니라 오래전 등장한 사이버 아이돌인 다테쿄코나 사이버 가수 아담은 기술적 미흡함으로 큰 반응을 얻지 못했지만, 하드웨어와 컴퓨터 그래픽 기술의 발전에 힘입어, 현재 활동하는 로지, 이마, 릴 미켈라 등 가상 인간들은 광고 모델 혹은 드라마 연기자로 활용되고 있다(서영호 · 오문석 · 한규훈, 2021).[7]

또한, TV 예능프로그램에서 활용하는 메타버스 콘텐츠는 디지털 플랫폼에서 제작되는 콘텐츠와 비교해볼 때 그 규모가 압도적으로 크다. 미국 FOX TV의 음악 서바이벌 추리 쇼인 얼터 에고(alter ego)에서는 디지털 아바타로 변신한 20명의 출연자가 가창 경연을 펼친 바 있는데 하루 동안 10명의 디지털 아

---

7   서영호 · 오문석 · 한규훈(2021), 「디지털 휴먼의 현재와 미래」, 『방송과 미디어』, 26호 4권, 72-81.

바타를 촬영한 적도 있다(Unreal Engine, 2021. 12. 15).[8] TV 프로그램에서는 많은 인력을 동원하되 제작 기간을 짧게 한다. 국내 방송사에서 방송된 유사한 프로그램은 〈아바타 싱어〉가 있는데, 기존 예능프로그램의 제작비가 통상적으로 1억~3억 원 수준인 반면, 3D 디지털 아바타 요소가 포함되는 메타버스 예능들의 제작비는 2억~10억 원 이상 수준으로 나타나고 있다(조서윤·이영주, 2023).[9]

PwC(2020)에 따르면 메타버스 관련 AR, VR 기술 시장 규모는 지난 2019년 백억 단위에서 2025년 천억대를 넘어 2030년에는 조 단위까지의 가파른 성장률을 가질 것으로 보인다. 특히 VR보다 AR 기술 시장 규모가 훨씬 크게 자리 잡을 것으로 예상한다. 이는 단순히 디지털 공간 내에서 디지털 오브젝트들 간의 상호작용이 아닌 실제 인간 생활 속에 디지털 오브젝트가, 반대로 디지털 지구 속에 실제 지구의 데이터가 범접하는 형태로 기술이 요구되고 발전될 것으로 해석할 수 있다. 향후 메타버스는 다음과 같은 형태로 발전할 수 있을 것으로 예상한다.

먼저, IT 기술과의 접목이다. 메타버스에서 펼쳐진 언택트 공연은 다양한 기술의 집약이다. 각 플랫폼은 언택트라는 제약조건을 역으로 활용하여 XR(Extended Reality) 기술을 접목했다. 예를 들어서 네이버 나우(NOW)는 무대 위 출연자의 움직임을 1:1로 트래킹하여 가상 무대와 출연자를 자연스럽게 연결한다. 그래픽을 합성하여 공연이 이뤄지는 디지털 무대가 이에 맞게 변화할

---

8   Unreal Engine (2021. 12. 15), "The rise of the virtual singer: The making of Fox's Alter Ego", Youtube.(https://youtu.be/rGL61F_cXWE)

9   조서윤·이영주(2023). TV 메타버스 예능프로그램 제작 애로사항과 개선방안 연구. 〈애니메이션연구〉. 19(1), 217-242.

출처: SK텔레콤

수 있도록 하는 인터렉티브 무대 연출력을 선보인다.

　SM엔터테인먼트는 SK텔레콤과 소속 아티스트인 슈퍼주니어의 3D 혼합현실 공연을 선보였다. SK텔레콤은 혼합현실 제작소인 '점프스튜디오'에서 106대의 카메라를 통해 360도로 초당 최대 60프레임을 촬영 후 모델링하여 모델링된 가상의 슈퍼주니어 멤버가 공연에 등장하기도 하였다(양지훈·윤상혁, 2023).[10]

　콘텐츠와 IT 기술의 조합은 무궁무진하다. 메타버스 플랫폼의 콘텐츠 활용성은 그 어떤 플랫폼보다도 높다. 메타버스가 미디어를 운반하는 새로운 플랫폼의 개념으로 자리 잡을 가능성이 크게 점쳐지는 것도 이 점 때문이다. 2021년 5월 7일 세계적인 밴드 콜드플레이(Coldplay)의 공식 유튜브 채널에 국내

10　양지훈·윤상혁(2023). 위의 책, 39-42.

출처: 콜드플레이 공식 유튜브

현대무용 그룹 '앰비규어스 댄스 컴퍼니'가 홀로그램으로 등장하는 영상이 공개되었다. '앰비규어스 댄스 컴퍼니'의 홀로그램은 실제 콜드플레이가 있는 장소에서 표류하는 듯한 부자연스러운 모습을 보이지 않고 실제 콜드플레이가 서있는 지면 위에서 같이 공연을 진행하는 듯한 자연스러운 모습을 보였다. 이 또한 XR 기술을 활용한 사례로 볼 수 있다. 단순히 평면적인 공간이 아닌 입체적인 공간의 의미가 있는 메타버스에서는 사용자들이 고도화된 콘텐츠를 더욱 실감 나게 관람하게 될 수 있을 것이다.

메타버스 플랫폼에서 제공되는 서비스는 기존의 VR, AR 기술과 유사하거나 확장된 수준으로 느껴질 수도 있다. 그러나 메타버스 서비스의 수요가 증가하고 있고 투자 가치가 분명한 만큼 기업들이 더 많은 메타버스 기술 개발과 콘텐츠 생성 기술 개발에 투자한다면, 이용자들이 접할 수 있는 미디어 콘텐츠도 내용과 형식의 면에서 더욱 다양해질 것이다. 메타버스를 통해 미디어를 전달할 수 있게 된다면 사용자들은 디지털 세상에서도 실제와 같이 실감 나는 입체

적인 데이터를 경험할 수 있을 것이다(양지훈·윤상혁, 2023).[11]

3. 디지털 휴먼과 방송

전 세계적으로 디지털 휴먼 사용이 빠르게 늘어나고 있다. 실제 인간과 비슷하지만 다양한 방식으로 표현이 가능하고 언제 어디서나 고객과의 연결이 가능한 디지털 휴먼은 방송, 홍보, 상담, 교육, 시뮬레이션 등 다양한 분야에서 활용되고 있다. 연구 및 컨설팅 회사인 이머전 리서치(Emergen Research)는 전 세계 디지털 휴먼 아바타(Digital Human Avatar) 시장 규모가 2021년부터 연평균 36.4% 성장하여 2030년에는 5,275.8억 달러(약 730조 원)에 이를 것으로 예측한다. 디지털 휴먼은 방송업계에서 아나운서, 쇼호스트, CF모델, 배우 등 다양한 역할을 하고 있다. 감독이나 PD가 원하는 형태로 캐릭터를 연출할 수 있고, 시간과 장소에 구애받지 않는 출연이 가능해 방송제작의 효율성을 높일 수 있다. 뉴스 방송의 경우, 실제 유명 아나운서의 방송 영상을 학습하고 목소리 생성 인공지능(AI)을 활용한 가상 아나운서의 뉴스 제작이 이루어지고 있다. 스튜디오, 방송 장비, 전문인력이 없어도 작가 대본만 있으면 편리하게 뉴스 제작이 가능하다. 예를 들어, MBN은 실제 앵커의 방송 영상을 학습한 디지털 휴먼으로 1분~2분 정도로 구성되는 뉴스를 편성하였다.

쇼호스트, CF, 드라마/영화 분야에서도 디지털 휴먼이 활발하게 활동하고 있다. 특히, 가상 인플루언서(Virtual Influencer) 디지털 휴먼들의 활동이 두드러진다. 단지, TV나 영화 등 화면 속에 머무르는 것이 아니라, 인스타그램(Instagram), 유튜브(Youtube) 등 소셜 미디어를 활용하여 사람들과 적극적으

---

11   양지훈·윤상혁(2023). 위의 책, 42쪽.

로 소통하고 있다. 가상의 인물이지만, 친구들과 어울리고 여행지를 방문하는 친근한 모습의 사진이나 영상을 소셜 미디어에 공유하고 댓글 등을 통해 실제 존재하는 사람 같은 느낌을 전달한다. 유명 가상 인플루언서인 미국의 릴 미켈라(Lil Miquel)는 인스타그램 팔로워 수가 300만 명이 넘으며 가수, 모델 등으로 활발하게 활동하고 있다. 일례로, 릴 미켈라의 뮤직비디오인 "스피크 업(Speak Up)"은 유튜브 조회 수가 700만 회에 이른다(한상열, 2022).[12]

디지털 휴먼이 방송업계에서 수행하는 역할이 늘어나면서 기존 방송계에서 불가능했던 새로운 시도들도 이루어지고 있다. 고인이 된 배우와 가수를 디지털 휴먼으로 구현하여 기존에 없던 새로운 감동과 영감을 주기도 한다. 외모나 나이, 기존 이미지 등으로 방송 출연이 어려웠던 사람들은 디지털 휴먼이 새로운 정체성을 부여할 수도 있다. 디지털 휴먼은 시공간적 한계를 벗어난 상상력으로 계속해서 진화하고 방송콘텐츠 제작 지평 확대에 기여할 것으로 기대된다(한상열, 2022).[13]

〈그림 5〉 디지털 휴먼 방송 예시

출처: MBN(좌), 릴 미켈라 인스타그램(중), Unity(우)

---

12 한상열(2022). 디지털 휴먼 발전 전망과 방송산업 영향, 〈Media Issues & Trend〉, 52호, 9-10.

13 한상열(2022). 위의 책, 15쪽.

디지털 휴먼(버추얼 휴먼)은 등장 초기 일회성 이벤트라는 부정적인 여론에도 불구하고, 지속적인 성장세를 보이는데 그 이유는 버추얼 휴먼이 가지는 고유한 특성과 기술의 발전으로 인한 버추얼 휴먼 활용영역의 확장성 때문이다. 버추얼 휴먼은 시공간의 제약과 표현에 한계가 없어 다양한 분야에 맞게 적용할 수 있으며, 실제 사람에게서 발생할 수 있는 위험요소를 효과적으로 줄일 수 있다. 이 덕분에 다양한 산업과 기업들로부터 지속가능성을 확인받아 유명 연예인 대신 공식 모델로 활동하거나, 광고에 출연하고 있으며, 최근에는 영화, TV 드라마, 예능 등 영상미디어 콘텐츠에서 버추얼 휴먼을 활용하고자 하는 수요가 높아지고 있다. 하지만 모든 버추얼 휴먼이 영상미디어 콘텐츠에 출연할 수 있는 것은 아니다. 사용되는 기술, 제작방식, 결과물의 형태에 따라 버추얼 휴먼의 표현과 활동 범위에 차이가 발생한다.

버추얼 휴먼은 제작방식에 따라 크게 2가지 Full-3D 방식과 실사 합성 방식으로 분류할 수 있다. 이를 세부 분류로 나누면 디지털 더블(Digital Double) 방식, 게임엔진(Engine Based) 방식과 딥페이크(Deep fake) 방식, 생성형 AI (Generative AI) 방식 4가지로 나눠 볼 수 있다.

우리나라의 경우 지금까지 버추얼 휴먼이 방송미디어 콘텐츠에 적용된 사례들이 존재하지만, 대부분 딥페이크와 게임엔진을 활용한 사례들이 대부분이다. 딥페이크 방식과 게임엔진 방식은 기술적인 한계가 있기에 3D 기반의 디지털 더블 방식과 생성형 AI 방식의 활용이 필요하다.

국내에서 3D 기반의 디지털 더블 방식으로 TV 드라마에 출연한 사례는 2022년 티빙 오리지널 드라마 〈내과 박 원장〉에 버추얼 휴먼 '로지(Rozy)'가 등장한 것이다. 게임엔진 기반으로는 2022년 MBN에서 방영한 '아바타 싱어'와 TV조선에서 방영한 '아바드림'이 대표적인 실시간 게임엔진 방식의 사례이다. 해당 프로그램들은 무대 위에 자신의 아바타인 버추얼 휴먼을 내세우고, 무대 뒤에서 실시간 모션 캡처를 통해 퍼포먼스를 수행하며 경쟁하는 뮤직 서바이벌 프로그램이다. 게임엔진을 이용하였으며, 라이브 링크시스템을 구축하여 모션 캡처를 이용하여 실제 사람의 움직임을 버추얼 휴먼과 실시간으로 연동하였다. 또한, 실시간 무대의 버추얼 휴먼의 모습을 실시간으로 관객에게 영상 송출해야 하기에 가상프로덕션(VP, Virtual Production) 시스템도 함께 구성하였다. 회당 약 10억 원 이상의 제작비가 투입된 프로그램들이었고 버추얼 휴먼, 메타버스 등 신기술과 방송의 융합이라는 타이틀로 초기 큰 이목을 집중시켰지만, 시청자가 기대한 것보다 낮은 퀄리티와 어색한 3D 그래픽과 시뮬레이션의 한계는 아쉬움으로 남는다.

딥페이크 방식은 2021년 Tving에서 방영한 〈가상세계지만 스타가 되고 싶어〉가 대표적인 사례이다. 해당 프로그램은 6명의 출연자 모습을 딥페이크 기술을 이용하여 각자의 버추얼 휴먼을 생성하고, 메타버스 공간에서 버추얼 스타가 되기 위해 상대방을 추리하는 리얼리티 추리 쇼다. 목소리로 정체를 알아낼 수 있기에 실시간 목소리 변형기능을 추가하여 시청자들의 재미를 높였다. 메타버스 프로그램이라는 취지처럼 새로운 장르의 콘텐츠였지만, 합성을 위해 출연진의 활동 공간을 방 안으로 제한시키거나 눈동자와 시선 표현의 어려움은 앞으로 해결해야 할 문제다(김광집, 2023).[14]

4. Fast TV

FAST (Free Ad-Supported TV) 서비스가 커넥티드 TV(Connected TV, CTV)

---

14 김광집(2023). 버츄얼 휴먼과 영상콘텐츠의 미래. 〈글로벌 ICT 동향 & 이슈리포트〉, 10월 1호, 1-6.

시대의 다양한 장점을 구현하면서도 선형 TV의 시청 경험을 그대로 계승할 수 있다는 점에서 향후 큰 발전을 이룰 것이라는 기대가 커지고 있다. 광고를 보는 대가로 실시간 TV 채널이나 VOD를 무료로 볼 수 있는 FAST 서비스는 최근 다양한 사업자들이 활약하며 광고시장에서도 주목을 받는 등 괄목할 만한 성장세를 기록하고 있다. FAST 채널을 통해 새로운 방식으로 시청자와 소통하고 일반적인 SVOD 모델을 탈피한 새로운 수익 방법을 찾을 수 있을지 귀추가 주목된다("FAST, 커넥티드 TV 시대의 새로운 유망주로 부상", 2022).[15]

스트리밍 시장에서 전통적인 선형 TV 포맷의 부활이 새로운 트렌드로 부상하며 FAST(Free Ad-Supported Streaming TV)에 대한 관심도 커지고 있다. '광고 기반 무료 콘텐츠 스트리밍 TV'라는 의미의 FAST는 디지털 플랫폼에서 광고를 보는 대신에 무료로 볼 수 있는 실시간 채널 서비스로, 광고 기반 주문형 비디오(AVOD)와 TV 실시간 채널이 결합한 개념이다. 스트리밍 서비스의 초창기에는 주문형 비디오(VOD) 방식이 지배적이었다면 최근에는 스트리밍 플랫폼에서도 전통적인 선형 TV의 경험을 복제하는 방식이 주목받고 있다. 시청자들은 좀 더 다양한 콘텐츠를 구독료 없이 편리하게 이용할 수 있고, 서비스 사업자는 콘텐츠 라이브러리의 활용도를 높이는 효과적인 방안이 될 수 있기 때문이다.

이러한 관심은 구체적인 실적으로도 뒷받침되고 있다. 2014년 초 출시되어 미국에서 1,600만 MAU(Monthly Active Users, 월간 활성 사용자)에 도달하는 데 6년이 걸렸던 플루토 TV(Pluto TV)가 지난 2년 동안 MAU를 거의 두 배로 늘리는 성과를 달성한 것이 대표적인 사례이다. 플루토 TV 외에도 수모

15　FAST, 커넥티드 TV 시대의 새로운 유망주로 부상(2022). 〈Media Issues & Trend〉, 51호, 61쪽.

(Xumo)와 로쿠 채널(Roku Channel)을 비롯한 여타 FAST 서비스들 역시 주목할 만한 성장세를 이어가고 있다. FAST 서비스 기능은 이제 모든 주요 스마트 TV 제조업체에 내장되어 있으며, 로쿠(Roku), 아마존 파이어 TV(Amazon Fire TV), 티보 4K 스트림(TiVo 4K Stream) 같은 커넥티드 TV(CTV)용 디바이스 제조업체를 통해서도 FAST 앱을 이용할 수 있다("FAST, 커넥티드 TV 시대의 새로운 유망주로 부상", 2022).[16]

현재 FAST 시장에서는 파라마운트(Paramount)의 플루토 TV, 컴캐스트(Comcast)의 수모, 폭스(Fox)의 투비(Tubi), 아마존(Amazon)의 프리비(Freevee), 그리고 로쿠 채널 등이 대표적인 서비스로 꼽힌다. 이들 중 플루토 TV와 수모는 최근 콘텐츠 파트너들과의 활발한 제휴를 통해 FAST 채널 확대에 박차를 가하는 대표적인 사례로 주목된다. 플루토 TV는 현재 유럽과 라틴아메리카를 중심으로 30여 개 국가 및 지역에서 약 6,800만 명의 월간 활성 사용자를 보유하고 48억 시간 이상의 스트리밍 시청 시간을 기록하고 있다("FAST, 커넥티드 TV 시대의 새로운 유망주로 부상", 2022).[17]

OTT 시장은 여전히 가입자의 구독료 수입을 주 수익원으로 하는 유료 OTT 서비스(SVOD) 중심으로 이루어져 있으나 최근 FAST(Free Ad-supported Streaming TV) 등 광고수익을 기반으로 하는 무료 OTT 서비스(AVOD)에 대한 관심이 높아지고 있다. 전체 OTT 시장에서 SVOD 서비스 구독료 매출은 여전히 가장 높은 비중을 차지하고 있다. 2022년 기준, 전체 글로벌 OTT 시장에서 SVOD 서비스를 통한 가입자 매출이 66.9%, AVOD 서

---

16   FAST, 커넥티드 TV 시대의 새로운 유망주로 부상(2022). 위의 책, 61-62.

17   FAST, 커넥티드 TV 시대의 새로운 유망주로 부상(2022). 위의 책, 67쪽.

비스를 통한 광고매출이 24.7%를 차지하고 있으며, 특히 한국의 경우 SVOD 서비스 매출 점유율이 86.2%에 달한다(김호정, 2023).[18]

5. AI와 OTT

스트리밍 서비스에 이용자가 원하는 장르 영화, 드라마의 리스트와 줄거리를 제공하는 것과 같이 생성형 AI가 활용될 경우 소비자 입장에서는 매우 편리하다. 그러나 플랫폼 입장에서 AI가 마냥 편한 것은 아니다. 스트리밍 시대, '플랫폼 간 빈익빈 부익부' 현상이 큰 문제가 될 수 있다. 현재도 콘텐츠 보유 숫자에 따른 양극화는 현실이지만, AI는 이 현상을 더욱 가속할 수 있다. 버라이어티 조사 결과 스트리밍 서비스의 경우 넷플릭스를 제외한 다른 플랫폼들은 특정 프로그램을 시청하기 위해서만 접속하고 프로그램이 끝나면 서비스를 해지하는 경향이 컸다. 파라마운트+는 응답자의 18%가 한 달 정도 서비스를 구독하고 있었지만, 넷플릭스는 이 응답이 1%에 그쳤다. 다른 말로 하면 넷플릭스는 다른 스트리밍과는 달리 오랜 시간을 머무르고 오랫동안 많은 콘텐츠를 시청한다는 이야기다. 이는 당연히 넷플릭스가 더 볼 것이 많기 때문이다.

플랫폼 편식도 더 심해질 것으로 보인다. AI는 이용자도 모르게 취향에 맞는 콘텐츠만을 추천하기 때문이다. 이는 현실이 되고 있다. 넷플릭스는 자신이 평소에 보지 않는 콘텐츠를 추천해주는 '서프라이즈 미(Surprise Me)' 서비스를 2023년 2월 중단했다. 넷플릭스 구독자들이 알고리즘이 추천해주는 새로운 콘텐츠보다 자신들이 원래 좋아했던 특정 프로그램이나 영화 장르를 찾아보는 경

---

18 김호정(2023). 글로벌 SVOD 사업자의 전략 변화와 국내 OTT 시장 영향, 〈KISDI Perspectives〉, June 2023 No. 2, 2쪽.

향이 더 많았기 때문이다. AI의 확산도 이유였다. 실제 '서프라이즈 미' 사용량도 저조했던 것으로 알려졌다. 기존 검색 시스템에 대한 불신이 매우 크기 때문에 AI 추천 콘텐츠 소비는 더 확산할 것으로 보인다. 액센츄어와 옥스포드 이코노믹스가 2022년 10월 조사한 결과에 따르면 스트리밍 이용 고객의 72%가 자신들이 볼 만한 콘텐츠를 직접 찾는 데 상당한 어려움을 겪었던 것으로 조사됐다. 10명 중 7명은 스트리밍 서비스를 켠 뒤 자신이 보고 싶은 드라마를 찾기 어려워했다는 이야기다. 또 응답자의 4분의 1은 시청할 콘텐츠를 선택할 때 10분 이상이 소요됐다고 답했다.

2022년 10월 닐슨의 조사에서도 비슷한 결과가 나왔다. 닐슨 조사 결과 18세 이상 스트리밍 사용자의 콘텐츠 시청 결정 시간은 평균 11분에 달해 2019년 이후 52%나 늘었다. 그 당시에는 현재보다 스트리밍 서비스가 보유한 콘텐츠가 적었다는 점을 고려해도 상당히 큰 폭의 증가다. 또 시청할 콘텐츠를 볼 때 걸리는 시간은 나이가 어릴수록 길었다. 선택이 어려울 정도로 볼 것이 많다는 의미일 수도 있다.

콘텐츠 선택 시간 확대는 표면적으로는 문제가 없어 보인다. 스트리밍 서비스들의 라이브러리가 깊어지면서 그만큼 선택이 어려울 정도로 볼 것이 많다는 의미일 수도 있기 때문이다. 하지만 이용 대기 시간이 길어질 경우 고객 불만이 높아질 수 있다. 콘텐츠 검색시간에 대한 불만이 높다는 점은 '구독자 이탈(Subscriber Churn)'을 가속할 수도 있다는 뜻이다. 미국에서 300만 명의 TV 패널을 보유하고 있는 스마트 TV 시청률 조사 회사 삼바 TV(Samba TV)는 콘텐츠 검색시간(Content Discovery)과 구독 유지(Viewer Retention) 사이에 강력한 상관관계가 있음을 밝혀냈다. 즉 콘텐츠 검색시간이 길수록 서비스 유지 기간이 짧아지는 경향을 데이터로 입증한 것이다.

삼바에 따르면 시청률 상위 50개 프로그램 중 하나만 보는 가구가 많은 스트리밍 서비스(AVOD, SVOD)들은 구독 한 달 뒤 이탈하는 가구도 많았다. 2022년 하반기 조사에서는 파라마운트+가 '하나의 콘텐츠 시청 후 이탈'이 가장 많았다. 예를 들어 상당수 구독자가 스타트렉의 신작 시리즈를 보기 위해 들어왔다가 시즌이 끝나면 구독을 중단했다는 이야기다.

또, 한 가지 특징으로 생성형 AI 시대에는 콘텐츠 편식이 더 강해질 수 있다. 알고리즘이 아니라, 대화를 통해 사람이 추천하는 느낌의 큐레이션을 경험할 수 있기 때문이다. 특히, 사람처럼 대화하는 생성형 AI(Generative AI) 챗GPT(ChatGPT)가 스트리밍에 적용되면 '콘텐츠 편식과 편향 구독' 경향은 더 강해질 수밖에 없을 것이다.

스트리밍 서비스업체 입장에서는 고객들의 서비스 이용시간이 늘어날 수 있지만, 새로운 콘텐츠를 탐험하는 구독자 수는 급격히 감소할 수 있다. 이 역시 스트리밍 서비스업체에 좋지 않은 현상이다. 2022년 9월 기준 상위 10개 스트리밍 서비스의 구독자 이탈률은 5.8%로 전 분기 대비 0.8%포인트 높아졌다. 이에 따라 구독자와 이용시간을 동시에 늘리기 위해선 콘텐츠 검색 기능의 혁신이 상당히 중요하다(한정훈, 2023).[19]

---

19 한정훈(2023). 메타버스를 넘어선 AI. 〈Media Issues & Trend〉, 55호, 38-40.

6. 유튜브와 OTT

1) 유튜브

(1) 현황 및 구조

디지털 미디어 환경은 개인에게 정보의 생산, 유통, 소비과정에 참여하고 선택할 수 있는 더 다양한 기회를 제공했고 유튜브는 그 정점에 있다. 누구나 정보를 생산 및 유통할 수 있고 개인은 자유롭게 선택해서 소비한다. 주류언론의 유튜브 채널도 각종 개인 채널과 경쟁하는 시대다(양선희, 2021).[20] 새로운 미디어의 등장이 미칠 변화는 단순히 정보 추구나 여가 차원에 머무르지 않는다. 정치적 행동은 물론 미디어산업 전반과 제도에 직접 영향을 미칠 수 있다. 나아가 민주주의의 미래까지 변화시킬 수 있다는 주장도 있다. 텔레비전방송을 비롯한 전통적 뉴스 미디어의 위상이 위협받으면서 유튜브와 텔레비전의 공존과 공생 방안을 모색하는 해석이 점차 일반화되고 있다(이종명, 2021).[21]

우리나라의 경우 2022년 방송통신위원회의 방송매체 이용행태 조사에 따르면 평소 시청 경험이 있는 온라인 동영상 서비스(OTT)로는 유튜브가 66.1%로 가장 높으며, 그다음으로 넷플릭스(31.5%), 티빙(7.8%), 웨이브(6.1%), 쿠팡 플레이(5.2%) 등의 순으로 나타났다(방송통신위원회, 2022).[22]

---

20 양선희(2021). 유튜브와 저널리즘. 남윤재 · 노광우 · 봉미선 · 양선희 · 이상호 · 이종명 · 이창호 · 정의철(2021). 『유튜브의 이해와 활용』. 한울.

21 이종명(2021). 유튜브의 시사 정치 콘텐츠. 남윤재 · 노광우 · 봉미선 · 양선희 · 이상호 · 이종명 · 이창호 · 정의철(2021). 『유튜브의 이해와 활용』. 한울, 55쪽.

22 방송통신위원회. 2022년도 방송매체 이용행태 조사, 126쪽.

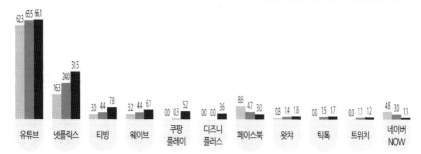

〈그림 6〉 OTT 이용률(전체 응답자, 중복응답, 단위 %)

■2020(N=6,029) ■2021(N=6,834) ■2022(N=6,708)

주: 온라인동영상서비스(Over the Top, OTT)는 인터넷을 통해 드라마나 영화 등 방송 콘텐츠들을 제공하는 서비스를 의미함
출처: 방송통신위원회. 2022년도 방송매체 이용행태 조사, 126쪽.

　　1927년 미국의 필로 판즈워스(Philo Farnsworth)가 세계 최초로 완전한 전
자식 브라운관 텔레비전을 발명하면서 화면이 볼록한 TV가 등장했다. 이후
TV는 흑백에서 컬러로, 아날로그 방식에서 디지털 방식으로 진화했다(안준한,
2020).[23] 최근 초등학생들이 자주 사용하는 은어로 '어쩔 티비'라는 말이 있다.
이 말은 'TV 보는 사람=옛날 사람'이라는 의미를 내포한다. 전 국민이 함께 TV
를 즐기는 시대는 저물고 있는 듯하다. 바야흐로 유튜브, OTT, 소셜 미디어 등
여러 채널을 통해 저마다의 취향에 따라 콘텐츠를 소비하는 시대인 것이다. 난
공불락으로 여겨졌던 TV를 대신해 주인공 역할을 하는 건 바로 유튜브다.

　　TV의 독보적인 위상이 몰락하기 시작한 시점은 유튜브가 본격적으로 등
장한 시기와도 맞물려 있다. TV는 드라마와 예능을 접하는 유일한 창구 역할
을 유튜브에 빼앗긴 지 오래고, 유튜버라 불리는 크리에이터들이 만든 오리지
널 콘텐츠가 대중에게 회자되면서 새로운 문화 현상을 만들어 내거나 스타를

23　안준한(2022). 『Beyond YouTube 유튜브를 넘어서』. 동아시아. 19쪽.

탄생시키고 있다. 1세대 크리에이터이자 현재 구독자 160만 명을 보유한 유튜버 '대도서관'은 "누구나 다 유튜버가 돼야 한다. 안 할 이유가 없다. 유튜브에 맞지 않는 사람은 없다. 유튜브를 퍼스널 브랜딩의 장으로 활용해야 한다"라고 외치며 유튜버 전도사를 자처하고 있다. 이 말이 시사하듯이 현대는 어느 정도의 제작 아이디어와 편집기술이 있으면 누구나 영상을 제작하고 손쉽게 공유할 수 있는 환경이다. 더 이상 방송국과 유명한 프로덕션만이 콘텐츠를 만들 수 있다고 생각하는 사람은 없다.

이런 크리에이터가 인플루언서와의 접점을 이루는 것은 유튜브와 같은 온라인 콘텐츠 플랫폼이 탄생하고 성장한 초연결 시대의 흐름과 관련이 있다. 즉 크리에이터가 불특정 다수에게 영향력을 미칠 수 있는 상황이 만들어지는 것이다. 인플루언서를 지지하고 따르는 팔로워들이 플랫폼에서 구독자가 되어 크리에이터들을 지지하고 따르기 시작하고, 구독자가 늘면 크리에이터가 만든 콘텐츠가 더 주목을 받고, 크리에이터가 갖게 되는 영향력이 커지면서 인플루언서가 되는 구조인 것이다.

전 세계적으로 크리에이터 수는 5천만 명을 넘어섰고, 2021년 최상위 유튜버 10명의 수익 합산이 모두 3억 450만 달러(약 3,654억 원)에 이른다고 한다. 넷플릭스 드라마 〈오징어 게임〉을 재현한 미국인 유튜버 지미 도널드슨(Jimmy Donaldson)의 '미스터 비스트(MrBeast)' 채널은 2021년 한 해 조회 수 100억 회를 넘겨 5,400만 달러(648억 원)를 벌어들이며 전 세계에서 가장 많은 수입을 거둔 유튜버에 올랐다. 이렇게 누구나 크리에이터가 될 수 있는 환경과 유튜브처럼 강력한 플랫폼은 크리에이터가 영향력을 만들고 수익을 창출할 기회를 더욱 키워주는 성장의 발판이 되어 주고 있다. 앞으로 '크리에이터 이코노미'(creator economy)의 실현을 더욱 촉진할 것으로 보인다.

2018년 미국 여론조사기관 해리스폴이 레고와 함께 미국, 영국의 8세에서 12세 어린이 3,000명을 대상으로 조사한 결과 약 30퍼센트가 유튜버가 되길 희망했다고 밝혔다. 오랫동안 많은 어린이의 꿈이었던 운동선수는 20퍼센트, 우주인은 10퍼센트를 겨우 넘어선 가운데 유튜버가 1등을 차지한 것이다. 우리나라와 일본에서도 유튜버가 최근 몇 년간 초등학생 장래 희망 조사에서 꾸준히 3위 안에 이름을 올리고 있다. 2021년 전 세계 최상위 유튜버 10인 중에도 나스차(Nastya)와 라이언 카지(Ryan Kaji) 등 어린 유튜버들이 포함돼 있고, 한국에서도 2019년 강남에 있는 빌딩을 산 키즈 유튜버 이야기가 한때 화제가 되기도 했다.

유튜브는 현재 전 세계 100개 이상의 나라에서 서비스되고 있고, 80개 이상의 언어로, 20억 명이 넘는 사람들이 시청하고 있다. 1분마다 500시간이 넘는 분량의 콘텐츠가 업로드되고 매일 수십억 번 영상이 재생된다. 전 세계적으로 오리지널 콘텐츠 바람을 일으키고 있는 넷플릭스 시청시간이 하루 4억 시간인데 비해, 유튜브 시청시간은 하루 10억 시간을 넘긴다. 우리나라도 전체 국민의 90퍼센트 이상이 매달 유튜브를 한 번 이상 시청하고, 이미 국민 1인당 평균 유튜브 시청시간이 하루 1시간을 돌파하며 카카오톡 사용 시간의 두 배에 이른다 (안준한, 2022).[24]

유튜브는 경제, 정치, 사회, 과학, 예술 등 전 분야에서 콘텐츠가 업로드되는 공간이다. 미국의 조사기관에 따르면 2018년 말 인터넷 하루 이용자의 27%가 유튜브를 선택한다. 그 비중은 페이스북 30%에 이은 두 번째 플랫폼이며, 2017년 초 와츠앱, 쳇보다 후위에 머물렀던 유튜브의 인기가 지속적으로 상승하고

24 안준한(2022). 『Beyond YouTube 유튜브를 넘어서』. 동아시아. 20-27.

있음을 보여주고 있다(Mary Meeker, 2019; 이상호, 2020 재인용). 미국의 경우 유튜브 크리에이터가 가장 선호하는 분야는 How to와 교육이다. 그다음으로 게임 관련 영상이 18%가 업로드되고, 평균 122,195건 시청으로 1위, 그 외 장르로는 국제정치 시사 12%, 스포츠 9%, 음악 9%, 미국 정치 및 시사 4%, 취미 4%, 장난감 3%, 뷰티 패션 3%, 음식 2%, 소비자 가전 2%, 자동차가 1%를 차지하는 것으로 나타났다(Pew Research Center, 2019; 이상호, 2020 재인용).[25]

유튜브 채널을 운영하여 구독자가 1,000명이 넘고, 공개 동영상의 유효 시청시간이 4,000시간 이상이 되면 유튜브 파트너 프로그램(Youtube Partner Program: YPP) 참여를 통해 영상에 광고가 붙고 그 수익을 크리에이터가 나눠가질 수 있다. 광고수익의 45 퍼센트를 유튜브에서 받아간다. 그런데 2021년 6월부터는 YPP 가입 기준에 미달하는 모든 영상에도 광고를 붙이고, 그 수익을 막상 크리에이터에게는 나눠주지 않는 정책을 시행했다. 게다가 YPP에 가입하지 못한 채널의 광고수익을 전부 유튜브가 가져간다. 즉 제작자의 의견과 상관없이 유튜브 측이 광고를 삽입하고, 수익도 제작자에게 배분하지 않는다. 이에 대해 유튜브 자체의 광고 수익은 계속 성장하는 상황 속에서 크리에이터들에게는 수익을 나눠주지 않으려고 시행된 정책이라는 비판이 많다(안준한, 2022).[26]

유튜브의 성장과 함께 크리에이터라는 직업을 빛나게 만들고 그 성장에 중요한 역할을 하는 존재로 등장한 것이 다중채널 네트워크(multichannel network: MCN) 산업이다. 이것은 유튜브에서 인기가 높아지고 수익을 내는 채널이 많아지자 여러 유튜브 채널들을 묶어서 관리해 주는 데서 출발했다. 이

---

25 Pew Research Center, 2019; 이상호(2020). 유튜브 성장과 우려-윤리적 리터러시에 관한 고찰. 부산울산경남언론학회 세미나 발제문, 2-45.

26 안준한(2022). 위의 책. 38-39.

후 다양한 유튜브 채널과 제휴한 사업자로서 시청자 개발, 크리에이터 간 협업, 디지털 저작권 관리, 수익화, 세일즈 등의 서비스를 제공한다. 유튜브는 MCN을 중요한 파트너로 이해한다. MCN은 디지털 콘텐츠 분야에 잠재력을 가진 크리에이터를 조기에 발굴 및 육성하고, 이들이 창작에 전념할 수 있게 도와주고, 파생되는 여러 비즈니스를 공동으로 실행하는 역할을 한다. 연예기획사가 연예인을 관리하듯이 MCN은 크리에이터들의 매니저 역할을 해왔기에 크리에이터들의 기획사로 볼 수 있다. MCN을 통해 유튜브에 진출한 소수의 연예인 뿐만 아니라 이제는 웬만한 연예인과 유명인들에게도 유튜브 활용은 선택인 아닌 필수인 것으로 보인다. 초기에는 이미지 관리나 사생활 노출에 대한 부담으로 주저하던 유명 연예인들도 다양하고 자유롭게 본인을 표현할 수 있다는 인식을 가지면서 적극적으로 유튜브를 활용하고 있다. 김종국은 2021년 6월 '짐종국 채널'을 개설해 단시간에 245만 명이 넘는 구독자를 확보하며 국내 인기 크리에이터 1위에 이름을 올렸다. 2020년에는 백종원이 '백종원의 요리 비책'이라는 유튜브 채널을 개설한 뒤 45시간 만에 100만 구독자를 달성하기도 했다(안준한, 2022).[27]

(2) 유튜브의 명과 암

2022년 6월 22일에서 25일 노르웨이의 오슬로 메트로폴리탄대에서 열린 세계 최대 규모의 팩트체크 콘퍼런스인 '글로벌 팩트 9(Global Fact 9)'에서 유튜브, 페이스북의 모기업 메타, 틱톡 등 글로벌 소셜 미디어 플랫폼들은 전 세계 팩트체커들의 집중 타깃이 됐다. 이들 기업이 이익만 챙기고, 허위 정보 등

---

27 안준한(2022). 위의 책. 31-34.

을 막는 노력을 적극적으로 하지 않고 있기 때문이다. 이들 기업은 고위 임원까지 보내 허위 정보 등에 맞서는 자사의 팩트체크 시스템을 홍보하려고 했지만, 전 세계 69개국에서 참가한 500여 명의 팩트체커들의 비판을 피하지 못했다.

브랜든 펠드먼(Brandon Feldman) 유튜브 뉴스시민사회 파트너십 이사는 유튜브에서 유통되는 거짓 정보와 허위 정보를 줄이기 위한 정책 가운데 하나인 '주제 문맥을 제공하는 정보 패널(information panel giving topical context)'에 대해 설명했다. '주제 문맥을 제공하는 정보 패널'은 역사, 과학 등 허위 정보가 자주 발생하는 주제를 유튜브에서 검색하거나 이와 관련된 동영상을 시청하면 검색 결과 상단 또는 시청 중인 동영상 아래에 정보 패널을 표시하도록 한 정책이다. 정보 패널에는 주제에 대한 추가 맥락을 제공하기 위해 독립적인 제삼자 파트너를 출처로 한 기본적인 배경 정보가 표시된다. 펠드먼은 "구글의 인공지능(AI) 기능을 활용하면 허위 정보를 걸러내는 정보 패널 기능을 더욱 고도화할 수 있다"라고 했다. 그러면서 "사람이 직접 담당하는 검토 프로세스까지 더하면 시간이 지날수록 시스템의 정확성을 향상시킬 수 있다"라고 자신했다.

이러한 설명에도 불구하고 한 팩트체커가 유튜브가 허위 정보의 온상이면서도 책임 있는 대책을 내놓지 못하고 있다고 지적했다. 이 팩트체커는 영국의 풀팩트(Full Fact)와 미국 워싱턴포스트의 팩트체커(Fact Checker)를 비롯한 80개 이상의 팩트체크 기관이 서명한 편지를 수전 워치츠키(Susan Wojcicki) 유튜브 최고경영자(CEO)에게 보냈지만, 아직 제대로 된 답변을 듣지 못했다고 비판했다. 팩트체크 연합은 당시 서한에서 "유튜브는 부도덕한 행위자들이 다른 사람들을 조종하고 악용하고 조직하고 자금을 조달하기 위해 자사의 플랫폼을 무기화하는 것을 허용하고 있다. 현재의 조치는 불충분하다"라고 지적했다. 그러면서 플랫폼의 허위 정보 캠페인에 관한 독립적인 연구 자금 지원, 허위 정보와 잘못된 정보를 배포하는 동영상 내부의 반박 링크 제공, 알고리즘이 범죄자를 반복적으로 홍보하는 행위 중단, 비영어 비디오의 거짓 정보 해결 노력 등 4가지 약속을 요구했다(서민우, 2022).[28]

유튜브의 특성으로 노출 알고리즘이 있다. 노출 알고리즘은 유튜브 리스트에서 단지 상위에 노출되었기 때문에 이용자가 선택할 가능성이 커진다. 구글에서는 이용자들이 상위를 지나쳐 하위리스트까지 찾아서 시청한 영상을 근거로 추천하는 경우 이용자들은 추천 영상에 대한 만족도가 높아졌다고 한다. 이론적으로 유튜브 알고리즘이 자체적으로 정한 순위에 의해 시청이 유도된 정보에 근거하여 암시적 편향(implicit bias)이 피드백 효과(feedback loop effect)를 가속화 하는 것을 방지하고, 이용자의 선택에 의한 추천을 알고리즘에 추가하여 개선한다.

그런데 엔지니어조차 왜 이 영상이 추천되는지를 이해하지 못할 정도로 순위 결정 과정은 복잡한 변수들에 의해 정해진다. 그리고 이용자가 화면을 클릭하는 매 순간 맥락 정보가 반영되어 변경되므로 단 한순간도 동일한 화면이 재현되는 일은 없다고 한다. 조회 수와 신뢰도 측면에서 거의 모든 레거시(legacy) 미디어를 제치고, 기성 언론의 보완재를 넘어 대체재에 이르게 된 유튜브는 가장 영향력 있는 플랫폼이다. 그러나 건전하고 좋은 콘텐츠보다 선정적이고 폭력적인 콘텐츠로 돈을 버는 자들이 너무 많은 것이 문제이기도 하다. 기존언론의 대표인 TV 방송을 흉내 낸 유튜버의 뉴스 정보 콘텐츠는 마치 진짜 뉴스라도 되는 것처럼 추측성 정보를 쏟아내고 있다. 심지어 혐오표현도 서

---

28 서민우(2022). 유튜브는 왜 팩트체커들의 공분을 샀을까-허위 정보 '통로' 된 유튜브 책임 있는 행동에 나서라. 〈신문과 방송〉, 621호, 34-35.

승지 않는 유튜버들은 별다른 제재가 없는 틈을 타서 자극적인 표현을 더해 구독자 수를 늘려왔다.

최근에는 Z세대 외에도 베이비부머, X, Y세대까지 본격적으로 유튜브에서 채널을 개설하면서 크리에이터로서 영역을 구축하고 있고, 콘텐츠의 내용 측면에서도 포털수준의 광범위한 주제가 다뤄지고 있기에 유튜브를 통한 영상검색이 텍스트 검색을 능가하는 수준으로 보편화되었다. 이에 따라 다수의 방송사업자들도 유튜브에 채널을 개설하고 자사 콘텐츠의 마케팅 채널로 활용하고 있으며, 유튜브를 통한 수익 창출에도 공을 들이고 있으나 기존의 방송미디어 플랫폼의 가입자 정체와 매출 감소를 극복할 정도는 아니라서 고민이 깊어지고 있다(이상호, 2020).[29]

유튜브가 기존의 공적 영역 또는 상업적 영역의 미디어 플랫폼으로부터 독립된 위치에 존재하기에 비록 일부분일지라도 비영리적이며 건전한 사용자의 경험을 전달하는 계몽과 교육의 온라인 전당이라는 측면도 있다. 그러나 문제점도 상당하다. 대표적인 문제점은 다음과 같다. 첫째, 익명 플랫폼의 위험성에서 파생된 문제다. 정제되지 않은 동영상을 업로드하고 익명의 페르소나(persona)에 둘러싸여 세분된 카테고리와 무료로 제공되는 무한대의 공간 제공이 가능하여서 발생하는 문제다. 즉 지극히 사적이면서도 무제한으로 공여되는 공유지는 이용자를 절제하기 어렵게 하고, 기업화된 익명의 계정들까지 비즈니스에 접목하고 확장한다는 점에서 극단적 사고를 가속하는 문제가 있다. 시청자가 조회하면 할수록 여타의 콘텐츠나 연관성이 부족하거나, 반대의견이 담긴

---

29 이상호(2020). 유튜브 성장과 우려-윤리적 리터러시에 관한 고찰. 부산울산경남언론학회 세미나 발제문, 2-45.

콘텐츠는 지속적으로 볼 수 없는 확증편향도 증폭시킨다.

둘째, 가짜뉴스의 성행과 기성 언론의 신뢰도 하락 문제다. 가짜뉴스의 심각성은 사회 전반의 불안 요소를 가중시키고 있으며, 성적 표현 및 폭력성의 수준이 매우 높은 자극적인 영상으로 유튜브 생태계의 건전성과 미풍양속을 해치는 콘텐츠가 다수 관측되고 있어 사회 문제화되고 있다. 이런 콘텐츠들은 일반인들이 진위를 파악하기 어렵고, 청소년이나 사회적 약자에게 부정적인 영향을 주는 내용을 담고 있다. 특히 한번 시청한 사용자에게 유사 콘텐츠가 지속적으로 노출되는 알고리즘 기능으로 인해 시청자가 증가하는 구조라는 것이 더욱 큰 문제다. 방송통신심의위원회가 구글(유튜브 운영사)에 유튜브 접속 차단 조치를 요구한 시정요구 건수는 2017년 615건에서 2019년 1125건으로 83% 증가했다. 종류별로 살펴보면 음란·선정 266건, 불법 식·의약품 256건, 권리침해 13건, 기타 법령위반 590건이다. 기타 법령위반은 불법무기류, 불법금융, 문서위조, 차별·비하, 해킹·바이러스 등을 포함한 경우다(불법썰, 유아먹방……'부적절' 영상 판치는 유튜브, 2019).[30]

독일은 '소셜 네트워크에서의 법 집행 개선을 위한 법률(NetzDG)'에서 혐오적이고 불법적인 콘텐츠·가짜뉴스 등에 대한 플랫폼의 책임을 강조하고 있다. 사업자들은 이용자들이 불법적인 콘텐츠를 신고할 수 있는 창구를 만들고 신고가 접수되면 직접 심사해서 걸러내야 한다. 불법적인 콘텐츠로 판명되면 24시간 안에 해당 게시물을 삭제해야 하고, 1년에 두 번 이러한 활동 통계를 담은 보고서도 발행해야 하도록 규제하고 있다. 또한, 이를 지키지 않으면 최대 5,000만 유로의 벌금이 부과된다. 6개월간 총 30만 4,425건의 신고가 접수되

---

30 머니투데이(2019.8.28), 불법썰, 유아먹방……'부적절' 영상 판치는 유튜브.

었고, 이 중 실제로 부적절하다고 판단되어 삭제된 영상은 7만 1,168건이었고, 대부분 신고가 들어온 지 24시간 이내에 삭제 처리한다. 종류로는 혐오 발언과 정치적 극단주의 관련 영상이 가장 많았고, 인격권 침해 및 모욕 · 포르노 · 사생활침해 · 폭력적인 영상들이었다(유튜버의 윤리와 권리 그리고 독일의 '유튜버 노조', 2019).[31]

셋째, 뒷광고의 문제다. 국내 유튜브의 역사에서 2020년 8월은 뒷광고 논란과 사과가 연속되던 시기였다. 유튜버들은 스스로 자신의 영향력에 대해 과소평가하는 경향이 있다. 자신의 모습이 대중에게 어떻게 투영되는지 깊이 생각해보지 않는다. 이에 더해 광고대행사는 광고처럼 인식되지 않게 자연스럽게 노출되는 것이 광고효과가 크다고 인식한다. 뒷광고의 경우 단가도 더 비싼 것으로 알려져 있다. 심지어 광고주가 원하는 '광고 같지 않은 콘셉트'가 맞지 않을 경우 촬영을 마치고도 계약이 무산되는 경우도 있다.

지디넷 코리아에서 조사한 20대에서 40대 1천 명 대상의 설문조사에 따르면 응답자의 67.1%가 뒷광고 논란을 알고 있고, 73.9%가 문제가 있다고 응답하였다(지디넷코리아, 2020.8.11.). 또한, 뒷광고 논란이 된 유튜버들이 영상의 수익을 광고주에게 돌려주거나 사회에 기부해야 한다(45.5%), 해당 영상을 삭제해야 한다(45.2%), 유튜브가 해당 유튜버들을 공개하고 제재해야 한다(40.1%), 사과 영상을 올려야 한다(29.7%), 해당 유튜버들은 유튜브 활동을 당분간 멈추고 자숙해야 한다(23.0%), 전면 중단 혹은 공적 활동을 모두 중단해야 한다(20.0%)는 응답을 보였다. 또한, 만약 뒷광고 사실을 알게 될 경우 구독을 중단하겠다(33.0%), 해당 유튜버의 영상을 보기가 꺼려진다(42.1%)로 나

---

31 미디어오늘(2019.8.11.), 유튜버의 윤리와 권리 그리고 독일의 '유튜버 노조'.

타나 뒷광고에 대해 매우 심각한 문제로 인식하고 있음을 알 수 있다(이상호, 2020).[32]

2) OTT

(1) 국내외 OTT 시장 현황 및 전망

우리나라의 경우 정액제 또는 유료로 이용한 OTT는 넷플릭스(31.5%)가 제일 높으며, 티빙(7.8%), 유튜브(7.1%), 웨이브(6.1%) 등으로 나타났다. 연령별 이용률은 20대가 95.9%로 가장 높으며, 30대(90.9%)와 10대(90.6%) 순으로 연령이 높을수록 이용률이 낮아졌다. OTT로 시청한 프로그램 유형은 방송프로그램 중에서는 오락/연예(67.2%), 방송프로그램 이외 동영상 중에서는 푸드(38.5%)의 응답 비율이 가장 높게 나타났다(방송통신위원회, 2022).[33]

우리나라의 경우 사업자를 기준으로 볼 때 ①방송사업자 : 지상파-푹(Pooq), CJ 계열-티빙(Tving) 등, ②통신사/IPTV 사업자: SKB-옥수수 등, ③포털사업자 : 네이버-네이버TV 등, ④독립 OTT 플랫폼(유튜브, 넷플릭스, 왓챠플레이) 등이 제공되고 있으며, 수익모델 기준으로 광고 기반 무료 모델(AVoD, FVOD), 월정액 기반의 구독형 모델(SVoD), 그리고 거래형 모델(TVOD) 등 다양한 형태가 공존하고 있다.

한편 2016년 국내 시장에 진출한 Netflix는 일차적으로 케이블 SO 딜라이브와 제휴하였으며, 2018년 5월에는 LG유플러스의 IPTV(U+TV)와 모바일

---

32 이상호(2020). 유튜브 성장과 우려-윤리적 리터러시에 관한 고찰. 부산울산경남언론학회 세미나 발제문, 2-45.

33 방송통신위원회. 2022년도 방송매체 이용행태 조사, 126-129.

〈그림 7〉 OTT로 이용한 방송프로그램 유형(중복응답)

(N=OTT 방송프로그램 이용자 2,661명. 단위: %)

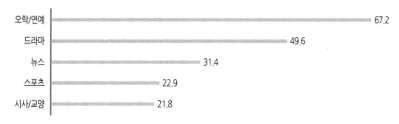

출처: 방송통신위원회. 2022년도 방송매체 이용행태 조사, 130쪽.

〈그림 8〉 OTT로 이용한 방송프로그램 이외 동영상 유형(중복응답)

(N=OTT 방송프로그램 이외 동영상 이용자 2,714명. 단위: %)

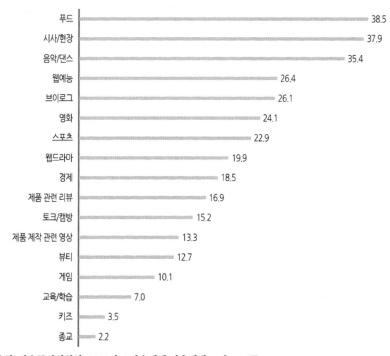

출처: 방송통신위원회. 2022년도 방송매체 이용행태 조사, 130쪽.

에 PIP 방식으로 진출했으며, 론칭 1년 만에 가입자 수가 200만에 도달했다. Netflix는 한국형 오리지널 콘텐츠 제작 및 판권 구매에 많은 투자를 해왔다. 2017년 옥자에 600억 원, 2018년 미스터 선샤인의 총 제작비 430억 원 중 280억 원, 2019년 아스달 연대기에 250억 원 등이 대표적이다. 한편 초기에는 공동제작 및 건별 투자/구매 중심이었으나 2019년 말에는 CJ ENM-스튜디오 드래곤 및 Jtbc와 향후 3년간 20여 편의 콘텐츠 공급계약을 체결하는 등 방송사/제작사 단위의 장기 계약으로 제휴전략이 변화하고 있다.

미국의 경우는 OTT 확산에 따른 코드 커팅(cord-cutting)으로 유료방송 가입자가 2015년 9,420만 명에서 2019년 8,660명으로 760만 명이 이탈했으나 아직 가입자와 매출액 측면에서 유료방송이 대세를 차지하고 있다. OTT 플랫폼별 가입자 규모는 넷플릭스가 1억 5,880만 명으로 가장 많고, 아마존 프라임 비디오 9,650만 명 〉 훌루 7,580만 명 〉 HBO 나우 2,310만 명 〉 슬링 TV 700만 명 순이다.

넷플릭스에 대항하기 위해 미국의 전통 미디어 기업들 또한 OTT 시장에 진출하고 있다. 아마존은 아마존 프라임 비디오를 운영 중이며, AVOD 모델인 IMDb TV를 출시했다. 특히 디즈니(Hulu의 소유주)는 지난 11월에 디즈니+를 출시하였으며, 도입 첫날 1,000만 가입자를 확보했다. 애플 또한 지난 11월 애플TV+를 출시했다. 2020년에는 NBC 유니버설이 Peacock TV를, AT&T는 HBO Max를 출시할 예정이다. 2024년에 미국 가구의 70%인 2억 7,000만 명이 SVOD에 가입할 것으로 전망된다. 한편 소비자들의 SVOD 구독료 부담이 증가함에 따라 향후 AVOD 시장 매출이 2018년 $60억에서 2024년 $203억으로 급성장할 것으로 전망된다. AVOD 시장은 상대적으로 젊은 세대의 시청 비

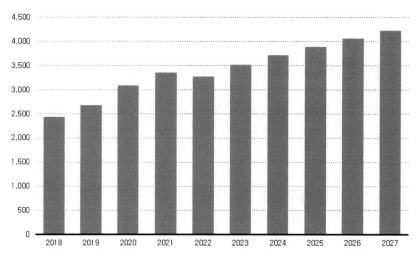

〈그림 9〉 전 세계 OTT 가입자 수 예상 추세(단위 백만)

출처: statist(https://www.statista.com/forecasts/1207843/ott-video-users-worldwide)

중이 높은 것으로 전망된다(13~34세 44%)(정두남 · 심영섭, 2019).[34]

    최근 글로벌 SVOD 사업자는 가입자 및 매출성장 둔화 추세에 대응하기 위해 다양한 전략을 실행하고 있다. 그중에서 SVOD 서비스는 방송서비스와 달리 월 요금제를 지불하는 대신 콘텐츠 편성 스케줄과 관계없이 VOD를 시청할 수 있고 광고를 포함하지 않는다는 점이 특징적이다. 넷플릭스는 가입자 기반을 확대하기 위해 콘텐츠 공개주기를 전략적으로 변화하고, 계정공유 정책을 변경했다. 그리고 안정적인 수익원을 확보하기 위해 광고형 요금제를 도입하고 게임 서비스도 제공하고 있다.

    국내 OTT 서비스 이용자의 콘텐츠 시청행태도 빠르게 변화하고 있다. 예를 들어 콘텐츠를 순차적으로 공개하는 전략은 기존의 실시간 방송콘텐츠 제공 방

---

34 정두남 · 심영섭(2019). 국내외 OTT 서비스 시장 현황 및 규제정책 연구. 한국방송광고진흥공사 보고서. 4-22.

식과 유사하여서, 숏폼 등 다양한 형식의 영상콘텐츠를 선호하는 시청자의 수요는 여전히 충족하기 어렵다. Z세대들의 숏츠, 릴스 등 숏폼 형태의 영상콘텐츠 소비가 증가하면서 SVOD의 콘텐츠도 유튜브의 콘텐츠 리뷰 또는 요약 영상으로 소비하는 경우가 늘어나고 있기 때문이다(머니투데이, 2023.3.15.).[35] SVOD 서비스 입장에서는 가입자의 구독 해지·전환을 최소화하기 위해 다양한 전략을 도입하지만, 서비스 이용자 입장에서는 원하는 서비스의 구독 해지·전환이 용이할수록 효용이 높으므로 상충된 입장이 존재한다. 예를 들어, 네이버 플러스 멤버십은 티빙, 스포티비 나우, 네이버 시리즈 중 매월 원하는 미디어 서비스를 선택할 수 있는데, 티빙과 스포티비 나우의 가입자를 대상으로 조사한 결과 네이버 플러스 멤버십을 통한 가입률이 각 51.8%, 45.3%로 나타났다(KISDI, 2022).[36]

넷플릭스의 한국 오리지널 콘텐츠 흥행을 계기로 최근 한국콘텐츠의 경쟁력이 높아지고 있다. 넷플릭스의 전체 글로벌 가입자의 콘텐츠 공개일로부터 28일간의 누적 시청시간이 가장 높았던 TV 시리즈(비영어) 상위 10개 중 한국콘텐츠가 '오징어 게임'(1위), '지금 우리 학교는'(4위), '더 글로리'(5위), '이상한 변호사 우영우'(7위) 등 4개였다(https://www.netflix.com/tudum/top10).[37]

(2) 국내 산업의 대응 전략 및 규제 방안

글로벌 OTT 대응을 위해 SKT의 옥수수와 지상파 연합의 푹이 합쳐진 통합

---

35 머니투데이(2023.3.15.). ""정주행 왜 해요?"…'더 글로리' 보러 넷플 아닌 유튜브 여는 이유" https://news.mt.co.kr/mtview.php?no=2023031415583295319 2023.3.15.

36 KISDI (2022). 2022 인터넷 동영상 콘텐츠 유통과 소비에 관한 실태조사. 정책자료 22-13.

37 https://www.netflix.com/tudum/top10

플랫폼 웨이브(Wavvve)가 출범하였으며, KT의 경우 지난 11월 신규 OTT 플랫폼 '시즌(Seezn)'을 출범했다. 글로벌 OTT 넷플릭스의 등장은 일종의 '메기 효과'와 같이 국내 미디어 기업 간의 합종연횡과 OTT 플랫폼 확대를 촉진시켜 케이블 SO 인수합병을 통한 통신 3사에 의한 유료방송 재편이 완료된 상황이고, 다른 한편으로 국내 사업자들 간 신규 OTT 플랫폼 등장을 촉발시켰다. 다만 국내 플랫폼이 분산된 상황에서 글로벌 OTT와 충분한 경쟁력을 가질 수 있을지는 불분명하다.

웨이브, 티빙 등 방송사 기반 국내 SVOD 서비스의 경우 콘텐츠 제작 측면에서 강점이 있어서, 수익성 개선을 위해 콘텐츠 유통 플랫폼으로써 포지셔닝하기보다 제작·판매에 집중하려는 움직임이 있다. MBC는 '나는 신이다', '피지컬: 100' 등의 콘텐츠를 넷플릭스에 독점 배급, CJ ENM 계열 제작사인 스튜디오 드래곤은 '더 글로리' 등의 콘텐츠를 넷플릭스에 독점 납품한 바 있다. 그러나 콘텐츠 제작·수급 비용이 계속 증가하는 상황에서 글로벌 사업자를 통한 유통 채널 의존도가 계속 높아지면, 글로벌 사업자가 국내 콘텐츠 제작에 대한 투자를 감축할 시 즉각적인 대응이 어려울 수 있다. 디즈니 플러스는 최근 전사적인 인원 감축의 일환으로 한국 오리지널 콘텐츠 관련 부서를 해산한 것으로 알려졌다(IT조선, 2023.6.16.).[38] 따라서 장기적으로는 국내 SVOD 서비스의 경쟁력을 강화하여 한국콘텐츠를 안정적으로 유통할 수 있는 기반을 마련하는 것이 중요할 것으로 보인다(김호정, 2023).[39]

---

38 IT조선 (2023.6.16.). "[단독] 디즈니 코리아 OTT 콘텐츠 팀 해체… K 콘텐츠 발굴 중단하나" https://it.chosun.com/site/data/html_dir/2023/06/16/2023061601155.html

39 김호정(2023). 글로벌 SVOD 사업자의 전략 변화와 국내 OTT 시장 영향, 〈KISDI Perspectives〉, June 2023 No. 2, 1-21.

그리고 국내 영상콘텐츠 제작산업 및 OTT 산업 활성화를 위해서는 다음과 같은 방안을 검토해 볼 필요가 있다. 먼저 EU/프랑스와 같이 편성 쿼터제 도입도 검토할 필요가 있으며, 현행 방송발전기금제도를 개선하여 프랑스의 영상물 지원기금(FSA)과 유사하게 제작/유통시장 육성에 집중하는 방안을 검토할 필요가 있다. 넷플릭스의 국내 시장 진출은 자본유입을 통한 제작산업 활성화, 해외 유통경로 확대 등을 통해 한국 방송의 성장성 문제 해소 등 긍정적 효과가 기대되는 반면, 국내 콘텐츠 산업의 종속구조 심화 및 제작/유통영역의 양극화 심화, 거래 시장 교란 등 부정적 효과도 우려되고 있는 상황이다.

넷플릭스는 한국 제작드라마 시리즈에 200억~300억여 원의 제작비를 투자하고 있으나, 이는 회당 100억 원을 상회하는 미국드라마 제작비에 비하면 10~20%의 수준에 불과하여 넷플릭스가 한국의 저렴한 제작 시스템을 적극적으로 활용하고 있는 것으로 보인다. 넷플릭스에 대한 의존도가 높아지면서 글로벌 OTT가 제작사에 제작비 전액과 수익 일부를 정산하는 대신 IP를 넷플릭스가 가져가고, 국내 창작·제작사의 만성적인 자금 부족 때문에 IP를 포기하는 경우가 많아 국내 창작·제작사의 '하청화'가 우려된다. 즉 글로벌 OTT는 드라마 제작사와 방송콘텐츠 공급 계약을 할 때 IP를 가져가는 대신 제작원가 회수를 보장한다. 드라마가 성공을 거두면 글로벌 OTT는 IP를 기반으로 막대한 부가 수입을 얻지만, 제작사에 돌아가는 수익은 없는 구조이다.

〈오징어 게임〉의 경우도 막대한 흥행수입에 대한 인센티브는 물론 작품 관련 지식재산권(IP)마저 100% 넷플릭스가 소유하고 있다. 〈오징어 게임〉의 경우 총 제작비(9회) 257억 원(회당 28억) 외의 추가 수입이 없던 국내 창작자와 달리 넷플릭스는 1조 3000억~5000억 원의 추가 수익 외에 유통·관광 등 향후 발생수익에 더해 2·3차 창작물에 대한 저작권까지 독점하고 있다. SKB와 넷플릭스는 망 이용 대가로 인해 갈등을 빚고 있고 소송이 진행 중이다. 따라서 글로벌 사업자의 영향력이 커지는 부분에 대한 향후 대응 방안 마련이 필요하다.

따라서 제작 시스템의 선진화, 국내 기업의 통합플랫폼 구축을 통한 글로벌 진출 모색이나 재원확대를 통한 국내산 블록버스터의 제작 확대 등을 검토해볼 수 있다. 규제개선 방향으로는 첫째, 통합방송법은 개정을 통해 방송 관련 개념의 변경 및 신설을 통해 OTT 서비스를 '온라인 동영상 제공사업'으로 규정하고 방송법상의 규제 범주로 포섭했다. 다만 방송 개념의 수정과정에서 '기획/제작/편성행위'를 삭제함에 따라 향후 어떠한 OTT 사업자를 여론 영향력 측면의 공적 규제 및 책무의 대상으로 포섭할 수 있을지가 불분명하다. 이에 대한 추가적인 보완이 필요하다. 둘째, 동 법안은 온라인 동영상 제공사업자 중에서도 실시간 스트리밍 서비스 제공사업자와 비실시간 VOD 제공사업자에 대한 차별적 규제가 불분명하다. 해외 주요국 사례를 고려할 때 실시간 스트리밍 서비스의 경우 실시간 방송과 유사한 수준의 규제를 적용하는 것이 타당한 것으로 판단된다. 이 경우 도달률이나 여론 영향력 등을 기준으로 해당하는 서비스와 제외 대상에 대한 세부 지침이 마련될 필요가 있다. 셋째, 비실시간 주문형 서비스(방송, OTT)의 경우 상대적으로 완화된 규제를 적용할 필요가 있다. EU 수준의 내용규제(금지콘텐츠 규정 등)와 편성/광고 규제(편성 쿼터제와 광고금지품목 등) 등에 적용을 검토할 필요가 있다. 넷째, 글로벌 경쟁 상황에서 국내 방송산업의 가장 큰 문제는 성장 정체에 따른 재원 부족이다. 따라서 전통방송사업자에 대한 비대칭 규제를 적극적으로 해소할 필요가 있다. 특히 EU 사례와 같이 전통 방송에 대한 대폭적 광고규제 완화가 필요하다. 끝으로 OTT 규제에 대한 국내 사업자에 대한 역차별 우려를 해소하기 위해 국내법의 역외적용 방안을 적극적으로 추진할 필요가 있다. 나아가 국내에서 특정 규모 이상의 수익을 얻고 있는 글로벌 OTT 사업자에 대해 방송통신발전기금 징수 및 디지털세 부과 방안을 마련할 필요가 있다. 특히 이를 통해 마련된 재원은 국내 제작산업 지원/육성을 위해 사용되어야 할 것이다(정두남 · 심영섭, 2019).[40]

7. 방송의 진화와 미래

뉴미디어라는 것은 극히 상대적인 개념이다. 라디오의 등장은 인쇄신문에 비해 엄청난 뉴미디어였고 음성에 더해 영상을 원거리로 전송하기 시작한 텔레비전의 등장은 라디오에 비해 또한 그랬다. 전파의 원거리 전달이라는 통신에서 태동한 라디오 커뮤니케이션은 라디오의 문화 및 오락을 겸비한 방송매체로의 변신을 가져왔고, 현재 지상파방송의 모태가 되었다. 방송산업은 1980년대 이후 케이블TV와 위성방송의 도입, 그리고 2000년대 이후 본격적으로 등장한 IP에 기반을 둔 융복합 미디어로 확산하며 변혁을 도모하고 있다. 미디어의 발전사를 보면 기술 진화로 인한 뉴미디어의 출현과 이로 인한 방송의 모습과 정체성 그리고 생태계는 지속적으로 영향을 주고받을 수밖에 없었다. 그러나 중요한 점 하나는 인쇄신문이 라디오를 비롯한 전자매체의 출현으로 산업적으로 위축되었지만, 아예 없어지지 않았고, TV의 출현으로 라디오방송이 큰 타격을 받았지만, 아직도 나름의 고유의 매체적 특수성을 살려 존재한다는 것이다.

이는 지금의 지상파방송이 케이블TV, 위성방송, IPTV 등의 등장으로 지배적 영향력은 축소되었지만, 여전히 존재가치를 증명하고 있다는 점에서도 비슷하다. 앞으로도 OTT 등과 함께 ChatGPT와 AI 기반의 새로운 형태의 다양한

---

40 정두남 · 심영섭(2019). 국내외 OTT 서비스 시장 현황 및 규제정책 연구. 한국방송광고진흥공사 보고서. 4-22.

기술이 방송의 외형과 내용에 영향을 미치고 재규정하게 될 것이다. 이 같은 현상을 인류를 위한 선한 영향력을 동반한 발전 또는 진보의 모습으로 보아야 하는지에 대해서는 이견이 있겠지만, 새로운 모습으로 재탄생하는 경우가 많았다는 점에서 진화하고 있다고 보는 게 타당할 것이다.

미디어 대체론(또는 보완론)에 관한 연구를 살펴보더라도 일반적으로 유사한 내용물을 담고 유사한 수용행위와 광고시장을 가지는 미디어 사이에는 대체관계가 강하며, 미디어 생산물과 수용자의 수용행태, 그리고 광고시장과 광고유형의 차이가 많은 미디어 사이에는 보완적 관계가 있다. 예를 들어 '적소이론'(Theory of Niche)은 일정한 시간 동안 공동의 환경자원의 패턴에 근거해서 설명하는데, 개별 생명체는 자신의 생명을 유지하고 보전하기 위해 주어진 환경에 적응한다는 개체군 생태학 이론에서 발전했다. 즉 미디어 생태계가 불가피한 경쟁 시장이라는 점을 고려하면 각 미디어가 한정된 가용자원으로 미디어 생태계에서 공존하면서 상대적 경쟁 우월성(competitive edges)을 확보하기 위한 변혁을 거치는 것은 과거 역사가 말해주고 있고 앞으로도 지속될 것이다.

온 가족이 거실에 모여서 한 프로그램을 텔레비전을 통해 시청하던 풍경은 이제 드문 일이 되었다. 영상을 소비하는 것이 한순간 수십만 명 이상의 사람들이 자신처럼 텔레비전 수상기 앞에 앉아 함께 호흡한다는 느낌을 받고 다음 날 전날 본 것에 대해 서로 이야기 나누는 '함께 있음'이 아니라, 남들과 동떨어진 섬에서 혼자 오락을 즐기는 것에 더 가까워질 것이다. 방송 채널의 극심한 세분화로 중개자 역할을 하던 방송의 위상은 약화하고 결국 중개자가 아예 깨끗하게 사라지는 시기가 도래할 수도 있다. 시청자들에게 발휘하는 흡인력이 감소하면서 이와 같은 '탈미디어화' 현상은 어느 정도 불가피하다(장-루이 미시카, 2007).[41]

---

41 장-루이 미시카(2007). 『텔레비전의 종말』. 최서연 옮김. 베가북스. 67-68.

기술적으로 무한영역을 제공하는 온라인 기반 플랫폼과 다양한 사회관계망 서비스(SNS)의 등장과 모바일에 기반을 둔 비선형적 시청의 증가 등으로 동시에 다중이 접속하는 과거 방송의 영향력은 예전같지 않다. 이런 의미에서 텔레비전의 영향력은 쇠퇴했다. 가히 기존 방송의 종언에 가깝다.

반면 방송은 각종 프로그램 패키지의 형태로 폭발하고, 온갖 휴대기기를 통해 콘텐츠 패키지로 그리고 VOD로 세분되었다. 이런 의미에서 텔레비전은 어느 곳에나 있으면서 동시에 아무 곳에도 없다. 콘텐츠는 각종 스마트 미디어를 통해 무한 재생되고 오히려 커뮤니케이션은 과잉 확장되고 있다. 영상은 무소부재하지만 정작 미디어는 부재인 세계로 진입한 것이다. 즉 현대사회를 집중 조명하는 도구로서, 예컨대 1969년 7월 20일 암스트롱이 달에 첫발을 내딛는 장면을 전 세계인들에게 보여줬던 바로 그 텔레비전 말이다. 기존의 방송은 비디오 콘텐츠를 전파하는 수단으로서 공공기관이 내어준 방송허가권을 보유한 공영 또는 민영 방송사들이 각종 규제를 받으며 허가를 받아 프로그램을 제작하고, 특정 대상을 대상으로 한 프로그램을 편성하는 일을 담당했다. 전문가들에 의해 제작된 이러한 제작, 편성, 방송 업무를 위한 비용은 광고와 수신료 또는 가입비에 의해서 충당된다. 이러한 원칙과 모델은 디지털기술로 새로운 플레이어들이 등장하면서 그 경제적, 상업적 독립성도 잃고 있다(장-루이 미시카, 2007).[42]

'포스트 텔레비전'이란 '자기 본연의 모습 지키기'에 바탕을 둔 개인주의를 표방한다. 자신의 개성과 다름을 인정하는 한편 타인의 다름에는 무관심한 문화고, 관계의 차원이라기보다는 자기애의 특징이 강하다. 자율성과 쌍방향성

---

42 장-루이 미시카(2007). 위의 책. 8-11.

그리고 비선형적 시청과 소비는 이 같은 현상을 가속한다. 왜냐하면, 나의 선택이 가장 중요하고 나의 존재를 표현해준다고 하면 그만이니까 말이다. 타협을 거부하고 의견과 태도가 극단화되는 현상은 미디어의 역할을 넘어서는 보다 넓은 사회적, 심리적 움직임의 일환으로 봐야 한다(장-루이 미시카, 2007).[43]

새로운 기술로 '초연결 시대'가 도래하면서 방송은 계몽적이기보다는 참여적 민주주의를 지향하고, 동시성보다는 비동시성이 강화되고, 구심적이기보다 분화적이자 파편적이고, 사회 통합적 기능보다 다양성이 강화되는 방향으로 진화되면서 이에 대한 반대급부로 검증되지 않은 오정보와 페이크(fake) 뉴스의 범람, 정보편향과 확증편향의 강화 등으로 더 많은 사회적 갈등과 분열을 조장할 수 있는 우려와 부작용은 앞으로 풀어야 할 숙제로 보인다.

이렇게 새로운 기술 진보로 인해 인터넷과 모바일 및 스마트 미디어로 확장되고 변화를 거듭하면서 방송의 형식과 외양, 사업자, 그리고 제도와 정책은 불가피하게 변화를 거듭할 수밖에 없다. 하지만 필요한 정보를 제공하고, 드라마나 다큐멘터리를 통해 감동을 주고, 예능프로그램을 통해 휴식과 즐거움을 주고, 대리사회화와 교육적 기능까지 담당하는 미디어는, 그것이 방송이라는 용어든 다른 단어로 불리든, omnipresent(어디에나 존재하는) 할 수 없는 인간의 신경계를 확장하고, 인지, 태도, 행동 측면에서 매개하는 기능을 지속할 것이다. 커뮤니케이션은 중단될 수 없기 때문이다. 영국의 경험론 철학자 버클리(George Berkeley)에 기대보면 '존재 되는 것은 곧 지각되는 것'인데, 방송은 지각되는 것을 항상 노출하려 하기 때문이다. 다가오는 방송의 진화와 또 다른 미래가 궁금하고 기다려진다.

---

43 장-루이 미시카(2007). 위의 책, 172-173.

참고문헌

김광집(2023). 버츄얼 휴먼과 영상콘텐츠의 미래. 〈글로벌 ICT 동향 & 이슈리포트〉, 10월 1호, 1-6.

김정민(2021). 국내외 메타버스 플랫폼과 콘텐츠 비즈니스 동향, 〈Media Issues & Trend〉, 45호, 32-42.

김호정(2023). 글로벌 SVOD 사업자의 전략 변화와 국내 OTT 시장 영향, 〈KISDI Perspectives〉, June 2023 No. 2, 1-21.

방송통신위원회(2022). 2022년도 방송매체 이용행태 조사.

서민우(2022). 유튜브는 왜 팩트체커들의 공분을 샀을까-허위 정보 '통로' 된 유튜브 책임 있는 행동에 나서라. 〈신문과 방송〉, 621호, 34-35.

서영호 · 오문석 · 한규훈(2021), 디지털 휴먼의 현재와 미래, 『방송과 미디어』, 26호 4권, 72~81.

신상기 · 오동일(2022), 4차 산업혁명 시대 메타버스 기술과 엔터테인먼트 산업의 융합에 관한 연구. 『애니메이션연구』, 18권 1호, 64-82.

안준한(2022). 『Beyond YouTube 유튜브를 넘어서』. 동아시아.

양선희(2021). 유튜브와 저널리즘. 남윤재 · 노광우 · 봉미선 · 양선희 · 이상호 · 이종명 · 이창호 · 정의철(2021). 『유튜브의 이해와 활용』. 한울.

양지훈 · 윤상혁(2023). ChatGPT를 넘어 생성형(Generative) AI 시대로: 미디어 · 콘텐츠 생성형 AI 서비스 사례와 경쟁력 확보방안, 〈Media Issues & Trend〉, 55호, 62-70.

이상호(2020). 유튜브 성장과 우려-윤리적 리터러시에 관한 고찰. 부산울산경남언론학회 세미나 발제문, 2-45.

이시한(2021). 『메타버스의 시대』. 다산북스.

이종명(2021). 유튜브의 시사 정치 콘텐츠. 남윤재·노광우·봉미선·양선희·이상호·이종명·이창호·정의철(2021). 『유튜브의 이해와 활용』. 한울.

장-루이 미시카(2007). 『텔레비전의 종말』. 최서연 옮김. 베가북스.

정두남·심영섭(2019). 국내외 OTT 서비스 시장 현황 및 규제정책 연구. 한국방송광고진흥공사 보고서.

조서윤·이영주(2023). TV 메타버스 예능프로그램 제작 애로사항과 개선방안 연구. 〈애니메이션연구〉. 19(1), 217-242.

한상열(2022). 디지털 휴먼 발전 전망과 방송산업 영향, 〈Media Issues & Trend〉, 52호, 6-16.

한정훈(2023). 메타버스를 넘어선 AI. 〈Media Issues & Trend〉, 55호, 38-40.

Australasian Journal of Educational Technology, 38(4), 190-205.

ETRI(2020). 코로나 이후 글로벌 트렌드: 완전한 디지털 사회. 기술정책 인사이트 2020-01.

FAST, 커넥티드 TV 시대의 새로운 유망주로 부상(2022). 〈Media Issues & Trend〉, 51호, 61-70.

https://www.netflix.com/tudum/top10

KISDI (2022). 2022 인터넷 동영상 콘텐츠 유통과 소비에 관한 실태조사. 정책자료 22-13.

NG, D. T. K. (2022), "What is the metaverse? Definitions, technologies and the community of inquiry",

Unreal Engine(2021. 12. 15), "The rise of the virtual singer: The making of Fox's Alter Ego", Youtube. (https://youtu.be/rGL61F_cXWE)

머니투데이(2019.8.28), 불법썰, 유아먹방……'부적절' 영상 판치는 유튜브.

머니투데이(2023.3.15.). ""정주행 왜 해요?"…'더 글로리' 보러 넷플 아닌 유튜브 여는 이유" https://news.mt.co.kr/mtview.php?no=20230314155832953192023.3.15.

미디어오늘(2019.8.11.), 유튜버의 윤리와 권리 그리고 독일의 '유튜버 노조'.

색인

1인 크리에이터 7, 155

ㄱ

거브너(George Gerbner) 316
경마식 보도 253
경성방송국 46, 48, 264, 307
경성뉴스 214, 215
경험재 275
공공성 22, 64, 87, 117, 188, 225
공공재 179, 183, 274, 277
공영방송 22, 45, 54, 116, 191, 258, 352
공익성 26, 30, 54, 67, 95, 101, 117, 247
공중접근 채널 179
공정거래위원회 83, 97
국가이미지 416
규모의 경제 97, 276

ㄴ

내용규제 61, 78, 88, 403
넷플릭스(Netflix) 31
뉴미디어 56, 105, 116, 123, 138, 175, 241, 353
뉴스 30, 117, 143, 202, 213, 244, 376, 407
뉴스가치 211, 218, 221
니프코브(P. Nipkow) 41

ㄷ

단파방송 밀청 46
대중문화 141, 170, 331, 337, 344, 351, 364
대토론회('The Great Debates') 243

독립규제위원회 85
동등시간(의) 원칙 243
드포리스트(Lee de Forest) 41
디지털 격차 175
디지털 자아 367
디지털 전환 47, 297
디지털 휴먼 372, 376
딥페이크(deep fake) 378

ㄹ

라스웰(Harold Lasswell) 307
리얼리티 프로그램 142, 144
라이트(Charles R. Wright) 307
레거시(legacy) 미디어 138
로지(Rozy) 378
린백(lean-back) 166

ㅁ

마르코니(Marconi) 36, 38, 41
마이크로 셀러브리티 156
먹방 138, 140, 170, 394
메타버스 367, 371, 384
명예훼손 20, 179, 182
문화계발이론 317
문화계승 309
문화산업 273, 338, 347

ㅂ

방송과 정치 240
방송광고 54, 79, 89, 175, 202, 261, 284, 331
방송규제 61, 64, 71, 84, 96, 112, 265
방송보도 211, 235
방송수용자 172, 353
방송심의 69, 89, 93
방송의 개념 11, 13, 15
방송정책 60, 94, 106, 112, 197, 267
방송제도 56, 241, 254, 269
방송편성 28, 63, 90, 104, 130, 186, 191
방송채널사용사업자 24, 73, 79, 83, 120, 248
방송통신심의위원회 87, 90, 101, 186, 238, 321
방송통신융합 176
방송통신위원회 24, 83, 120, 185, 201, 271, 385
방송콘텐츠 30, 99, 105, 138, 153, 160, 202, 343
배양 효과 316, 337
배제 불가능성 274
'밴드웨건'(bandwagon) 효과 251
베어드(John Logie Baird) 43
버추얼 휴먼 378
보도준칙 231
브라운(Brown) 41
부 편성 124
비경합성 274
비선형적 시청 200, 406
비판사회학 273

ㅅ

사노프(David Sarnoff) 36, 41
사생활침해 395
사회학습 이론 312
사회화 211, 309, 312, 356
상관조정 211, 308
상업방송 49, 51, 71, 116, 118, 258, 261, 327
생비자 177

선거방송 203, 225, 238, 243, 372
선거보도 238
선정성 199, 216, 235, 323, 357
소셜 미디어 156, 232, 329, 340, 355, 376
소유규제 61, 74, 88
소외계층 68, 122, 176, 188, 199
수신료 99, 117, 179, 259, 279, 288, 327
수잔 이스트만(Susan Tyler Eastman) 115
시민 저널리즘 191
시청률 105, 110, 127, 194, 236, 257, 321
시청률 조사 118, 194, 203, 383
시청자권익 414
시청자위원회 185, 189
시청자 주권 95, 176, 182
시청자 참여프로그램 177, 183, 208

ㅇ

알튀세(Louis Althusser) 310
액세스권 176, 181, 187, 206
에드워드 머로(Edward R. Murrow) 217
여론 20, 62, 71, 86, 95, 120, 227, 241, 249, 378
여론조사 218, 249, 253, 388
연성뉴스 214
오손 웰스(Orson Welles) 39
오징어 게임 137, 161, 170, 318, 355, 364, 387
외부효과 277
월터 크롱카이트 (Walter Cronkite) 217
유료방송 29, 57, 76, 86, 97, 175, 279, 327
유비쿼터스 방송 307
유튜브 30, 130, 155, 273, 319, 367
외주제작 81, 109, 282, 293
위성방송 30, 57, 75, 119, 124, 175, 189, 249
웨이브(Wavve) 31
의제설정 241
의존효과 327, 339
이데올로기 141, 225, 310, 351, 357

이중 상품 275
인스타그램 376
인접효과 124
인포테인먼트(infortainment) 121, 215, 236
인플루언서 376, 387

ㅈ

재난보도 229, 235, 238
적소이론 405
전략적 합병 296, 300, 304
정치광고 241, 245, 253
주 편성 124
즈보르킨(Vladimir K. Zworykin) 41
진입규제 61, 72, 86
종합유선방송 57, 72, 80, 120, 186, 283
종합편성채널 72, 148, 216, 293

ㅊ

창구효과 276

ㅋ

카타르시스 315, 357
컬러방송 42, 46, 55
케이블방송 116, 180, 191
쿡방 141, 170
크로스미디어 스토리텔링 147

ㅌ

타블로이드화 215, 236
타율규제 61, 72
타임 슬립 147
통합시청률 200, 208
트랜스미디어 스토리텔링 147, 148
티빙 99, 146, 155, 164, 301, 378, 385, 400

ㅍ

판즈워스(Philo Taylor Farnsworth) 43
팬덤 161, 354, 359
퍼블릭 액세스 173, 176, 179, 188, 206
편성전략 105, 110, 115, 126, 133
포맷 139, 142, 158, 199, 215, 236, 338
폭력성 26, 311, 316, 321, 394
프랑크푸르트학파 347, 350
플루토 TV(Pluto TV) 380

ㅎ

하위문화 347, 358
한류 137, 160, 247, 328, 351, 359
행위규제 61, 82, 88
헤게모니 138, 171, 345, 352
헤르츠(Hertz) 36
형평의 원칙 243
혼합방송모델 262
홀(Stuart Hall) 351
홈쇼핑채널 72, 279
환경감시 211, 230, 308

AI 31, 192, 367, 383
BBC 42, 192, 221, 243, 260, 352
CJ ENM 132, 164, 200, 301
C-SPAN 248
EBS 47, 131, 268, 285
Fast TV 379
HLKZ 46, 50, 307
IPTV 30, 76, 100, 175, 205, 283, 288, 396
KBS 22, 46, 54, 71, 117, 164, 185, 200, 268
MAU(Monthly Active Users) 100, 301, 380
MBC 46, 51, 127, 132, 185, 200, 268, 294
MPP 293, 297
NHK 260, 267
SO 78, 120, 288, 396

SVOD 380, 384, 398

tvn 167

VOD 58, 100, 119, 127, 200, 279, 380

방송진화론

초판인쇄 2024년 2월 23일
초판발행 2024년 2월 23일

지은이 유승관
펴낸이 채종준
펴낸곳 한국학술정보(주)
주 소 경기도 파주시 회동길 230(문발동)
전 화 031-908-3181(대표)
팩 스 031-908-3189
홈페이지 http://ebook.kstudy.com
E-mail 출판사업부 publish@kstudy.com
등 록 제일산-115호(2000. 6. 19)

ISBN 979-11-7217-151-3 93070